Bettermann/Hankofer/Lomb/Nolte/ter Voert
Kaufleute für Büromanagement – Infoband 1

Lernfelder 1-4

Zusätzliche digitale Inhalte für Sie!

Zu diesem Buch stehen Ihnen kostenlos folgende digitale Inhalte zur Verfügung:

- Online-Buch ✓
- Buch als PDF
- Online-Training ✓
- Zusatz-Downloads ✓
- App
- Digitale Lernkarten

Schalten Sie sich das Buch inklusive Mehrwert direkt frei.

Scannen Sie den QR-Code **oder** rufen Sie die Seite www.kiehl.de auf. Geben Sie den Freischaltcode ein und folgen Sie dem Anmeldedialog. Fertig!

Ihr Freischaltcode
CCEG-JUVR-BCXU-VGHH-ISCY-VL

Infoband 1

Kaufleute für Büromanagement

Lernfelder 1-4

Von
Verena Bettermann
Sina Dorothea Hankofer
Ute Lomb
Nicole Nolte
Ulrich ter Voert

3., aktualisierte Auflage

ISBN 978-3-470-**65653**-3 · 3., aktualisierte Auflage 2020

© NWB Verlag GmbH & Co. KG, Herne 2015
www.kiehl.de

Kiehl ist eine Marke des NWB Verlags

Alle Rechte vorbehalten.
Das Werk und seine Teile sind urheberrechtlich geschützt. Jede Nutzung in anderen als den gesetzlich zugelassenen Fällen bedarf der vorherigen schriftlichen Einwilligung des Verlages. Hinweis zu § 52a UrhG: Weder das Werk noch seine Teile dürfen ohne eine solche Einwilligung eingescannt und in ein Netzwerk eingestellt werden. Dies gilt auch für Intranets von Schulen und sonstigen Bildungseinrichtungen.

Druck: Griebsch & Rochol Druck GmbH, Hamm – mdpkl

Vorwort

Dieser Infoband ist Teil der dreibändigen Buchreihe für den Ausbildungsberuf Kaufmann/Kauffrau für Büromanagement in der dritten Auflage. Er orientiert sich an den Richtlinien des Rahmenlehrplans und beinhaltet die folgenden vier Lernfelder des ersten Ausbildungsjahres:

Lernfeld 1: Die eigene Rolle im Betrieb mitgestalten und den Betrieb präsentieren

Lernfeld 2: Büroprozesse gestalten und Arbeitsvorgänge organisieren

Lernfeld 3: Aufträge bearbeiten

Lernfeld 4: Sachgüter und Dienstleistungen beschaffen und Verträge schließen

Die anschaulich vermittelten Inhalte bilden für Sie die Grundlage für die Erarbeitung der Lernjobs im Band „Lernsituationen" und stellen gleichzeitig ein ausführliches Nachschlagewerk für eine spätere Prüfungsvorbereitung dar.

Der Rahmenlehrplan verlangt die Anwendung von Text- und Kalkulationsprogrammen eingebettet in die Inhalte der Lernfelder und keine zusammenhanglose Vermittlung der Datenverarbeitung. Im vorliegenden Band werden diese zusammen mit den betriebswirtschaftlichen Inhalten eingeführt und in den Lernsituationen geübt.

Zur Vermittlung der grundlegenden Verwendung von büroüblichen Office-Programmen (Word, Excel, PowerPoint) bieten wir online entsprechende Tutorials an. Darauf aufbauend werden in diesem Infoband dann weiterführende Kenntnisse vermittelt.

Zur Wiederholung und Übung der Inhalte umfasst das Angebot des vorliegenden Infobands die Möglichkeit eines Online-Trainings. Hier bieten Ihnen Single- und Multiple-Choice-Aufgaben sowie Lückentext- und Zuordnungsübungen die Möglichkeit, Ihr Wissen zu reflektieren. Der Zugang zum Online-Training erfolgt über den vorne im Buch abgedruckten Freischaltcode. Nutzen können Sie es überall dort, wo Sie über einen mit dem Internet verbundenen PC verfügen.

Wir wünschen Ihnen nun viel Erfolg und Spaß beim Arbeiten mit diesem Buch und hoffen, Ihnen sämtliche für Sie relevanten Inhalte klar und deutlich zu vermitteln sowie alle Fragen zu beantworten. Sollten Sie Anregungen oder Kritik an uns weitergeben wollen, so wenden Sie sich gerne unter feedback@kiehl.de an uns.

Herne, im April 2020 *Ihr Autorenteam*

Benutzungshinweise
Diese Symbole erleichtern Ihnen die Arbeit mit diesem Buch:

 TIPP
Hier finden Sie nützliche Hinweise zum Thema.

 MERKE
Das X macht auf wichtige Merksätze oder Definitionen aufmerksam.

 ACHTUNG
Das Ausrufezeichen steht für Beachtenswertes, wie z. B. Fehler, die immer wieder vorkommen, typische Stolpersteine oder wichtige Ausnahmen.

 INFO
Hier erhalten Sie nützliche Zusatz- und Hintergrundinformationen zum Thema.

 RECHTSGRUNDLAGE
Das Paragrafenzeichen verweist auf rechtliche Grundlagen, wie z. B. Gesetzestexte.

 WISSENSCHECK
Der WissensCheck verweist Sie auf http://onlinetraining.kiehl.de. Dort steht Ihnen zu jedem Lernfeld ein kostenfreies Online-Training zur Verfügung, das Sie mit dem in diesem Buch abgedruckten Freischaltcode nutzen können.

 WEBTIPP
Hier erhalten Sie Internetadressen bzw. Weblinks, auf denen Sie vertiefende Informationen zu den Sachverhalten des jeweiligen Textabschnitts finden.

 VERWEISE
Die Pfeile verweisen Sie auf andere Kapitel oder auch Arbeitsblätter desselben Bands sowie auf die anderen Titel aus dieser Reihe.

Aus Gründen der Praktikabilität und zur besseren Lesbarkeit wurde darauf verzichtet, jeweils männliche und weibliche Personenbezeichnungen zu nennen. So können z. B. Schüler, Auszubildende, Kollegen grundsätzlich sowohl männlich als auch weiblich sein.

Hinweise zur Nutzung des Online-Trainings und des Zusatz-Materials zum Buch

Liebe Leserinnen und liebe Leser,

als Erstnutzer des vorliegenden Buches können Sie sich das Online-Training und ein PDF-Tutorial mithilfe des Freischaltcodes von Seite 1 direkt freischalten und zusätzlich die Buchinhalte in mein.kiehl.de recherchieren und nachlesen.

Der Verlag bietet nach dem ersten Nutzungsjahr den nachfolgenden Lesern die Möglichkeit, das Online-Training und das PDF-Tutorial zu nutzen. Der Aufruf ist dann bis zum Erscheinen der 4. Auflage über den hier genannten Link möglich:

http://go.kiehl.de/QAAAH-44659

Viel Erfolg und Spaß bei der Nutzung des Online-Angebotes!

Inhaltsverzeichnis

Vorwort	5
Benutzungshinweise	7
Hinweise zur Nutzung des Online-Trainings und des Zusatz-Materials zum Buch	8

Lernfeld 1 — Die eigene Rolle im Betrieb mitgestalten und den Betrieb präsentieren — 26

1. **Das System der dualen Berufsausbildung** — 28
   - 1.1 Das grundlegende System — 28
     - 1.1.1 An der Ausbildung Beteiligte — 29
     - 1.1.2 Die Kammern — 30
   - 1.2 Rechtliche Grundlagen der Berufsausbildung — 31
     - 1.2.1 Die Ausbildungsordnung — 31
     - 1.2.2 Das Ausbildungsberufsbild — 32
     - 1.2.3 Die zeitlich-sachliche Gliederung — 32
     - 1.2.4 Der Ausbildungsplan — 32
     - 1.2.5 Das Berichtsheft — 33
     - 1.2.6 Der Rahmenlehrplan — 33
   - 1.3 Der Ausbildungsvertrag — 34

2. **Interessenvertreter und ihre Aufgaben** — 41
   - 2.1 Mitbestimmungsorgane im Unternehmen — 41
     - 2.1.1 Die Jugend- und Auszubildendenvertretung (JAV) — 41
     - 2.1.2 Der Betriebsrat — 43
     - 2.1.3 Betriebsvereinbarungen — 44
   - 2.2 Interessenvertreter außerhalb des Unternehmens — 45
     - 2.2.1 Gewerbeaufsichtsämter — 45
     - 2.2.2 Berufsgenossenschaften — 45
     - 2.2.3 Schülervertretung der Berufsschule — 45

2.2.4	Ausbildungsbegleitende Hilfen	46
2.2.5	Gewerkschaften	46
2.2.6	Tarifverträge	47

3. Das Jugendarbeitsschutzgesetz — 50

3.1	Geltungsbereich	50
3.2	Dauer der Arbeitszeit	50
3.3	Berufsschule	50
3.4	Prüfungen und außerbetriebliche Ausbildungsmaßnahmen	51
3.5	Ruhepausen und Aufenthaltsräume	52
3.6	Schichtzeit	52
3.7	Tägliche Freizeit	52
3.8	Nachtruhe	52
3.9	5-Tage-Woche	53
3.10	Samstagsruhe	53
3.11	Sonntagsruhe	53
3.12	Feiertagsruhe	54
3.13	Urlaub	54
3.14	Gefährliche Arbeiten	54
3.15	Akkordarbeit und tempoabhängige Arbeiten	55
3.16	Erstuntersuchung	55
3.17	Erste Nachuntersuchung	55

4. Handlungskompetenz — 56

5. Ziele setzen und verwirklichen — 58

6. Ausgelernt – was dann? — 59

6.1	Finden der richtigen Weiterbildung	60
6.2	Finanzierung der Weiterbildung	61

7. Lernen als lebenslanger Prozess — 62

7.1	Motivation	63
7.2	Zeitmanagement	64
7.3	Konzentration	65

	7.4	Der Umgang mit der Angst	66
	7.5	Verarbeitung von Informationen mithilfe von Elaborationsstrategien	66
	7.6	Sich selbst reflektieren mithilfe von metakognitiven Fähigkeiten	67

8. Die Organisationsstruktur des Ausbildungsbetriebes darstellen — 68
- 8.1 Die Aufbauorganisation — 68
  - 8.1.1 Stabstellen — 69
  - 8.1.2 Einlinien- und Mehrliniensystem — 70
  - 8.1.3 Traditionelle Organisationsformen — 72
- 8.2 Die Ablauforganisation — 75

9. Wer darf welche Entscheidungen treffen? — 78
- 9.1 Prokura — 78
- 9.2 Handlungsvollmacht — 80

10. Das Unternehmen in der Gesamtwirtschaft — 81
- 10.1 Bedürfnisse — 81
- 10.2 Güter — 84
- 10.3 Die Knappheit als Grundlage des wirtschaftlichen Handelns — 86
- 10.4 Das ökonomische Prinzip — 87
- 10.5 Produktionsfaktoren — 88
  - 10.5.1 Volkswirtschaftliche Produktionsfaktoren — 89
  - 10.5.2 Betriebswirtschaftliche Produktionsfaktoren — 89
- 10.6 Arbeitsteilung — 92
  - 10.6.1 Die Entwicklung der Arbeitsteilung — 92
  - 10.6.2 Überbetriebliche Arbeitsteilung — 92
  - 10.6.3 Stellung des Betriebes in der arbeitsteiligen Wirtschaft — 93
  - 10.6.4 Wirtschaftssektoren — 93
- 10.7 Der Wirtschaftskreislauf — 94
  - 10.7.1 Der einfache Wirtschaftskreislauf — 94
  - 10.7.2 Sparen und Investieren — 96
  - 10.7.3 Der erweiterte Wirtschaftskreislauf — 96

11. Unternehmensleitbild und Unternehmensziele — 100
- 11.1 Unternehmensleitbild — 100
- 11.2 Zieldimensionen — 102
- 11.3 Interessengruppen im Zielsystem — 104

12. Erfolgreich präsentieren und reflektieren — 106
- 12.1 Die persönliche Wirkung des Präsentierenden — 106
  - 12.1.1 Umgang mit Lampenfieber — 107
  - 12.1.2 Vor der Gruppe stehen — 108
  - 12.1.3 Die Planung der Präsentation — 108
  - 12.1.4 Recherche, Auswahl und Vertiefung der Informationen — 109
  - 12.1.5 Der Titel der Präsentation — 109
  - 12.1.6 Die Medienplanung — 110
  - 12.1.7 Pinnwand und Flipchart — 111
  - 12.1.8 Overhead-Projektor/Tageslichtprojektor — 114
  - 12.1.9 Beamer-Präsentation — 115
- 12.2 Der Aufbau der eigentlichen Präsentation — 117
  - 12.2.1 Interessanter Einstieg — 118
  - 12.2.2 Zielführende Inhalte — 118
  - 12.2.3 Gefühlsbetonter Ausstieg — 119
- 12.3 Das Feedback nach der Präsentation — 120
- 12.4 Die Bewertung einer Präsentation — 122

Lernfeld 2 — Büroprozesse gestalten und Arbeitsvorgänge organisieren — 124

1. Gestaltung von Arbeitsraum und Arbeitsplatz — 126
- 1.1 Eine Wissenschaft oder eine Norm? — 126
- 1.2 Gesetze und Normen — 127
  - 1.2.1 Welche Richtlinien gibt es? — 127
  - 1.2.2 Welche Gesetze, Vorschriften und Normen müssen vom Arbeitgeber eingehalten werden? — 128
- 1.3 Arbeitsraumgestaltung — 129
  - 1.3.1 Richtlinien zur Gestaltung von Arbeitsräumen — 129
  - 1.3.2 Arbeitsstättenverordnung (ArbStättV) — 129

1.4	Der Arbeitsplatz im Büro		133
	1.4.1	Gestaltung der Arbeitsumgebung	135
	1.4.2	Beleuchtung	135
	1.4.3	Lärm und Akustik	137
	1.4.4	Klima	139
	1.4.5	Farben	141
	1.4.6	Pflanzen im Büro	143
	1.4.7	Strahlung und Elektrosmog	143
1.5	Büroraumkonzepte		144
	1.5.1	Büroraumformen	144
	1.5.2	Zellen- oder Kleinraumbüro	145
	1.5.3	Großraumbüro	146
	1.5.4	Gruppen- oder Mehrpersonenbüro	148
	1.5.5	Reversibles Büro	149
	1.5.6	Non-territoriales Büro	150
	1.5.7	Telearbeit – Homeoffice	151
1.6	Die Bildschirmarbeitsverordnung		154
1.7	Der Bildschirmarbeitsplatz		159
	1.7.1	Belastungen durch Bildschirmarbeit	159
	1.7.2	Anforderungen an das Bildschirmgerät	160
	1.7.3	Positionierung des Bildschirms	160
	1.7.4	Bildschirmwiedergabe	161
	1.7.5	Gütesiegel für Monitore	161
	1.7.6	Der Bildschirmarbeitstisch	163
	1.7.7	Steh-Sitz-Arbeitsplatz – höhenverstellbare Arbeitstische	164
	1.7.8	Der Büroarbeitsstuhl	165
	1.7.9	Alternative Sitzmöbel	166
	1.7.10	Dynamische Sitzhaltung	168
	1.7.11	Fußstütze	168
1.8	Arbeitsorganisationsmodelle		169
	1.8.1	Pausenregelung und -gestaltung	170
	1.8.2	Bewegungsraum Büro	171

2. Arbeitsprozesse effizient strukturieren — 172
- 2.1 Bürowirtschaftliche Abläufe analysieren — 173
- 2.2 Geschäftsprozesse im Unternehmen — 174
- 2.3 Zielorientierte Arbeitsorganisation — 174
  - 2.3.1 5-A-Aktionen — 175
  - 2.3.2 Ordnungssysteme für den Arbeitsplatz — 176
  - 2.3.3 To-Do-Liste — 177
- 2.4 Störungen im Arbeitsprozess — 177
  - 2.4.1 Der Sägeblatteffekt — 178
  - 2.4.2 Die „stille Stunde" — 178
- 2.5 Methoden des Arbeits- und Zeitmanagement — 179
- 2.6 Zeitmanagementmethoden anwenden — 182
  - 2.6.1 Das Pareto-Prinzip – die 80/20-Regel — 183
  - 2.6.2 ABC-Analyse — 183
  - 2.6.3 ALPEN-Methode — 184
  - 2.6.4 Das Eisenhower-Prinzip — 185

3. Sicherheit und Gesundheit am Arbeitsplatz — 186
- 3.1 Risikofaktoren im Büro — 186
- 3.2 Maßnahmen zur Erhaltung und Förderung der Gesundheit — 187
  - 3.2.1 Arbeitsschutz und Arbeitssicherheit fördern — 187
  - 3.2.2 Sicherheitskennzeichnung — 187
  - 3.2.3 Sicherheitsorganisation im Unternehmen — 189
- 3.3 Strategien zur Bewältigung von physischen und psychischen Belastungen — 189
  - 3.3.1 Kampf dem Stress — 190
  - 3.3.2 Burnout — 191
  - 3.3.3 Work-Life-Balance — 193
  - 3.3.4 Mobbing — 194

4. Termine koordinieren und im Team kooperieren — 196
- 4.1 Terminarten — 197
- 4.2 Termine koordinieren und überwachen — 197

	4.3	Hilfsmittel für die Terminplanung und -überwachung	198
		4.3.1 Terminkalender	199
		4.3.2 Terminplaner	199
		4.3.3 Terminmappen	199
		4.3.4 Planungstafeln	199
		4.3.5 Digitaler Terminkalender	200
5.	**Kommunikationsfähigkeit im Berufsleben entwickeln**		**201**
	5.1	Kommunikationswege	202
	5.2	Nonverbale Kommunikation	202
	5.3	Kommunikationsstörungen	204
	5.4	Kommunikationsregeln	205
	5.5	Selbstbild und Fremdbild	205
6.	**Teamarbeit**		**207**
	6.1	Teambuilding	208
	6.2	Die vier Phasen der Teamentwicklung	210
7.	**Zielgerichtet Sitzungen und Besprechungen planen und durchführen**		**211**
	7.1	Sitzungen und Besprechungen vorbereiten	212
	7.2	Sitzungsziele	212
	7.3	Planen und Organisieren	213
		7.3.1 Themen und Inhalte	214
		7.3.2 Teilnehmerkreis	215
		7.3.3 Terminplanung	215
		7.3.4 Zeitplan	215
		7.3.5 Veranstaltungsort	216
		7.3.6 Die Einladung	216
	7.4	Sitzungen und Besprechungen durchführen	217
	7.5	Sitzungen und Besprechungen nachbereiten	218
	7.6	Sitzungen und Besprechungen im Business-English	219
	7.7	Sitzungen und Besprechungen schriftlich dokumentieren	221
		7.7.1 Protokolle	221
		7.7.2 Protokollrahmen	222
		7.7.3 Protokollarten	223
		7.7.4 Zeitformen des Protokolls	227

8. Ein- und ausgehende Informationswege effizient nutzen — 228

- 8.1 Eingehende Informationen prozessorientiert strukturieren — 229
- 8.2 Informationen schriftlich zur innerbetrieblichen Weitergabe aufbereiten — 230
- 8.3 Ausgehende Informationen prozessorientiert weiterleiten — 232
- 8.4 Postbearbeitung im Unternehmen — 233
- 8.5 Die Eingangspost im Unternehmen bearbeiten — 233
  - 8.5.1 Wie kommt die Post ins Büro? — 234
  - 8.5.2 Postfach — 234
  - 8.5.3 Postvollmacht — 234
  - 8.5.4 E-Postbrief und De-Mail — 235
- 8.6 Schritte des Posteingangs — 235
  - 8.6.1 Wer darf welche Post öffnen? — 236
  - 8.6.2 Briefe öffnen und kontrollieren — 237
  - 8.6.3 Briefe stempeln — 237
  - 8.6.4 Briefe sortieren — 239
  - 8.6.5 Post verteilen — 239
  - 8.6.6 Digitale Archivierung — 240
- 8.7 Schritte des Postausgangs — 240
  - 8.7.1 Adressieren — 240
  - 8.7.2 Zusammentragen der Unterlagen zum Postversand — 241
  - 8.7.3 Falzen und Kuvertieren — 242
  - 8.7.4 Wiegen und Frankieren — 243
  - 8.7.5 Postausgangsbuch — 245
- 8.8 Zweckmäßige Versandarten auswählen und vergleichen — 245
  - 8.8.1 Post- und Briefdienstleister — 245
  - 8.8.2 Die richtige Versandart wählen — 248
  - 8.8.3 Zusatzleistungen — 249
  - 8.8.4 Besondere Sendungsarten — 250
  - 8.8.5 Pakete und Päckchen — 251

9.	**Aufbewahrung von Schriftgut**		252
9.1	Wertstufen von Dokumenten		253
9.2	Die Aufbewahrungsorte		255
	9.2.1	Die Ablage am Arbeitsplatz	255
	9.2.2	Die Abteilungsregistratur	255
	9.2.3	Die Zentralregistratur	256
	9.2.4	Das Archiv	256
9.3	Registraturformen		257
	9.3.1	Liegende Registratur	258
	9.3.2	Stehende Registratur	258
	9.3.3	Hängende Registratur	259
9.4	Ordnungssysteme		259
	9.4.1	Alphabetisches Ordnungssystem	259
	9.4.2	Numerisches Ordnungssystem	261
	9.4.3	Dekadisches Ordnungssystem	261
	9.4.4	Alphanumerisches Ordnungssystem	261
	9.4.5	Chronologische Ordnung	262
	9.4.6	Sachliche Ordnung, Merkhilfen, Farben und Symbole (Mnemotechnische Ordnung)	262
9.5	Der Aktenplan		262
9.6	Das Dokumenten-Management-System (DMS)		263
9.7	Datenschutz		265
	9.7.1	Bundesdatenschutzgesetz – Datenschutzgrundverordnung	265
	9.7.2	Gesetzliche Pflichten für Unternehmen	266
	9.7.3	Datenschutzbeauftragter	267
	9.7.4	Technische und organisatorische Maßnahmen (TOM)	267
	9.7.5	Maßnahmen zum Datenschutz	268
	9.7.6	Maßnahmen zur Datensicherheit	269
	9.7.7	Verpflichtungserklärung Mitarbeiter	270
	9.7.8	Betroffenenrechte	270
9.8	Speichermedien		272
9.9	Cloud-Computing		274

Lernfeld 3 — Aufträge bearbeiten — 276

1. **Bedeutung und Inhalte von Anfragen** — 278
2. **Umgang mit umfangreichen Datentabellen in Microsoft Excel** — 281
   - 2.1 Suchen und Ersetzen — 281
   - 2.2 Sortierung — 282
   - 2.3 Filterung — 283
3. **Bedeutung und Inhalte von Angeboten** — 284
   - 3.1 Rechtliche Verbindlichkeit eines Angebots — 284
   - 3.2 Inhalte eines Angebots — 285
4. **Handelskalkulation** — 290
   - 4.1 Bestandteile der Handelskalkulation — 290
   - 4.2 Berechnung der Selbstkosten — 293
   - 4.3 Berechnung des Bruttoverkaufspreises — 294
5. **Gestaltung von Geschäftsbriefen nach DIN 5008** — 295
   - 5.1 Vorgaben für die Elemente eines Geschäftsbriefes nach DIN 5008 — 295
     - 5.1.1 Briefkopf — 296
     - 5.1.2 Rücksendeangabe und Anschriftenfeld — 296
     - 5.1.3 Inlands- und Auslandsanschriften — 299
     - 5.1.4 Informationsblock — 301
     - 5.1.5 Bezugszeichenzeile und Kommunikationszeile — 304
     - 5.1.6 Betreff — 306
     - 5.1.7 Anrede — 307
     - 5.1.8 Brieftext — 307
     - 5.1.9 Grußformel und Unterschriften — 307
     - 5.1.10 Seitennummerierung — 309
     - 5.1.11 Anlagen- und Verteilervermerke — 309
     - 5.1.12 Loch- und Faltmarken — 310
     - 5.1.13 Übersicht über die einzelnen Elemente eines Geschäftsbriefs — 310

	5.2	Regelungen zur Textgestaltung nach DIN 5008	313
		5.2.1 Texthervorhebungen	313
		5.2.2 Gliederung des Textes	314
		5.2.3 Aufzählungen	316
		5.2.4 Fußnoten	317
		5.2.5 Gliederung von Zahlen	319
		5.2.6 Abkürzungen	321
		5.2.7 Tabellen	322
		5.2.8 Diagramme	323
		5.2.9 Abbildungen	324
6.		Weitere Empfehlungen für die Gestaltung und Formulierung von Geschäftsbriefen	325
	6.1	Gesetzlich vorgeschriebene Pflichtangaben	325
	6.2	Corporate Design	326
	6.3	Allgemeine Empfehlungen zur Strukturierung und Formulierung von Geschäftsbriefen	327
		6.3.1 Einleitung von Brieftexten	327
		6.3.2 Gegenstand/Anliegen von Brieftexten	328
		6.3.3 Schluss von Brieftexten	328
		6.3.4 Formulierung von Brieftexten	329
	6.4	Änderungsverfolgung und Kommentarfunktion in Microsoft Word	330
		6.4.1 Änderungsverfolgung verwenden	330
		6.4.2 Kommentare einfügen	331
7.		Erstellung von Vorlagen mit Microsoft Word	331
	7.1	Erstellung und Verwendung von Dokumentenvorlagen	332
	7.2	Definition und Verwendung von Platzhaltern	333
	7.3	Erstellung, Verwaltung und Verwendung von Textbausteinen	334
8.		Erstellung weiterer betrieblicher Dokumente	337
	8.1	Innerbetriebliche Mitteilung und Rundschreiben	337
	8.2	Aktenvermerke	340

9. Betriebliche Informationstechnik und Telekommunikation — 341
- 9.1 Grundlagen der Telekommunikation — 341
- 9.2 Mündliche Telekommunikation — 343
- 9.3 Schriftliche Telekommunikation — 344
- 9.4 Betriebliche Informationstechnik — 345
  - 9.4.1 Hardware — 345
  - 9.4.2 Software — 348
- 9.5 Betriebliche Kommunikation über das Internet — 351
  - 9.5.1 Aufbau und Funktionsweise des Internets — 352
  - 9.5.2 World Wide Web (WWW) — 353
  - 9.5.3 Nutzung von Suchmaschinen — 353
  - 9.5.4 Nutzung von E-Mail — 354

10. Warenlieferung und Lieferschein — 356
- 10.1 Wahl des Transportmittels für eine Warenlieferung — 356
  - 10.1.1 Unternehmenseigene Transportmittel — 357
  - 10.1.2 Lieferung durch ein fremdes Transportunternehmen — 357
- 10.2 Bedeutung und Inhalte eines Lieferscheins — 357

11. Bedeutung und Inhalte einer Rechnung — 360

12. Druck und Vervielfältigung von Dokumenten — 363
- 12.1 Drucker — 363
  - 12.1.1 Laserdrucker — 364
  - 12.1.2 Tintenstrahldrucker — 365
  - 12.1.3 Nadeldrucker — 366
  - 12.1.4 Thermodrucker — 366
  - 12.1.5 Großformatdrucker (Plotter) — 367
- 12.2 Scanner — 368
- 12.3 Kopierer — 368
- 12.4 Multifunktionsgeräte — 369

13. Kundenorientierte Auftragsabwicklung ... 369

    13.1 Geschichtliche Entwicklung der allgemeinen Marktsituation in Deutschland ... 370

    13.2 Ziele und Ansprüche von Kunden ... 371

        13.2.1 Ansprüche an das Produkt ... 371

        13.2.2 Ansprüche an das Unternehmen ... 372

        13.2.3 Ansprüche an die Mitarbeiter ... 372

    13.3 Voraussetzungen für ein kundenorientiertes Unternehmen ... 373

Lernfeld 4   Sachgüter und Dienstleistungen beschaffen und Verträge schließen ... 374

1. Grundlagen der Beschaffung und Analyse der Beschaffungssituation ... 376

    1.1 Aufgaben und Ziele der Beschaffung ... 376

    1.2 Art der Beschaffungsgüter ... 376

    1.3 Aufgaben der Beschaffung ... 377

2. Daten aus der Beschaffung mit Diagrammen veranschaulichen ... 378

    2.1 Diagrammarten ... 378

    2.2 Diagramme erstellen ... 383

    2.3 Diagrammdaten bearbeiten ... 384

    2.4 Diagramm beschriften ... 385

    2.5 Diagrammelemente formatieren ... 386

    2.6 Achsen skalieren ... 388

3. Schwerpunkte setzen mit der ABC-Analyse ... 389

    3.1 Ermittlung der kumulierten prozentualen Einkaufswerte ... 389

    3.2 Zuordnung der A-, B-, C-Gruppierung mit der WENN-Funktion ... 390

    3.3 Auswertung von Daten mithilfe von statistischen Funktionen ... 391

    3.4 Grafische Darstellung der ABC-Analyse ... 394

4. Recht und Rechtsordnung — 395
- 4.1 Öffentliches Recht — 395
- 4.2 Privatrecht — 395
- 4.3 Rechtsgeschäfte und Rechtsfähigkeit — 396
- 4.4 Eigentum und Besitz — 399
    - 4.4.1 Eigentumsübertragung von beweglichen Sachen (Mobilien) — 400
    - 4.4.2 Eigentumsübertragung von unbeweglichen Sachen (Immobilien) — 401
- 4.5 Geschäftsfähigkeit von natürlichen Personen — 402
    - 4.5.1 Geschäftsunfähigkeit — 402
    - 4.5.2 Beschränkte Geschäftsfähigkeit — 402
    - 4.5.3 Volle Geschäftsfähigkeit — 404
- 4.6 Vertragsfreiheit — 405
- 4.7 Formvorschriften — 406
- 4.8 Nichtigkeit und Anfechtbarkeit von Willenserklärungen und Rechtsgeschäften — 407
    - 4.8.1 Gründe für die Nichtigkeit von Willenserklärungen und Rechtsgeschäften — 408
    - 4.8.2 Gründe für die Anfechtbarkeit von Willenserklärungen und Rechtsgeschäften — 408
- 4.9 Vertragsarten im Bürgerlichen Gesetzbuch (BGB) — 409

5. Materialbedarfsplanung — 412
- 5.1 Methoden der Mengenplanung — 413
    - 5.1.1 Plangesteuerte Materialbedarfsermittlung — 413
    - 5.1.2 Verbrauchsgesteuerte Materialbedarfsermittlung — 414
    - 5.1.3 Optimale Bestellmenge — 415
- 5.2 Zeitplanung des Materialbedarfs — 417
- 5.3 Bestellvorschläge mit der UND- und ODER-Funktion im Tabellenkalkulationsprogramm Excel ermitteln — 419

6.	Ermittlung und Auswahl von Bezugsquellen			420
	6.1	Ermittlung von Werten mit der SVERWEIS- und der WVERWEIS-Funktion		421
	6.2	Angebotsvergleich		424
		6.2.1	Quantitativer Angebotsvergleich	424
		6.2.2	Qualitativer Angebotsvergleich mithilfe der Nutzwertanalyse	425
7.	Umweltverträglicher Einkauf			427
	7.1	Umweltgesetze und Verordnungen		427
	7.2	Umweltbezogene Zertifizierungen		428
	7.3	Umweltorientierte Beschaffung		429
8.	Abschluss von Kaufverträgen			431
	8.1	Kaufvertragsarten		434
	8.2	Allgemeine Geschäftsbedingungen		436
	8.3	Elektronischer Einkauf		438
		8.3.1	Bestellung per E-Mail	438
		8.3.2	Online-Einkauf über eine Internetplattform	438
		8.3.3	Elektronischer Einkauf über EDI	440
9.	Wareneingang und Lagerung			441
	9.1	Anlieferung der Ware		442
	9.2	Organisation der Warenlagerung		443
		9.2.1	Eigen- oder Fremdlager	443
		9.2.2	Organisation des Lagers	444
		9.2.3	Bauformen des Lagers	444
		9.2.4	Lagerplatzzuordnung	445
	9.3	Umweltaspekte bei der Lagerung		445
	9.4	Die Wirtschaftlichkeit des Lagerungsprozesses		447
10.	Kaufvertragsstörungen beim Einkauf			448
	10.1	Lieferverzug		450
	10.2	Annahmeverzug		455
	10.3	Mangelhafte Lieferung		458

11. Rechnungseingang und Zahlungsfristen — 464
- 11.1 Rechnungseingang und Überwachung offener Posten — 464
- 11.2 Die Zahlung unter Ausnutzung von Skonto — 465
- 11.3 Zahlungsverzug — 467

12. Zahlungsverkehr — 472
- 12.1 Bare und halbbare Zahlung — 473
- 12.2 Abwicklung der Bankgeschäfte mit einem Girokonto — 475
- 12.3 Kontoführung und Abwicklung des Zahlungsverkehrs per Electronic-Banking — 476
  - 12.3.1 Zahlung per Überweisung — 476
  - 12.3.2 Zahlung per Dauerauftrag — 479
  - 12.3.3 Zahlung per Echtzeitüberweisung (Instant Payment) — 480
  - 12.3.4 Zahlungseinzug per Lastschrift — 480
- 12.4 Kartenzahlung — 481
  - 12.4.1 Girocard — 482
  - 12.4.2 Kreditkarte — 482
- 12.5 Zahlung per PayPal und paydirekt — 483
- 12.6 Zahlung per Smartphone-App — 484
- 12.7 Zahlung per Scheck — 484

Bildquellenverzeichnis — 487

Stichwortverzeichnis — 489

Die eigene Rolle im Betrieb mitgestalten und den Betrieb präsentieren

Zu Beginn der Berufsausbildung strömen viele neue Erfahrungen auf die neu eingestellten Auszubildenden ein, mit denen sie zunächst umgehen lernen müssen. Welche Rolle habe ich im Unternehmen? Wer darf mir Aufgaben zuteilen? Warum muss ich in die Berufsschule? Sind „Lehrjahre keine Herrenjahre" – oder habe ich auch Rechte? Wer kann mir bei Problemen helfen? In welchem Betrieb bin ich überhaupt angekommen und welches Leistungsspektrum bietet er?

Diese und noch mehr Fragen stellen sich Berufseinsteigern im Betrieb. Und auf diese Fragen erhalten sie im Lernfeld 1 eine Antwort. Sie informieren sich über die Beteiligten an der Ausbildung, erhalten einen Überblick über das duale Ausbildungssystem in Deutschland und die an der Ausbildung beteiligten Institutionen. Sie lernen, die Struktur ihres Ausbildungsbetriebs zu analysieren und machen damit verbundene Kompetenzbereiche aus.

Zudem lernen die Auszubildenden, ihre eigenen Kompetenzen besser einzuschätzen und sich selbst zu beurteilen. Aus Defiziten leiten sie ihren eigenen Entwicklungsbedarf ab und erarbeiten sich so die Grundlage für lebenslanges Lernen. Sie erkunden Möglichkeiten der beruflichen Fortbildung und formulieren erste Berufsziele.

Die Auszubildenden beschäftigen sich mit dem Leitbild und den Zielen ihres eigenen Unternehmens und identifizieren sich so mit dem Betrieb. Sie machen sich bewusst, welche Stellung ihr Ausbildungsbetrieb in der Gesamtwirtschaft darstellt und können erste wirtschaftliche Grundprinzipien erläutern.

Um ihren Betrieb besser kennen zu lernen, wird von den Auszubildenden eine Präsentation ihres Unternehmens gefordert. Auch hier werden vielfältige Kompetenzen verlangt, die sich die Auszubildenden im Laufe des Lernfelds und ihrer kommenden Schullaufbahn aneignen sollen. Sie erlernen Präsentationstechniken und -methoden, werden dazu angeleitet, sich selbst und andere einzuschätzen und ein Feedback zu geben.

1.	Das System der dualen Berufsausbildung	28
2.	Interessenvertreter und ihre Aufgaben	41
3.	Das Jugendarbeitsschutzgesetz	50
4.	Handlungskompetenz	56
5.	Ziele setzen und verwirklichen	58
6.	Ausgelernt – was dann?	59
7.	Lernen als lebenslanger Prozess	62
8.	Die Organisationsstruktur des Ausbildungsbetriebes darstellen	68
9.	Wer darf welche Entscheidungen treffen?	78
10.	Das Unternehmen in der Gesamtwirtschaft	81
11.	Unternehmensleitbild und Unternehmensziele	100
12.	Erfolgreich präsentieren und reflektieren	106

1. Das System der dualen Berufsausbildung

1.1 Das grundlegende System

Die meisten Ausbildungsberufe in Deutschland werden nach dem Prinzip der dualen Berufsausbildung ausgebildet. Das bedeutet, dass Auszubildende im dualen Ausbildungssystem an **zwei unterschiedlichen Lernorten ausgebildet werden:**

- **im Betrieb:** Als Grundlage für die betriebliche Ausbildung wird zwischen Auszubildendem und Ausbildendem ein Ausbildungsvertrag geschlossen. Dieser beinhaltet wichtige Rahmendaten der Ausbildung und die Rechte und Pflichten während der Ausbildungszeit.
- **in der Berufsschule:** Hier erfolgt die Ausbildung auf Grundlage des Rahmenlehrplans der Kultusministerkonferenz (KMK), des Lehrplans des jeweiligen Bundeslandes und des Schulgesetzes des jeweiligen Bundeslandes.

Lernort Betrieb	Lernort Berufsschule
Rechtliche Grundlagen ► Ausbildungsvertrag ► Ausbildungsrahmenplan ► Ausbildungsordnung	Rechtliche Grundlagen ► Schulgesetz (Bundesland) ► Lehrplan (Bundesland) ► Rahmenlehrplan (KMK)
Praktische und berufsbezogene Tätigkeiten werden erlernt und das Sammeln von Berufserfahrung wird ermöglicht.	Überwiegend theoretische, berufsbezogene Inhalte werden vermittelt. Außerdem wird die Allgemeinbildung erweitert oder vertieft.

> Damit die duale Berufsausbildung funktioniert, ist eine enge Zusammenarbeit zwischen Berufsschule und Betrieb erforderlich. Das bedeutet z. B., dass
> - Zeugnisse auch vom Ausbildenden unterzeichnet werden müssen.
> - Krankmeldungen sowohl im Betrieb, als auch in der Berufsschule erfolgen müssen.
> - der Betrieb über schulische Fehlzeiten informiert werden sollte.
> - Urlaub in den Berufsschulferien zu nehmen ist.

1. Das System der dualen Berufsausbildung

1.1.1 An der Ausbildung Beteiligte

Laut Berufsbildungsgesetz werden vier Personengruppen unterschieden, die an der Berufsausbildung beteiligt sind:

- die Auszubildenden (Azubi)
- die Ausbilder
- die Ausbildenden
- die an der Ausbildung Mitwirkenden.

Beteiligte	Definition	Beispiel
Auszubildender (Azubi)	Ein Auszubildender ist derjenige, der einen bundesweit anerkannten Ausbildungsberuf aufgrund einer staatlichen oder bundesweit gültigen Ausbildungsverordnung erlernt.	Marina Krimmel hat zum 1. August d. J. eine Ausbildung als Kauffrau für Büromanagement begonnen. Sie hat mit Herrn Daube, dem Personalchef des Unternehmens, einen Ausbildungsvertrag geschlossen. Dieser ist bereits bei der Industrie- und Handelskammer eingetragen.
Ausbildender	Als Ausbildender wird die Person bezeichnet, die in seinem Unternehmen eine Ausbildung anbietet. Sie sind Vertragspartner und übernehmen die Verantwortung für die ordnungsgemäße Erfüllung des Berufsausbildungsvertrages. Sie haben die Pflicht, dafür zu sorgen, dass der Auszubildende eine berufliche Handlungsfähigkeit erlangt, die zum Erreichen des Ausbildungsziels erforderlich ist. Der Ausbildende kann die Ausbildung selbst durchführen oder einen Ausbilder beauftragen.	Herr Daube ist als Personalchef des Unternehmens und als Vertragspartner von Frau Krimmel der Ausbildende. Er hat Marion Weber mit der Ausbildung beauftragt.
Ausbilder	Wenn die persönliche und fachliche Eignung vorliegt, können Ausbilder stellvertretend für den Ausbildenden die Durchführung der Ausbildung übernehmen. Ihre Hauptaufgaben liegen darin, die Ausbildung nach Ausbildungsrahmenplan zu planen. Damit die Ausbildungstätigkeit ausgeübt werden kann, müssen Ausbilder die sog. Ausbildereignungsprüfung bei der zuständigen Kammer abgelegt haben.	Marion Weber ist Ausbilderin im Unternehmen. Sie hat den sog. AdA-Schein bei der Industrie- und Handelskammer abgelegt und wurde von Herrn Daube mit der Ausbildung von Frau Krimmel beauftragt.

Beteiligte	Definition	Beispiel
Ausbilder	Persönliche und fachliche Eignung: Fachlich geeignet ist, wer ▸ die beruflich- und arbeitspädagogischen Fertigkeiten, Kenntnisse und Fähigkeiten besitzt, die für die Ausbildungstätigkeiten notwendig sind. Persönlich nicht geeignet ist, wer ▸ Kinder und Jugendliche nicht beschäftigen darf (z. B. wegen schwerer Straftaten) oder ▸ wiederholt oder schwer gegen das BBiG oder darauf basierende Vorschriften verstoßen hat.	Da sie selbst Bürokauffrau gelernt hat und einen Ausbildereignungs-Lehrgang besucht hat, ist sie fachlich geeignet. Sie hat keinerlei einschlägige Vorstrafen und ist sehr gut in der Lage, Wissen zu vermitteln, sodass auch die persönliche Eignung vorliegt. Ihre Hauptaufgabe ist es, den Ausbildungsplan von Frau Krimmel zu erstellen und dafür zu sorgen, dass Marina während ihrer Ausbildung die notwendige Handlungskompetenz erlernt.
an der Ausbildung Mitwirkende	Neben den Ausbildern können auch weitere Personen an der Ausbildung im Unternehmen beteiligt werden. Diese sind nicht für die Ausbildung verantwortlich, tragen aber mit ihren Kenntnissen und Fähigkeiten zum Gelingen bei.	Herr Hahn ist Sachbearbeiter in der Buchhaltung. Bei ihm soll Marina die nächsten drei Monate eingesetzt werden, um die wichtigsten Grundlagen der ordnungsgemäßen Buchhaltung zu erlernen. Er ist ein „an der Ausbildung Mitwirkender".

1.1.2 Die Kammern

Für die Organisation der unterschiedlichen Ausbildungsberufe sind in Deutschland die Kammern zuständig. Sie prüfen, ob ein Betrieb geeignete Voraussetzungen für die Durchführung einer Ausbildung hat, betreuen und beraten die Betriebe, sind Ansprechpartner für die Auszubildenden in rechtlichen Fragen und Vermittler bei Konflikten. Weiterhin gehören die Durchführung von Prüfungen und Zusatzqualifikationen zu ihren Aufgaben.

1.2 Rechtliche Grundlagen der Berufsausbildung

Das **Berufsbildungsgesetz** (BBiG) regelt in Deutschland neben Fortbildungen und Umschulungen auch die Berufsausbildung. Es ordnet zudem den Erlass von **Ausbildungsordnungen**, die neben der Bezeichnung des Ausbildungsberufes auch die Ausbildungsdauer, die beruflichen Fertigkeiten, Kenntnisse und Fähigkeiten (das sog. **Ausbildungsberufsbild**) und die Prüfungsanforderungen enthält. Das Berufsbildungsgesetz wurde im Jahr 2019 novelliert. Die Änderungen sind am 1. Januar 2020 in Kraft getreten.

Das Berufsbildungsgesetz stellt für alle, die an der Ausbildung beteiligt sind (Auszubildende, Ausbilder, Ausbildender, Kammern, Berufsschule usw.) eine Orientierungshilfe dar. Ergänzende Gesetzesgrundlagen sind außerdem das Arbeitszeitgesetz, das Jugendarbeitsschutzgesetz, das Arbeitsschutzgesetz, das Mutterschutzgesetz und Tarifverträge.

1.2.1 Die Ausbildungsordnung

Die Ausbildungsordnung (AO) zum/zur Kaufmann/-frau für Büromanagement fasst die ehemaligen Ausbildungsberufe „Bürokaufleute", „Kaufleute für Bürokommunikation" und „Fachangestellte für Bürokommunikation im öffentlichen Dienst" zusammen.

Sie beinhaltet folgende Regelungen:
- staatliche Anerkennung des Ausbildungsberufes
- Dauer und Struktur der Berufsausbildung
- Ausbildungsrahmenplan und Ausbildungsberufsbild
- Durchführung der Berufsausbildung
- Zwischen- und Abschlussprüfung
- Gewichtungs- und Bestehensregeln
- Zusatzqualifikationen und deren Prüfung.

1 Die eigene Rolle im Betrieb mitgestalten und den Betrieb präsentieren

1.2.2 Das Ausbildungsberufsbild

Das Ausbildungsberufsbild gibt eine Übersicht über die zu erwerbenden Fertigkeiten, Kenntnisse und Fähigkeiten des Berufes. Es zählt im Prinzip Pflichtqualifikationen (gegliedert in Büro- und Geschäftsprozesse) sowie profilgebende Wahlqualifikationen und integrative Fertigkeiten, Kenntnisse und Fähigkeiten auf.

Diese Aufzählung wird in der sachlichen Gliederung des Ausbildungsrahmenplans konkretisiert und in der zeitlichen Gliederung mit ungefähren Richtwerten hinterlegt.

1.2.3 Die zeitlich-sachliche Gliederung

Die zeitlich-sachliche Gliederung dient dem Ausbildenden als Grundlage, einen Ausbildungsplan für den Auszubildenden zu erstellen. Dieser wird während der Berufsausbildung durchlaufen und stellt sicher, dass alle wesentlichen Inhalte des Berufsbildes im Betrieb erlernt werden.

1.2.4 Der Ausbildungsplan

Beispiel

Ausbildungspläne können in den einzelnen Betrieben ganz unterschiedlich aussehen. Entweder gibt es Einzelversetzungspläne, oder – in Betrieben mit mehreren Auszubildenden – Gesamtversetzungspläne. Inhaltlich sollten sie aber folgendes umfassen:

- Erstreckung über die gesamte Ausbildungsdauer
- inhaltliche Umsetzung der zeitlich-sachlichen Gliederung
- Angaben zum Lernort/zur Abteilung und den entsprechenden Betriebskräften.

1.2.5 Das Berichtsheft

Eng verbunden mit dem Ausbildungsplan ist in diesem Zusammenhang auch das zu führende Berichtsheft. Es dient als Nachweis, dass die Inhalte des Ausbildungsrahmenplans auch betrieblich umgesetzt werden. Auszubildende sollten daher beim Schreiben des Berichtsheftes unbedingt darauf achten, nicht einfach Themen der Berufsschule aufzuschreiben, sondern tatsächlich erlernte Fähigkeiten und Kenntnisse aus dem Betrieb noch einmal schriftlich zu fixieren.

Oft wird das Führen des Berichtsheftes als unnützes Beiwerk oder Gängelei verstanden. Tatsächlich ist der Ausbildungsnachweis ein Kontrollinstrument, das besonders dann zum Tragen kommt, wenn der Auszubildende die Abschlussprüfung nicht besteht und mithilfe des Ausbildungsnachweises eine mangelhafte Ausbildung nachweisbar ist.

Beispiel

Marina Krimmel hat die Prüfung zur Kauffrau für Büromanagement nicht bestanden. Mehrere Fragen des Prüfungsausschusses konnte sie nicht beantworten, da sie im betrieblichen Alltag nie mit diesen Tätigkeiten in Verbindung kam. Die gesamten drei Jahre ihrer Ausbildung hat sie im Archiv verbracht und Akten sortiert. In ihrem Berichtsheft hat sie die letzten Jahre sehr schöne Fachberichte über alle in der Berufsschule behandelten Themen verfasst. Über den Einsatz in ihrem Ausbildungsbetrieb hat sie nichts geschrieben. Das bereut Marina mittlerweile sehr, denn sie kann nun dem Ausbildungsbetrieb nicht nachweisen, dass seine Ausbildung mangelhaft war.

1.2.6 Der Rahmenlehrplan

Der Rahmenlehrplan regelt die Ziele und Inhalte des Berufsschulunterrichts und ist inhaltlich und zeitlich mit dem Ausbildungsrahmenplan verzahnt. Die Lerninhalte beziehen sich dabei auf den berufsbezogenen Bereich des Berufsschulunterrichts.

1.3 Der Ausbildungsvertrag

Die wesentlichen Inhalte des Ausbildungsvertrages sind durch das Berufsbildungsgesetz festgelegt und regeln die Rechtsbeziehungen zwischen dem Auszubildenden und dem Ausbildenden für die Dauer der Ausbildung.

Zustande kommt der Ausbildungsvertrag durch zwei übereinstimmende Willenserklärungen. Zwar kann das Zustandekommen des Vertrages zunächst mündlich erfolgen, er muss aber anschließend schriftlich niedergelegt werden.

Ist der Auszubildende noch minderjährig, so ist der Vertrag zusätzlich von den gesetzlichen Vertretern zu unterzeichnen.

Der Ausbildungsvertrag wird nach Unterzeichnung bei der zuständigen Kammer eingereicht, dort überprüft und anschließend in das Verzeichnis der Berufsausbildungsverhältnisse eingetragen.

Die Besonderheit des Ausbildungsvertrages liegt darin, dass es sich hierbei sowohl um einen Zweck-, als auch um einen Zeitvertrag handelt:

- Zweckvertrag: Er endet mit dem Erreichen des Zwecks der Berufsausbildung, d. h. mit Bestehen der Abschlussprüfung.
- Zeitvertrag: Er wird darüber hinaus für eine bestimmte Vertragszeit abgeschlossen.

Für das Ausbildungsende gilt die Faustregel: **Zweckvertrag geht vor Zeitvertrag!**

Beispiel

Marina Krimmel schließt zum 1. August 2020 einen Ausbildungsvertrag ab, der bis zum 31. Juli 2023 läuft. Am 20. Juni 2023 besteht sie ihre Prüfung vor der Industrie- und Handelskammer. Der Vertragszweck wurde damit erfüllt und der Vertrag ist damit trotz „Laufzeit" bis zum 31. Juli 2023 beendet.

Nach § 11 des BBiG muss der Ausbildungsvertrag folgende wesentlichen Punkte enthalten:

Art, sachliche/zeitliche Gliederung sowie Ziel der Berufsausbildung, insbesondere die Berufstätigkeit, für die ausgebildet werden soll	Die einzutragende Berufsbezeichnung muss der jeweiligen Ausbildungsordnung entsprechen. Sollte eine Fachrichtung erforderlich sein, muss diese angegeben werden.
Beginn und Dauer der Berufsausbildung	Die Regel-Ausbildungsdauer ist in der Ausbildungsordnung festgelegt. Sie darf unter bestimmten Umständen verkürzt werden. Der Verkürzungsgrund muss im Ausbildungsvertrag angegeben werden. Mögliche Verkürzungsgründe sind: ▸ Abitur/Fachhochschulreife: bis zu 12 Monate ▸ abgeschlossene Berufsausbildung: bis zu 12 Monate ▸ Alter > 21 Jahre: bis zu 12 Monate (im Einzelfall).
Teilzeitausbildung	Bereits im Jahr 2005 wurde im BBiG die Möglichkeit einer Teilzeitausbildung eingeführt. Diese soll durch die am 1. Januar 2020 in Kraft tretende Neuerung im BBiG deutlich gestärkt werden. Vor dem Jahr 2020 galt die Teilzeitregelung in der Regel für Leistungsstarke, die Kinder betreuen oder Angehörige pflegen. Die Inhalte der Regelausbildungszeit mussten in verkürzter Zeit erlernt werden. Ab 2020 können alle Auszubildenden die Teilzeitregelung in Anspruch nehmen. Voraussetzung ist allerdings, dass sich Arbeitgeber und Azubi einig sind. Dies ermöglicht es, dass nicht nur Auszubildende, die durch Kindererziehung oder Pflege eingebunden sind, von der Regelung Gebrauch machen dürfen, sondern auch Menschen mit Behinderung, lernbeeinträchtigte Auszubildende oder auch Geflüchtete.
Ausbildungsmaßnahmen außerhalb der Ausbildungsstätte	Können die in der Ausbildungsordnung genannten erforderlichen Kenntnisse und Fertigkeiten nicht in vollem Umfang in der Ausbildungsstätte vermittelt werden, muss dieser Mangel durch Ausbildungsmaßnahmen außerhalb der Ausbildungsstätte behoben werden. Beispiele dafür sind: ▸ außerbetriebliche Schulungsmaßnahmen ▸ Einsatz in unterschiedlichen Betrieben im Ausbildungsverbund.

Dauer der regelmäßigen täglichen Ausbildungszeit	Die regelmäßige tägliche Ausbildungszeit ist gesetzlich und tariflich geregelt (Arbeitsrecht, Tarifverträge, Jugendarbeitsschutzgesetz) und kann zum Teil auch innerhalb des Betriebes abweichen. Für Jugendliche gilt, dass sie nicht mehr als acht Stunden täglich bzw. nicht mehr als 40 Stunden wöchentlich beschäftigt werden dürfen. Die Berufsschulzeiten inklusive Pausen werden auf die Arbeitszeit angerechnet. Bei volljährigen Auszubildenden gelten 48 Stunden als maximale Wochenstundenzahl. Auch für sie gilt: Berufsschulzeit ist Arbeitszeit!
Dauer der Probezeit	Die Probezeit muss mindestens einen Monat und darf höchstens vier Monate betragen. Liegen während der Probezeit **erhebliche** Unterbrechungen von Seiten des Auszubildenden vor, kann sie entsprechend verlängert werden.
Zahlung und Höhe der Vergütung	Seit dem 1. Januar 2020 gilt im neuen Berufsbildungsgesetz eine gesetzlich geregelte Mindestvergütung für alle Auszubildenden, die unter den Wirkungskreis des BBiG fallen. Dazu gilt folgende Regelung: Ausbildungsbeginn 2020 mind. 515 € (1. Aj) Ausbildungsbeginn 2021 mind. 550 € (1. Aj) Ausbildungsbeginn 2022 mind. 585 € (1. Aj) Ausbildungsbeginn 2023 mind. 620 € (1. Aj) Ab dem Jahr 2024 soll die Mindestvergütung für das 1. Ausbildungsjahr an die durchschnittliche Entwicklung aller Ausbildungsvergütungen angepasst werden. Die Ausbildungsvergütung steigt im 2. Ausbildungsjahr um 18 % (im Vergleich zum 1. Aj), im 3. Ausbildungsjahr um 35 % (im Vergleich zum 1. Aj) und im 4. Ausbildungsjahr um 40 % (im Vergleich zum 1. Aj). Beispiel: Marina Krimmel startet mit ihrer Ausbildung am 1. August 2020. Da ihr Ausbildungsbetrieb nicht tarifgebunden ist, erhält sie die, im BBiG geregelte, Mindestausbildungsvergütung. Auf drei Ausbildungsjahre betrachtet, entwickelt sich die Vergütung wie folgt: 2020 1. Aj 515 € 2021 2. Aj ca. 608 € (118 % von 515 €) 2022 3. Aj ca. 695 € (135 % von 515 €)

Dauer des Urlaubs	Der Urlaub wird im Ausbildungsvertrag für jedes Kalenderjahr (nicht Ausbildungsjahr) eingetragen. Er wird anteilig eingetragen, wenn sich die Ausbildungsdauer nicht über alle Monate eines Kalenderjahres erstreckt. Der Urlaubsanspruch wird entweder durch den Tarifvertrag des Unternehmens, das Bundesurlaubsgesetz oder das Jugendarbeitsschutzgesetz geregelt. Das Jugendarbeitsschutzgesetz regelt den Jahresurlaub wie folgt: Jugendliche, die zu Beginn des Kalenderjahres noch nicht - 16 Jahre sind: mind. 30 Werktage - 17 Jahre sind: mind. 27 Werktage - 18 Jahre sind: mind. 25 Werktage. Bei volljährigen Auszubildenden richtet sich der Mindesturlaubsanspruch nach dem Bundesurlaubsgesetz (BUrlG). Demnach sind Volljährigen 24 Werktage zu gewähren.
Voraussetzungen, unter denen der Berufsausbildungsvertrag gekündigt werden kann	Bedingungen für eine Kündigung könnten beispielsweise von Seiten des Auszubildenden sein: - überfällige Zahlungen der Ausbildungsvergütung - massive Verletzung der Fürsorge- und Erziehungspflicht des Ausbildenden. Von Seiten des Ausbildenden könnten Kündigungsgründe sein: - andauernde Unpünktlichkeit - Gewalt gegen andere Auszubildende, Mitarbeiter, den Ausbilder oder den Ausbildenden - Diebstahl. Während der Probezeit ist von beiden Seiten fristgerecht eine Kündigung ohne Angabe von Gründen möglich.
allgemeine Hinweise zu Tarifverträgen, Betriebs- oder Dienstvereinbarungen	Sollten für den Ausbildungsbetrieb bestimmte Vereinbarungen bestehen, können diese im Ausbildungsvertrag aufgelistet werden. Vertragsvereinbarungen, die dem Sinn und Zweck der Berufsausbildung widersprechen oder zuungunsten des Auszubildenden von den gesetzlichen Vorschriften abweichen, sind jedoch nichtig.

Mit Vertragsabschluss ergeben sich für beide Vertragsparteien Rechte und Pflichten, an die sie für die Dauer des Vertrages gebunden sind.

Die eigene Rolle im Betrieb mitgestalten und den Betrieb präsentieren

	Der Ausbildende ist laut Ausbildungsvertrag dazu verpflichtet, dass …	Der Auszubildende ist laut Ausbildungsvertrag dazu verpflichtet, dass …
Ziel der Ausbildung	▸ dem Auszubildenden die berufliche Handlungsfähigkeit vermittelt wird, die er zum Erreichen des Ausbildungsziels benötigt. ▸ die Berufsausbildung planmäßig, zeitlich und sachlich so gegliedert ist, dass der Auszubildende das Ausbildungsziel erreicht (Erstellung eines Ausbildungsplans).	▸ er an der eigenen Ausbildung aktiv mitwirkt und sich bemüht, die Fertigkeiten, Kenntnisse und Fähigkeiten zu erwerben, die erforderlich sind, um das Ausbildungsziel zu erreichen (Lernpflicht!).
Ausbildungs- und Prüfungsmittel	▸ er dem Auszubildenden kostenlos die Ausbildungsmittel (Werkzeuge, Werkstoffe) zur Verfügung stellt, die zur Berufsausbildung und zum Ablegen von Prüfungen erforderlich sind. Hierzu zählen weiterhin der Ausbildungsnachweis, eine erforderliche Sicherheitsausrüstung, Zeichen- und Schreibmaterial, Fach- und Tabellenbücher. Nicht dazu zählen jedoch Materialien, Lehrbücher und Unterlagen, die für den begleitenden Berufsschulunterricht benötigt werden. ▸ er den Auszubildenden im Umgang mit den zur Verfügung gestellten Arbeitsmitteln (insbesondere Maschinen) vertraut macht.	▸ er die ihm zur Verfügung gestellten Arbeitsmittel pfleglich und schonend behandelt.
Berufsschulunterricht/ überbetriebliche Ausbildung	▸ er Auszubildende an einem vor 09:00 Uhr beginnenden Berufsschulunterricht nicht beschäftigt. Auszubildende sind für die Teilnahme am Berufsschulunterricht freizustellen. Umfasst der Berufsschultag mehr als 5 Unterrichtsstunden (à 45 Minuten), so ist der Auszubildende für diesen Tag (einmal in der Woche) komplett zu befreien. Für Blockunterricht mit mindestens 25 Stunden an 5 Tagen ist der Azubi ebenfalls komplett freizustellen. ▸ er den Auszubildenden für die Teilnahme an Prüfungen freistellt. Außerdem ist der Auszubildende am Arbeitstag, der der schriftlichen Abschlussprüfung unmittelbar vorausgeht, freizustellen.	▸ er an den Ausbildungsmaßnahmen, zu denen er freigestellt wird, auch teilnimmt.

1. Das System der dualen Berufsausbildung

	Der Ausbildende ist laut Ausbildungsvertrag dazu verpflichtet, dass ...	Der Auszubildende ist laut Ausbildungsvertrag dazu verpflichtet, dass ...
ausbildungsgerechte und körperlich angemessene Beschäftigung	▸ er dem Auszubildenden nur Aufgaben überträgt, die dem Ausbildungszweck dienen und den körperlichen Kräften des Auszubildenden angemessen sind. Grundsätzlich dienen dem Ausbildungszweck nicht: private Besorgungen, wie Einkaufen oder Kinder betreuen. Unzulässig sind auch Tätigkeiten, die fehlende Arbeitskräfte ersetzen (z. B. Putzhilfen, Lagerarbeiten, Boten, Fahrer). Zumutbar dagegen sind Tätigkeiten, die mit der Sauberkeit und Pflege des Arbeitsplatzes, von Waren, Maschinen, Geräten und Werkzeugen zusammen hängen.	
schriftlicher Ausbildungsnachweis		▸ er sein Berichtsheft ordnungsgemäß führt und dem Ausbildenden regelmäßig vorlegt.
Weisungen		▸ er den Weisungen des Ausbildenden, der Ausbilder oder anderen weisungsberechtigten Personen Folge leistet.
Ordnung in der Ausbildungsstätte	▸ er den Auszubildenden auf die bestehenden Ordnungen hinweist. Diese dürfen jedoch nicht in das Recht auf die freie Entfaltung der eigenen Persönlichkeit eingreifen (z. B. Verbot von langen Haaren oder bestimmter Kleidung). Ausnahmen bestehen dort, wo Gesundheitsvorschriften beeinträchtigt werden oder eine Geschäftsschädigung eintreten könnte.	▸ er die geltende Ordnung für die Ausbildungsstätte beachtet. Diese kann z. B. Sicherheits- und Unfallverhütungsvorschriften, Anlegen von Schutzkleidung, Rauchverbote, Vorschriften über das Betreten von Werkstätten und bestimmten Räumen, Benutzungsordnungen für Sozialeinrichtungen, die allgemeine Hausordnung enthalten.
Pflicht zur Verschwiegenheit		▸ er über Betriebs- und Geschäftsgeheimnisse Stillschweigen bewahrt.

1 Die eigene Rolle im Betrieb mitgestalten und den Betrieb präsentieren

	Der Ausbildende ist laut Ausbildungsvertrag dazu verpflichtet, dass ...	Der Auszubildende ist laut Ausbildungsvertrag dazu verpflichtet, dass ...
ärztliche Untersuchungen	▸ er jugendliche Auszubildende nur beschäftigt, wenn sie innerhalb der letzten 14 Monate von einem Arzt untersucht worden sind und eine Bescheinigung des Arztes vorliegt. Durch die Untersuchung wird der Gesundheits- und Entwicklungsstand der jugendlichen Auszubildenden festgestellt, insbesondere auch, ob die Ausführung bestimmter Tätigkeiten während der Ausbildung den Gesundheitszustand gefährdet.	▸ er, sollte er noch minderjährig sein, nachweisen muss, dass er sowohl bei Beginn der Ausbildung als auch nach spätestens einem Jahr ärztlich untersucht wurde. Wird der Nachweis der ersten Nachuntersuchung nicht vorgelegt, muss er damit rechnen, dass sein Ausbildungsverhältnis bei der zuständigen Kammer gelöscht wird.

Bei Verstoß gegen diese Vorschriften können beide Vertragsparteien mit Geldbußen bis 5.000 € rechnen.

2. Interessenvertreter und ihre Aufgaben

Damit die Gesetzlichkeiten und Vorschriften, die die Ausbildung regeln, auch eingehalten werden, gibt es unterschiedliche Organe, die die Einhaltung der gesetzlichen Regelungen überwachen.

2.1 Mitbestimmungsorgane im Unternehmen
2.1.1 Die Jugend- und Auszubildendenvertretung (JAV)

Die Jugend- und Auszubildendenvertretung ist ein Organ des Betriebsrates, welches insbesondere bei Belangen der jugendlichen Arbeitnehmer und Auszubildenden bis 25 Jahre beratend zur Seite steht. Die Bildung und Aufgaben der JAV sind durch das Betriebsverfassungsgesetz geregelt. In Betrieben mit Betriebsrat, in denen mindestens fünf jugendliche Arbeitnehmer oder Auszubildende, die das 25. Lebensjahr noch nicht vollendet haben, beschäftigt werden, werden Jugend- und Auszubildendenvertretungen gewählt.

Wählen dürfen:	Wählbar sind:
▸ alle jugendlichen Arbeitnehmer, die nicht älter als 18 Jahre sind ▸ Auszubildende, die nicht älter als 25 Jahre sind	▸ alle Mitarbeiter, die das 25. Lebensjahr noch nicht vollendet haben **Mitglieder des Betriebsrates sind nicht wählbar!**

Alle zwei Jahre (in den geraden Jahren) im Zeitraum vom 1. Oktober bis 30. November werden die neuen Jugendgremien im Betrieb gewählt. Voraussetzung für eine JAV ist ein vorhandener Betriebsrat und mindestens fünf Wahlberechtigte.

Je nach Anzahl der Wahlberechtigten ergibt sich die Größe des JAV-Gremiums, das immer aus einer ungeraden Anzahl Mitglieder besteht. Wahlberechtigt sind alle Auszubildenden, Praktikanten und betriebliche Studenten bis 25 Jahre und alle jugendlichen Arbeitnehmer des Betriebes bis 18 Jahre.

In besonders großen Betrieben gibt es zusätzlich eine GJAV (Gesamt-JAV) oder KJAV (Konzern-JAV). Diese setzt sich aus Mitgliedern der einzelnen JAVen zusammen.

Größe der Jugend- und Auszubildendenvertretung			
Anzahl der wahlberechtigten Jugendlichen/ Auszubildenden	5 bis 20	Anzahl der JAV-Mitglieder	1
	21 bis 50		3
	51 bis 150		5
	151 bis 300		7
	301 bis 500		9
	501 bis 700		11
	701 bis 1.000		13
	mehr als 1.000		15

Als nachgeordnetes Organ des Betriebsrates nimmt die JAV mindestens mit einem Vertreter an den Sitzungen des Betriebsrates teil und vertritt dort die Interessen ihrer Wähler. Der Betriebsrat hat die Pflicht, die JAV zur Erfüllung ihrer Aufgaben rechtzeitig und umfassend zu unterrichten und ihnen alle erforderlichen Unterlagen zur Verfügung zu stellen. Die JAV kann unabhängig vom Betriebsrat Sitzungen abhalten, muss ihn aber entsprechend informieren. Zur Wahrung ihrer Aufgaben ist die JAV von ihrer beruflichen Tätigkeit freizustellen.

Die allgemeinen Aufgaben der JAV sind nach § 70 BetrVG (Betriebsverfassungsgesetz):
- Überwachung der Einhaltung von geltenden Gesetzen, Verordnungen, Unfallverhütungsvorschriften, Tarifverträgen und Betriebsvereinbarungen
- Weiterleitung und Durchsetzung von Anregungen zur Berufsausbildung beim Betriebsrat
- Durchführung von Sprechstunden
- Beratung des Betriebsrates bei Themen der Berufsausbildung.

Sie gibt Anregungen und Beschwerden von Jugendlichen und Auszubildenden an den Betriebsrat weiter und wirkt auf deren Lösung ein.

Um ihre Aufgaben wahrzunehmen kann die JAV regelmäßig während ihrer Arbeitszeit JAV-Sitzungen, Sprechstunden und Auszubildendenversammlungen durchführen.

Als engagierte Interessenvertreter kann es durchaus vorkommen, dass JAV-Mitglieder mit dem Arbeitgeber aneinander geraten oder als unbequem empfunden werden. Aus diesem Grund sieht das Betriebsverfassungsgesetz einen Schutz für JAV-Mitglieder vor. Ab dem Zeitpunkt, ab dem das Wahlergebnis feststeht, genießen die ordentlichen Mitglieder der JAV einen besonderen Schutz, der für die Dauer der Mitgliedschaft und für ein weiteres Jahr nach der Mitgliedschaft gilt. Außerdem haben JAV-Mitglieder einen Anspruch auf Übernahme, sofern sie fristgerecht einen Antrag beim Arbeitgeber stellen.

Auch ein Wahlbewerber genießt in der Phase der Wahl einen besonderen Kündigungsschutz. Dieser beginnt mit der Aufstellung des Wahlvorschlages und endet mit Bekanntgabe des Wahlergebnisses.

Gesprächs- und Verhandlungspartner der JAV ist der Betriebsrat, nicht die Unternehmensleitung.

2.1.2 Der Betriebsrat

Ein Betriebsrat kann immer dann gewählt werden, wenn der Betrieb ständig mehr als fünf wahlberechtigte Arbeitnehmer hat. Wahlberechtigt sind auch Auszubildende, Aushilfen, Studenten und längerfristige Praktikanten. Der Betriebsrat hat die Aufgabe, die Beschäftigten des Unternehmens vor der Willkür des Arbeitgebers zu schützen.

Er wirkt in vielen Themenbereichen mit, wie bei der Einstellung von Mitarbeitern, bei Kündigungen, Betriebsvereinbarungen usw. Der Arbeitgeber darf den Betriebsrat weder verbieten noch in seiner Arbeitsweise behindern.

Die Grundlage für die Betriebsratsarbeit bildet das Betriebsverfassungsgesetz (BetrVG). Das Gesetz verpflichtet den Arbeitgeber, den Betriebsrat über alle Angelegenheiten (Sachverhalte, Ereignisse, Planungen usw.) die die Arbeitnehmer betreffen, rechtzeitig und umfassend zu informieren. Darüber hinaus werden dem Betriebsrat in bestimmten Fällen Mitwirkungsrechte und Mitbestimmungsrechte eingeräumt. Kommt es zwischen dem Arbeitgeber und dem Betriebsrat zu keiner Einigung oder verletzt der Arbeitgeber die Beteiligungsrechte des Betriebsrates, kann der Betriebsrat Rechtswege (Einigungsstellenverfahren, Arbeitsgerichtsverfahren, Strafverfahren, Ordnungswidrigkeitenverfahren) beschreiten.

Die eigene Rolle im Betrieb mitgestalten und den Betrieb präsentieren

Beteiligungsrecht	Beschreibung	Beispiel
Mitbestimmungsrecht	Ohne die Zustimmung des Betriebsrates kann der Arbeitgeber bestimmte Angelegenheiten nicht wirksam entscheiden.	soziale Angelegenheiten
Zustimmungs-verweigerungsrecht	Dies ist eine abgeschwächte Form des Mitbestimmungsrechtes. Hier kann der Betriebsrat die Durchführung von vorgesehenen Maßnahmen durch die Verweigerung der Zustimmung verhindern.	personelle Angelegenheiten
Mitwirkungsrechte	Dies ist die schwächste Form der Beteiligungsrechte und wird nochmal untergliedert in ▸ Widerspruchsrecht ▸ Beratungsrecht ▸ Anhörungsrecht ▸ Informations- und Unterrichtungsrecht.	

Allgemeine Aufgaben des Betriebsrates:

▸ Er achtet darauf, dass die Gesetze, Verordnungen, Unfallverhütungsvorschriften, Betriebsvereinbarungen und Tarifverträge eingehalten werden.

▸ Er beantragt beim Arbeitgeber Maßnahmen, die den Mitarbeitern des Unternehmens dienen.

▸ Er achtet auf die Gleichberechtigung von Mann und Frau, besonders bei der Einstellung, Aus-, Fort- und Weiterbildung und dem beruflichen Aufstieg.

▸ Er führt die Wahl der Jugend- und Auszubildendenvertretung durch.

▸ Er verhandelt mit dem Arbeitgeber Anregungen der Arbeitnehmer und der JAV.

▸ Er kümmert sich um die Eingliederung Schwerbehinderter und sonstiger besonders schutzbedürftiger Personen.

▸ Er schließt Betriebsvereinbarungen mit dem Arbeitgeber.

2.1.3 Betriebsvereinbarungen

Betriebsvereinbarungen sind im Betriebsverfassungsgesetz geregelt und stellen eine betriebliche Einigung zwischen Arbeitgeber und Betriebsrat dar. Sie sind das wichtigste Instrument, um innerbetriebliche Absprachen zu regeln. Eine Betriebsvereinbarung kann nur in beiderseitigem Einverständnis erstellt werden. Ihre Regelungen sind dann ungültig, wenn sie gegen geltende Gesetze oder Vorschriften verstoßen. Sind die Regelungen jedoch zugunsten des Arbeitnehmers, sind sie gültig (Günstigkeitsprinzip).

Man unterscheidet zwischen erzwingbaren und freiwilligen Betriebsvereinbarungen. Erzwingbare Betriebsvereinbarungen können für alle Angelegenheiten abgeschlossen werden, bei denen der Betriebsrat mitbestimmungspflichtig ist. Freiwillige Betriebsvereinbarungen sind in Angelegenheiten möglich, die nicht der Mitbestimmung des Betriebsrates unterliegen.

Erzwingbare Betriebsvereinbarungen	Freiwillige Betriebsvereinbarungen
▸ Sprechstunden des Betriebsrates und der Jugend- und Auszubildendenvertretung ▸ Mitbestimmung in sozialen Angelegenheiten ▸ Personalfragebögen, Formulararbeitsverträge, Beurteilungsgrundsätze ▸ personelle Auswahlrichtlinien ▸ usw.	▸ zusätzliche Maßnahmen zur Verhütung von Arbeitsunfällen und Gesundheitsschäden ▸ Maßnahmen des betrieblichen Umweltschutzes ▸ Errichtung von Sozialeinrichtungen ▸ Maßnahmen zur Förderung von Vermögensbildung ▸ usw.

Eine Betriebsvereinbarung kommt – wie ein Vertrag – durch übereinstimmende Willenserklärungen von Arbeitgeber- und Arbeitnehmerseite zustande. Die erzwingbare Betriebsvereinbarung kann außerdem durch den Schlichterspruch einer Einigungsstelle entstehen.

2.2 Interessenvertreter außerhalb des Unternehmens

2.2.1 Gewerbeaufsichtsämter

Das Gewerbeaufsichtsamt überwacht den Arbeitgeber, ob er die Vorschriften des Arbeits-, Umwelt- und Verbraucherschutzes einhält. Die Bezeichnung der Gewerbeaufsicht kann von Bundesland zu Bundesland verschieden sein und ist von den Berufsgenossenschaften abzugrenzen.

2.2.2 Berufsgenossenschaften

Die gewerblichen Berufsgenossenschaften sind Träger der gesetzlichen Unfallversicherung und haben die Aufgabe, Arbeitsunfälle und Berufskrankheiten zu verhüten und Präventionsmaßnahmen zu arbeitsbedingten Gesundheitsgefahren anzubieten. Sie unterstützen Beschäftigte, die einen Arbeitsunfall erlitten haben oder an einer Berufskrankheit leiden.

2.2.3 Schülervertretung der Berufsschule

Auch in der zuständigen Berufsschule gibt es laut Schulgesetz eine Schülervertretung, die die Interessen der Schüler vertritt. Sie ist das Bindeglied zwischen der Schülerschaft und den Lehrern.

2.2.4 Ausbildungsbegleitende Hilfen

Die Arbeitsagentur unterstützt Auszubildende mit schulischen Problemen mit sog. abH-Maßnahmen (ausbildungsbegleitende Hilfen). Dieses Programm sollte genutzt werden, bevor es zu spät ist. Wenn man also feststellt, dass gerade im schulischen Bereich Unterstützung notwendig ist, sollten die abH bei der Arbeitsagentur beantragt werden.

Mindestens drei Stunden in der Woche erhalten Auszubildende persönliche Unterstützung bei:

- Nachhilfe der Theorie und Praxis
- Vorbereitung auf Klassenarbeiten und Prüfungen
- Nachhilfe in Deutsch
- alltäglichen Dingen (z. B. vermittelnde Gespräche mit Eltern oder Lehrern).

2.2.5 Gewerkschaften

Da sich Arbeitnehmer immer in einem Abhängigkeitsverhältnis zum Arbeitgeber befinden, ist es für sie schwierig, alleine ihre Belange zu vertreten.

In Gewerkschaften vereinigen sich Mitarbeiter von Unternehmen, damit ihre sozialen, wirtschaftlichen und kulturellen Interessen vertreten werden. Sie setzen sich seit ihrem Bestehen hauptsächlich für höhere Löhne, bessere Arbeitsbedingungen, Arbeitszeitverkürzungen und mehr Mitbestimmung in Unternehmen ein. Betriebsräte arbeiten meist eng mit Gewerkschaften zusammen.

Gewerkschaften sind die Verhandlungspartner der Arbeitgeberverbände. Beide schließen beispielsweise überbetriebliche Tarifverträge ab oder führen Lohnkämpfe. Nicht selten auch mithilfe von Streiks oder Boykotts.

Als Gewerkschaftsmitglied zahlt man einen gewissen Teil seiner Vergütung an die Gewerkschaft. Auszubildende zahlen meist einen sehr geringen Prozentsatz. Dafür genießt man als Gewerkschaftsmitglied auch jede Menge Vorteile:

- Es besteht z. B. ein Rechtsanspruch auf tarifliche Bezahlung, wenn der Arbeitgeber tarifgebunden ist.
- Man hat Anspruch auf einen kostenlosen Arbeitsrechtschutz. Gewerkschaften haben meist sehr gute Anwälte für Arbeitsrecht.
- Einige Gewerkschaften bieten sehr gute Seminare an, die für ihre Mitglieder kostenlos oder kostengünstiger sind.
- Gemeinsam organisiert ist man stärker und kann seine Interessen wirkungsvoller vertreten.

- Man erhält zudem professionelle Beratung rund um das Arbeitsleben. So bieten einige Gewerkschaften z. B. Beratungen in Steuer- oder Mieterschutzfragen an.
- Gewerkschaften kümmern sich außerdem um die besonderen Interessen von Jugendlichen. So hat jede Gewerkschaft eine Jugendabteilung.

2.2.6 Tarifverträge

Tarifverträge sind rechtlich bindende Verträge, die zwischen Arbeitgeber- und Arbeitnehmervertretungen (z. B. Gewerkschaften) abgeschlossen werden. Gesetzliche Regelungen zu Tarifverhandlungen finden sich im Tarifvertragsgesetz (TVG). Tarifverträge haben mehrere Funktionen:

Schutzfunktion	Verteilungsfunktion	Wettbewerbsfunktion	Kooperationsfunktion
▸ sie sichern Mindestarbeitsbedingungen und den Lebensstandard ▸ sie stellen humane Arbeitsbedingungen her	▸ Arbeitnehmer werden am wirtschaftlichen Wohlstand beteiligt	▸ sie sichern den Unternehmen gleiche Konkurrenzbedingungen in Bezug auf die Arbeitskosten	▸ Gewerkschaften werden für die Laufzeit der Tarifverträge in die Friedenspflicht gezwungen

In Deutschland gilt das Prinzip der Tarifautonomie, deren Ziel es ist, dass die Vertreter von Arbeitnehmern und Arbeitgebern die Arbeitsbedingungen in ihrer Branche eigenverantwortlich in Tarifverträgen regeln. Der Staat bleibt dabei außen vor, kann aber die Rolle des Vermittlers wahrnehmen. Die Tarifautonomie genießt verfassungsrechtlichen Schutz, denn sie findet sich in Artikel 9 des Grundgesetzes (Koalitionsfreiheit) wieder.

Neue Tarifverträge sind immer dann erforderlich, wenn ein Tarifvertrag abgelaufen ist oder eine Tarifpartei den bestehenden Vertrag gekündigt hat. Die Entstehung von Tarifverträgen sieht folgendermaßen aus:

3.9 5-Tage-Woche

Jugendliche dürfen nur an fünf Tagen in der Woche beschäftigt werden. Die Ruhetage sollten aufeinander folgen.

3.10 Samstagsruhe

Jugendliche dürfen an Samstagen nicht beschäftigt werden.

Ausnahmen:
- Krankenhäuser, Alten- und Pflegeheime
- offene Verkaufsstellen, Bäckereien, Konditoreien, Friseure
- Verkehrswesen
- Landwirtschaft und Tierhaltung
- Familienhaushalt
- Gaststätten- und Schaustellergewerbe
- außerbetriebliche Ausbildungsmaßnahmen
- beim Sport
- beim ärztlichen Notdienst
- in Reparaturwerkstätten.

Mindestens zwei Samstage im Monat sollen beschäftigungsfrei bleiben. Werden Jugendliche an einem Samstag beschäftigt, müssen sie an einem anderen berufsschulfreien Tag derselben Woche freigestellt werden.

3.11 Sonntagsruhe

An Sonntagen dürfen Jugendliche nicht beschäftigt werden.

Ausnahmen:
- Krankenhäuser, Alten- und Pflegeheime
- Landwirtschaft und Tierhaltung
- Familienhaushalt
- beim Sport
- beim ärztlichen Notdienst
- in Reparaturwerkstätten.

Jeder zweite Sonntag soll und mindestens zwei Sonntage im Monat müssen frei bleiben. Auch hier gilt die 5-Tage-Woche wie gehabt.

3.12 Feiertagsruhe

Am 24. und 31. Dezember nach 14:00 Uhr und an gesetzlichen Feiertagen dürfen Jugendliche nicht beschäftigt werden.

Ausnahmen (außer am 25. Dezember, 1. Januar und 1. Mai):
- Krankenhäuser, Alten- und Pflegeheime
- offene Verkaufsstellen, Bäckereien, Konditoreien, Friseure
- Verkehrswesen
- Landwirtschaft und Tierhaltung
- Familienhaushalt
- Gaststätten- und Schaustellergewerbe
- außerbetriebliche Ausbildungsmaßnahmen
- beim Sport
- beim ärztlichen Notdienst
- in Reparaturwerkstätten.

Wird ein Jugendlicher an einem Feiertag beschäftigt, muss er einen Ausgleich an einem berufsschulfreien Tag erhalten.

3.13 Urlaub

Der Erholungsurlaub beträgt jährlich mindestens 30 Werktage, wenn Jugendliche zu Beginn des Kalenderjahres noch nicht 16 Jahre alt sind. Er beträgt jährlich mindestens 27 Werktage, wenn der Jugendliche zu Beginn des Kalenderjahres noch nicht 17 Jahre alt ist. Ist der Jugendliche zu Beginn des Kalenderjahres noch nicht 18 Jahre alt, beträgt der jährliche Erholungsurlaub mindestens 25 Werktage.

Der Urlaub sollte Berufsschülern in den Berufsschulferien gewährt werden.

3.14 Gefährliche Arbeiten

Jugendliche dürfen nicht beschäftigt werden, wenn die Arbeit
- ihre physische oder psychische Leistungsfähigkeit übersteigt
- sie sittlichen Gefahren aussetzt
- mit Unfallgefahren verbunden ist, von denen auszugehen ist, dass Jugendliche sie aufgrund ihrer mangelnden Erfahrung noch nicht richtig einschätzen können

- ihre Gesundheit durch außergewöhnliche Hitze, Kälte oder starke Nässe gefährdet
- schädlich ist (durch extremen Lärm, Strahlung, Erschütterung, Chemikalien).

Ist der Umgang mit den oben genannten Einflüssen für das Erreichen des Ausbildungsziels erforderlich, so muss der Schutz der Jugendlichen durch die Aufsicht von Fachkundigen gewährleistet sein.

3.15 Akkordarbeit und tempoabhängige Arbeiten

Jugendliche dürfen nicht beschäftigt werden, wenn mit Akkordarbeit oder sonstigen Arbeiten mit gesteigertem Arbeitstempo ein höheres Entgelt erzielt werden kann. Sie dürfen auch nicht in Arbeitsgruppen eingesetzt werden, für die diese Beschreibung gilt. Sollte die Tätigkeit zur Erreichung ihres Ausbildungsziels notwendig sein und die Jugendlichen entsprechend betreut werden, kann von der Regelung abgewichen werden.

3.16 Erstuntersuchung

Tritt ein Jugendlicher in ein Beschäftigungsverhältnis ein, muss er innerhalb der letzten 14 Monate von einem Arzt untersucht worden sein und dem Arbeitgeber diese Bescheinigung vorlegen.

3.17 Erste Nachuntersuchung

Ein Jahr nach Aufnahme der Beschäftigung muss der Arbeitgeber eine Bescheinigung vom Arzt anfordern, dass der Jugendliche nachuntersucht worden ist. Diese Nachuntersuchung darf nicht länger als drei Monate zurückliegen. Der Arbeitgeber hat den Jugendlichen ausdrücklich auf diese Nachuntersuchung hinzuweisen. Legt der Jugendliche die Bescheinigung über die Nachuntersuchung nicht nach Ablauf eines Jahres vor, hat ihn der Arbeitgeber innerhalb eines Monats unter Hinweis auf das Beschäftigungsverbot aufzufordern, den Nachweis zu erbringen. Die Durchschrift dieser Aufforderung muss den Erziehungsberechtigten sowie dem Betriebsrat zugehen. Sollte eine Nachuntersuchung dennoch nicht erfolgen, so gilt nach Ablauf von 14 Monaten nach Beschäftigungsbeginn ein Weiterbeschäftigungsverbot, bis die Bescheinigung vorgelegt wird.

4. Handlungskompetenz

Die Ausbildung im dualen Ausbildungssystem soll junge Menschen dazu befähigen, eine berufliche Handlungskompetenz zu entwickeln, anzupassen, zu erhalten oder weiterzuentwickeln. Handlungskompetenz ist sowohl die Fähigkeit, als auch die Bereitschaft, Kenntnisse, Fertigkeiten und persönliche, methodische und soziale Fähigkeiten im Arbeits- und Privatleben einzusetzen.

Die **Handlungskompetenz** entfaltet sich in den Dimensionen Fachkompetenz, persönliche Kompetenz (Humankompetenz) und Sozialkompetenz. Der vierte Kompetenzbereich, die Methodenkompetenz, findet sich in den eben genannten Dimensionen wieder.

Unter **Fachkompetenz** versteht man die Bereitschaft und Befähigung mit fachlichem Wissen und Können Aufgaben und Probleme zielorientiert, sachgerecht, methodengeleitet und selbstständig zu lösen und das eigene Ergebnis zu beurteilen.

Die **persönliche Kompetenz** bezeichnet die Bereitschaft und Befähigung, eigene Lebenspläne zu verfassen und weiterzuentwickeln. Sie umfasst Eigenschaften wie Selbstständigkeit, Kritikfähigkeit, Selbstvertrauen, Zuverlässigkeit usw. Die Entwicklung durchdachter Wertevorstellungen und die selbstbestimmte Bindung an diese Werte gehören insbesondere zur persönlichen Kompetenz.

Im beruflichen und gesellschaftlichen Alltag spielen diese Kompetenzen – Werte – eine zentrale Rolle. Sie charakterisieren jede einzelne Person und machen sie individuell.

Handlungskompetenz

Fachkompetenz
Anwenderwissen MS Office, Beherrschung von SAP-Programmen, Fachwissen, Sprachkenntnisse ...

Methodenkompetenz
Strategien zur Ideenfindung und Problemlösung kennen und anwenden, Recherchefähigkeit ...

Sozialkompetenz
Teamarbeit, Strategien im Umgang mit Konflikten, Feedbackkultur ...

Persönliche Kompetenz
Kritikfähigkeit, Zuverlässigkeit, Entwicklung von Wertvorstellungen und Lebensstrategien ...

Persönlichkeit lässt sich nicht mithilfe einer Checkliste erarbeiten. Man kann sie auch nicht in Weiterbildungskursen erwerben. Lediglich die Fachkompetenz lässt sich durch Qualifikationszertifikate nachweisen. Man gewinnt und entwickelt Persönlichkeit nur nach und nach – durch die Interaktion mit anderen Menschen, in Beruf, Freizeit und Partnerschaft. Um diese Fähigkeiten bewusst zu entwickeln, muss man sich jedoch selbst wahrnehmen und realistisch einschätzen können.

Um seine eigenen Fähigkeiten zu analysieren, kann man sich folgende Fragen stellen:

- Was sind meine wichtigsten Charakterzüge/Stärken/Schwächen?
- Wie wirke ich auf andere Menschen?
- An welchen Werten orientiere ich mich?
- Arbeite ich mehr analytisch, rational und überlegt oder mehr spontan und gefühlsmäßig?
- Hole ich mir gezielt Feedback ein und bin ich bereit, aus Fehlern zu lernen?
- Wie oft reflektiere ich mich und meine Handlungen?
- usw.

Erst wenn man sich seiner persönlichen Eigenschaften bewusst ist, kann man authentisch auftreten.

5. Ziele setzen und verwirklichen

Um an der eigenen Entwicklung zu arbeiten, ist es wichtig, sich regelmäßig Ziele zu setzen und die Erreichung bzw. den Weg zum Ziel anzupassen und zu reflektieren. Dabei sollte man bereits bei der Zielformulierung auf die Ermöglichung des Ziels achten:

- Ziele müssen konkret, positiv und handlungsorientiert formuliert sein, ansonsten sind sie nicht umsetzbar. „Nicht-Ziele" (Ich will nicht mehr rauchen!) demotivieren mehr, als dass sie stärken.
- Ziele sollten im Bereich des Machbaren sein.
- Große Ziele sollten Schritt für Schritt geplant werden, um sie nicht aus den Augen zu verlieren. Hierbei unterscheidet man:
  - langfristige Ziele (z. B. Anerkennung, hohes Einkommen)
  - mittelfristige Ziele (z. B. Bestehen der Abschlussprüfung)
  - kurzfristige Ziele (z. B. gute Note im nächsten Test)
- Ziele schriftlich festhalten (in Tages-, Wochen- oder Monatsplänen).

Die Zielformel SMART fasst einprägsam zusammen, auf welche Punkte bei der Zielformulierung geachtet werden sollen:

S	spezifisch simpel (einfach)	Das Ziel sollte genau beschrieben und möglichst einfach formuliert sein, damit es für alle nachvollziehbar ist.
M	messbar	Wie kann das Ziel überprüft werden? Können Kennzahlen/Qualitätskriterien festgelegt werden?
A	anspruchsvoll	Das Ziel sollte (bis zu einem gewissen Grad) anspruchsvoll sein, das Erreichen darf eine Herausforderung darstellen.
R	realistisch	Die Erreichung des Ziels sollte (trotz Anspruch) realistisch bleiben.
T	terminiert	Es wird festgelegt, in welchem Zeitraum das Ziel erreicht werden soll.

Hat man sein Ziel erreicht, sollte man sich zunächst darüber freuen, aber auch kritisch die Zielerreichung reflektieren:

- Habe ich die Zielschritte eingehalten?
- Wann kam es zu einer Abweichung und warum?
- Wie erfolgreich war meine Zielerreichungsstrategie? Würde ich beim nächsten Mal etwas ändern?
- Wer hat mich unterstützt? Wer hat mich behindert?
- usw.

6. Ausgelernt – was dann?

Viele Nachwuchskräfte stellen nach ihrer Ausbildung fest, dass ein Ausbildungsberuf alleine nicht reicht, um mit dem technischen und gesellschaftlichen Wandel der Arbeitswelt Schritt zu halten. „Lebenslanges Lernen" ist gefragt. Viele entscheiden sich selbstständig für eine berufliche Weiterentwicklung, andere entscheiden sich aufgrund äußerer Einflüsse für eine Neuorientierung.

Im Allgemeinen werden zwei Fortbildungsmöglichkeiten unterschieden:

Anpassungsfortbildung	Aufstiegsfortbildung
► fachliche Qualifikation der Mitarbeiter soll verbessert werden ► berufliche Fähigkeiten und Kenntnisse sollen erhalten, erweitert und angepasst werden	► eine höhere berufliche Qualifikation soll erreicht werden ► Maßnahmen können in Vollzeit oder berufsbegleitend erfolgen

Bereits während der Berufsausbildung können unterschiedliche Weiterbildungsangebote gewählt werden. Dies macht durchaus Sinn, um seinen Einstieg in das Berufsleben zu festigen und sich gegen Mitbewerber durchzusetzen.

Angebote von Berufsschulen

- Fremdsprachenzertifikate
- Erwerb der Fachhochschulreife (begleitend)
- Stütz- und Förderkurse
- ggf. Arbeitsgemeinschaften

Angebote anderer Bildungsträger

- Angebote der Kammern (z. B. Zusatzqualifikationen in Fremdsprachen und Betriebswirtschaft)
- EU-Förderprogramm Leonardo da Vinci
- Angebote von Volkshochschulen (z. B. PC-Kurse, Buchführung, Sprachkurse)
- Angebote von Bildungsträgern und Berufsverbänden
- Angebote von Gewerkschaften

Für eine Aufstiegsfortbildung nach der Berufsausbildung hat die Industrie- und Handelskammer ein dreistufiges System entwickelt, das bis zum Bachelor- bzw. Masterniveau reicht und auf der jeweiligen Ebene mit öffentlich-rechtlichen Prüfungen nach dem Berufsbildungsgesetz angeboten wird. Dieses System sollte jedoch nicht als geschlossen betrachtet werden, sondern es bietet auch die Möglichkeit von Quereinstiegen.

Die eigene Rolle im Betrieb mitgestalten und den Betrieb präsentieren

Mit Erneuerung des BBiG zum 1. Januar 2020 werden neue Abschlussbezeichnungen in der beruflichen Weiterbildung eingeführt. Diese werden in drei Fortbildungsstufen verankert und durch eine einheitliche Abschlussbezeichnung benannt.

1. Stufe: Geprüfte/r Berufsspezialist/in
2. Stufe: Bachelor Professional
3. Stufe: Master Professional

Dadurch soll ein wichtiges Signal für die Gleichwertigkeit von beruflicher und akademischer Bildung gesetzt werden.

Quelle: angelehnt an BMBF

Neben der Möglichkeit der **Fortbildung** bieten sich zudem unterschiedliche **Weiterbildungen** an. Die berufliche Weiterbildung ist ähnlich wie die Aufstiegsfortbildung zu sehen. Auch durch sie soll ein höheres Qualifikationsniveau erreicht werden. Allerdings gelten auch berufsspezifische Seminare (z. B. „Verkaufsprofi werden", „Durchsetzungsvermögen für die Assistenz") zur betrieblichen Weiterbildung.

6.1 Finden der richtigen Weiterbildung

Der Erfolg einer betrieblichen Weiterbildung hängt zum größten Teil vom eigenen Engagement ab. Je nachdem, welches Ziel mit der Weiterbildung verfolgt wird, sind unterschiedliche Aspekte für die Auswahl der richtigen Weiterbildung wichtig:

- Welche Motive habe ich? (Freude am Lernen, veränderte Lebenssituation, Verbesserung der beruflichen Chancen usw.)

- Was will ich erreichen? (Wo stehe ich – wo will ich hin?)
- Was sind meine Stärken und Schwächen beim Lernen? (Lerne ich lieber alleine oder in Gruppen?)
- Wie viel Zeit habe ich realistisch für eine Weiterbildung?
- Wie viel darf die Weiterbildung kosten?

Weiterbildungsmöglichkeiten lassen sich meist sehr gut über Fachzeitschriften, Weiterbildungsprogramme, Volkshochschulen und Weiterbildungsberatungszentren finden. Auch Kollegen oder der Bekanntenkreis können eine gute Informationsquelle sein, wenn man nach Weiterbildungsmöglichkeiten sucht.

So unterschiedlich die Bedürfnisse der Angebotssuchenden sein können, so unterschiedlich breit fächert sich auch das Weiterbildungsangebot. Wichtig ist, dass das Angebot die Erwartungen und Bedürfnisse der Interessierten erfüllen kann. Wichtige Kriterien sind:

- Gibt es schriftliche Informationen zum Angebot und zum Anbieter?
- Werden Ziele, Inhalte, Dauer, Arbeitsweisen/-methoden, Kosten usw. klar benannt?
- Ist ein Ansprechpartner für eine persönliche Beratung erreichbar?
- Wie groß ist die Gruppe der Teilnehmenden? Gibt es eine Begrenzung?
- Wie können Vorkenntnisse eingebracht werden?
- Wie werden Lernerfolge überprüft?
- Ist der Abschluss/das Zertifikat überregional oder bundesweit anerkannt?

6.2 Finanzierung der Weiterbildung

Eine gute Recherche im Vorfeld kann Gold wert sein. Denn neben den Teilnahmekosten können unter Umständen weitere Kosten anfallen, die vielleicht nicht auf den ersten Blick erkennbar waren. Diese Nebenkosten könnten sein:

- Anmeldegebühren und Prüfungskosten
- Studienmaterialien und Literatur
- Verbrauchsmaterialien
- Fahrtkosten, Unterbringung, Verpflegung
- Kinderbetreuung.

Für Weiterbildungen gibt es eine Reihe von Fördermöglichkeiten, die in Anspruch genommen werden können:
- Bildungsgutscheine der Arbeitsagenturen
- Bildungsprämie vom Bundesministerium für Bildung und Forschung
- (Teil-)Finanzierung durch den Arbeitgeber
- Bildungsurlaub: Recht auf die bezahlte Freistellung für die Teilnahme an Weiterbildungen (in den meisten Bundesländern, nicht in allen)
- begleitende staatliche Förderungen (z. B. BAföG, Meister-BAföG) oder andere Darlehen
- Begabtenförderung für Personen bis 25 Jahre
- steuerliche Vergünstigungen (Werbungskosten).

7. Lernen als lebenslanger Prozess

Die umfangreichen Fort- und Weiterbildungsmöglichkeiten und deren breitgefächertes Inhaltsspektrum machen deutlich, dass das Lernen nicht mit der Berufsausbildung endet. Dauerte es im 18. Jahrhundert noch 100 Jahre, bis sich Wissen verdoppelte, so geschah dies im 20. Jahrhundert bereits im Abstand von fünf Jahren und seit Beginn des 21. Jahrhunderts im Abstand von vier Jahren.

Der Begriff des lebenslangen Lernens hat sich deshalb bereits fest etabliert. Lebenslanges Lernen bedeutet, dass mit wachsender Lebenserwartung und Lebensarbeitszeit auch die aktive Lernphase verlängert wird. Es bedeutet außerdem, sich stetig Wissen und Können anzueignen, das auch unter wechselnden Bedingungen Bestand hat und den Umgang mit außerplanmäßigen Situationen routinierter gestaltet.

7. Lernen als lebenslanger Prozess

Komponenten für erfolgreiches Lernen im Hinblick auf Lern- und Arbeitsstrategien
Erfolgreiches Lernen kann durch mehrere Komponenten beeinflusst werden:

Tempel-Grafik:
- Dach: Reflexion des Lernerfolges
- Säulen: gutes Zeitmanagement | selbstbewusster Umgang mit Lernangst | Verarbeitung von Informationen mithilfe von Elaborationsstrategien | konzentriertes Arbeiten
- Fundament: Motivation

7.1 Motivation

Motivation ist der Antrieb oder die Bereitschaft zum Lernen. Sie entsteht zum einem aus dem Wert, der dem Lerngegenstand beigemessen wird und aus der Erwartung, das Lernziel auch erreichen zu können. Je höher diese beiden Faktoren sind, desto höher ist die Motivation. „Positive" und „negative" Motivation ist nicht angeboren, sie entwickelt sich im Laufe des Schülerlebens durch Einflüsse, wie:

- Ärger mit Eltern
- Schwierigkeiten mit der Schule oder dem Unterrichtsstoff
- Schwierigkeiten mit der Lehrkraft
- Auseinandersetzungen mit Mitschülern.

Schlecht motivierte Lernende sollten einige ihrer Gewohnheiten im Zusammenhang mit ihrem Leben ändern. Das Arbeiten an der eigenen Motivation wird dann zum Arbeiten am Einsatz, am Willen und an der Selbstdisziplin.

TIPP

Motivationssteigerung:
- Machen Sie sich klar, warum Sie lernen!
- Definieren Sie das Ziel Ihrer Lernaktivität (SMART)!
- Fangen Sie mit dem Leichtesten an!
- Teilen Sie den Lernstoff in überblickbare Portionen auf.
- Lernen Sie regelmäßig! (Nicht erst fünf Minuten vor der Angst!)
- Auch bei kleinen Frustrationstiefs sollten Sie durchhalten!
- Wiederholungen sichern das neuerworbene Wissen!
- Variieren Sie regelmäßig Lernstoff und Lernkanal!

7.2 Zeitmanagement

Eine vernünftige Planung des eigenen Lernens und eine gute Zeiteinteilung sind für den Lernerfolg sehr wichtig. Lernende können mit einem geschickten Zeitmanagement ihr Lerntempo, ihre Lernzeit und die Lernpausen bestimmen. Dies steigert die Motivation und sorgt für eine Zielerreichung in einem angemessenen Zeitrahmen.

Lernziele werden am besten in „Portionen" geteilt, damit man nicht das Gefühl hat, in einem riesigen Haufen Arbeit zu ersticken. Kleine Lernportionen verschaffen Erfolgserlebnisse.

 TIPP

Bessere Zeiteinteilung:
- Überprüfen Sie Ihre Zeiteinteilung!
- Nutzen Sie Leistungshochs!
- Wie hoch ist Ihr Leistungswille? Überprüfen Sie ihn!
- Richten Sie sich feste Arbeitszeiten ein, vermerken Sie diese irgendwo!

7.3 Konzentration

Es ist gar nicht so einfach, sich immer auf das zu konzentrieren, was gerade wichtig ist. Überall lauern Ablenkungsmöglichkeiten! Viele glauben, mehrere Sachen gleichzeitig erledigen zu können – also multitaskingfähig zu sein – wodurch sich jedoch die Anfälligkeit für Flüchtigkeitsfehler erhöht. Auch wenn man glaubt, sich nicht genug konzentrieren zu können, gibt es Situationen, in denen man sich geistig mit seiner ganzen Energie auf eine Aufgabe konzentrieren kann – z. B. bei der Ausübung eines Hobbys. Dies zeigt deutlich, dass sich grundsätzlich jeder konzentrieren kann und Konzentration eng mit Motivation und Interesse zusammen hängt.

Nur im Zustand hoher Konzentration ist effektives Lernen möglich. Erkennt man äußere und innere Störfaktoren und beseitigt sie, kann sich Konzentration entwickeln und üben lassen.

Äußere Konzentrationshindernisse	Innere Konzentrationshindernisse
▸ störende Geräusche ▸ unordentlicher Arbeitsplatz ▸ unvollständige Arbeitsmaterialien ▸ unschöne Arbeitsatmosphäre	▸ Probleme und Ängste ▸ schlechte und unregelmäßige Ernährung ▸ fehlende Pausen ▸ Zeitdruck ▸ Übermüdung

Die Steigerung der Konzentration ist eng verknüpft mit der Steigerung der Motivation. Nur wer gut motiviert ist und sich realistische Ziele steckt, kann auch über längere Zeit eine hohe Konzentration aufbauen.

 TIPP

Konzentrationssteigerung:

▸ Ordnen Sie Ihren Arbeitsplatz! Verbannen Sie alles, was eine Störung verursachen könnte!

▸ Führen Sie Konzentrationsübungen durch!

▸ Motivieren Sie sich, indem Sie sich vorstellen, wie es ist, wenn Sie die Aufgabe erledigt haben!

▸ Arbeiten Sie mit To-Do-Listen!

7.4 Der Umgang mit der Angst

Das Verhältnis von Angst und Lernen ist sehr kompliziert. Einerseits haben viele Menschen Angst vor dem Lernen, denn etwas zu lernen bedeutet Veränderung und Veränderung erzeugt Angst. Angst hemmt zudem kreative Prozesse. Angst ist eine relativ bedeutsame Form von Stress – dem sog. Distress. Distress ist die negative Form von Stress, die sich von der positiven Form (dem Eustress) abgrenzt. Dieser wirkt sich leistungssteigernd aus.

TIPP

Umgang mit Angst und Nervosität:
- Wenn Ihnen immer wieder der Zeitdruck in die Quere kommt, sollten Sie sich einen Arbeitsplan erstellen.
- Versuchen Sie, entspannte Erfahrungen an Stresssituationen anzuknüpfen!
- Lernen Sie in einer Gruppe; das macht Spaß und gibt neue Kraft!
- Setzen Sie sich realistische Ziele!
- Machen Sie aus bremsenden Gefühlen positive! Lächeln Sie!
- Verwandeln Sie Ihren Lernstoff in Dinge, die Sie ansprechen!

7.5 Verarbeitung von Informationen mithilfe von Elaborationsstrategien

Um Informationen überhaupt gut zu verarbeiten, ist es im Vorfeld wichtig, das Wesentliche einer Information erst einmal zu erkennen. Passiert dies nicht, fällt zielgerichtetes Lernen sehr schwer. Als Folge daraus passiert es, dass auswendig gelernt wird, oder der Schwerpunkt auf Einzelheiten anstatt auf Zusammenhängen liegt.

Um das Wesentliche einer Information zu erkennen, müssen Lernende ihre Wahrnehmungskanäle (sehen, hören, tasten, schmecken, riechen und fühlen) situationsgerecht einzusetzen lernen und den Aufbau und die Form einer Information erkennen und beachten können.

Eng verknüpft mit dem Erkennen von wesentlichen Sachverhalten ist die Informationsverarbeitung. Oft ist zu beobachten, dass Lernende zwar erkennen, was wichtig ist, aber die Informationsfülle letztendlich nicht verarbeiten können, es nicht verstehen oder es sich nicht merken können.

Um dies gezielt zu fördern, sollte man lernen
- sich Notizen zu machen,
- strukturiert und intensiv zu lesen und ggf.
- überzeugend zu präsentieren.

Dabei können folgende Elaborationsstrategien hilfreich sein:

7.6 Sich selbst reflektieren mithilfe von metakognitiven Fähigkeiten

Metakognitive Strategien oder Methoden, wie z. B. das Reflektieren des eigenen Lernprozesses, können im Zuge eines selbstständigen und lebenslangen Lernens nicht einfach „miterworben" werden. Das Lernen selbst muss hier zum Thema gemacht werden. Dazu müssen Lernende ihr Können und das eigene Verstehen laufend kontrollieren und ihren Lernprozess gezielt lenken. Dadurch erleben Lernende das bewusstere Arbeiten mit Lernstrategien gewinnbringender und sind in der Lage, motivierter zu sein und bessere Ergebnisse zu erzielen.

Die eigene Rolle im Betrieb mitgestalten und den Betrieb präsentieren

TIPP

Reflexion von Lernprozessen
Stellen Sie sich nach einer Lerneinheit folgende Fragen:
- Was waren die Inhalte der Lerneinheit?
- Was war für mich ein Höhepunkt?
- Was war für mich ein Tiefpunkt?
- Welche Erkenntnisse kann ich aus dem Höhepunkt/dem Tiefpunkt gewinnen (in Bezug auf mich, mein Thema, die Arbeitsgruppe, die Lehrperson)?
- Welche Methoden/Vorgehensweisen haben mir besonders gut gefallen?
- Welche Fähigkeiten habe ich an mir festgestellt?
- Welche Fähigkeiten will ich weiterentwickeln?
- Woran will ich bei dieser Lerneinheit noch weiter arbeiten?
- Was ist mir sonst noch wichtig, festzuhalten?

Machen Sie sich am besten Notizen. Ein sog. „Lerntagebuch" hilft später, den Lernprozess nachzuvollziehen.

8. Die Organisationsstruktur des Ausbildungsbetriebes darstellen

Mit Organigrammen bilden Unternehmen ihre Struktur ab. Durch Kästchen, Kreise, Pfeile und Linien lassen sich Zusammenhänge zwischen einzelnen Einheiten wie Abteilungen oder Mitarbeitern sehr gut darstellen (Aufbauorganisation) oder erläutern, wie bestimmte Arbeitsabläufe organisiert sind (Ablauforganisation).

8.1 Die Aufbauorganisation

Bei der Aufbauorganisation stehen die Verbindungen dabei meist für:
- Wer ist verantwortlich für wen oder was?
- Wer ist Vorgesetzter oder Untergebener?
- Wie verlaufen die Kommunikationswege?

8. Die Organisationsstruktur des Ausbildungsbetriebes darstellen

Wichtige Spielregeln der Organisation werden durch Organigramme schnell und für jeden erkenntlich abgebildet. Deshalb darf die Wirkung und Bedeutung des Organigramms auf Kunden, Geschäftspartner oder Mitarbeiter nicht unterschätzt werden. Es ist eine Landkarte des Unternehmens.

„Im Grunde stellen Organigramme Fotoalben der Unternehmen dar."
(Henry Mintzberg, Organisationsexperte)

Organigramme helfen bei folgenden Aufgaben:

- Einführung neuer Mitarbeiter: Durch die bildhafte Darstellung kann der Mitarbeiter Zusammenhänge und Funktionen schneller erkennen und sich merken.
- Durchführung von Umorganisationen: Mithilfe eines Organigramms kann eine Grobstruktur der neuen Organisation erstellt und entwickelt werden.
- Externe Partner (Kunden, Banken usw.) sollen die Funktionsweise des Unternehmens verstehen: Diese Personen können sich durch ein Organigramm ein „Bild" vom Unternehmen, den wichtigsten Funktionen und Mitarbeitern machen.

Organigramme der Aufbauorganisation müssen nicht für ein gesamtes Unternehmen stehen. Es lässt sich auch für die einzelnen Abteilungen entwickeln. Diese Teilorganigramme sollten sich aber in das Organigramm des Unternehmens einfügen lassen.

Alle Aufgaben, die in einem Betrieb erfüllt werden müssen, werden von Mitarbeitern erfüllt. Diese Aufgaben werden meist zusammengefasst und detailliert beschrieben (Stellenbeschreibung). Der Aufgabenbereich des Mitarbeiters wird als „Stelle" bezeichnet. Hat diese Stelle keine Leitungsfunktion, wird sie als „ausführende Stelle" bezeichnet. Dazu zählt der überwiegende Teil der Mitarbeiter eines Unternehmens (z. B. Mitarbeiter an Produktionsmaschinen, Sachbearbeiter, Assistenten).

Stellen mit Anweisungs-, Entscheidungs- und Kontrollbefugnissen (Leitungsbefugnissen) gegenüber ausführenden oder rangniederen Stellen bezeichnet man als Instanzen. Beispiele sind Gruppen- oder Abteilungsleiter, bzw. Meisterstellen.

8.1.1 Stabstellen

Die oberen Leitungsstellen können von Stabstellen unterstützt werden. Stabstellen haben keine Weisungsbefugnis gegenüber anderen Stellen. Sie bereiten die Entscheidungen der leitenden Stelle vor, sammeln Informationen, erarbeiten Berichte, unterstützen durch Expertenwissen. Sie können auch bestimmte Kontrollaufgaben im Namen der Leitungsstelle ausführen. Ein typisches Beispiel für eine Stabstelle ist der Assistent der Geschäftsleitung.

Vorteile von Stabstellen	Nachteile von Stabstellen
▸ Linieninstanzen werden entlastet ▸ Entscheidungen können durch Expertenwissen sorgfältig vorbereitet werden ▸ Stab- und Linienwissen erzeugen Synergieeffekte	▸ ein „Stab-Wasserkopf" könnte sich bilden ▸ Konfliktpotenzial zwischen Stab und Linie, sollte die Linie die Idee der Stabstelle nicht umsetzen ▸ durch Informationsvorsprung informelle Macht der Stabstellen

Ein Organigramm mit Stabstellen könnte wie im Folgenden dargestellt werden:

8.1.2 Einlinien- und Mehrliniensystem

Beim Einliniensystem hat jeder Mitarbeiter einen direkten Vorgesetzten. Dies bedeutet, dass dieser Mitarbeiter nur von einer übergeordneten Stelle Anweisungen und Arbeitsaufträge erhält. Daher nennt man dieses System im Allgemeinen auch

„Prinzip der Einheit der Auftragserteilung".

Beim Mehrliniensystem hat dagegen jeder Mitarbeiter mehrere unmittelbare Vorgesetzte, von denen er Aufträge erhält. Das Mehrliniensystem wird auch als

„Prinzip des kürzesten Weges"

bezeichnet.

Einliniensystem:

Mehrliniensystem:

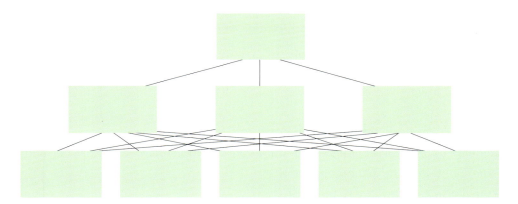

Vorteile	
Einliniensystem	**Mehrliniensystem**
► übersichtlich ► einfach ► kein Kompetenzgerangel durch klare Weisungsbefugnisse ► eindeutige Dienstwege und Verantwortungsbereiche ► leichtes Steuern und Betreuen der Mitarbeiter	► direkte Weisungs- und Informationswege ► mehrere Vorgesetzte können Mitarbeiter besser kontrollieren ► Betonung der Fachautorität der übergeordneten Stellen ► keine schwerfälligen Instanzwege

Die eigene Rolle im Betrieb mitgestalten und den Betrieb präsentieren

Nachteile	
Einliniensystem	**Mehrliniensystem**
▸ langer Dienstweg ▸ „Stille-Post-Effekt": Informationsverfälschung durch lange Dienstwege ▸ Führungskräfte könnten überlastet werden, da alle Entscheidungs- und Informationswege über sie laufen. ▸ Abhängigkeit zwischen Vorgesetzten und Mitarbeitern ▸ Zusammenarbeit zwischen Mitarbeitern wird erschwert	▸ keine klaren Kompetenzabgrenzungen und Verantwortungsbereiche ▸ schwierige Fehlerzuweisung ▸ Eine einheitliche Umsetzung der Unternehmensziele wird erschwert. ▸ Konfliktpotenzial durch Mehrfachbeauftragung (Welcher Auftrag hat Priorität?)

 MERKE

Je größer das Unternehmen ist, desto mehr nehmen auch die Nachteile des Einliniensystems zu. Deshalb findet man das Einliniensystem in seiner Reinform überwiegend in klein- und mittelständischen Unternehmen.

8.1.3 Traditionelle Organisationsformen

Generell unterscheidet man bei der Aufbauorganisation drei traditionelle Formen:

▸ die funktionale Aufbauorganisation

▸ die divisionale Aufbauorganisation

▸ die Matrixorganisation.

Bei der **funktionalen Organisation** wird das Unternehmen nach Funktionen untergliedert (z. B. Beschaffung, Vertrieb, Personal, Marketing). Dies bedeutet: Gleichartige Aufgaben werden zusammengefasst. Als Grundlage dient dabei das Ein- oder ein Stabliniensystem.

Kleine und mittelständische Unternehmen mit homogenem Leistungsprogramm und stabilen Absatzmärkten kommen am besten mit dieser Organisationsform aus.

Funktionale Organisation:

Vorteile	Nachteile
▸ sehr übersichtlich ▸ eindeutige Verantwortungsbereiche ▸ klare Kompetenzabgrenzung ▸ Expertenwissen kann durch Spezialisierung genutzt werden	▸ Bereichsdenken ▸ Überlastung der Führungskräfte wegen mangelnder Delegation ▸ lange Dienstwege ▸ viele Schnittstellen ▸ kein Prozessdenken

Eine **divisionale Organisation** (Spartenorganisation) ist ein Einlinien- oder Stabliniensystem, das nach bestimmten Objekten (Produkte, Länder, Projekte oder Kundengruppen) untergliedert wird. Die einzelnen Sparten besitzen meist eigene Gewinnverantwortung und laufen selbstständig als „Unternehmen im Unternehmen". Die Unternehmensleitung hat die Aufgabe, sich um die strategischen Entscheidungen und die Koordination der einzelnen Sparten zu kümmern.

Unternehmen mit einem sehr großen Sortiment sind überwiegend divisional organisiert.

Divisionale Organisation:

Vorteile	Nachteile
▸ Management wird durch Spartenleiter entlastet	▸ Es entwickelt sich ein Spartendenken, das auch zu Konkurrenzkämpfen zwischen den Sparten führen kann.
▸ hohe Flexibilität	▸ Es entsteht ein hoher Personalbedarf.
▸ leichter steuerbar als ein kompletter Großbetrieb	▸ Auf Synergieeffekte wird verzichtet.
▸ Fehlbesetzungen betreffen nur die Sparte	
▸ höhere Motivation der Spartenleitung durch Gewinnbeteiligung	

Die **Matrixorganisation** versucht sowohl die Vorteile der funktionalen, als auch die Vorteile der divisionalen Organisation zu verbinden. Das Unternehmen wird demnach auch funktional und divisional untergliedert. So entsteht ein tabellenartiges Mehrliniensystem.

Vorteile	Nachteile
▸ Expertenwissen durch Leistungsspezialisierung ▸ Spezialisierung und fundierte Entscheidungen an den Schnittstellen ▸ Management wird entlastet ▸ schnell anpassbar	▸ hohes Konfliktpotenzial → Mehrliniensystem ▸ Leitung uneinheitlich ▸ Kreuzungen von Kompetenzen ▸ hoher Bedarf an qualifizierten Mitarbeitern und Führungskräften

8.2 Die Ablauforganisation

Es gibt Situationen, da soll man etwas erledigen und weiß nicht, wie die Aufgabe funktioniert. Für solche Fälle gibt es in einigen Betrieben detaillierte Prozessabläufe für die anfallenden Tätigkeiten. Diese Abläufe gehören zur Ablauforganisation. Hier wird festgelegt:

▸ wie eine Tätigkeit ausgeführt werden muss

▸ welche Mittel eingesetzt werden

Die eigene Rolle im Betrieb mitgestalten und den Betrieb präsentieren

- wer die Tätigkeit ausführt bzw. eine Entscheidung treffen muss
- in welcher Reihenfolge die Arbeitsprozesse ablaufen.

Um solche Arbeitsprozesse darzustellen, kann man sie entweder schriftlich fixieren oder grafisch in einer Prozesskette darstellen.

Symbole der ereignisgesteuerten Prozesskette:

Beispiel

… für einen schriftlichen Prozess zum Thema Sortieren der Eingangspost
Die Eingangspost ist im Unternehmen eingegangen. Die Abteilung Interne Kommunikation übernimmt das Sortieren der Post. Sie sortiert nach Irrläufern (falsch adressierte Post), Privatpost bzw. Post mit Vermerken (z. B. Persönlich) und nach Geschäftspost.

Irrläufer werden aussortiert und an die Deutsche Post AG zurückgegeben.

Privatpost oder Post mit entsprechenden Vermerken werden nicht geöffnet.

Die aussortierte Geschäftspost darf nun geöffnet werden. Informieren Sie sich dazu im Prozess „Post öffnen".

... für eine entsprechende EPK

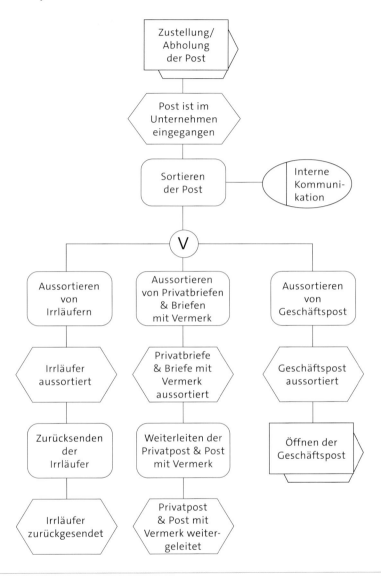

9. Wer darf welche Entscheidungen treffen?

In kleinen Unternehmen übernimmt der Unternehmer meist selbst alle Führungsaufgaben, d. h. er gibt Weisungen, trifft Entscheidungen, handelt Verträge aus und unterschreibt diese. Je größer das Unternehmen wird, desto schwieriger wird es für den Unternehmer, diese Aufgaben alleine zu übernehmen.

Deshalb werden die Aufgaben und die Verantwortung auf mehrere Schultern verteilt.

Dadurch entstehen Rangstufen und Zuständigkeiten, die in der Aufbauorganisation erkennbar sind. Seine Befugnisse erhält der Stelleninhaber von der nächsthöheren Instanz in Form einer Vollmacht.

Vollmachten in hierarchischer Form

9.1 Prokura

Die höchste Form der Vollmacht ist die Prokura. Neben der Berechtigung zu gewöhnlichen Geschäften wird ein Prokurist auch zur Ausführung außergewöhnlicher Geschäfte berechtigt.

Prokura besitzt, wer von einem Kaufmann zu allen Arten von gerichtlichen und außergerichtlichen Geschäften und Rechtshandlungen ermächtigt ist, die der Betrieb eines Handelsgewerbes mit sich bringen kann. (§§ 48 - 53 HGB)

9. Wer darf welche Entscheidungen treffen?

Prokuristen dürfen	gesetzlich verboten ist
▸ gewöhnliche Geschäfte und Rechtshandlungen durchführen (z. B. Kaufverträge abschließen, Einstellung von Personal, Entlassung von Personal) ▸ außergewöhnliche gerichtliche Geschäfte und Rechtshandlungen durchführen (z. B. Prozesse für den Betrieb führen, Strafanzeige in geschäftlichen Dingen stellen, Prozessvollmacht erteilen) ▸ außergewöhnliche außergerichtliche Geschäfte und Rechtshandlungen durchführen (z. B. Darlehen aufnehmen, Geschäftszweig ändern, Schenkungen und Spenden tätigen)	▸ Eid leisten ▸ Bilanz und Steuererklärungen unterschreiben ▸ Handelsregistereintragungen anmelden ▸ Insolvenzverfahren anmelden ▸ Geschäft verkaufen ▸ Gesellschafter aufnehmen ▸ Prokura erteilen Für den Verkauf und die Belastung von Grundstücken benötigt ein Prokurist eine besondere Vollmacht!

Der Kaufmann (oder sein gesetzlicher Vertreter) erteilt die Prokura ausdrücklich (schriftlich oder mündlich) und meldet sie zur Eintragung in das Handelsregister (HR) an.

Im Innenverhältnis ist die Prokura mit Erteilung gültig und jederzeit einschränkbar. Im Außenverhältnis wird die Prokura mit Eintragung in das Handelsregister wirksam, bzw. wenn Dritte über die Bevollmächtigung in Kenntnis gesetzt werden. Vertragliche Einschränkungen haben im Außenverhältnis keine Gültigkeit, es gelten hier die gesetzlichen Einschränkungen.

Man unterscheidet verschiedene Arten der Prokura:

▸ **Einzelprokura** eine Person allein ist befugt
▸ **Gesamtprokura** mehrere Personen gemeinsam sind befugt und dürfen nur gemeinschaftlich handeln
▸ **Filialprokura** Prokura beschränkt sich auf den Betrieb einer Filiale

Ein Prokurist unterschreibt mit ppa.

 INFO

ppa. heißt ausgeschrieben *per procura autoritate* (mit der Macht der Prokura).

Die Prokura endet:
- mit der Beendigung des Rechtsverhältnisses, mit dem sie verbunden ist
- durch den Widerruf von Seiten eines Geschäftsinhabers
- durch den Tod des Prokuristen
- beim Wechsel des Geschäftsinhabers nur dann, wenn der neue Inhaber sie widerruft.

Auch das Erlöschen der Prokura ist durch den Unternehmer im Handelsregister eintragen zu lassen.

9.2 Handlungsvollmacht

Ist jemand ohne Erteilung der Prokura zu bestimmten Geschäften des Handelsgewerbes bevollmächtigt, so erstreckt sich diese Vollmacht (Handlungsvollmacht) auf alle Geschäfte und Rechtshandlungen, die der Betrieb eines Handelsgewerbes oder derartige Geschäfte gewöhnlich mit sich bringt. (§ 54 Abs. 1 HGB)

Handlungsbevollmächtigte dürfen	gesetzlich verboten ist
► gewöhnliche Geschäfte und Rechtshandlungen durchführen (z. B. Kaufverträge abschließen, Einstellungen von Personal, Entlassung von Personal)	► Eid leisten ► Bilanz und Steuererklärungen unterschreiben ► Handelsregistereintragungen anmelden ► Insolvenzverfahren anmelden ► Geschäft verkaufen ► Gesellschafter aufnehmen ► Prokura erteilen

Nach § 54 Abs. 2 HGB benötigen Handlungsbevollmächtigte eine besondere Erlaubnis für:
- die Veräußerung oder Belastung von Grundstücken
- die Aufnahme von Darlehen
- die Prozessführung.

Die Erteilung der Vollmacht kann mündlich, schriftlich oder sogar stillschweigend durch Duldung bestimmter Handlungen erfolgen. Sie erlischt
- mit der Beendigung des Rechtsverhältnisses, mit dem sie verbunden ist
- durch den Widerruf von Personen, die Vollmacht erteilen können
- beim Wechsel des Geschäftsinhabers nur dann, wenn der neue Inhaber sie widerruft
- bei Einzelvollmacht nach Ende des Auftrages.

Man unterscheidet verschiedene Arten der Vollmacht:

Generalvollmacht oder allgemeine Handlungsvollmacht	Artvollmacht	Einzelvollmacht
▸ berechtigt zu sämtlichen Rechtsgeschäften, die der gesamte Betrieb gewöhnlich zur Folge hat ▸ z. B. Grundstücke verkaufen, Zahlungsgeschäfte erledigen, verkaufen, Mitarbeiter entlassen und einstellen, einkaufen ▸ Unterschrift i. V. (in Vollmacht)	▸ berechtigt zur Vornahme einer bestimmten Art von Rechtsgeschäften, die im Handelsgewerbe vorkommen ▸ ohne Zeitbegrenzung ▸ z. B. für Einkäufer, Kassierer ▸ Unterschrift i. A. (im Auftrag)	▸ berechtigt zur Vornahme eines einzelnen Rechtsgeschäftes ▸ z. B. Quittieren einer Rechnung, Verkauf eines Hauses, Führung eines Prozesses ▸ Unterschrift i. A. (im Auftrag)

ACHTUNG

Vorsicht Unterschriftenfalle bei i. A. und i. V.
Beide Abkürzungen treten im Schriftverkehr im Zusammenhang mit einer Unterschrift auf: i. A. bedeutet „im Auftrag", i. V. bedeutet „in Vollmacht". Fälschlicherweise wird oft angenommen, dass i. V. „in Vertretung" bedeutet und wird in der Praxis gerne mit i. A. gleichgesetzt. Mit den entsprechenden Kürzeln darf jedoch nur derjenige unterschreiben, der auch die entsprechende Vollmacht besitzt. Im Zweifelsfall sollten die Kürzel einfach weggelassen werden.

10. Das Unternehmen in der Gesamtwirtschaft

10.1 Bedürfnisse

Egal, welche Entscheidungen im Leben getroffen werden: Ob eine große Reise nach Übersee, ein guter oder höherer Schulabschluss, ein Studium, die Verabredung mit einem Flirt, der Kauf eines Produktes – all diese Vorhaben und Pläne lassen sich auf vielfältige Bedürfnisse zurückführen.

MERKE

Bedürfnis ist der allgemeine Wunsch, einen Mangel zu beseitigen.

Ein Bedürfnis empfindet jeder einzelne Mensch anders. Jedoch gibt es eine Reihe Bedürfnisse, die in jedem Kulturkreis die gleichen sind – die **Grundbedürfnisse (Primärbedürfnisse):**

- Nahrung
- Kleidung
- Wohnung
- medizinische Versorgung.

Weniger lebenswichtig, dafür gesellschaftsabhängig, sind die **Sekundärbedürfnisse:**

- abwechslungsreiches Essen
- elegante und modebewusste Kleidung
- Bildung
- eigenes Auto
- usw.

Neben der Unterscheidung von Primär- zu Sekundärbedürfnissen, können Bedürfnisse noch vielfältiger eingeteilt werden:

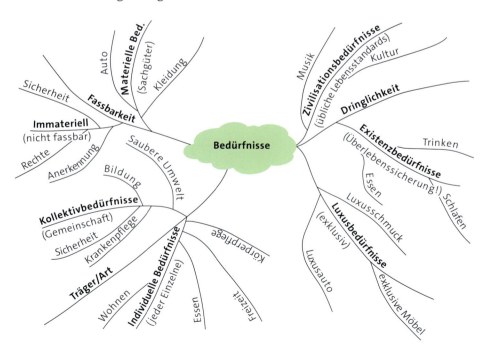

10. Das Unternehmen in der Gesamtwirtschaft

INFO

Kulturbedürfnisse	sind Sekundärbedürfnisse, auf deren Befriedigung Bürger, nach allgemeiner Ansicht, ein Recht haben.
Luxusbedürfnisse	übersteigen den als minimal empfunden Lebensstandard einer Gesellschaft. Ein Großteil der Bevölkerung kann sich diesen Standard nur schwer leisten.
Individualbedürfnisse	sind auf Güter gerichtet, die jeder einzelne für sich konsumieren kann.
Kollektivbedürfnisse	können nur mit Gütern befriedigt werden, in deren Genuss immer Mehrheiten von Menschen gleichzeitig kommen.

Aufgrund der Vielfalt der Bedürfnisse ist eine Unterordnung in die oben genannten Themengebiete sinnvoll, jedoch ist eine Einteilung meist schwierig und nicht immer trennscharf vorzunehmen. Je nach Alter oder Lebenssituation können sich die Bedürfnisse der Menschen durchaus ändern.

An der Rangordnung der unterschiedlichen Bedürfnisse nach Dringlichkeit lässt sich erkennen, dass der Mensch die zur Bedürfnisbefriedigung zur Verfügung stehenden Mittel zunächst für Bedürfnisse einsetzt, die er als dringlich empfindet. Dieses Prinzip hat Maslow in seiner Bedürfnispyramide dargestellt.

Nach Maslow strebt der Mensch erst nach der Befriedigung eines Bedürfnisranges nach dem nächsthöheren Bedürfnisrang.

Bedürfnispyramide nach Maslow

Die eigene Rolle im Betrieb mitgestalten und den Betrieb präsentieren

Bedürfnisse und Bedarf werden gerne in Zusammenhang gebracht. Der Bedarf entsteht, wenn ein Bedürfnis konkretisiert wird.

 MERKE

Bedarf ist das Verlangen nach bestimmten Gütern zur Bedürfnisbefriedigung. Die setzt Kaufkraft voraus (Geld).

Beispiel

Der Auszubildenden Marina Krimmel knurrt schon seit einer Stunde permanent der Magen. Auf ihre Aufgabe kann sie sich nur noch schwerlich konzentrieren. Sie hat das Bedürfnis zu essen. Nach dem fünften Magenknurren beschließt Marina, dass sie eine Käsebrezel in der Mensa kauft. Sie hat ihren Bedarf erkannt.

Der größte Teil der Bevölkerung ist finanziell nicht in der Lage, alle Sekundärbedürfnisse (insbesondere die Luxusbedürfnisse) zu befriedigen. Mit fachlichen Worten bedeutet das:

Die Summe der Bedürfnisse übersteigt die verfügbare Kaufkraft.

Die wichtigsten Triebkräfte für das Wirtschaften sind die wirtschaftlichen Bedürfnisse. Aus Sicht der Wirtschaft zählt aber lediglich der tatsächliche Bedarf, nicht die Bedürfnisse.

10.2 Güter

Die Mittel, die den Menschen von der Wirtschaft zur Befriedigung ihrer Bedürfnisse zur Verfügung gestellt werden, nennt man Güter.

10. Das Unternehmen in der Gesamtwirtschaft

Güter lassen sich unterschiedlich einteilen:

nach ihrer Gegenständlichkeit	materielle Güter	▸ körperlich vorhanden ▸ anfassbar ▸ auch als „Sachgüter" bezeichnet	▸ Gebäude ▸ Maschinen ▸ Nahrungsmittel
	immaterielle Güter	▸ nicht gegenständlich ▸ wichtigste Gruppe: Dienstleistungen ▸ auch Informationen/Nachrichten zu einem Sachverhalt ▸ weiteres immaterielles Gut: Rechte	▸ Leistungen von Anwälten, Versicherungen, Banken ▸ Patente ▸ Copyright-Rechte ▸ Rechte an Marken
nach ihrem Nutzungszeitraum	Gebrauchsgüter	▸ mehrmals nutzbar ▸ verlieren ihren Wert nach einem mehr oder weniger langen Zeitraum	▸ Möbel ▸ Kleidung ▸ Privatfahrzeug
	Verbrauchsgüter	▸ verlieren ihren Nutzen nach einmaliger Anwendung	▸ Nahrungsmittel ▸ Medikamente ▸ Kino-Eintrittskarte
nach ihrer Knappheit	freie Güter	▸ in der Natur im Überfluss vorhanden ▸ sind ohne Einschränkung verfügbar ▸ Ehemals freie Güter, wie z. B. Trinkwasser, müssen heute dem Bereich der knappen wirtschaftlichen Güter zugerechnet werden.	▸ Luft ▸ Sand ▸ Sonnenwärme
	wirtschaftliche Güter	▸ knapp (gemessen an der nachgefragten Menge) ▸ haben einen bestimmten geldmäßigen Wert ▸ sind mit Kosten verbunden (Gewinnung, Herstellung, Be-/Verarbeitung, Aufbereitung)	▸ sämtliche Produkte
nach ihrer Stellung im Produktionsprozess	Produktionsgüter	▸ „Investitionsgüter" ▸ werden zur Herstellung oder zum Transport anderer Güter eingesetzt	▸ Roboter ▸ Werkzeuge ▸ Drehbank ▸ Geschäftswagen
	Konsumgüter	▸ dienen dem Endverbraucher zur Bedürfnisbefriedigung	▸ Möbel ▸ Nahrungsmittel

nach dem Grad der Austauschbarkeit	komplementäre Güter	▸ können nur mit einem oder mehreren anderen Gütern zusammen sinnvoll genutzt werden	▸ Auto und Benzin ▸ Gefrierschrank und Tiefkühlkost
	substituierbare Güter	▸ können andere Güter (in Grenzen) ersetzen	▸ Butter und Margarine ▸ Filzstift und Kugelschreiber
nach der Unterscheidbarkeit	homogene Güter	▸ gleichartige Güter ▸ verfügen tendenziell über einen Einheitspreis	▸ Eier ▸ Mehl ▸ Benzin
	heterogene Güter	▸ verschiedenartige Güter (häufig bewusst, um einen höheren Preis zu erzielen)	▸ Pkw ▸ Kleidung

10.3 Die Knappheit als Grundlage des wirtschaftlichen Handelns

Eine unendliche Anzahl von Bedürfnissen steht in der Realität begrenzten Mitteln gegenüber. Aus der Vernunft heraus entsteht das Prinzip, die knappen Güter so zu verwenden, dass mit ihnen eine maximale Bedürfnisbefriedigung erzeugt werden kann, sie also sinnvoll einzusetzen. Dieses Vorgehen wird als „wirtschaften" bezeichnet.

 MERKE

Wirtschaften bedeutet planvolles menschliches Handeln durch rationelle Entscheidungen über knappe Mittel zur Befriedigung von Bedürfnissen.

Die wichtigsten Triebkräfte für das Wirtschaften sind die wirtschaftlichen Bedürfnisse. Aus Sicht der Wirtschaft zählt aber lediglich der tatsächliche Bedarf, nicht die Bedürfnisse.

Werden die Bedürfnisse nun in Beziehung zu den vorhandenen Mitteln (Einkommen) und den Güterpreisen gesetzt, reduzieren sich die unbegrenzten Bedürfnisse konkret auf einen Bedarf.

Einigen sich Nachfrager (Käufer) und Anbieter (Verkäufer) in Verhandlungen auf einen Preis für ein bestimmtes Gut, dann wird der Bedarf zur konkreten Nachfrage.

10.4 Das ökonomische Prinzip

Um einen möglichst hohen Überschuss an „Erfolg" über „Mitteleinsatz" zu erlangen (hohe Bedürfnisbefriedigung bei verhältnismäßig geringem Verbrauch knapper Güter), sind grundsätzlich zwei Vorgehensweisen denkbar:

Eine Kombination beider Prinzipien ist grundsätzlich nicht möglich, jedoch lassen sich Maximierungsaufgaben in Minimierungsaufgaben umformen und umgekehrt.

10.5 Produktionsfaktoren

Alle immateriellen und materiellen Leistungen, die an der Produktion von Gütern beteiligt sind, werden als Produktionsfaktoren bezeichnet.

Um Güter und Dienstleistungen zu erstellen, erfordert es den Einsatz von menschlicher Arbeitsleistung, Maschinen, Werkzeugen und Werkstoffen. Diese Mittel werden als Produktionsfaktoren bezeichnet.

Hierbei unterscheidet man zwischen betriebswirtschaftlichen und volkswirtschaftlichen Produktionsfaktoren.

10. Das Unternehmen in der Gesamtwirtschaft

INFO

Die **Betriebswirtschaftslehre (BWL)** befasst sich mit den Sachverhalten und Vorgängen innerhalb eines Betriebes. Sie umfasst das gesamte unternehmerische Handeln.

Die **Volkswirtschaftslehre (VWL)** hingegen befasst sich mit der allgemeinen Wirtschaft. Sie befasst sich mit Untersuchungen zu Angebot und Nachfrage. Die VWL agiert nicht unternehmensintern, sondern im Gesamtwirtschaftsraum.

10.5.1 Volkswirtschaftliche Produktionsfaktoren

Die volkswirtschaftlichen Produktionsfaktoren sind Boden, Arbeit, Kapital, wobei man Kapital als abgeleiteten Produktionsfaktor einsortiert. Kapital entsteht durch den Einsatz der ursprünglichen Faktoren Boden und Arbeit.

Boden	Boden ist Natur, die wirtschaftlich genutzt wird (z. B. Forstwald, Ackerboden). Er wird als „absolut knapp" bezeichnet, da er nicht vermehrbar ist. Seine Bedeutung als Produktionsfaktor ergibt sich daraus, dass er ▸ Rohstoffressourcen enthält (z. B. Kohle, Erze) → „Abbauboden". ▸ Voraussetzung für den Anbau von Pflanzen ist → „Anbauboden". ▸ Standort für Unternehmen und Haushalte ist → „Standortboden".
Arbeit	Erst durch das Einwirken der menschlichen Arbeitskraft (ob geistig oder körperlich) auf die Naturbestandteile können an einem bestimmten Ort Güter in einem benötigten Zustand entstehen. Die VWL versteht unter Arbeit die Erwerbstätigkeit im Allgemeinen. Diese kann sowohl ausführend (körperlich oder geistig), als auch leitend sein.
Kapital	Die VWL versteht unter dem Begriff „Kapital" nicht nur die zur Verfügung stehenden Geldmittel, sondern auch alle Werkzeuge und Werkstoffe, die genutzt werden, um die Arbeit ergiebiger und einfacher zu gestalten (Gebäude, Maschinen, Werkzeuge, Roh- und Hilfsstoffe). Dieser Produktionsfaktor entsteht erst durch das Zusammenwirken der ursprünglichen Faktoren Arbeit und Boden und wird deshalb als abgeleiteter Faktor bezeichnet.

10.5.2 Betriebswirtschaftliche Produktionsfaktoren

Aus Sicht der Betriebswirtschaft besteht der betriebliche Leistungsprozess aus einer Kombination der Produktionsfaktoren „Betriebsmittel", „Werkstoffe" und „ausführende Arbeit". Der Faktor „leitende Tätigkeit" unterstützt die Produktionsfaktoren dahingehend, dass ohne ihn die anderen Faktoren nicht zu einem sinnvollen Einsatz kämen.

Betriebsmittel	Alle Einrichtungen und Anlagen, die längerfristig zu einem Betrieb gehören und zur Leistungserstellung dienen, werden als Betriebsmittel bezeichnet. Darunter fallen: ▸ Grundstücke ▸ Werkshallen ▸ Maschinen ▸ Geräte und Vorrichtungen ▸ Werkzeuge ▸ Transport- und Hebeeinrichtungen.
Werkstoffe	Während des Produktionsprozesses werden mithilfe von Werkstoffen durch Umformung oder Einbau neue Fertigungsprodukte erstellt. Entweder werden sie während des Produktionsprozesses verbraucht oder sie fließen in das neue Produkt ein. Werkstoffe verbleiben i. d. R. viel kürzer im Betrieb als Betriebsmittel. Zur Gruppe der Werkstoffe gehören: ▸ Rohstoffe ▸ Hilfsstoffe ▸ Betriebsstoffe ▸ Halbfertigfabrikate (einzelne Teile).
ausführende Arbeit	Um betriebliche Leistung überhaupt zu erbringen, muss Personal eingesetzt werden. Die Arbeitskräfte eines Betriebes, die direkt bei Produktion, Beschaffung und Absatz mitwirken, nennt man ausführendes Personal.
leitende Arbeit	Im Gegenzug zu dem direkt beteiligten Personal steht das leitende Personal, das indirekt an Produktion, Beschaffung und Absatz beteiligt ist. Es ist für leitende Aufgaben wie ▸ Planung ▸ Organisation ▸ Leitung ▸ Steuerung und Kontrolle nach innen ▸ Vertretung nach außen zuständig. Die Aufgabe des leitenden Personals ist die Regelung des richtigen Zusammenwirkens der drei anderen Faktoren Betriebsmittel, Werkstoffe und ausführendes Personal.
Standort	Die Wahl eines Standortes ist schwierig und von einer Vielzahl von Faktoren abhängig. Die Standortwahl zählt zu einer der ersten unternehmerischen Entscheidungen bei der Unternehmensgründung und hat somit für die Unternehmer eine zentrale Bedeutung. Kleine Unternehmen sind meist lokal „vor Ort" in einer Gemeinde oder Stadt angesiedelt. Etwas größere Unternehmen können regional auch an mehreren Standorten, z. B. durch Filialen, vertreten sein. Sie sprechen damit einen größeren Abnehmerkreis an.

10. Das Unternehmen in der Gesamtwirtschaft

Standort

Mittelständische und größere Unternehmen sind in ganz Deutschland und ggf. auch darüber hinaus tätig. Sie besitzen Zweigwerke oder Filialen. Großunternehmen dagegen agieren global auf mehreren Kontinenten.

Bei der Standortwahl unterscheidet man zwischen „harten" und „weichen" Standortfaktoren. Harte Standortfaktoren beeinflussen direkt die unternehmerischen Investitionen, während weiche Faktoren im indirekten Zusammenhang mit ihnen stehen.

„harte" Standortfaktoren:
- Lage zu Bezugs- und Absatzmärkten
- Verkehrsanbindung
- Arbeitsmarkt
- Flächenangebot
- gewerbliche Immobilienpreise
- Energie- und Umweltkosten
- lokale Abgaben
- Förderangebote
- Branchenkontakte
- Kommunikations- und Kooperationsmöglichkeiten
- Umweltschutzauflagen
- Forschung und Entwicklung

„weiche" Standortfaktoren:

unternehmensbezogen:
- Wirtschaftsklima der Region (Antragsbearbeitung, Beantwortung von Anfragen)
- Image der Region
- Hochschul- und Forschungseinrichtungen

personenbezogen:
- öffentliche Verkehrsanbindung
- Grünflächen
- Einkaufsmöglichkeiten
- medizinische Versorgung
- kulturelle Einrichtungen
- Schulen und Kindergärten

Harte Faktoren sind in Europa fast überall ausreichend vorhanden, deshalb konzentrieren sich Unternehmen bei der Standortwahl zunehmend auf die weichen Faktoren. Auch können die harten Standortfaktoren je nach Branche unterschiedlich gewichtet sein.

Eine genaue Standortanalyse empfiehlt sich deshalb vor der Unternehmensgründung.

10.6 Arbeitsteilung

10.6.1 Die Entwicklung der Arbeitsteilung

Ursprünglich war der Mensch ein Selbstversorger. Alle zum Leben benötigten Güter beschafften sich die Familien selbst. Man erkannte jedoch früh, dass die Aufgaben besser gelöst werden können, wenn sich jeder in der Familie auf bestimmte Arbeiten spezialisiert. Schon hier ist ein Zusammenhang mit der betrieblichen Arbeitsteilung erkennbar!

Berufsbildung
Die Menschen entdeckten noch in der Frühzeit, dass Arbeitsergebnisse durch eine überfamiliäre Arbeitsteilung noch mehr gesteigert werden können. Da jeder Mensch andere Talente besitzt und sich zudem durch die häufige Wiederholung gleicher Arbeitsschritte Lernprozesse in Gang setzen, hat man sich im zweiten Schritt auf Tätigkeiten spezialisiert: Jagen, Sammeln, Waffen herstellen, Nahrung zubereiten. Erste „Berufe" umfassten in diesem frühen Stadium jedoch noch viele Gemeinsamkeiten und verwandte Tätigkeiten.

Berufsspaltung
Mit wachsender technischer Entwicklung und dem Wachstum der Gemeinschaften spalteten sich auch die Grundberufe auf. Aus dem Bader wurden so Herrenfriseur, Damenfriseur und Zahnarzt. Diese Spaltung setzt sich noch heute fort. Auf der nächsthöheren Spezialisierungsstufe erhöht sich die gesamtwirtschaftliche Produktivität erneut.

10.6.2 Überbetriebliche Arbeitsteilung

Durch Berufsbildung und -spaltung gliederten sich die Produktionsstätten aus den Haushalten aus. Wirtschaftliche Betriebe (Handwerksbetriebe, Manufakturen und Fabriken) spezialisierten sich nach und nach zunehmend. Irgendwann erfolgte die Güterproduktion sogar unabhängig von der Bedarfsdeckung.

Durch die Globalisierung kommt der internationalen Arbeitsteilung heute eine immer höhere Bedeutung zu. Jedes Land ist an sich von unterschiedlichen Produktionsvoraussetzungen geprägt:

- klimatische und topografische Unterschiede
- Qualität und Quantität von Rohstoffvorkommen differieren
- unterschiedliche Know-how- und Bildungsniveaus
- unterschiedliche Ausstattung mit Produktionsfaktoren.

10.6.3 Stellung des Betriebes in der arbeitsteiligen Wirtschaft

Über Beschaffungs-, Absatz- und Kapitalmärkte sind Betriebe mit der arbeitsteiligen Wirtschaft verbunden. Märkte werden unterteilt in:

Beschaffungsmärkte	Absatzmärkte	Kapitalmärkte
Hier kaufen Betriebe Material, Dienstleistungen, Betriebsmittel, Rechte und Informationen für ihren Leistungserstellungsprozess. Außerdem suchen sie Mitarbeiter, die dem Anforderungsprofil ihrer Stellen entsprechen und binden sie an das Unternehmen.	Kaufen Produkte oder Dienstleistungen ein. Dadurch erhält das Unternehmen Einnahmen, die es benötigt, um Ausgaben für die Leisungserstellung zu finanzieren.	Stellen den Unternehmen Eigen- oder Fremdkapital zur Verfügung. Wieviel und welche Kapitalmärkte den Unternehmen zur Verfügung stehen, ist abhängig von der Unternehmensgröße.

10.6.4 Wirtschaftssektoren

Untergliedert man die verschiedenen Zweige einer arbeitsteiligen Wirtschaft in vertikaler Richtung, kann man folgende Wirtschaftsbereiche unterscheiden:

An erster Stelle der Produktionskette steht die Gewinnung von Rohstoffen. Man nennt diesen Wirtschaftsbereich deshalb auch **primärer Wirtschaftssektor**. Hierzu gehören neben land- und forstwirtschaftlichen Betrieben auch Unternehmen der Fischerei, des Bergbaus sowie der Erdöl- und Erdgasgewinnung.

Die Weiterverarbeitung der Rohstoffe wird von den Unternehmen des **sekundären Wirtschaftssektors** übernommen. Diese erzeugen aus den Rohstoffen fertige Produkte. Sie werden auch produzierendes Gewerbe genannt. Hierzu zählen Industrieunternehmen und Handwerksbetriebe.

Zum **tertiären Wirtschaftssektor** zählen die Dienstleistungsunternehmen, wie Banken, Versicherungen, Gastronomie- und Tourismusbetriebe. Außerdem Friseure, Schneidereien, Beratungsunternehmen, Architekten, Ärzte usw. Der Handel wird ebenfalls dem Dienstleistungsbereich zugeordnet.

Aus diesen Wirtschaftszweigen ergeben sich sog. **Branchen**, in denen Unternehmen tätig sind.

| Tertiärer Sektor | Nachrichtentechnik | Deutsche Telekom AG |

10.7 Der Wirtschaftskreislauf
10.7.1 Der einfache Wirtschaftskreislauf

Ein Kaufwunsch entsteht aus einem Bedürfnis heraus. Stehen zum Kaufwunsch auch die notwendigen finanziellen Mittel zur Verfügung, entsteht aus dem Bedürfnis ein konkreter Bedarf. Tritt ein Käufer nun mit seinem Bedarf an einen Anbieter heran, so entsteht daraus die Nachfrage. Die Anbieter bieten durch ihr Sortiment dem Kunden die Möglichkeit, seinen Bedarf zu befriedigen. Das Zusammentreffen von Angebot und Nachfrage nennt man „Markt". Hier unterscheidet man zwischen Güter- und Faktormärkten:

Gütermarkt	Faktormarkt
Austausch von Konsum- und Investitionsgütern	Bedarfsdeckung von Produktionsfaktoren bei Unternehmen
▸ Unternehmen ▸ Wiederverkäufer ▸ Konsumenten	▸ Arbeitsmarkt ▸ Bodenmarkt ▸ Kapital- und Finanzmarkt

Stehen in einem System die Anbieter in Konkurrenz zueinander, bestimmen die Konsumenten, welche Waren zu welchen Preisen abgesetzt werden können. Mit dem Preis eines Gutes ändert sich sowohl die Menge, als auch das Angebot.

Bei einem hohen Preis ist die Nachfrage gering. Mit fallenden Preisen steigt auch die Nachfrage. Umgekehrt betrachtet, zieht ein hoher Preis viele Anbieter an, die ihre Gewinne maximieren wollen. Je mehr der Preis sinkt, desto fallender ist auch der Anreiz danach, entsprechende Güter in großen Mengen zu produzieren.

Im Schnittpunkt von Angebot und Nachfrage stehen Angebotsmenge und Nachfragemenge im Gleichgewicht. Zu diesem Gleichgewichtspreis decken die Nachfrager ihren Bedarf und die Anbieter ihre Verkaufspläne.

Stark schematisch vereinfacht werden die gesamten volkswirtschaftlichen Vorgänge im Wirtschaftskreislauf dargestellt.

Der einfache Wirtschaftskreislauf zeigt die Beziehungen zwischen der Produktion durch Unternehmen und dem Konsum durch die Haushalte.

Der einfache Wirtschaftskreislauf:

Güterstrom
Es wird davon ausgegangen, dass die Haushalte im Besitz aller Produktionsfaktoren Boden, Arbeit und Kapital sind. Die Unternehmen müssen diese Produktionsfaktoren zunächst bei den Haushalten nachfragen. Anschließend produziert das Unternehmen mithilfe dieser Produktionsfaktoren Waren und Dienstleistungen. Diese werden wiederum von den Haushalten nachgefragt.

Geldstrom
Für den Verkauf der Produktionsfaktoren an die Unternehmen erhalten die Haushalte ein Entgelt (ihr Einkommen). Dieses Geld geben sie wiederum an die produzierenden Unternehmen aus, um Güter und Dienstleistungen zu bezahlen. Mit diesem Geld kaufen die Unternehmen wiederum Produktionsfaktoren der Haushalte.

Ein zweiter Kreislauf entsteht, der dem Güterkreislauf entgegengesetzt ist.

 MERKE

Dem Güterstrom fließt immer ein gleich großer Geldstrom entgegen.

Betrachtet man dieses Modell genau, fallen eine Reihe bedeutsamer Annahmen auf:
1. Die Haushalte konsumieren das gesamte Einkommen. Sparen wird nicht einbezogen.
2. Es findet keine Unterscheidung von Brutto- und Netto-Einkommen statt, d. h. der Staat wird in dieses Modell nicht einbezogen.
3. Es entsteht keine Zeitspanne zwischen Produktion und Konsum (Zeitbedarf wird außen vor gelassen).

10.7.2 Sparen und Investieren

In einem realen Wirtschaftssystem haben Banken eine besondere Bedeutung, denn die Haushalte verwenden nicht ihr komplettes Einkommen für den Konsum, sondern legen einen Teil ihrer Ersparnisse bei Banken an. Dies bedeutet für Unternehmen, dass nicht die gesamte Produktion am Markt abgesetzt werden kann.

Andererseits jedoch können Banken das ersparte Geld an Unternehmen verleihen, damit diese Investitionen tätigen können.

Für Unternehmen geht das Sparen der Nachfrager immer mit Investitionen einher. Im Umkehrschluss können sie nur so viel investieren, wie in den Banken gespart wird.

Aus den Ersparnissen der Haushalte wird der Produktionsfaktor Kapital.

Dem bisherigen statischen Modell (Haushalte und Unternehmen) werden jetzt Banken entgegengesetzt, die als Kapitalsammelstelle auftreten. Damit wird der ursprünglich statische Wirtschaftskreislauf zu einem dynamischen Modell umgewandelt, das sich durch Wachstum weiterentwickelt.

Der Wirtschaftskreislauf inklusive Banken:

10.7.3 Der erweiterte Wirtschaftskreislauf

Das einfache Modell des Wirtschaftskreislaufs kann unmöglich alle komplexen Gefüge eines realen Wirtschaftssystems darstellen. Insbesondere wenn das Ausland durch In- und Export einbezogen wird, wird die Darstellung umfangreicher.

Außerdem werden im einfachen Kreislauf auch nicht die Bedürfnisse der Gesellschaft berücksichtigt, die der Markt gar nicht befriedigen kann (z. B. Bedürfnis nach Sicherheit, Bildung, sozialer Absicherung). Dies bedeutet, dass zudem der Staat, der für diese Bedürfnisbefriedigung zuständig ist, ebenfalls in die Betrachtung einbezogen werden muss.

Der Wirtschaftskreislauf mit Staat:

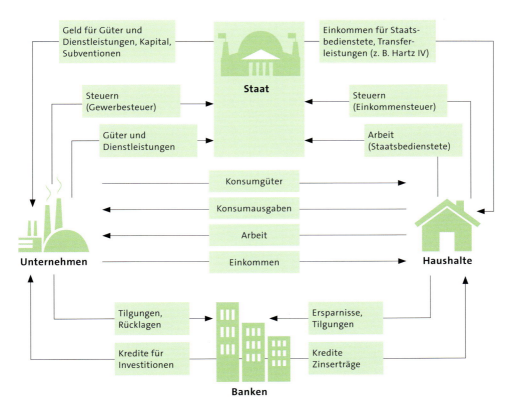

Ein reales Wirtschaftssystem ist so stark vernetzt, dass nicht nur eine, sondern sehr viele Auswirkungen wieder Rückwirkungen erzeugen können.

In den bisherigen Überlegungen wird davon ausgegangen, dass die privaten Haushalte ihr Einkommen entweder konsumieren oder sparen können. Im realen Wirtschaftsleben ist diese Annahme jedoch unrealistisch, da lediglich das verfügbare Einkommen (Netto-Einkommen) konsumiert, bzw. gespart werden kann. Die Unterstellung, dass das Brutto- dem Netto-Einkommen gleichgestellt ist, wird beim erweiterten Wirtschaftskreislauf aufgegeben.

Der Wirtschaftskreislauf wird nun um die Anteile für die Steuern und Sozialleistungen erweitert. Es wird angenommen, dass die einbehaltenen Zahlungen nun an den Staat fließen. Auch die Unternehmen geben Steuern an den Staat ab. Der Staat selbst verwendet die Einnahmen wieder für Zahlungen an die privaten Haushalte und an die Unternehmen.

Bei den Zahlungen an den Staat sind Zahlungen mit und ohne Gegenleistung zu unterscheiden. Zahlungen ohne Gegenleistung bezeichnet man als Transferzahlungen (Sozialleistungen/Subventionen).

Transferzahlungen des Staates an Haushalte (Sozialleistungen)
▸ Kindergeld, Wohngeld usw.

Zahlungen des Staates an Unternehmen mit Gegenleistungen (Konsumausgaben)
▸ Straßenbau, Schulausstattung

Zahlungen des Staates an Haushalte mit Gegenleistungen
▸ Personalausgaben für Beamte

Transferleistungen des Staates an Unternehmen (Subventionen)
▸ Hilfen für die Landwirtschaft

10. Das Unternehmen in der Gesamtwirtschaft

Um noch eine weitere Anpassung vorzunehmen und dadurch das Modell in all seinen Verknüpfungen darzustellen, ist es erforderlich, das Ausland in das Geflecht aufzunehmen. Eine realistische Volkswirtschaft ist in internationale Verflechtungen eingebunden.

Der Wirtschaftskreislauf mit Ausland:

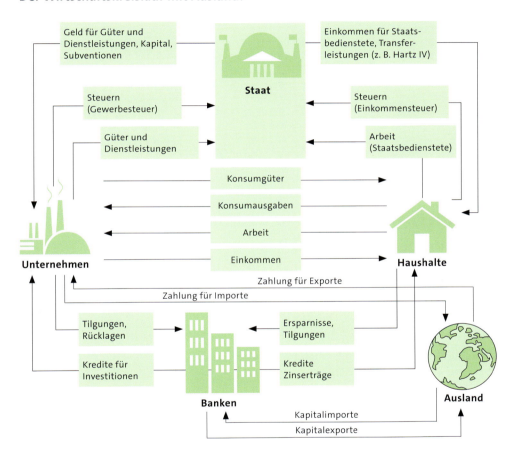

Alle Exporte (Ausfuhren) von Gütern und Dienstleistungen führen zum Zufluss von Geld in das Inland. Alle Importe (Einfuhren) führen zu einem Abfluss von Geld in das Ausland. Importe und Exporte werden ausschließlich über Unternehmen abgewickelt.

Setzt man die Importe in Beziehung zu den Exporten, so wird der Außenbeitrag einer Volkswirtschaft dargestellt.

Exporte = Importe	Exporte > Importe	Exporte < Importe
ausgeglichener Außenbeitrag	Exportüberschuss	Importüberschuss
Es fließt genauso viel Geld ab, wie eingenommen wird.	▸ Es fließen mehr Waren ins Ausland ab, als hereinfließen. ▸ Die inländische Geldmenge vergrößert sich. ▸ Die Beschäftigung könnte steigen (weniger Arbeitslosigkeit). ▸ Tendenziell steigen die Preise (Inflation).	Der Warenzufluss aus dem Ausland ist stärker. ▸ Die inländische Geldmenge sinkt. ▸ Die Beschäftigung könnte sinken (steigende Arbeitslosigkeit). ▸ Eine Preisstabilität tritt ein.

11. Unternehmensleitbild und Unternehmensziele

11.1 Unternehmensleitbild

Das Unternehmensleitbild beschreibt die Grundprinzipien und das Selbstverständnis des Unternehmens. Es wird schriftlich fixiert und richtet sich an Mitarbeiter, Kunden und die Öffentlichkeit. Meist gibt es Antworten auf folgende Fragen:

▸ Wofür stehen wir? (Was ist unsere Vision/unser Selbstverständnis?)
▸ Was wollen wir erreichen? (Welche Mission haben wir? Welche Ziele verfolgen wir?)
▸ Wie wollen wir es erreichen? (Welche Strategie verfolgen wir?)

Das Leitbild verdeutlicht den Sinn und Zweck des Unternehmens. Es gibt einen Rahmen für das tägliche Handeln vor und erzeugt Klarheit über die Unternehmensidentität, die Ziele und die Strategie des Unternehmens. Dazu muss das Leitbild die Mitarbeiter für die Unternehmensziele begeistern.

Außerdem trägt das Unternehmensleitbild zur Imagepflege bei. Das Unternehmen kann sich durch seine Leitideen von Konkurrenten abheben und Kunden, Geschäftspartner oder potenzielle Mitarbeiter von Produkten und Dienstleistungen überzeugen.

11. Unternehmensleitbild und Unternehmensziele

Um ein Unternehmen erfolgreich führen zu können, muss im Vorfeld die Zielsetzung des Unternehmens klar definiert sein. Sie ermöglicht die Planung des Unternehmensgeschehens und ist ein wichtiges Steuerungsinstrument für operative Entscheidungen. Außerdem ist sie der Maßstab, an dem das Unternehmen seine Leistungen messen kann.

Aufgabe von Zielen

11.2 Zieldimensionen

Hinsichtlich des Zielinhalts kann man allgemein zwischen Formal- und Sachzielen unterscheiden. Formalziele sind übergeordnete Ziele, die für das Überleben des Unternehmens wichtig sind, z. B. Gewinnerzielung, Umsatzwachstum, Rentabilität, Vergrößerung des Marktanteils und Qualitätsverbesserung. Diese Ziele sind durch Kennzahlen messbar.

Kennzahl	Berechnung	Information
Gesamtgewinn	= Erträge - Aufwendungen	Hier wird der Erfolg des Unternehmens gemessen (Gewinn oder Verlust). Das Ergebnis sollte positiv sein, um einen Gewinn zu erzielen.
Wirtschaftlichkeit	$= \dfrac{\text{Leistung}}{\text{Kosten}}$	Die Wirtschaftlichkeit beschreibt das Verhältnis von Mitteleinsatz und dem erzielten Ergebnis. Das Ergebnis sollte > 1 sein.
Eigenkapitalrentabilität	$= \dfrac{\text{Gewinn} \cdot 100}{\text{Eigenkapital}}$	Diese Berechnung zeigt, wie viel Euro Gewinn pro 100 € Eigenkapital erzielt wird.

Sachziele sind untergeordnete Ziele, die der Realisierung der Formalziele dienen. Sie beziehen sich auf das konkrete Handeln, die Produkte und Dienstleistungen des Unternehmens.

Sach- und Formalziele lassen in der Regel noch keine unmittelbaren Handlungsschritte erkennen. Um sie zu realisieren, bildet man unterschiedliche Zielebenen. Die Sachziele fungieren dann als „Oberziele", die durch Zwischen- und Unterziele konkretisiert werden.

Ziele erfordern einen zeitlich festgelegten Rahmen, innerhalb dessen sie erreicht werden sollen. Man unterteilt sie in:

- kurzfristige Ziele (höchstens ein Jahr)
- mittelfristige Ziele (zwischen einem und fünf Jahren)
- langfristige Ziele (zum Teil mehr als fünf Jahre).

Im betrieblichen Zielsystem wird häufig folgende Einteilung (nach Zielarten) vorgenommen, die sich auch im Unternehmensleitbild widerspiegelt:

Ökonomische Ziele
- Steigerung des Umsatzes
- Senkung der Kosten
- Verdrängung der Konkurrenz
- Erhöhung des Marktanteils
- Erhöhung der Kundenbindung
- Eintritt in neue Märkte

Ökologische Ziele
- Senkung von Produktemissionen
- ressourcenschonender und effizienter Energieeinsatz
- Nutzung umweltfreundlicher Transportmittel
- Lärmreduzierung

Soziale Ziele
- Gesundheitsfördernde Arbeitsplatzgestaltung
- Motivation der Mitarbeiter
- Chancengleichheit
- Arbeitsplatzsicherheit
- freiwillige Sozialleistungen
- gutes Betriebsklima

Zielbeziehungen
Zwischen den Zielen, die erreicht werden sollen, können unterschiedliche Zielbeziehungen entstehen. Unterscheiden kann man zwischen:

- konkurrierenden Zielbeziehungen
- komplementären Zielbeziehungen
- indifferenten Zielbeziehungen.

Konkurrierende Zielkonflikte bestehen immer dann, wenn innerhalb eines Zielsystems ein Ziel nur dann erreicht werden kann, wenn ein anderes Ziel dadurch beeinträchtigt wird.

Beispiel

Ein Auto sollte möglichst nicht ruhestörend sein, daher ist ein Auto ohne Geräuschentwicklung ein optimales Ziel. Andererseits muss ein Auto auch sicher sein. Wird es im Straßenverkehr nicht gehört, ist es kein sicheres Auto. Je lauter das Auto ist, desto sicherer ist es.

Bei konkurrierenden Zielen muss ein Kompromiss gefunden werden, der sich durch Prioritäten bildet. Im oben genannten Beispiel ist der Kompromiss, ein Auto zu bauen, das laut genug ist, um es zu hören, jedoch leise genug, um keine Ruhestörung zu verursachen.

Komplementäre Ziele ergänzen sich gegenseitig und sind somit der Idealfall für ein Unternehmen.

Beispiel

Eine Erhöhung der Produktivität kann gleichzeitig zu einer Erhöhung der Rentabilität führen.

Indifferente Ziele sind neutral zu bewerten, denn zwischen zwei Zielen kann hier kein sinnvoller Zusammenhang hergestellt werden.

Beispiel

Die Steigerung der Produktqualität hat auf die Verringerung der Transportkosten im Einkauf keinen Einfluss.

11.3 Interessengruppen im Zielsystem

Stakeholder beeinflussen das Erreichen von Unternehmenszielen. Hierbei handelt es sich um Personen oder Personengruppen, die in einer Beziehung zum Unternehmen stehen.

INFO

Stakeholder kommt aus dem englischen „to have a stake in" = ein Interesse haben an …/von etwas betroffen sein.

11. Unternehmensleitbild und Unternehmensziele

Stakeholder sind sowohl außerhalb, als auch innerhalb eines Unternehmens zu finden. Sie verfolgen eigene Ziele, die die Ziele des Unternehmens beeinflussen können.

Interessengruppe	Intern	Extern	Ziele
Management (Führungskräfte)	x		▸ Interesse an persönlicher Einflussnahme auf das Unternehmen mit dem Ziel des wirtschaftlichen Erfolges ▸ Streben nach individueller Wertschätzung ▸ Streben nach öffentlichem Ansehen ▸ Streben nach hohem Einkommen
Mitarbeiter	x		▸ individuelle Wertschätzung ▸ soziale Sicherheit (Arbeitsplatz, Einkommen) ▸ zufriedenstellende Arbeitsbedingungen und -inhalte
Betriebsrat/JAV	x		▸ Ziele der Mitarbeiter sollen erreicht und erhalten werden
Eigenkapitalgeber (Gesellschafter, Aktionäre, Shareholder)		x	▸ möglichst hohe Rendite/Gewinnausschüttung ▸ Einflussnahme auf Entscheidungen des Managements ▸ Wahrnehmung günstiger Angebote bei Kapitalerhöhung
Fremdkapitalgeber (Banken)		x	▸ möglichst hohe Verzinsung der zur Verfügung gestellten Kredite ▸ pünktliche Rückzahlung ▸ hinreichende Sicherheiten für das zur Verfügung gestellte Kapital
Kooperationspartner		x	▸ Verfolgung gemeinsamer Interessen ▸ Erlangung von (Verhandlungs-)Vorteilen ▸ Interesse an Aufbau, Aufrechterhaltung und Ausbau der Zusammenarbeit
Lieferanten		x	▸ Interesse an verlässlichen und längerfristigen Lieferbeziehungen ▸ pünktliche Zahlungen des Unternehmens
Kunden		x	▸ qualitativ hochwertige Produkte ▸ möglichst günstige Preise ▸ Erbringen von Serviceleistungen und guter Beratung
Mitbewerber		x	▸ bessere Positionierung auf dem Markt ▸ Abwerben von Kunden ▸ Verdrängen von Konkurrenten

Interessengruppe	Intern	Extern	Ziele
Kommunal-behörden/Staat		x	▸ Schaffung von Arbeitsplätzen ▸ Beiträge zur regionalen Infrastruktur ▸ Einhaltung rechtlicher Rahmenbedingungen ▸ Steuereinnahmen
Gewerkschaften		x	▸ Gewinnung von Mitgliedern ▸ Ziele der Mitglieder umsetzen ▸ Thematisierung von Gewerkschaftsanliegen im Unternehmen

12. Erfolgreich präsentieren und reflektieren

12.1 Die persönliche Wirkung des Präsentierenden

Die Frage, welche Faktoren einen Redner erfolgreich machen, mag viele bewegen, eine Antwort ist jedoch nur schwer möglich. Pauschal lassen sich folgende persönliche Erfolgsfaktoren nennen, die jedoch auch individuell anders liegen könnten:

Gelassenheit

> Man muss nicht immer die Nr. 1 sein. Niederlagen und Fehler sollten akzeptiert werden.

Verantwortungsbereitschaft

> Entschlossenes Handeln in einer aktiven Rolle ist ein wichtiger Erfolgsfaktor. Man übernimmt Verantwortung für seinen Erfolg bzw. Misserfolg.

Engagement

> Mit Kopf und Herz bei der Sache sein und hinter seinen Aussagen stehen!

Einfühlungsvermögen

> Das Gegenüber als Partner betrachten und seine Motive, Erwartungen und Bedürfnisse auch erkennen und beachten.

Anpassungsbereitschaft

> Neue Wege einschlagen, Stillstand und Starrhalsigkeit vermeiden.

12.1.1 Umgang mit Lampenfieber

Lampenfieber ist eine normale Reaktion des menschlichen Körpers auf neue oder ungewohnte Anforderungen. Oftmals entsteht Lampenfieber aus der inneren Einstellung des Redners heraus. Es drückt sich bei jedem Menschen anders aus. Richtig dosiert kann Lampenfieber den Körper und Geist aktivieren.

Tipps gegen Lampenfieber

... vor dem Auftritt	... während des Auftritts
▸ Eine gute inhaltliche Vorbereitung gibt Sicherheit. Dazu gehören auch eine genaue Zielgruppenanalyse und ein Probedurchlauf im Vorfeld. ▸ Spicken ist erwünscht! Karteikärtchen mit dem Grobablauf der Präsentation und Stichworten schaffen Sicherheit und Kontrolle. Den Einstiegs- und Ausstiegssatz sollte man im Wortlaut notieren. ▸ Ausdauersport am Vorabend einer wichtigen Präsentation produziert Adrenalin und Endorphine. Dies hellt die Stimmung auf. ▸ Es ist gut, wenn man die Ursachen seiner Nervosität kennt, um besser mit ihr umzugehen. Ist es ein extremer Wunsch nach Anerkennung und Erfolg? Was kann im schlimmsten Fall passieren, wenn der Auftritt vergeigt wird?	▸ Auf beiden Beinen stehen, stellt den Körper ruhig und entspannt die Situation. ▸ Unruhe darf mit Mimik und Gestik artikuliert werden. (Aber Achtung: nicht übertreiben!) ▸ Mit sympathischen Teilnehmern sollte man Blickkontakt herstellen. ▸ Eine positive Grundeinstellung gegenüber dem Publikum beruhigt. ▸ Konzentration! Darüber nachzudenken, was war („Oh, jetzt habe ich gerade einen Fehler gemacht!") oder kommt („Jetzt kommt gleich dieser langweilige Bereich!") lenken vom Wesentlichen ab. ▸ Und: nervös sein ist normal! Man darf es sich auch erlauben.

 TIPP

Es heißt nicht umsonst: „Übung macht den Meister!" Je häufiger Sie sich Angst erzeugenden Situationen aussetzen, desto geübter werden Sie im Umgang mit diesen Situationen!

12.1.2 Vor der Gruppe stehen

Fester Stand auf beiden Beinen
- wenn ein wichtiges Argument dargestellt wird
- wenn ein zentraler Gedanke verdeutlicht wird
- wenn eine Frage gestellt wird

Bewegung auf der Bühne
- situativ auf das Publikum zugehen
- situativ von der einen Seite des Mediums auf die andere Seite wechseln

Bitte kein Rumspielen mit Stift, Zeigestab, Ohrringen usw.
- das nervt!

Blickkontakt zum Publikum
- schafft einen „guten Draht" zu den Zuhörern

Lächeln!
- „Lächeln ist das Kleingeld des Glücks" (Heinz Rühmann)

12.1.3 Die Planung der Präsentation

Für den Erfolg einer Präsentation – und auch zur eigenen Sicherheit – ist eine gute Planung enorm wichtig. Hier lohnt es sich, sich an den folgenden Fragen zu orientieren.

Klärung von Ziel, Auftrag und Kontext der Präsentation

Thema	Wie lautet das Thema meiner Präsentation?
Anlass	Wer hat mich beauftragt? Was ist der Anlass der Präsentation? Was hat dazu geführt?
Ziele	Welche Ziele haben die Teilnehmer? Welche Ziele habe ich? Gibt es Zielkonflikte? Wie kann ich überprüfen, ob meine Ziele erreicht wurden?
Zielgruppe	Welches Vorwissen besteht? Welche Motivation zur Teilnahme gibt es? Welche Einstellung hat das Publikum zum Thema?
Zeitbudget	Wie viel Zeit steht mir zur Verfügung? Wie kann ich knappe Vorbereitungszeit optimal nutzen? Wie lange darf ich reden?

12.1.4 Recherche, Auswahl und Vertiefung der Informationen

Wo kann ich recherchieren?	Das hängt ganz von der Aufgabenstellung ab. Sind allgemeine Fragen zu klären, recherchiert man etwa in Fachzeitschriften, in Fachbüchern (in der Bibliothek), im Internet oder durch die Befragung eines Experten. Bei firmenspezifischen Fragen kann man in den Firmenarchiven oder -chroniken nachsehen, Broschüren Ihrer Firma nutzen oder auch Mitarbeiter direkt befragen.
Welche der vielen Informationen bringe ich unter?	Am besten konzentriert man sich auf das Wesentliche und auf wirklich relevante Informationen. Bei einer hundertjährigen Firmengeschichte interessiert nicht jedes kleine Detail, sondern wichtige Ereignisse (z. B. Rückschläge, Neuerungen, Zusammenschlüsse). Hier lohnen sich folgende Fragen: ▸ Welche Information gehört zum Themenkomplex? ▸ Welche davon ist für mein Publikum interessant? ▸ Welche davon ist zielführend? Es sollte immer im Auge behalten werden, was man den Zuhörern eigentlich sagen will und welchen Nutzen die Zuhörer von der Präsentation haben sollen.

 TIPP

Gibt es eine interessante Geschichte oder Anekdoten, die Ihnen als „roter Faden" und Umrahmung der Informationen dienen könnte?

12.1.5 Der Titel der Präsentation

Es gibt Situationen, da hat man bereits beim Lesen des Präsentationstitels keine Lust mehr auf die Präsentation.

Beispiel

... für einen schlechten Präsentationstitel
Betriebsintegrierte Berufsorientierung als Grundlage für betriebliche Berufsvorbereitung – Perspektive betrieblicher Berufsausbildung.

Um das Publikum neugierig zu machen und um eventuell einen roten Faden für die Präsentation zu haben, sollte man dem Titel mindestens die gleiche Aufmerksamkeit widmen, wie der gesamten Präsentation.

Einige Ideen:

- Anpassung an einen Buch-, Film- oder Songtitel („Tausendmal berührt – tausendmal ist nichts passiert – Arbeitsschutz im Elektro-Bereich", „Der Herr der Ringe – Juwelier XXX"
- eine Frage
- „Wie", „Was", „Warum" (Warum es so wichtig ist, einen wirklich guten Titel zu finden", „Wie Sie Ihr Publikum fesseln können")
- Verwendung eines Wortspiels/bekannten Begriffes („Übst du noch – oder präsentierst du schon?")
- Einbinden einer Zahl („Zehn Tipps zur gelungen Präsentation!")
- Provokation oder Überraschung („Essen Sie sich schlank!")
- Titel die immer passen („Das ABC…", „Das Märchen vom …", „Die zehn Gebote…".

12.1.6 Die Medienplanung

Es ist weitreichend bekannt, dass Informationen besser behalten werden, wenn man sie nicht nur alleine liest, hört oder sieht, sondern wenn unsere Sinnesorgane vielfältig angesprochen werden.

Lernen durch … nach Wilhelm Niggemeyer

Die größte „Pforte", durch die Informationen aufgenommen werden, ist demnach das Auge. Dieses Sinnesorgan für visuelle Reize ist in der Regel den anderen Sinnesorganen überlegen.

Daher sollte bei der Planung einer Präsentation der Medieneinsatz entsprechend angepasst werden. Für Präsentationszwecke stehen vielfältige Medien zur Verfügung.

flüchtige Medien	bleibende Medien
▸ Overhead-Projektor ▸ Beamer	▸ Flipchart ▸ Pinnwand
Sobald ein anderes Bild gezeigt wird, steht das vorherige nicht mehr zur Verfügung.	Mit diesen Papiermedien bleiben umfangreiche Visualisierungen präsent.

12.1.7 Pinnwand und Flipchart

Eine Pinnwand hat eine Oberfläche aus Hartschaum, Weichfaser oder Kork. Hier lassen sich unterschiedliche Gestaltungselemente (Moderationskarten, Wolken, Streifen, Klebepunkte usw.) mithilfe von Pinn-Nadeln schnell und einfach anbringen. Die Oberfläche einer Pinnwand misst im Allgemeinen 118 cm x 149 cm. Die meisten Tafeln können sowohl im Hoch- als auch im Querformat aufgestellt werden.

Ein Flipchart besteht aus einer großen Platte, einer Klemmvorrichtung für das Flipchartpapier, einer Ablage für Stifte sowie einem dreibeinigen Ständer. Auf diesen Ständer kann der Papierblock in der Größe 100 cm x 70 cm angebracht werden. Die Flipchartblöcke sind bereits perforiert, sodass das Abreißen der Blätter erleichtert wird. Dadurch können die Blätter dauerhaft sichtbar im Raum aufgehängt werden.

Einsatzmöglichkeiten

- ▸ in interaktiven Arbeitsphasen (Fragerunden, Diskussionen, Brainstorming)
- ▸ für alle Informationen, die sichtbar bleiben sollen (z. B. Roter Faden, Begrüßungs-Chart)
- ▸ für Arbeitsaufträge
- ▸ für spontane Visualisierungen des Präsentierenden
- ▸ aufgrund der Stromunabhängigkeit sehr guter Einsatz auch im Freien.

Leider stoßen diese Papiermedien aufgrund der relativ kleinen Präsentationsfläche schnell an ihre Grenzen. Als Richtwert ist eine maximale Gruppengröße von 30 Teilnehmern denkbar.

Unterschiede

Flipchart	Pinnwand
▸ Strukturen können nicht mehr verändert werden.	▸ Durch Veränderung der Kartenposition können Strukturen leicht verändert werden. ▸ Die Präsentation kann vor den Augen der Teilnehmer entwickelt werden. ▸ Fast fertige Präsentationen können durch kleine Ergänzungen interessant gestaltet werden (z. B. Pfeile, Verbindungslinien). ▸ Die Mitarbeit der Teilnehmer ist leichter (selber aufhängen usw.).

Tipps für interessante Präsentationen am Flipchart und der Pinnwand

Umdreh-Technik	Die beschrifteten farbigen Karten hängen bereits auf ihrem Platz an der Pinnwand. Allerdings so, dass nur die Rückseite zu sehen ist. Während der Präsentation werden die Karten dann nach und nach umgedreht. **Tipp:** Auf die leere Rückseite können dünn mit Bleistift der Inhalt und eventuelle Regieanweisungen geschrieben werden.
Abreißkalender-Technik	Die beschriftete Karte hängt bereits an der Pinnwand. Darüber wird eine leere Karte der gleichen Größe gehängt. Im entsprechenden Moment kann die Karte abgerissen werden und der darunter liegende Inhalt wird freigegeben. **Tipp:** Auch hier eignet sich wieder die hauchdünne Beschriftung mit Bleistift. Außerdem sollten Sie darauf achten, dass die oberen Pinnkärtchen knapp am Rand befestigt oder nur unter der Nadel eingeklemmt werden, damit nicht zuviel Material verbraucht wird.
„Kaninchen aus dem Hut"-Technik	Eine auf einer farbigen Karte visualisierte Information wird hinter einem Schlitz im Pinnwandpapier „versteckt". Zur Präsentation kann sie effektvoll herausgezogen werden.

Visualisierungstipps

1. Arbeiten Sie mit Farben! Achten Sie aber dabei darauf, nicht mehr als drei bis vier Farben einzusetzen. Für Präsentationen eignen sich dabei die klaren Farben Schwarz, Blau, Rot und Grün.

 ACHTUNG

Schwarz und Blau sollten Sie zum Schreiben verwenden, Rot und Grün eher zum Markieren und Unterstreichen.

2. Arbeiten Sie beim Schreiben mit Markern, die eine Kante haben. Diese erzeugen besser lesbare Schriften. Üben Sie das Schreiben mit diesen Markern im Vorfeld!
3. Achten Sie auf eine lesbare Schrift! Am besten lassen sich schnörkellose Groß- und Kleinbuchstaben lesen. Verwenden Sie nicht durchgehend große Buchstaben. Solche Texte kann unser Auge schlechter erfassen.
4. Achten Sie darauf, nicht zu viel auf ein Chart/eine Pinnwand zu packen. Sorgen Sie für eine harmonische Balance auf der Gesamtfläche.
5. Nutzen Sie Symbole. Einfache Strichmännchen oder andere „gekritzelte" (gescribbelte) Motive unterstützen die Wirkung Ihrer Präsentation. (Achten Sie nur darauf, dass Ihre Zeichnung auch erkennbar ist, ansonsten versehen Sie die Grafik zusätzlich mit einer Schrifterklärung.)
6. Weniger ist mehr! Nutzen Sie lieber mehr Charts, als ein einziges Chart total zu überfrachten!
7. Schlagworte und lange Texte sollten vermieden werden. Nutzen Sie Kurzsätze!

Eine gelungene Visualisierung sendet den Zuhörern zwei wichtige Botschaften:

12.1.8 Overhead-Projektor/Tageslichtprojektor

Der Einsatz eines Tageslichtprojektors eignet sich besonders, wenn man vor größeren Gruppen präsentiert und kurzzeitig oder impulsartig Informationen einfließen lassen möchte. Außerdem lässt sich der Overhead-Projektor gut zur Mitschrift von Brainstorming einsetzen, besonders bei Gruppengrößen, in denen Flipchart und Pinnwand nicht mehr ausreichend sind. Und: Der Tageslichtprojektor ist immer ein guter Notnagel, sollte die Technik bei einer Beamer-Präsentation versagen.

Projektoren gibt es in unterschiedlichen Produktvarianten. Für Großprojektionen lassen sich Projektoren mit einer Bilddiagonalen von bis zu 2,50 m einsetzen. Im Gegensatz dazu gibt es kleine, portable Projektoren, die sich schnell und einfach aufbauen lassen.

Tipps für interessante Präsentationen am Overhead-Projektor

Abdeck-Technik Hier wird eine fertige Folie Stückchen für Stückchen offenbart.	Zunächst wird den Teilnehmern ein Blick auf die komplette Folie gewährt, danach werden Teile der Folie abgedeckt und während der Präsentation Stück für Stück wieder aufgedeckt. Damit das Papier zum Abdecken nicht laufend verrutscht, legt man es am besten unter die abzudeckende Folie. Sollen nur bestimmte Teile abgedeckt werden, ist es sinnvoll, den Abdeckstreifen mit einem Klebestreifen am Folienrahmen festzukleben und bei Bedarf aufzuklappen.
Overlay-Technik Hier entsteht eine „Endfolie" durch das Übereinanderlegen mehrerer Folien, auf denen jeweils einzelne Elemente dargestellt sind.	Hier sollte darauf geachtet werden, dass der Projektor über eine ausreichende Lichtleistung verfügt. Alternativ kann eine komplette Folie in Einzelteile zerschnitten, am Folienrahmen aufgeklebt und anschließend „aufgeklappt" werden.

Tipps zur Foliengestaltung
Handgeschriebene Folien haben eine persönliche Note, genügen aber im Zeitalter digitaler Medien nicht mehr den Ansprüchen. Sehr wirkungsvoll dagegen sind „per-Hand-Ergänzungen" auf ausgedruckten Folien (ergänzt werden können einzelne Namen, Zahlen, Kurvenverläufe in Diagrammen, Unterstreichungen/Durchstreichungen).

Auch hier sollten Schlagworte oder ganze Texte vermieden und auf markante Kurzsätze zurückgegriffen werden.

Für die Beschriftung eignet sich eine serifenlose Schriftart (z. B. Arial). Die Schriftgröße sollte mindestens 24 Punkt betragen, Überschriften sollten 2 Punkt bis 4 Punkt größer als der eigentliche Text sein. Bei Textfolien sollten maximal sieben Zeilen verwendet werden, sonst wirkt die Folie zu überfrachtet.

Bei der Gestaltung der Folien gilt ebenso: Mehr als vier Farben sollten pro Folie nicht eingesetzt werden. Auch hier wählt man am besten klare Farben, keine Mischfarben. Symbole dürfen gerne verwendet werden, jedoch durchgängig ähnliche und eher sparsam. Bei ClipArts kann es passieren, dass sie „abgenutzt" wirken oder nicht passen.

12.1.9 Beamer-Präsentation

Soll eine Präsentation über einen PC gesteuert werden, wird zudem noch ein Beamer oder ein Großbildschirm benötigt, der die Präsentation überträgt. Sollten in der Präsentation zusätzlich Video- oder Soundeffekte eingesetzt werden, müssen zusätzlich Lautsprecher zur Verfügung stehen.

Die am weitesten verbreitete Präsentationssoftware ist Microsoft PowerPoint.

Online lassen sich auch über Prezi Präsentationen erstellen und abspielen.

www.prezi.com

Eine Beamer-Präsentation eignet sich besonders bei beliebig großen Gruppen, wenn bewegte Bilder oder Videos eingebunden werden sollen oder wenn man mit technischen Effekten beeindrucken möchte. Aber auch hier gilt wieder: Weniger ist manchmal mehr!

Einige **praktische Tipps** vorab:

F5	Mit dieser Taste gelangt man vom Bearbeitungsmodus in den Präsentationsmodus, ohne umständliches Umherklicken.
B-Taste	Immer, wenn die Projektion nicht benötigt wird, kann man durch das Drücken der B-Taste „Schwarzschalten", d. h. es wird kein Bild übertragen. Dies funktioniert jedoch nur im Präsentationsmodus.
Seitenzahl + Enter	So kann man zu einer bestimmten Seite der Präsentation springen.

Tipps für gelungene Präsentationen am Beamer
1. Achten Sie darauf, dass Sie eine geeignete Präsentationsfläche auswählen und den Beamer optimal anpassen.
2. Wählen Sie einen Beamer, der eine optimale Lichtleistung und Brennweite hat.
3. Testen Sie im Vorfeld, ob Ihr Notebook die richtige Schnittstelle für den Beamer hat!
4. Während der Präsentation sollten Sie sich entweder einen Assistenten (Achtung: gut einweisen) zuhilfe holen, oder einen Presenter bzw. eine Funkmaus benutzen.
5. Nutzen Sie Animationen, um einzelne Screens entstehen zu lassen. Das macht die Präsentation interessanter. (Aber bitte nicht übertreiben!)
6. Um noch etwas zusätzlich zu zeigen, können Sie einen Laserpointer nutzen. (Dafür benötigen Sie aber eine ruhige Hand.)
7. Sie können Ihren Rechner dezent als Monitor nutzen. Das ist allemal besser, als ständig von der Projektionsfläche abzulesen. Optimal ist es natürlich, wenn Sie überwiegend frei reden oder Notizen benutzen.
8. Stellen Sie sich nicht in die Projektionsfläche!
9. Für den Fall der Fälle sollten Sie ausgedruckte Folien für eine Präsentation am Overhead-Projektor bereithalten.

Vorteile des Beamereinsatzes	Nachteile des Beamereinsatzes
▸ multimedialer Einsatz (Bilder, Schrift, Video, Ton) ▸ professionelle Wirkung ▸ gut archivierbar ▸ leicht zu überarbeiten ▸ für große Gruppen ideal	▸ Ablenkung, wenn zu viele Farben und Effekte genutzt werden ▸ störungsanfällige Technik ▸ Präsentierende geraten schnell in den Hintergrund

Durch die vielfältigen und sehr einfachen Gestaltungsmöglichkeiten wird man leicht dazu verführt, auch Themen, die eventuell über Flipchart und Pinnwand besser zu präsentieren wären, in PowerPoint darzustellen. Dadurch beraubt man sich aber jeglicher Kreativität beim Präsentieren. Multimedia heißt nicht nur, Bilder, Ton und andere Effekte einzubinden, sondern hin und wieder auch einfach mal einen Medienwechsel durchzuführen.

TIPP

Nutzen Sie bewusst auch andere Medien während einer Präsentation, um die Zuhörenden nicht zu einseitig zu belasten. So unterstützen Sie außerdem die Aufnahmefähigkeit der Teilnehmer.

12.2 Der Aufbau der eigentlichen Präsentation

Um eine Präsentation mit einem „roten Faden" zu steuern, bietet es sich an, die Präsentation wie einen „Burger" aufzubauen:

12.2.1 Interessanter Einstieg

Der Anfang einer Präsentation soll Interesse wecken und Aufmerksamkeit erregen. Die Teilnehmer müssen emotional ankommen und sich mit dem Thema identifizieren können. Um dies zu erreichen, gibt es mehrere Möglichkeiten:

- Man startet mit einer kleinen persönlichen Anekdote („Mir ist letztens … passiert.").
- Man nutzt ein Bild, einen Cartoon oder eine Karikatur (aber bitte keine abgedroschenen ClipArts).
- Man nutzt etwas Aktuelles (Zeitungsartikel usw.).
- Man stellt eine rhetorische Frage („Was ist die größte Herausforderung bei einer Präsentation?"). Fragen animieren die Zuhörer zum Nachdenken.
- Man nutzt ein Zitat (aber bitte nicht ankündigen, sondern einfach damit einsteigen).
- Man nutzt ein geschichtliches Ereignis.
- Man bedient sich einer Parabel/einer Metapher/eines Sprichworts (je origineller, desto besser).
- Man nutzt eine provokative These oder Behauptung.

TIPP

Gestalten Sie den Einstieg kurz und einprägsam. Die große Herausforderung ist es, nach dem Appetizer einen gelungenen Bogen zum eigentlichen Thema zu schlagen.

12.2.2 Zielführende Inhalte

Während der gesamten Präsentation geht es hauptsächlich um drei wesentliche Dinge:

| Wie wirke ich? | Versteht mich mein Publikum? | Erreiche ich mein Publikum? |

An der Frage, wie man verständlich kommuniziert, hat ein Team um den Hamburger Psychologen Friedemann Schulz von Thun erfolgreich geforscht.

LF 2, Kap. 5.3

12. Erfolgreich präsentieren und reflektieren

Dabei hat das Team folgende **Dimensionen der Verständlichkeit** einer Information formuliert:

Einfachheit	▸ Nutzung von geläufigen Begriffen, die der Zielgruppe bekannt sind ▸ Erklärung von Fachbegriffen ▸ kurze Sätze, keine verschachtelten Nebensätze
Gliederung/ Ordnung	▸ roter Faden muss erkennbar bleiben ▸ Pausen lassen, damit das Publikum das Gehörte nachvollziehen kann
Kürze und Prägnanz	▸ Unwichtiges streichen ▸ nur so lange präsentieren, wie es dem Publikum noch kurz vorkommt ▸ nicht überziehen, ansonsten Publikum in die Entscheidung einbeziehen
Zusätzliche Stimulanz	▸ bildhafte Sprache und Beispiele aus dem Umfeld der Teilnehmer nutzen ▸ Teilnehmer in „Sie-Sprache" direkt ansprechen ▸ monotones Sprechen vermeiden, melodisch sprechen ▸ Humor ist erlaubt ▸ Visualisierungen nutzen
Situationsbezug	▸ im Vorfeld genau über das Publikum erkundigen (Wie sind Interessen? Welche Probleme? usw.) ▸ Welchen Bezug hat die Präsentation zur Situation der Zuhörer?
akustische Verständlichkeit	▸ etwas lauter als gewohnt sprechen ▸ langsam reden und Pausen machen ▸ nicht nuscheln ▸ zum Publikum sprechen – nicht zur Leinwand

12.2.3 Gefühlsbetonter Ausstieg

Der Ausstieg ist (wie bei einem richtigen Burger auch), ähnlich wie der Einstieg. Hier geht es darum, wieder den Bogen zum Einstieg zu schlagen. Dazu hat man mehrere Möglichkeiten:

▸ Man schließt mit einer rhetorischen Frage. Sie sollte so gestellt sein, dass der Zuhörer die Frage individuell für sich beantworten kann. Sie könnte handlungsauffordernd oder motivierend sein.
▸ Man knüpft an den Einstieg an. Wenn man mit einer rhetorischen Frage begonnen hat, stellt man dieselbe noch einmal. Auch ein Zitat kann am Ende noch einmal wiederholt werden.

In jedem Fall sollte das Ende der Präsentation einen nachhaltigen Eindruck bei den Zuhörern hinterlassen und auch deutlich machen, dass die Präsentation nun beendet ist.

Vermeiden sollte man folgende Möglichkeiten:
- Bitte nicht mehrfach auf den Schluss hinweisen und dann doch nicht aufhören.
- Bitte auch nicht einfach so aufhören – ohne erkennbaren Schluss!
- Bitte keine Formulierungen wie „Ich hoffe…", „Leider …" usw. Solche Präsentationen weisen auf die Unsicherheit des Präsentierenden hin.
- Bitte keine Entschuldigungen. Damit weist man das Publikum erst recht auf Schwachstellen der Präsentation hin.
- Bitte kein „Danke für Ihre Aufmerksamkeit"! Das ist eine Floskel, die jeder (wirklich JEDER) Präsentierende benutzt. Wenn man sich bedanken will, dann darf das gerne etwas konkreter sein: „Danke für den engagierten Dialog!"

12.3 Das Feedback nach der Präsentation

Die Präsentation ist beendet und man verlässt sie meist mit gemischten Gefühlen:
- Konnte ich meine Zuhörer begeistern?
- War ich langweilig?
- Habe ich alles gesagt was ich sagen wollte?
- Wie hat meine Präsentation gewirkt?

Um seine eigenen Präsentationsfähigkeiten zu steigern ist es wichtig, sich nach jeder Präsentation ein Feedback einzuholen – und es mit seinem Selbstbild abzugleichen.

Ein Feedback ist eine Rückmeldung, in der die Zuhörer der präsentierenden Person mitteilen, welche Wirkung die Präsentation auf sie hatte. Die Qualität eines Feedbacks hängt von folgenden drei Größen ab:
1. von den Regeln, nach denen es erfolgt
2. von den Kriterien, die ihm zugrunde gelegt werden
3. vom Stil und von der Atmosphäre in der Feedback-Situation.

Ein Feedback darf auf keinen Fall als Beleidigung oder Generalabrechnung verstanden werden. Allerdings sollte es aber auch unbedingt ehrlich gemeint sein. Ein positives Feedback um des lieben Friedens Willen nützt dem Präsentierenden überhaupt nichts.

12. Erfolgreich präsentieren und reflektieren

Tipps zum Feedback	Erklärung	Beispiel
Ein Feedback gibt man nur auf Wunsch.	Ein Feedback sollte nur dann gegeben werden, wenn es sich der Feedback-Nehmer auch wünscht, denn nur dann wird er es auch annehmen.	„Darf ich dir ein Feedback geben?"
Ein Feedback gibt man möglichst direkt.	Ein Feedback sollte möglichst schnell nach dem Vortrag gegeben werden, nicht erst Tage später.	
Das Feedback sollte mit etwas Positivem begonnen werden.	Ein Feedback dient zur Weiterentwicklung. Dazu gehört auch, dass man erkennt, was gut gelaufen ist.	„Ich fand es toll, wie ruhig du vor der Gruppe gestanden hast." „Deinen Einstieg fand ich besonders interessant!"
Ein Feedback wird immer in der Ich-Form gegeben.	Wir neigen oft dazu, nicht von uns selbst, sondern in der Man-Form zu sprechen. Damit verallgemeinert man jedoch vieles. Gerade beim Feedback empfindet jeder etwas anderes. Deshalb sollte auch in der Ich-Form über diese Empfindungen gesprochen werden.	„Auf mich hast du sehr aufgeregt gewirkt." „Ich fand es gut, dass du von dir selbst gesprochen hast!" Nicht: „Man hat gemerkt, dass du aufgeregt warst!"
Negative Kritik kann mit Verbesserungsvorschlägen verknüpft werden.	Sagt man der Person nur, was sie falsch gemacht hat, wird es schnell als Generalabrechnung empfunden. Ein Feedback wirkt besser, wenn gleich Tipps gegeben werden, wie der Präsentierende seinen Vortrag verbessern kann.	„Mir haben wichtige Details gefehlt. Zum Beispiel hättest du die geschichtliche Entwicklung deines Unternehmens detaillierter darstellen können." „Deine Folien haben auf mich sehr unstrukturiert gewirkt. Das kam wahrscheinlich durch die vielen unterschiedlichen Schriftarten und Bilder. Verwende beim nächsten Mal doch nur eine einzige Schriftart und Grafiken gleichen Typs!"
Das Feedback wird sachlich und genau formuliert.	Oft erlebt man, dass Feedbacks zu ungenau formuliert werden – man will ja der präsentierenden Person nichts Böses. Mit solch einem Feedback kann allerdings niemand etwas anfangen. Deshalb gilt hier: Formulieren Sie das Feedback so sachlich und konkret wie möglich!	„Die Folie mit den Ausbildungsberufen ging mir zu schnell – hier habe ich nicht alles verstanden."

Da ein Feedback nur auf Wunsch gegeben werden soll, muss der Feedback-Nehmer natürlich auch bereit sein, ein Feedback anzunehmen. Ein Feedback ist immer eine Möglichkeit, etwas zu verbessern und sollte als Chance erkannt werden.

Ebenso, wie es für die Feedback-Geber klare Regeln gibt, sollte sich ein Feedback-Nehmer an solche halten:

- Versuchen Sie sich nicht zu rechtfertigen oder zu verteidigen. Der Feedback-Geber stellt gerade seine Sichtweise dar und die ist meist sehr subjektiv.
- Seien Sie offen für alle Kommentare. Machen Sie dies auch durch eine offene Körperhaltung deutlich.
- Hören Sie aufmerksam zu und lassen Sie die Feedback-Geber ausreden. Fragen Sie aber auch nach, wenn Sie etwas nicht richtig verstanden haben.
- Denken Sie – später und in Ruhe – über das Feedback nach und notieren Sie Dinge, die Sie beim nächsten Mal verändern wollen.
- Bedanken Sie sich für das Feedback und machen Sie auch deutlich, ob das Feedback hilfreich war.

12.4 Die Bewertung einer Präsentation

Präsentationen werden in den letzten Jahren immer häufiger auch zur Leistungsüberprüfung eingesetzt. Dabei hat jeder Beurteilende eigene Bewertungskriterien, die ihm wichtig sind. Optimal ist es, wenn im Vorfeld allen Beteiligten diese Kriterien bekannt sind. So kann die Präsentation klarer und strukturierter geplant werden.

In einigen Berufsgruppen haben sich Projektpräsentationen in der Abschlussprüfung durchgesetzt. Im Internet lassen sich dafür Kriterienkataloge der Kammern finden, die den Prüflingen einen Leitfaden dazu bieten, auf was sie sich vorbereiten können.

Es kristallisieren sich dabei folgende Bewertungskriterien heraus, auf die in Präsentationen geachtet werden sollte:

Außerdem können sich auch die Fragen, die zur Vorbereitung auf die Präsentation verwendet wurden, in der Bewertung widerspiegeln.

Sollten Teilnehmerunterlagen (Handouts) gefordert sein, werden diese meist zusätzlich in die Bewertung eingebunden. Hier kommt es insbesondere auf die inhaltliche Aufbereitung der Handouts an. Auch die optische Darstellung spielt eine Rolle. Ein Handout ist immer als Bereicherung der Präsentation zu sehen und sollte nie einfach nur die Präsentation an sich widergeben. Also bitte:

- Stecken Sie genauso viel Arbeit in das Handout, wie Sie in die Präsentation gesteckt haben.
- Drucken Sie nicht einfach Ihre Folien als Handout aus. Falls doch, dann sollten Sie die Folien durch Notizen entsprechend ergänzen.
- Beschriften Sie Ihr Handout durch eine Kopf- oder Fußzeile mit Namen, Titel und Datum der Präsentation.

 WISSENSCHECK

Im Online-Training zu diesem Buch können Sie zusätzlich Aufgaben zu diesem Lernfeld bearbeiten und so das Gelernte überprüfen.

Büroprozesse gestalten und Arbeitsvorgänge organisieren

Bürowirtschaftliche Abläufe sind typische und wichtige Merkmale der Büroarbeit in Betrieben verschiedener Wirtschaftszweige und Branchen, die eine hohe Qualität von Büroarbeit gewährleisten.

In diesem Lernfeld werden die Berufseinsteiger berufstypische Arbeitsabläufe selbstständig nachvollziehen, um betriebliche Zusammenhänge und deren Auswirkungen auf andere Funktionsbereiche beurteilen zu können. Sie erfahren, welche Gesetze und Verordnungen die Gestaltung von Arbeitsraum und Arbeitsplatz regeln und analysieren auf dieser Basis Arbeitsplätze hinsichtlich ergonomischer und ökologischer Erfordernisse. Darüber hinaus entwickeln sie Maßnahmen zur Bewältigung von physischen und psychischen Belastungen am Büroarbeitsplatz.

Methoden und Techniken des Zeitmanagements unterstützen die Auszubildenden mit dem Ziel, Büroprozesse in einem definierten Zeitrahmen effizienter zu gestalten und zu optimieren. Dazu benötigen die Auszubildenden ein hohes Maß an Kommunikations- und Kooperationsfähigkeit. Sie reflektieren ihre Selbst- und Fremdwahrnehmung und bringen sich motiviert in ein Team ein. Neben dem eigenständigen Training ihrer schreibtechnischen Fertigkeiten planen die Auszubildenden Sitzungen und Besprechungen und dokumentieren die Gesprächsinhalte. Sie wenden Methoden zur innerbetrieblichen Weiterleitung von Informationen prozessorientiert an. Sie stellen den Ablauf der Eingangspost im Unternehmen dar und vergleichen zweckmäßige Versandarten für die Ausgangspost.

Die ordnungsgemäße Verwaltung von Schriftstücken und digitalen Dokumenten leiten sie von gesetzlichen und betrieblichen Aufbewahrungsfristen ab. Sie organisieren Aufbewahrungs- und Ordnungssysteme normgerecht unter Berücksichtigung von Datenschutz und Datensicherheit.

Neben dem Erwerb einer breiten kaufmännischen Fachkompetenz fördert die handlungsorientierte Ausrichtung der Aufgaben das Denken in Zusammenhängen, Flexibilität und Genauigkeit sowie die Fähigkeit zur Gestaltung einer humanen, ökonomischen und ökologischen Arbeitswelt.

2

1. Gestaltung von Arbeitsraum
   und Arbeitsplatz — 126
2. Arbeitsprozesse effizient strukturieren — 172
3. Sicherheit und Gesundheit
   am Arbeitsplatz — 186
4. Termine koordinieren
   und im Team kooperieren — 196
5. Kommunikationsfähigkeit im
   Berufsleben entwickeln — 201
6. Teamarbeit — 207
7. Zielgerichtet Sitzungen und
   Besprechungen planen und durchführen — 211
8. Ein- und ausgehende
   Informationswege effizient nutzen — 228
9. Aufbewahrung von Schriftgut — 252

1. Gestaltung von Arbeitsraum und Arbeitsplatz

1.1 Eine Wissenschaft oder eine Norm?

Der Begriff Ergonomie stammt aus dem Griechischen und ist eine Wortkombination. Der Begriff „ergon" steht für „Arbeit oder Werk", das Wort „nomos" für „Gesetz, Regel".

Ergonomie bedeutet – frei übersetzt – die „Wissenschaft gesunder Arbeitsbedingungen".

> „Ergonomie ist ein wissenschaftlicher Ansatz, damit wir aus diesem Leben die besten Früchte bei der geringsten Anstrengung, mit der höchsten Befriedigung für das eigene und für das allgemeine Wohl ernten."
> Wojciech Jastrzebowski, 1857

Grundlegende Ziele der Ergonomie basieren auf den Faktoren:

- **Humanität:** Die Beschäftigten sollten grundsätzlich keinen Über- oder Unterforderungen ausgesetzt sein. Die Arbeit soll menschengerecht gestaltet sein.
- **Wirtschaftlichkeit:** Die Anwendung ergonomischer Erkenntnisse soll und kann beste Arbeitsergebnisse erzielen und Wettbewerbsfähigkeit sichern.

Das aus dieser Aussage abzuleitende Hauptziel der Ergonomie ist, das Arbeitsumfeld und die dazugehörigen Bedingungen an die Bedürfnisse und Möglichkeiten der Menschen anzupassen sowie Arbeitsprozesse zu optimieren und effizienter zu gestalten. Daher müssen folgende Gesichtspunkte der Ergonomie berücksichtigt werden:

Physische Ergonomie	Psychische Ergonomie	Organisatorische Ergonomie
Sie befasst sich mit den organischen, anthropometrischen, physiologischen und motorischen Eigenheiten des Menschen, wie z. B. Klima, Mobiliar, Elektronik, Räume.	Sie befasst sich mit den geistigen Prozessen, wie Arbeitsbelastung und -inhalt, Empfindungen, Denken und Handeln.	Sie befasst sich mit der Optimierung von Arbeitsstrukturen und -prozessen, wie z. B. Arbeitszeitgestaltung, Stressmanagement, Teamarbeit.

Ergonomische Nachhaltigkeit wird erreicht, wenn der Arbeitnehmer an seinem ergonomisch optimierten Arbeitsplatz in der Lage ist, seine Tätigkeit über einen längeren Zeitraum auszuüben, ohne dass seine Gesundheit weder psychisch noch physisch beeinträchtigt oder dauerhaft geschädigt wird. Ein ergonomisch optimierter Arbeitsplatz stellt einen echten Mehrwert für jeden Arbeitnehmer und Arbeitgeber dar.

> „... moderne Ergonomie erreicht die Menschen und erfüllt Normen ...!"

1.2 Gesetze und Normen
1.2.1 Welche Richtlinien gibt es?

Da sich die technischen Geräte im Wandel der Zeit immer wieder verändern und optimieren, hat der Gesetzgeber ganz bewusst keine starren Vorgaben für die Arbeitsplatzgestaltung festgehalten, sondern er gibt Richtlinien vor, die sich auf die Überprüfung der Funktionstüchtigkeit und der Wartung von Geräten und Arbeitsmitteln beschränkt.

Der Europäische Rat hat im Zusammenwirken mit dem Europäischen Parlament Richtlinien in Form von Mindestvorschriften zur Verbesserung der Sicherheit und des Gesundheitsschutzes bei der Arbeit, die sog. **EU-Rahmenrichtlinie Arbeitsschutz** erlassen. Diese Mindeststandards können national verbessert, aber nicht unterschritten werden. Sie gilt als das **„Grundgesetz des betrieblichen Arbeitsschutzes"**. Im deutschen Recht wird sie durch das Arbeitsschutzgesetz umgesetzt.

1.2.2 Welche Gesetze, Vorschriften und Normen müssen vom Arbeitgeber eingehalten werden?

www.gesetze-im-internet.de
www.vbg.de

Um Arbeitsplätze gesund und sicher zu gestalten, hat der Gesetzgeber in den vergangenen Jahren verstärkt dafür gesorgt, dass Arbeitgeber Erkenntnisse der Ergonomie beachten müssen.

In einer Vielzahl von Gesetzen und Verordnungen hat der Gesetzgeber Vorgaben und Mindestmaße für ergonomisch gestaltete Arbeitsplätze festgelegt. Die wesentlichen, die die Systematik des Themas erkennen lassen, sind:

 RECHTSGRUNDLAGE

Arbeitsschutzgesetz (ArbSchG)
§ 3 Grundpflichten des Arbeitgebers
(1) Der Arbeitgeber ist verpflichtet, die erforderlichen Maßnahmen des Arbeitsschutzes unter Berücksichtigung der Umstände zu treffen, die Sicherheit und Gesundheit der Beschäftigten bei der Arbeit beeinflussen. Er hat die Maßnahmen auf ihre Wirksamkeit zu überprüfen und erforderlichenfalls sich ändernden Gegebenheiten anzupassen. Dabei hat er eine Verbesserung von Sicherheit und Gesundheitsschutz der Beschäftigten anzustreben.

§ 5 Beurteilung der Arbeitsbedingungen
(1) Der Arbeitgeber hat durch eine Beurteilung der für die Beschäftigten mit ihrer Arbeit verbundenen Gefährdung zu ermitteln, welche Maßnahmen des Arbeitsschutzes erforderlich sind.

(2) Der Arbeitgeber hat die Beurteilung je nach Art der Tätigkeiten vorzunehmen. Bei gleichartigen Arbeitsbedingungen ist die Beurteilung eines Arbeitsplatzes oder einer Tätigkeit ausreichend.

§ 6 Dokumentation
(1) Der Arbeitgeber muss über die je nach Art der Tätigkeiten und der Zahl der Beschäftigten erforderlichen Unterlagen verfügen, aus denen das Ergebnis der Gefährdungsbeurteilung, die von ihm festgelegten Maßnahmen des Arbeitsschutzes und das Ergebnis ihrer Überprüfung ersichtlich sind. Bei gleichartiger Gefährdungssituation ist es ausreichend, wenn die Unterlagen zusammengefasste Angaben enthalten.

(2) Unfälle in seinem Betrieb, bei denen ein Beschäftigter getötet oder so verletzt wird, dass er stirbt oder für mehr als drei Tage völlig oder teilweise arbeits- oder dienstunfähig wird, hat der Arbeitgeber zu erfassen.

1. Gestaltung von Arbeitsraum und Arbeitsplatz

Arbeitsstättenverordnung (ArbStättV)
§ 3 (1) Gefährdungsbeurteilung – Anhang Anforderungen und Maßnahmen für Arbeitsstätten

§ 3a Einrichten und Betreiben von Arbeitsstätten
(1) Der Arbeitgeber hat dafür zu sorgen, dass Arbeitsstätten so eingerichtet und betrieben werden, dass sie den ergonomischen Anforderungen entsprechen und von ihnen keine Gefährdungen für die Sicherheit und die Gesundheit der Beschäftigten ausgehen. Er hat die Tätigkeiten der Beschäftigten an Bildschirmarbeitsplätzen so zu gestalten und zu organisieren, dass psychische und körperliche Belastungen sowie mögliche Gefährdungen des Sehvermögens vermieden oder auf ein Mindestmaß verringert werden. Dazu sind insbesondere regelmäßige Pausen oder Unterbrechungen durch andere Tätigkeiten vorzusehen.

Bildschirmarbeitsverordnung (BildscharbV)
§ 3 Beurteilung der Arbeitsbedingungen
§ 5 Täglicher Arbeitsablauf

www.ergo-online.de
www.bmas.de

DIN EN ISO 9241
Ergonomische Anforderungen für Bürotätigkeiten mit Bildschirmgeräten

DIN EN ISO 10075
Ergonomische Grundlagen psychischer Arbeitsbelastung

www.redtenbacher.de
www.baua.de

1.3 Arbeitsraumgestaltung

1.3.1 Richtlinien zur Gestaltung von Arbeitsräumen

Die Mindestbedingungen für Sicherheit und Gesundheit am Arbeitsplatz sind u. a. in der **Arbeitsstättenverordnung (ArbStättV)** und in der **Bildschirmarbeitsverordnung (BildscharbV)** geregelt. Durch einheitliche aber flexible Grundvorschriften wird den Unternehmen ein Spielraum gegeben, Arbeitsschutzmaßnahmen individuell an die Erfordernisse der Beschäftigten und deren Arbeitsplätze anzupassen.

1.3.2 Arbeitsstättenverordnung (ArbStättV)

Die Arbeitsstättenverordnung (ArbStättV) verfolgt das Ziel, Beschäftigte in Arbeitsstätten zu schützen und zur Verhütung von Arbeitsunfällen und Berufskrankheiten beizutragen. Unfälle am Arbeitsplatz sind immer noch häufig auf die nicht ordnungsgemäße Beschaffenheit, Einrichtung und Unterhaltung der Arbeitsstätten zurückzuführen.

Die Arbeitsstättenverordnung enthält zugleich Forderungen nach gesundheitlich zuträglichen Luft-, Klima- und Beleuchtungsverhältnissen sowie nach einwandfreien sozialen Einrichtungen, insbesondere Sanitär- und Erholungsräumen. Diese sind in den **Technischen Regeln für Arbeitsstätten (ASR)** konkretisiert.

Ziele der Arbeitsstättenverordnung sind

- ... die Sicherheit und der Gesundheitsschutz beim Einrichten und Betreiben von Arbeitsstätten
- ... die Benutzung und Instandhaltung von Arbeitsstätten, Arbeitsplätzen und Arbeitsräumen
- ... die Berücksichtigung der Bedürfnisse von Menschen mit Benachteiligungen
- ... die Regelung des Nichtraucherschutzes
- ... die Anforderungen an die bauliche Ausgestaltung, der Schutz vor besonderen Gefahren und Anforderungen an Sanitär- und Pausenräume, an Arbeitsplätze und an Baustellen

RECHTSGRUNDLAGE

Maßnahmen und praktische Durchführungshilfen zur Erreichung der Schutzziele der ArbStättV enthalten die Arbeitsstättenregeln – ASR. Sie erleichtern dem Arbeitgeber die Durchführung der Gefährdungsbeurteilung nach § 3 Absatz 1 der ArbStättV und die Festlegung der geeigneten Maßnahmen zum Gesundheitsschutz und der Sicherheit der Beschäftigten.

Hält ein Arbeitgeber diese Vorgaben nicht ein, muss er nach Lösungen suchen, die mindestens das gleiche Schutzniveau wie die Regeln der ASR aufweisen.

Folgende Inhalte der **ASR** sind für die Gestaltung von
Büroräumen relevant:

www.baua.de

 RECHTSGRUNDLAGE

1.2 Abmessungen von Räumen, Luftraum
Arbeitsräume müssen eine ausreichende Grundfläche und eine, in Abhängigkeit von der Größe der Grundfläche der Räume, ausreichende lichte Höhe aufweisen, sodass die Beschäftigten ohne Beeinträchtigung ihrer Sicherheit, ihrer Gesundheit oder ihres Wohlbefindens ihre Arbeit verrichten können.

Die Abmessungen der Räume richten sich nach der Art ihrer Nutzung.

Die vorgegebenen grundsätzlichen Mindestgrundflächen sehen wie folgt aus:
- 8 m² für einen Arbeitsplatz,
- kommen weitere Arbeitsplätze hinzu: mindestens 6 m² für jeden weiteren Arbeitsplatz,
- Büro- und Bildschirmarbeitsplätze (einschließlich Möblierung und anteilige Verkehrsflächen): 8 bis 10 m² je Arbeitsplatz,
- Großraumbüros: aufgrund des höheren Verkehrsflächenbedarfs und der akustischen und visuellen Störfaktoren: 12 bis 15 m² je Arbeitsplatz.

Die Größe des notwendigen Luftraumes ist in Abhängigkeit von der Art der physischen Belastung und der Anzahl der Beschäftigten sowie der sonstigen anwesenden Personen zu bemessen.

3.1 Bewegungsfläche
Die freie unverstellte Fläche am Arbeitsplatz muss so bemessen sein, dass sich die Beschäftigten bei ihrer Tätigkeit ungehindert bewegen können.

Ist dies nicht möglich, muss den Beschäftigten in der Nähe des Arbeitsplatzes eine andere ausreichend große Bewegungsfläche zur Verfügung stehen.

3.4 Beleuchtung und Sichtverbindung
Der Arbeitgeber darf als Arbeitsräume nur solche Räume betreiben, die möglichst ausreichend Tageslicht erhalten und die eine Sichtverbindung nach außen haben. Ausgenommen sind Räume, bei denen betriebs-, produktions- oder bautechnische Gründe dem Tageslicht oder einer Sichtverbindung nach außen entgegenstehen oder Räume, in der sich Beschäftigte zur Verrichtung ihrer Tätigkeit nur kurzzeitig aufhalten, wie z. B. Archive, Lager, Nebenräume, Teeküchen.

In Arbeitsräumen muss die Stärke des Tageslichteinfalls am Arbeitsplatz je nach Art der Tätigkeit reguliert werden können.

Arbeitsstätten müssen mit Einrichtungen ausgestattet sein, die eine angemessene künstliche Beleuchtung ermöglichen, sodass die Sicherheit und der Schutz der Gesundheit der Beschäftigten gewährleistet sind.

Die Beleuchtungsanlagen sind so auszuwählen und anzuordnen, dass sich dadurch keine Unfall- oder Gesundheitsgefahren ergeben können.

Arbeitsstätten, in denen die Beschäftigten bei Ausfall der Allgemeinbeleuchtung Unfallgefahren ausgesetzt sind, müssen eine ausreichende Sicherheitsbeleuchtung haben.

3.5 Raumtemperatur
Arbeitsräume, in denen aus betriebstechnischer Sicht keine spezifischen Anforderungen an die Raumtemperatur gestellt werden, müssen während der Nutzungsdauer unter Berücksichtigung der Arbeitsverfahren und der physischen Belastungen der Beschäftigten eine gesundheitlich zuträgliche Raumtemperatur haben.

Fenster, Oberlichter und Glaswände müssen je nach Art der Arbeit und der Arbeitsstätte eine Abschirmung der Arbeitsstätten gegen übermäßige Sonneneinstrahlung ermöglichen.

3.6 Lüftung
In Arbeitsräumen muss unter Berücksichtigung des spezifischen Nutzungszwecks, der Arbeitsverfahren, der physischen Belastungen und der Anzahl der Beschäftigten sowie der sonstigen anwesenden Personen während der Nutzungsdauer ausreichend gesundheitlich zuträgliche Atemluft vorhanden sein.

Ist für das Betreiben von Arbeitsstätten eine raumlufttechnische Anlage erforderlich, muss diese jederzeit funktionsfähig sein. Eine Störung muss durch eine selbsttätige Warneinrichtung angezeigt werden. Es müssen Vorkehrungen getroffen sein, durch die die Beschäftigten im Fall einer Störung gegen Gesundheitsgefahren geschützt sind.

Werden raumlufttechnische Anlagen verwendet, ist sicherzustellen, dass die Beschäftigten keinem störenden Luftzug ausgesetzt sind.

Ablagerungen und Verunreinigungen in raumlufttechnischen Anlagen, die zu einer unmittelbaren Gesundheitsgefährdung durch die Raumluft führen können, müssen umgehend beseitigt werden.

3.7 Lärm

In Arbeitsstätten ist der Schalldruckpegel so niedrig zu halten, wie es nach der Art des Betriebes möglich ist. Der Schalldruckpegel am Arbeitsplatz in Arbeitsräumen ist in Abhängigkeit von der Nutzung und den zu verrichtenden Tätigkeiten so weit zu reduzieren, dass keine Beeinträchtigungen der Gesundheit der Beschäftigten entstehen.

1.4 Der Arbeitsplatz im Büro

Die Gestaltung des Arbeitsplatzes ist für den Arbeitserfolg und das Wohlbefinden der Mitarbeiter ein ganz wesentlicher Faktor. Freundliche, ansprechende Büroräume wirken sich positiv auf die Stimmung aus und Arbeitsabläufe gehen leichter von der Hand. Freude an der Arbeit erhöht die Lebensqualität und steigert das Wohlbefinden. Ein gutes Arbeitsplatzklima schafft Platz für neue Ideen und Kreativität und steigert somit die Leistungsbereitschaft und Produktivität.

Die kaufmännisch-verwaltenden Berufe verzeichnen die größte Zahl von krankheitsbedingten Ausfalltagen. Typisch sind Kopfschmerzen, Beschwerden im Rücken-, Nacken- und Schulterbereich, Handgelenksentzündungen usw. Durch die flächendeckende Informations- und Kommunikationstechnik haben diese Probleme zugenommen.

In den letzten Jahren sind unspezifische Krankheiten wie Müdigkeit, Erschöpfung, Kopfschmerzen und Schwindel, schwere Haut- und Schleimhauterkrankungen bis hin zu Gedächtnisstörungen, Reizbarkeit und depressiven Verstimmungen dazu gekommen. Diese Beschwerden sind auf die künstliche Klimatisierung, negative Umweltfaktoren wie z. B. falsche Beleuchtung, hohe Geräuschkulisse sowie den Einsatz von schadstoffbehafteten Materialien in Gebäuden – das sog. Sick-Building-Syndrom – zurückzuführen.

 MERKE

Das Sick-Building-Syndrom beschreibt das Auftreten gebäudebezogener Beschwerden bei mindestens 20 % der Arbeitnehmer.

Um diese Gesundheitsbelastungen für Mitarbeiter zu reduzieren, ist ein Umdenken erforderlich. Der **ökologische Aspekt** der Arbeitsplatzgestaltung sieht den Einsatz umweltfreundlicher Materialien sowie das Minimieren von Umweltbelastungen am Arbeitsplatz vor. Beim Einkauf von Büroausstattungsgegenständen sollte auf umweltfreundliche, mit Prüfsiegel gekennzeichnete Materialien und Geräte geachtet werden.

Der Papierverbrauch steigt trotz Digitalisierung
Jeder Deutsche verbraucht im Durchschnitt pro Jahr 250 kg Papier. Damit konsumiert jeder fast die fünffache Menge eines durchschnittlichen Erdenbürgers, der pro Jahr und Kopf nur 57 kg nutzt. Ökologisch gesehen ist dieser Verbrauch nicht tragbar und hat weitreichende Folgen.

Die größte Umweltbelastung entsteht bei der Rohstoffgewinnung. Dazu sind große Mengen an Holz, Energie und Wasser nötig und die verwendeten Chemikalien belasten das Abwasser.

Das Holz als Ausgangsmaterial für die Papierherstellung gilt zwar als klimaneutral und ökologisch gut, jedoch wird weltweit jeder zweite industriell genutzte Baum für die Papierherstellung gefällt. Laut Schätzungen stammen ca. 20 % davon aus Urwäldern.

Die Herstellung von Recyclingpapier spart gegenüber herkömmlichem Papier aus frischen Fasern 60 % Energie und sogar 70 % Wasser ein. Damit liegen die ökologischen Vorteile klar auf der Hand.

Ökologische Nachhaltigkeit wird erreicht durch:

- Verwendung von Produkten aus schadstoffarmer Herstellung
- Verwendung recyclingfähiger Materialien und Recyclingpapier
- Verwendung emissionsarmer Geräte
- Verwendung langlebiger Produkte
- Verwendung von Geräten mit geringem Energieverbrauch
- Verwendung von Fehldrucken als Notizpapier
- doppelseitige Nutzung von Papier, Verkleinerung von Texten
- Abblocken unerwünschter Werbung
- sparsames Layout bei eigenen Publikationen
- elektronische Kommunikation.

1. Gestaltung von Arbeitsraum und Arbeitsplatz

Daher sind ganzheitliche Konzepte gefragt, die den Arbeitsplatz im Büro als System begreifen und alle Bereiche der Arbeitsumgebung kritisch analysieren und an die Bedürfnisse der Mitarbeiter anpassen. Die Leistungsbereitschaft und das Leistungsvermögen werden durch eine bestmögliche Gestaltung gefördert, der Einsatz der menschlichen Arbeitskraft und das Arbeitsergebnis werden optimiert.

Neben einem ergonomisch ausgerichteten Bildschirmarbeitsplatz beeinflussen folgende Faktoren die Arbeitsumgebung:

1.4.1 Gestaltung der Arbeitsumgebung

Die Bedingungen am Arbeitsplatz und im Arbeitsraum haben einen erheblichen Einfluss auf das Wohlbefinden und die Leistungsfähigkeit der Beschäftigten. Durch eine ergonomische und gesundheitsgerechte Gestaltung der Arbeitsumgebung bleiben die Mitarbeiter motiviert, gesund und leistungsfähig.

Zur Gestaltung der Arbeitsumgebung gehört:
- die Beleuchtungsverhältnisse verbessern
- für ein gesundheitlich zuträgliches Klima sorgen
- störenden und gesundheitsschädigenden Lärm vermeiden
- die Farbgestaltung den räumlichen Gegebenheiten anpassen
- negativen Einwirkungen durch physikalische Faktoren wie Hitze, Kälte oder Strahlung entgegenwirken
- mit Pflanzen eine angenehme Arbeitsatmosphäre erzeugen.

1.4.2 Beleuchtung

Beschäftigte bei der Büroarbeit und am Bildschirmarbeitsplatz verbringen einen enormen Anteil ihrer Arbeitszeit am Computer. Damit werden die Augen gereizt, die ca. 80 % unserer Sinneseindrücke aufnehmen und somit stets gefordert sind. Nicht nur die Bildschirmarbeit, sondern auch die Bürobeleuchtung hat einen deutlichen Einfluss auf die Intensität des „Sehstresses", denn das lange Schauen aus relativ kurzer Distanz führt bei schlechten Lichtverhältnissen am Arbeitsplatz zu Symptomen wie Müdigkeit, Sehproblemen und Konzentrationsmängeln.

Ideal sind Büroräume, die gleichmäßig vom **Tageslicht** ausgeleuchtet werden und in denen der Bildschirmarbeitsplatz nicht durch direkte Sonneneinstrahlung geblendet wird. Der Schreibtisch sollte daher parallel zum Fenster aufgestellt sein, sodass keine störenden Schatten auf die Arbeitsfläche fallen.

Da Tageslicht nicht immer in ausreichendem Maße vorhanden ist, ist in Büroräumen zusätzlich eine künstliche Beleuchtung erforderlich, die alle lichttechnischen Qualitätsmerkmale erfüllt. Eine optimale ergonomische Beleuchtung ist abhängig von folgenden Faktoren: eine **blendfreie Beleuchtung**, keine reflektierenden Flächen und Spiegel. Helle Wände unterstützen dabei, das Licht gleichmäßig zu verteilen.

Beleuchtungsniveau

- An Bildschirmarbeitsplätzen sollte die Beleuchtung mindestens **500 Lux** betragen. In Großraumbüros sollte die Beleuchtungsstärke zwischen **750** und **1.000 Lux** liegen.
- Eine optimale Raumausleuchtung ergibt sich aus der Mischung von einer allgemeinen Deckenbeleuchtung und einer individuell regel- und steuerbaren Arbeitsplatzbeleuchtung (**Zwei-Komponenten-Beleuchtungssystem – Indirekt-/Direkt-Lichtsystem**).

Leuchtdichteverteilung

- Der Raum sollte möglichst gleichmäßig ausgeleuchtet sein, um das Auge in seiner Anpassungsfähigkeit an die Hell-/Dunkel-Kontraste nicht zu überfordern.
- Die Lichtfarbe bestimmt die Wirkung, die im Raum erzielt werden soll. Warmweißes Licht erzeugt ein wohnlicheres, neutralweißes Licht eine sachlichere Stimmung. Für die Begrenzungsflächen von Räumen sind ungesättigte helle Farbtöne vorzusehen.
- Eine Ausblickmöglichkeit ins Freie sollte vorhanden sein.

Spiegelungen, Reflexionen und Blendungen

müssen auch bei Tageslichteinfall vermieden werden z. B. durch:

- flimmerfreie Leuchten: entspiegelte Prismenleuchten oder Spiegelrasterleuchten, die parallel zum Fenster und zur Hauptblickrichtung angeordnet sind
- Lichteinfall schräg seitlich von oben

- individuell verstellbare Lichtschutzvorrichtungen, die den Blick nach außen zulassen, z. B. Innen- oder Außenjalousien, senkrechte Lamellenstores und Transparentfolien
- matte und entspiegelte Oberflächen sowie helle Farben bzw. Oberflächen für das Mobiliar und die Arbeitsumgebung, die störende Reflexionen vermeiden
- blend- und reflexionsfreie Positionierung des Bildschirms, d. h. der Bildschirm sollte in Blickrichtung parallel zur Fensterfront ausgerichtet sein.

Bei der Beleuchtung ist zu beachten, dass ältere Menschen für die gleiche Arbeitsaufgabe eine höhere Beleuchtungsstärke benötigen. Da das Durchschnittsalter der Beschäftigten zukünftig stetig ansteigen wird, ist dies zu berücksichtigen.

Die **LED-Beleuchtung** gewinnt durch die technischen, ökologischen und humanen Aspekte immer mehr an Bedeutung, da sie neben einer hohen Farbsättigung und Farbwiedergabe eine lange Lebensdauer, hohe Effizienz und Energieersparnis bietet. Darüber hinaus ist sie umweltfreundlich ohne schädliche UV- und Infrarot-Strahlung.

 MERKE

Grundsätzlich gilt: Je anspruchsvoller eine Sehaufgabe ist, desto höher ist der Lichtbedarf. Gerade wenn zwischen gröberen und feineren Arbeiten an einem Arbeitsplatz gewechselt wird, ist eine Anpassung der Lichtverhältnisse sinnvoll.

1.4.3 Lärm und Akustik

Geräusche im Büro können das konzentrierte Arbeiten stark einschränken. Durch ständige Lärmeinwirkung sinken die Leistungsfähigkeit und auch die Leistungsbereitschaft. Ein jederzeit erhöhter Schallpegel im Büro ist ein nicht zu unterschätzender Auslöser von Stress.

Ein verstärktes Lärmaufkommen entsteht immer dort, wo Geräte zum Einsatz kommen und Menschen miteinander kommunizieren. Schallquellen im Büro sind z. B.

- Telefone und Faxgeräte
- Drucker, Computer, Tastaturen, Kopierer
- Gespräche zwischen Mitarbeitern
- Lüftungs- und Klimaanlagen
- Radiogeräte
- Straßenlärm.

Büroprozesse gestalten und Arbeitsvorgänge organisieren

TIPP

- Der allgemeine Lärmpegel muss nicht unbedingt sehr hoch sein, um von allgemeiner Lärmbelastung zu sprechen. Gerade bei Bildschirmarbeit geht Lärmbelastung von den allgemeinen Hintergrundgeräuschen aus.
- Als besonders belastend wird dabei die menschliche Sprache empfunden, wenn sie sich deutlich vom Geräuschhintergrund abhebt und der Inhalt verstanden werden kann.
- Geräusche hingegen, die selbst erzeugt und auch beeinflusst werden können (Tastaturgeräusche, eigene Sprache usw.) werden weniger als Belastung wahrgenommen.

Laut Arbeitsstättenverordnung, Anhang 3.7 soll der Schalldruckpegel (gemessen in dB (A) = Dezibel) an Büroarbeitsplätzen so niedrig gehalten werden, wie es nach der Art des Betriebes möglich ist. Er ist so weit zu reduzieren, dass keine Beeinträchtigungen der Gesundheit der Beschäftigten entstehen.

Laut der Verwaltungs-Berufsgenossenschaft (VBG) und der VDI Richtlinie 2058 liegt der Maximalwert für überwiegend geistige Tätigkeiten bei **55 db (A)**. Nach den neuesten Erkenntnissen der Bundesanstalt für Arbeitsschutz und Arbeitsmedizin werden diese Werte als unzureichend angesehen und 55 dB (A) zwar als **zulässig aber ungünstig** bewertet. Die „Arbeitswissenschaftlichen Erkenntnisse AWE Nr. 124" dieser staatlichen Fachbehörde bewerten den Schalldruckpegel am Bildschirmarbeitsplatz bis **30 dB (A)** als optimale schalltechnische Qualität am Arbeitsplatz, bis **40 dB (A) als sehr gut** und **bis 45 dB (A) als gut**.

TIPP

Grundsätzlich gilt für den Beurteilungspegel am Büroarbeitsplatz:
- bei überwiegend geistigen Tätigkeiten mit hoher Komplexität → ≤ 55 dB (A)
- bei allen anderen Bürotätigkeiten mit mittlerer Komplexität und zeitlicher Beschränkung → ≤ 70 dB (A)

Geht man davon aus, dass ein Mensch ohne Mühe mit einem Schalldruckpegel von **63 dB (A)** spricht, kann der Grenzwert von **55 dB (A)** in Großraumbüros, wo ständig gesprochen wird, ohne Schutzmaßnahmen kaum einzuhalten sein. Allgemein gilt, dass ab **65 dB (A)** der Körper eindeutig auf Lärm reagiert. Ab **80 dB (A)** können Hörschädigungen auftreten, wenn keine Schutzmaßnahmen ergriffen werden.

Geeignete Maßnahmen zur Lärmminderung im Büro sind z. B.:
- Einsatz von geräuscharmen Arbeitsmitteln
- räumliche Trennung von Lärmquellen (z. B. Nadeldrucker in separatem Raum unterbringen)
- Schallschutzhauben und -matten für technische Geräte
- schallabsorbierende Ausführung von Fußböden, Wänden und Decken
- Einbau von schallisolierten Fenstern.

1.4.4 Klima

In Deutschland arbeiten ca. 17 Mio. Beschäftigte in Büroräumen. Ihr Wohlbefinden und die Leistungsfähigkeit werden nachweislich von einem behaglichen Klima und einer guten Luftqualität beeinflusst. Ein Behaglichkeitsempfinden liegt vor, wenn Lufttemperatur, Luftfeuchte, Luftbewegung und Wärmestrahlung im Raum als optimal empfunden werden. Dieses Empfinden ist abhängig vom Aktivitätsgrad, der Bekleidung sowie der Aufenthaltsdauer im Raum und unterliegt tages- und jahreszeitlichen Schwankungen sowie dem persönlichen Empfinden.

Empfohlene Richtwerte für ein behagliches Raumklima	
Lufttemperatur	mindestens **20 °C bis 22 °C** (**26 °C** sollten im Sommer nicht überschritten werden)
Luftgeschwindigkeit	maximal **0,15 m/sec**
Luftfeuchtigkeit	**40 bis 60 %**

Die Raumtemperatur im Büro von 26 °C darf nicht überschritten werden. Sollte die Außentemperatur 26 °C überschreiten, ist der Erwärmung der Räume durch Sonneneinstrahlung entgegenzuwirken. In diesem Fall soll auch direkte Sonneneinstrahlung auf dem Arbeitsplatz vermieden werden. Bei höheren Raumtemperaturen wird eine höhere Luftgeschwindigkeit häufig als angenehm empfunden. Bei Temperaturen über 30 °C ist der Raum ohne besondere Maßnahmen nicht als Arbeitsraum geeignet.

Um die Belastung der Beschäftigten an heißen Tagen so gering wie möglich zu halten, sind folgende organisatorische Maßnahmen sinnvoll:

- erhöhte Nachtlüftung
- Arbeitszeitverschiebungen
- Bereitstellen von Erfrischungsgetränken
- Einsatz von Klimaanlagen, mobilen Ventilatoren oder Kühlaggregaten
- Installation von Sonnenschutzvorrichtungen, wie z. B. Rollos oder Jalousien
- Fenster morgens schließen, sobald die Außentemperatur über die Raumtemperatur steigt.

Die Luftfeuchtigkeit in Büroräumen ist ein weiterer Gesichtspunkt zur Gestaltung eines behaglichen Raumklimas. Die relative Luftfeuchte in Büroräumen mit einer Fensterlüftung ergibt sich durch den natürlichen Luftaustausch. Die relative Luftfeuchte sollte höchstens 50 % betragen. Eine zu hohe Luftfeuchte ist problematisch, da sie – insbesondere in den Wintermonaten – die Bildung von Schimmel unterstützt. Sinkt die Luftfeuchte jedoch unter 30 %, können gesundheitliche Beeinträchtigungen, wie z. B. Augenreizungen und trockene Schleimhäute auftreten.

Um Schwankungen der Luftfeuchtigkeit auszugleichen, ist das richtige Lüften eine geeignete Möglichkeit. Empfehlenswert ist die Stoßlüftung durch mehrmaliges kurzzeitiges, aber ganzes Öffnen der Fenster.

Laut den Regeln der ASR 3.6 (Technische Regeln für Arbeitsstätten) ist Stoßlüftung in regelmäßigen Abständen nach Bedarf durchzuführen. Als Anhaltswerte gelten, dass Büroräume nach 60 Minuten und Besprechungsräume nach 20 Minuten gelüftet werden. Die Mindestdauer der Stoßlüftung ist von der Differenz der Außen- und Innentemperatur sowie dem Wind abhängig.

MERKE

Folgende Richtwerte dienen unter Berücksichtigung der Außentemperatur als Orientierung:
- Sommer → bis zu 10 Minuten
- Frühling/Herbst → 5 Minuten
- Winter → 3 Minuten

1.4.5 Farben

Neben ergonomisch angepassten Arbeitsmitteln, spielt auch die Farbgestaltung der Arbeitsumgebung eine entscheidende Rolle für das Wohlbefinden am Arbeitsplatz. Mit der richtigen Farbgestaltung von Büroräumen sind Mitarbeiter motivierter, konzentrierter und haben mehr Freude an der Arbeit. Die Farbergonomie und ihre Wirkung ist ein Zusammenspiel von physiologischen und psychologischen Aspekten.

Farbe und ihre Wirkung im Büro sind deshalb keine Geschmacksfrage. Farben erzeugen, richtig eingesetzt, klar erkennbare und messbare Raumsituationen. Deshalb sollte man bei der Büroraumgestaltung ein großes Augenmerk auf die Farbwahl richten.

Für die Wirkung von Farben in Räumen gelten drei Grundregeln:

 MERKE

1. Warme Farben (z. B. gelb, rot, orange) machen den Raum kleiner – kalte Farben (z. B. grün und blau) lassen Räume größer wirken.
2. Decken, Wände und Böden im hellsten Farbton gestalten. Soll ein hoher Raum niedriger wirken, dann sollte die Decke dunkler als der Boden und die Wände sein.
3. Je kräftiger der Farbton, umso durchdringender ist auch seine Wirkung. Daher wird bei intensiveren Farben weniger Fläche für eine gewünschte Wirkung benötigt, bei etwas schwächeren Farben wird entsprechend mehr Fläche beansprucht.

Nachfolgende Aufstellung verdeutlicht, wie sich Farben auf den Menschen auswirken:

Rot	Ausdruck und Kontaktfreude; hat Signalwirkung, schenkt Beachtung
Zitronengelb	unterstützt konzentrierte und geistige Arbeit, hält wach und aufmerksam
Sonnengelb	zentriert und schafft eine heitere Atmosphäre
Blau	sorgt für entspannte Flexibilität, fördert Mut und Ausrichtung auf Ziele
Hellgrün	stärkt Durchsetzungsvermögen, regeneriert und vitalisiert den Organismus
Orange	fördert zwischenmenschliche Beziehungen und Geschäftsbeziehungen
Grau, Silber und Chromfarben	stärken Führungsqualitäten, Organisationstalent und die Fähigkeit zu delegieren
Grünblau und Türkis	stoßen kreative Prozesse sowie die verbale Ausdrucksfähigkeit an und unterstützen bei Vorträgen

Bei Entscheidungen für die zu wählende Raumfarbe ist es wichtig, die Aufgaben des Büros klarzustellen. Für hohes konzentriertes Arbeiten, sind beruhigende Farben, wie Blau- und Grüntöne, ideal. Gelb eignet sich für Konferenzräume. Der Empfangsbereich sollte kommunikativ erscheinen. Orange oder Farbakzente in Rot können hier sehr belebend wirken.

1.4.6 Pflanzen im Büro

Pflanzen im Büro schaffen eine individuelle Arbeitsumgebung und eine lebendige Atmosphäre. Pflanzen tragen zum psychischen Wohlbefinden der Beschäftigten bei. Ein begrüntes Büro wird von den meisten Mitarbeitern als angenehm empfunden.

Natürliches Grün in geschlossenen Räumen fördert in vielerlei Hinsicht das Raumklima. Durch die Verdunstung des Gießwassers, das über die Blätter steigt, wird die Luftfeuchtigkeit erhöht, was sich vorteilhaft auf das Raumklima auswirkt.

- Zimmerpflanzen wirken vorbeugend gegen Reizungen der Atemwege.
- Zimmerpflanzen filtern in geringem Maß Schadstoffe aus der Luft.
- Auf den Blättern der Pflanzen wird der Staub aus der Raumluft gebunden. Dies reduziert die Staubbelastung in den Büroräumen. Daher müssen Pflanzen regelmäßig abgestaubt werden.
- Begrünte Büroräume fördern die Konzentration und mindern Stress. Sie wirken Ermüdungserscheinungen, Kopfschmerzen und Hautreizungen entgegen.
- Zimmerpflanzen reduzieren ferner auch den Lärmpegel.

1.4.7 Strahlung und Elektrosmog

Die Elektrosmog-Belastung an den Arbeitsplätzen nimmt ständig zu. Ganz vermeiden lassen sich die Strahlen meistens nicht, denn alle elektrischen Geräte wie z. B. Computer, Peripheriegeräte, Handys, tragbare DECT-Telefone, WLAN, Bluetooth und alle elektrischen Leitungen strahlen elektromagnetische Felder ab.

Wenn elektrische Geräte nicht speziell abgeschirmt sind, entsteht in ihrem Umfeld Elektrosmog. Unter dem Einfluss von Elektrosmog können elektrosensible Menschen unter Symptomen wie Konzentrationsmangel, Nervosität, Hautbeschwerden und Herz-/Kreislauferkrankungen leiden. Abgestrahlte Wellen und Schwingungen durchdringen den menschlichen Körper, wodurch die Gefahr eines erhöhten Krebsrisikos entstehen kann.

Folgende Maßnahmen tragen dazu bei, den Elektrosmog zu reduzieren:
- Den Monitor separat ausschalten, wenn die Tätigkeit für mehr als 15 Minuten unterbrochen wird.
- Den PC ganz abschalten, wenn er für mehr als 30 Minuten nicht benötigt wird.
- Peripheriegeräte (Drucker, Kopierer, Faxgeräte usw.), sollten in einem separaten gut belüfteten Raum untergebracht werden.
- Arbeitsinhalte so gestalten, dass lange Arbeitszeiten am PC vermieden werden.
- strahlungsarme Geräte einsetzen
- auf WLAN in Büroräumen weitestgehend verzichten.

1.5 Büroraumkonzepte

Das Wohlbefinden und die Motivation am Arbeitsplatz sowie ganzheitliche Raumkonzepte beeinflussen maßgeblich das Leistungsverhalten der Beschäftigten. Funktionale und kommunikationstechnisch ausgerichtete Büroarbeitsräume tragen zur **Optimierung von Arbeitsabläufen, zu einer Leistungssteigerung der Mitarbeiter** und somit **zum Unternehmenserfolg** bei.

Büroräume sind zum Arbeits- und Lebensraum für die Beschäftigten geworden, wo neben den täglichen Aufgaben auch soziale Kontakte gepflegt werden.

Da jedes Unternehmen eine andere Struktur und unterschiedliche Arbeitsabläufe hat, muss die Raumplanung individuell auf die Bedürfnisse des Unternehmens angepasst werden. Optimale Flächennutzung, Beschleunigung von Arbeitsprozessen, Ergonomie, Kommunikation, Klimafaktoren sowie gesetzliche Vorschriften sind Kriterien, die bei der Planung der richtigen Büroraumform berücksichtigt werden müssen.

Unabhängig von der Unternehmensform müssen Büroräume innovativ und mobil gestaltet werden, um sich den „flexiblen Lösungen" von Arbeitsplätzen anzupassen.

1.5.1 Büroraumformen

Die Büroraumform bestimmt, wie die Arbeitsabläufe zwischen den Mitarbeitern organisiert sind. Sie ist davon abhängig, ob eine Person, mehrere Personen oder ein Team in einem Raum arbeiten sollen, ob sich mehrere Mitarbeiter einen Arbeitsplatz teilen, oder ob Mitarbeiter zuhause arbeiten.

Die räumlichen Profile sind in ihrer Konzeption verschieden. Jede Raumform hat Vor- und Nachteile, abhängig von den Bedürfnissen der Nutzer. Sie dienen der effektiven Umsetzung von Arbeitsaufgaben und der Durchführung von Organisationsabläufen sowie der Entwicklung der Unternehmenskultur.

1. Gestaltung von Arbeitsraum und Arbeitsplatz

Die gängigsten Büroraumformen sind:

1.5.2 Zellen- oder Kleinraumbüro

Das Zellen- oder Kleinraumbüro ist die klassische Büroform mit einer nach wie vor großen Verbreitung. Sie wird zumeist als Ein- oder Zweipersonenbüro mit maximal bis zu vier Personen genutzt. Mittlerweile wirkt diese Raumform etwas „angestaubt" und erfüllt die heutigen Ansprüchen nach flexibler Raumnutzung häufig nicht mehr.

Die einzelnen Zellen- oder Kleinraumbüros sind in der Regel an einem Gang angeordnet. Das Zellenbüro ist mit seinem Flursystem vor allem in älteren Büro- und Verwaltungsgebäuden zu finden. Zur Ausstattung gehören neben den allgemeinen Büromöbeln, wie z. B. Aktenschränke und Schreibtische, auch die technischen Geräte, wie z. B. Telefon, Computer und Peripheriegeräte. Durch die Autarkie der Zelle erfolgt die **Kommunikation** zwischen den Beschäftigten über die Technik (Telefon, E-Mail usw.) oder geplant im Besprechungsraum. Das Zellenbüro ist das räumliche Abbild der reinen Sachbearbeitung mit klar abgegrenzten Aufgaben sowie der Umsetzung von Hierarchieaufgaben.

Grundriss

ISO-Ansicht

Zellen- oder Kleinraumbüro	
Vorteile	**Nachteile**
▸ Anspruchsvolles und konzentriertes Arbeiten ohne Störungen ist möglich. ▸ kaum akustische oder visuelle Störungen durch äußere Einflüsse ▸ hohes Maß an Individualisierbarkeit ▸ als Kleinraumbüro mit Möglichkeit zur spontanen Kommunikation ▸ große Mitarbeiterakzeptanz ▸ Vertretung ist schnell realisierbar. ▸ Vertrauliche und diskrete Kommunikation ist möglich.	▸ Der Flächenbedarf für die Zellen- oder Kleinraumbüros ist sehr hoch. ▸ lange Laufwege zu Sonderfunktionen (Zentraldrucker, Archive, Besprechung, TK) ▸ kaum direkte und spontane Kommunikation möglich ▸ Die Kommunikation muss geplant und in Besprechungsräumen abgehalten werden. ▸ Im Kleinraumbüro leidet die Konzentration durch schlechte Akustik. ▸ Der Informationsfluss zwischen den Abteilungen ist schwach.

Fazit Zellen- oder Kleinraumbüro	
Effizienz	geringe Flächeneffizienz durch einen hohen Anteil an Verkehrs- und Arbeitsflächen
Kommunikation	eher isoliertes Arbeiten, kaum spontane Kommunikation möglich
Arbeitsaufgaben	anspruchsvolles konzentriertes Arbeiten, ebenso Diskretion und Hierarchie
Kultur	geringe Offenheit und Gemeinsamkeit abbildbar, Hierarchien sind umsetzbar

1.5.3 Großraumbüro

Großraumbüros sind die Reaktion auf die Nachteile der Zellenbüros. Diese Büroform hat eine Grundfläche ab ca. 400 m² und eignet sich durch ihre Bauart besonders für Unternehmen, die einen hohen Bedarf an Veränderungsdynamik haben.

Dieses Bürokonzept kennzeichnet eine hohe Flächeneffizienz. Die vorhandenen Flächen werden durch moderne Raumgliederungssysteme in Zellen und Gänge gegliedert. Mit flexiblen Gestaltungsmodulen, wie Stellwänden, Schränken oder Raum-in-Raum-Systemen, werden halbhoch abgegrenzte Einzel- oder Gruppenarbeitsbereiche für individuelle Gestaltungsmöglichkeiten geschaffen und minimieren die akustischen und visuellen Belastungen für die Beschäftigten.

In diesem offenen Raumkonzept sollen die Kooperation und Kommunikation verbessert werden und Arbeitsabläufe transparenter stattfinden. Hierarchische Organisationsstrukturen werden aufgehoben, um die Räume an wechselnde Bedürfnisse anzupassen. Durch viele, an einem Arbeitsablauf beteiligte Organisationseinheiten, wird Teamarbeit besser gefördert. Auf veränderte personelle und organisatorische Strukturen, kann durch das Umgruppieren von Arbeitsplätzen, schnell reagiert werden.

Aufgrund der besonderen Merkmale dieser Büroform werden in der Regel künstliche Beleuchtungsquellen und Klimaanlagen eingesetzt. Grünpflanzen verbessern die Luftqualität und tragen zum Wohlbefinden bei. Regeln der gegenseitigen Rücksichtnahme sind für die sozialen Bedürfnisse der Beschäftigten wichtig.

Grundriss

ISO-Ansicht

Großraumbüro	
Vorteile	**Nachteile**
▸ hohe Flexibilität in der Grundriss- und Raumgestaltung ▸ gute Flächennutzung und geringe Flächenkosten ▸ Team- und Projektarbeit gut umsetzbar ▸ spontaner und intensiver Kommunikationsfluss ▸ flexible Steuerung von Arbeitsabläufen	▸ konzentriertes Arbeiten nur schwer möglich ▸ Störungen durch hohen Geräuschpegel ▸ hohe Klimatisierungs- und Beleuchtungskosten ▸ vermehrte Gesundheitsbeschwerden ▸ geringe Mitarbeiterakzeptanz durch fehlende Privatsphäre

Fazit Großraumbüro	
Effizienz	hohe Flächeneffizienz
Kommunikation	spontaner und teamorientierter Kommunikationsfluss
Arbeitsaufgaben	Gruppen-, Team- und Projektarbeit wird unterstützt, konzentrierte Einzelarbeit nur schwer möglich
Kultur	offene und aktive Bürogemeinschaft, keine hierarchische Struktur

1.5.4 Gruppen- oder Mehrpersonenbüro

Das Gruppen- oder Mehrpersonenbüro vereint die Vorteile von Zellen- und Großraumbüros und soll deren Nachteile möglichst vermeiden. Die Kommunikationsmöglichkeiten und die Flexibilität des Großraumbüros sollen genutzt und die Konzentrations- und Konfliktstörungen minimiert werden.

In dieser Büroform sind ca. 3 bis 25 Personen untergebracht, die meist in organisatorischen Einheiten zusammenarbeiten und kommunizieren. Sie zeichnen sich dadurch aus, dass sie in der Regel mindestens eine Fensterfront haben. Flexible Wandsysteme trennen die Gruppenbüros von den Verkehrswegen anderer Gruppenbüros räumlich ab. Innerhalb der Räume werden bei hoher Personenzahl mobile Stellwände zur Abschirmung von akustischen und visuellen Störungen integriert.

Da abhängig vom Gebäudetyp Gruppenbüros meist ausreichend mit Tageslicht versorgt sind, können die Räume natürlich belichtet und belüftet werden, sodass eine künstliche Beleuchtung und Klimatisierung nur bedingt notwendig ist. Dies führt zu einer höheren Akzeptanz des Arbeitsplatzes bei den Beschäftigten.

Grundriss

ISO-Ansicht

Gruppen- oder Mehrpersonenbüro	
Vorteile	**Nachteile**
▸ ideal für Projekt- und Teamarbeit ▸ Arbeitsplätze mit gleicher Qualität ▸ sehr guter Kommunikationsfluss ▸ hohe Identifikationsmöglichkeit für die Beschäftigten ▸ wirtschaftliche Nutzung von Flächen	▸ permanente Störung durch Kollegen ▸ geringere Konzentrationsmöglichkeiten durch akustische und visuelle Störungen ▸ individuelle Steuerung des Raumklimas nur schwer möglich ▸ eingeschränkte Vertraulichkeit und Privatsphäre

	Fazit Gruppen- oder Mehrpersonenbüro
Effizienz	eingeschränkte Flächeneffizienz durch hohen Anteil an Verkehrswegen
Kommunikation	spontaner und permanenter Kommunikationsaustausch
Arbeitsaufgaben	unterstützt Gruppen-, Team- und Projektarbeit in unterschiedlichen Gruppengrößen
Kultur	Kommunikation durch abgeschlossene Gruppenräume meist nur intern

1.5.5 Reversibles Büro

Entscheidende Veränderungen in unserer Gesellschaft, flachere Führungsstrukturen in den Unternehmen, Projekt- und Teamarbeit, rasch wechselnde Kommunikations- und Konzentrationsanforderungen erfordern Flexibilität und Anpassungsfähigkeit von räumlichen Bereichen und Arbeitsabläufen im Büroalltag. Da es kaum eine Büroform geben kann, die diese Anforderungen erfüllt, entstand Anfang der 1990er-Jahre das Konzept des **reversiblen Büros**.

Die Grundlage für diese Bürolösung ist ein multifunktionelles Bürogebäude, das Gruppen-, Zellen- oder Kombibürostrukturen zulässt. Aufgrund der unternehmensspezifischen Anforderungen kann somit auf jeder Etage eine andere Büroform realisiert werden. Feste Wände werden durch Trennwandsysteme ersetzt, die akustische und raumbildende Funktionen übernehmen. Durch die Flexibilität dieser Elemente entstehen kleinere Arbeitseinheiten für z. B. Besprechungs- und Pausenzonen.

Reversible Büros werden so ausgestattet, dass auch innerhalb kurzer Zeit eine Umstrukturierung und Anpassung an neue Erfordernisse möglich ist. Voraussetzung hierfür sind flexibel anpassbare Komponenten, wie Trennwandsysteme, Raummodule, Möbel und Technik.

Da es für Unternehmen immer schwieriger wird, sich auf eine Organisationsform festzulegen, gilt das **reversible Büro** als das wohl zukunftsträchtigste Konzept der Bürogestaltung.

Zusammenhänge von Arbeitsmethoden und Büroformen

1.5.6 Non-territoriales Büro

Flexible markt- und kundenorientierte Konzepte führen dazu, dass die Beschäftigten eines Unternehmens immer seltener ihre Aufgaben am eigenen Arbeitsplatz erledigen. Die Aufgabenerledigung findet an wechselnden Arbeitsorten statt: Im Einzel- oder Gruppenbüro, im Besprechungsraum, beim Kunden – oder zuhause. Moderne Informations- und Kommunikationstechniken mit hoher Datenübertragung ermöglichen diese Arbeitsform. Die tatsächliche Nutzungszeit des eigenen Arbeitsplatzes im Unternehmen wird dabei so gering, dass es für den Unternehmer unwirtschaftlich wäre, für jeden Beschäftigten einen eigenen Arbeitsplatz vorzusehen.

Um die Nutzungszeiten von Arbeitsplätzen wirtschaftlicher zu gestalten, werden sog. **non-territoriale Büros und Desk-sharing Büros** eingerichtet. Dieses Konzept wird auch als **New Work, Open Space** oder **Business Club** bezeichnet. Die Beschäftigten führen hier in unterschiedlichen Bereichen ihre Arbeit aus.

Ziele dieser offenen Bürokonzepte sind die Verbesserung von Kommunikation und Zusammenarbeit, der Abbau von Hierarchien, die Projekt- und Arbeitsgruppenbildung sowie eine Dynamisierung und Flexibilisierung von Prozessabläufen.

Typisch für die räumliche Gestaltung ist eine Mischung von offenen Teamflächen, geschlossenen Rückzugsräumen (Zellenbüros) und einer Kommunikationsfläche (Meetingzonen, Konferenzräume, Gruppenbüros, Servicebereich usw.). Diese Büroorganisationsform hat keine feste Zuordnung von Beschäftigten und Arbeitsplatz. Das **non-territoriale Büro** ist vielmehr ein Netzwerk von Schreibtischen, Büroausstattung, technischen Hilfsmitteln und Büroräumen, die allen Mitarbeitern zur Verfügung stehen. Der Arbeitsplatz wird aufgabenspezifisch und tagesaktuell ausgewählt. Die eigenen persönlichen Unterlagen sind in Rollcontainern oder Aktenkoffern untergebracht und werden bei Bedarf an den jeweiligen Arbeitsplatz mitgenommen.

1.5.7 Telearbeit – Homeoffice

Der Wandel in der Kommunikations- und Informationstechnologie führt dazu, dass zeitlich und räumlich flexibel gearbeitet werden kann. Diese neue Flexibilität bringt eine Veränderung der Arbeitsorganisation mit sich und stellt sich zunehmend im Modell des **Telearbeitsplatzes** dar.

Telearbeit ist eine auf Kommunikations- und Informationstechnik gestützte Tätigkeit, die ausschließlich oder zeitweise an einem außerhalb der Unternehmenszentrale liegenden Arbeitsplatz verrichtet wird.

Unternehmen versuchen sich durch Outsourcing von Funktionen und Geschäftsfeldern, Kosten- und Wettbewerbsvorteile zu beschaffen. **Telearbeitsplätze** sind **virtuelle Arbeitsplätze**, die über Kommunikations- und Informationsverbindungen in die innerbetrieblichen Abläufe eingegliedert sind. Der Telearbeitsplatz oder das **Homeoffice** ist geeignet für Arbeitsaufgaben mit hoher Ergebnisorientierung und Termingebundenheit, bei selbstständigen Projektarbeiten und für alle Arbeitsaufgaben, die sich von Tätigkeiten in der Unternehmenszentrale abtrennen lassen.

 MERKE

Outsourcing = Auslagerung von Unternehmensaufgaben und -strukturen an externe oder interne Dienstleister.

Folgende Telearbeitsplatzformen werden unterschieden:

Ist die Telearbeit richtig gestaltet, dann ergibt sich eine freie Zeiteinteilung, eine bessere Vereinbarung von Beruf und Familie, der Wegfall von Fahrzeiten und -kosten sowie im idealen Fall eine höhere Arbeitszufriedenheit und gewährleistet somit eine ausgewogene **Work-Life-Balance**. Auch die Zeiten ungestörter Arbeit sind deutlich höher als im Unternehmen. Dies bedingt eine Produktivitätssteigerung als Vorteil für das Unternehmen und die Reduzierung von Infrastrukturkosten.

Kap. 3.3.3

Grundlage zur optimalen Gestaltung der Telearbeit sind folgende Regeln:
- regelmäßige tägliche Arbeitszeiten
- Arbeitstag mit festen Ritualen
- nicht länger als vier Stunden nacheinander am Bildschirm arbeiten
- regelmäßige Pausen einlegen
- Nachtarbeit vermeiden
- nicht an Feiertagen, im Urlaub oder während einer Krankheit arbeiten
- Stress-Symptomen rechtzeitig entgegenwirken.

1. Gestaltung von Arbeitsraum und Arbeitsplatz

 MERKE

Telearbeitsplätze sind in der Arbeitsstättenverordnung definiert und wie folgt geregelt: Telearbeitsplätze sind vom Arbeitgeber fest eingerichtete Arbeitsplätze im Privatbereich der Beschäftigten, für die der Arbeitgeber eine mit den Beschäftigten vereinbarte wöchentliche Arbeitszeit und die Dauer der Einrichtung festgelegt hat. Ein Telearbeitsplatz ist vom Arbeitgeber erst dann eingerichtet, wenn Arbeitgeber und Beschäftigte die Bedingungen der Telearbeit arbeitsvertraglich oder im Rahmen einer Vereinbarung festgelegt haben und die benötigte Ausstattung des Telearbeitsplatzes mit Mobiliar, Arbeitsmitteln einschließlich Kommunikationseinrichtungen durch den Arbeitgeber oder eine von ihm beauftragte Person im Privatbereich des Beschäftigten bereitgestellt und installiert ist.

Daraus ergeben sich folgende Vorteile:

Vorteile der Telearbeit		
Telearbeitnehmer	**Arbeitgeber**	**Gesellschaft**
▸ Verringerung bzw. Wegfall der Pendelzeiten ▸ bessere Vereinbarkeit von Familie, Beruf und Freizeit ▸ Zeitsouveränität, Arbeiten nach individuellem Arbeitsrhythmus ▸ angenehme Arbeitsatmosphäre ▸ Steigerung der Arbeitszufriedenheit ▸ Herauslösung aus bürokratischen Abläufen im Betrieb ▸ größere Wahlfreiheit bei der Wohnortwahl	▸ direkte Kostenersparnis bei Büroflächen usw. ▸ höhere Produktivität und Kreativität der Mitarbeiter ▸ Erhalt und Zugang zu qualifizierten Mitarbeitern ▸ größere Kundennähe, besserer Kundenservice ▸ bedarfsgerechter Einsatz freier Mitarbeiter	▸ Reduzierung von Berufsverkehr und Energieeinsparung ▸ Minderung des Siedlungsdrucks auf die Ballungsräume ▸ Beschäftigungsmöglichkeiten in strukturschwachen Regionen ▸ Beschäftigungsmöglichkeiten für spezielle Zielgruppen (Frauen mit kleineren Kindern, Menschen mit Behinderung)

1.6 Die Bildschirmarbeitsverordnung

Bei der Gestaltung des Arbeitsplatzes sind neben der **Arbeitsstättenverordnung (ArbStättV)** oder dem **Gerätesicherheitsgesetz (Gesetz über technische Arbeitsmittel)** eine Reihe von DIN-Normen (z. B. Anforderungen an einen Bürodrehstuhl) und die Vorgaben der **Bildschirmarbeitsverordnung (BildscharbV)** zu berücksichtigen. Die **Unfallverhütungsvorschriften (UVV)** der Berufsgenossenschaften benennen Schutzziele des betrieblichen Arbeitsschutzes und ergänzen und konkretisieren die staatlichen Gesetze und Verordnungen zum Arbeits- und Gesundheitsschutz.

MERKE

Bildschirmarbeitsplätze sind Arbeitsplätze, die sich in Arbeitsräumen befinden und die mit Bildschirmgeräten und sonstigen Arbeitsmitteln ausgestattet sind (**§ 2 ArbStättV**).

Seit Dezember 2016 ist die frühere Bildschirmarbeitsverordnung **(BildscharbV)** in die Arbeitsstättenverordnung **(ArbStättV)** integriert und in aktualisierter Form dem Stand der Technik angepasst. Die Maßnahmen zur Gestaltung von Bildschirmarbeitsplätzen sind aktuell aus dem **Anhang 6** der Arbeitsstättenverordnung ersichtlich.

Für die aktuelle Praxis war die Bildschirmarbeitsverordnung überholt, denn weder Flachbildschirme, noch Notebooks, Smartphones oder iPads waren zum Zeitpunkt ihres Entstehens relevant. Der Stand der Technik änderte sich schneller als die dazugehörigen Regeln. Dieser Dynamik der technischen Entwicklung wird jedoch über **§ 4 Nr. 3 ArbSchG (...bei den Maßnahmen sind der Stand von Technik, ...sowie sonstige gesicherte arbeitswissenschaftliche Erkenntnisse zu berücksichtigen)** und **§ 3a Abs. 1 ArbStättV (...die Maßnahmen nach § 3 Absatz 1 durchzuführen und dabei den Stand der Technik ...)** Rechnung getragen.

1. Gestaltung von Arbeitsraum und Arbeitsplatz

 MERKE

Da die neue Verordnung noch nicht in Kraft getreten ist, beziehen sich die grundsätzlichen Informationen noch auf die ehemalige Verordnung.

Die Bildschirmarbeitsverordnung umfasst folgende grundsätzlichen Anwendungsbereiche:
- Arbeitnehmer, die ausschließlich an Bildschirmgeräten arbeiten, werden durch die Vorgaben der Bildschirmarbeitsverordnung besonders geschützt.
- Der Arbeitgeber hat gemäß Bildschirmarbeitsverordnung dafür Sorge zu tragen, dass die zu nutzenden Geräte, die Tätigkeit an sich sowie der Arbeitsplatz gewissen Standards entsprechen.
- Die Arbeit an Bildschirmgeräten muss außerdem regelmäßig durch Pausen oder weniger belastende Tätigkeiten unterbrochen werden.

Der Arbeitgeber ist laut **§ 3 BildscharbV** dazu verpflichtet, die Bedingungen in Bezug auf Sicherheit und Gesundheit am Bildschirmarbeitsplatz zu überprüfen und anschließend zu beurteilen. Dabei sollten vor allem folgende Aspekte beachtet werden:
- mögliche körperliche Probleme
- denkbare psychische Belastungen
- Gefährdung des Sehvermögens.

§ 5 BildscharbV gibt vor, dass der Arbeitgeber die Tätigkeit der Beschäftigten so zu organisieren hat, dass die tägliche Arbeit an Bildschirmgeräten regelmäßig durch andere Tätigkeiten oder durch Pausen unterbrochen wird, um jeweils die Belastung durch die Arbeit am Bildschirmgerät zu verringern.

Die wichtigste Aufgabe des Arbeitgebers besteht jedoch darin, den Arbeitsschutz bei der Bildschirmarbeit sicherzustellen. Die Anforderungen, welche die Verordnung an Bildschirmarbeitsplätze stellt, befinden sich im **Anhang 6 der ArbStättV**.

RECHTSGRUNDLAGE

6 Maßnahmen zur Gestaltung von Bildschirmarbeitsplätzen
6.1 Allgemeine Anforderungen an Bildschirmarbeitsplätze

(1) Bildschirmarbeitsplätze sind so einzurichten und zu betreiben, dass die Sicherheit und der Schutz der Gesundheit der Beschäftigten gewährleistet sind. Die Grundsätze der Ergonomie sind auf die Bildschirmarbeitsplätze und die erforderlichen Arbeitsmittel sowie die für die Informationsverarbeitung durch die Beschäftigten erforderlichen Bildschirmgeräte entsprechend anzuwenden.

(2) Der Arbeitgeber hat dafür zu sorgen, dass die Tätigkeiten der Beschäftigten an Bildschirmgeräten insbesondere durch andere Tätigkeiten oder regelmäßige Erholungszeiten unterbrochen werden.

(3) Für die Beschäftigten ist ausreichend Raum für wechselnde Arbeitshaltungen und -bewegungen vorzusehen.

(4) Die Bildschirmgeräte sind so aufzustellen und zu betreiben, dass die Oberflächen frei von störenden Reflexionen und Blendungen sind.

(5) Die Arbeitstische oder Arbeitsflächen müssen eine reflexionsarme Oberfläche haben und so aufgestellt werden, dass die Oberflächen bei der Arbeit frei von störenden Reflexionen und Blendungen sind.

(6) Die Arbeitsflächen sind entsprechend der Arbeitsaufgabe so zu bemessen, dass alle Eingabemittel auf der Arbeitsfläche variabel angeordnet werden können und eine flexible Anordnung des Bildschirms, des Schriftguts und der sonstigen Arbeitsmittel möglich ist. Die Arbeitsfläche vor der Tastatur muss ein Auflegen der Handballen ermöglichen.

(7) Auf Wunsch der Beschäftigten hat der Arbeitgeber eine Fußstütze und einen Manuskripthalter zur Verfügung zu stellen, wenn eine ergonomisch günstige Arbeitshaltung auf andere Art und Weise nicht erreicht werden kann.

(8) Die Beleuchtung muss der Art der Arbeitsaufgabe entsprechen und an das Sehvermögen der Beschäftigten angepasst sein; ein angemessener Kontrast zwischen Bildschirm und Arbeitsumgebung ist zu gewährleisten. Durch die Gestaltung des Bildschirmarbeitsplatzes sowie der Auslegung und der Anordnung der Beleuchtung sind störende Blendungen, Reflexionen oder Spiegelungen auf dem Bildschirm und den sonstigen Arbeitsmitteln zu vermeiden.

(9) Werden an einem Arbeitsplatz mehrere Bildschirmgeräte oder Bildschirme betrieben, müssen diese ergonomisch angeordnet sein. Die Eingabegeräte müssen sich eindeutig dem jeweiligen Bildschirmgerät zuordnen lassen.

(10) Die Arbeitsmittel dürfen nicht zu einer erhöhten, gesundheitlich unzuträglichen Wärmebelastung am Arbeitsplatz führen.

6.2 Allgemeine Anforderungen an Bildschirme und Bildschirmgeräte

(1) Die Text- und Grafikdarstellungen auf dem Bildschirm müssen entsprechend der Arbeitsaufgabe und dem Sehabstand scharf und deutlich sowie ausreichend groß sein. Der Zeichen- und der Zeilenabstand müssen angemessen sein. Die Zeichengröße und der Zeilenabstand müssen auf dem Bildschirm individuell eingestellt werden können.

(2) Das auf dem Bildschirm dargestellte Bild muss flimmerfrei sein. Das Bild darf keine Verzerrungen aufweisen.

(3) Die Helligkeit der Bildschirmanzeige und der Kontrast der Text- und Grafikdarstellungen auf dem Bildschirm müssen von den Beschäftigten einfach eingestellt werden können. Sie müssen den Verhältnissen der Arbeitsumgebung individuell angepasst werden können.

(4) Die Bildschirmgröße und -form müssen der Arbeitsaufgabe angemessen sein.

(5) Die von den Bildschirmgeräten ausgehende elektromagnetische Strahlung muss so niedrig gehalten werden, dass die Sicherheit und die Gesundheit der Beschäftigten nicht gefährdet werden.

6.3 Anforderungen an Bildschirmgeräte und Arbeitsmittel für die ortsgebundene Verwendung an Arbeitsplätzen

(1) Bildschirme müssen frei und leicht dreh- und neigbar sein sowie über reflexionsarme Oberflächen verfügen. Bildschirme, die über reflektierende Oberflächen verfügen, dürfen nur dann betrieben werden, wenn dies aus zwingenden aufgabenbezogenen Gründen erforderlich ist.

(2) Tastaturen müssen die folgenden Eigenschaften aufweisen:
   1. sie müssen vom Bildschirm getrennte Einheiten sein,
   2. sie müssen neigbar sein,
   3. die Oberflächen müssen reflexionsarm sein,
   4. die Form und der Anschlag der Tasten müssen den Arbeitsaufgaben angemessen sein und eine ergonomische Bedienung ermöglichen,
   5. die Beschriftung der Tasten muss sich vom Untergrund deutlich abheben und bei normaler Arbeitshaltung gut lesbar sein.

(3) Alternative Eingabemittel (z. B. Eingabe über den Bildschirm, Spracheingabe, Scanner) dürfen nur eingesetzt werden, wenn dadurch die Arbeitsaufgaben leichter ausgeführt werden können und keine zusätzlichen Belastungen für die Beschäftigten entstehen.

6.4 Anforderungen an tragbare Bildschirmgeräte für die ortsveränderliche Verwendung an Arbeitsplätzen

(1) Größe, Form und Gewicht tragbarer Bildschirmgeräte müssen der Arbeitsaufgabe entsprechend angemessen sein.

(2) Tragbare Bildschirmgeräte müssen
1. über Bildschirme mit reflexionsarmen Oberflächen verfügen und
2. so betrieben werden, dass der Bildschirm frei von störenden Reflexionen und Blendungen ist.

(3) Tragbare Bildschirmgeräte ohne Trennung zwischen Bildschirm und externem Eingabemittel (insbesondere Geräte ohne Tastatur) dürfen nur an Arbeitsplätzen betrieben werden, an denen die Geräte nur kurzzeitig verwendet werden oder an denen die Arbeitsaufgaben mit keinen anderen Bildschirmgeräten ausgeführt werden können.

(4) Tragbare Bildschirmgeräte mit alternativen Eingabemitteln sind den Arbeitsaufgaben angemessen und mit dem Ziel einer optimalen Entlastung der Beschäftigten zu betreiben.

(5) Werden tragbare Bildschirmgeräte ortsgebunden an Arbeitsplätzen verwendet, gelten zusätzlich die Anforderungen nach Nummer 6.1.

6.5 Anforderungen an die Benutzerfreundlichkeit von Bildschirmarbeitsplätzen

(1) Beim Betreiben der Bildschirmarbeitsplätze hat der Arbeitgeber dafür zu sorgen, dass der Arbeitsplatz den Arbeitsaufgaben angemessen gestaltet ist. Er hat insbesondere geeignete Softwaresysteme bereitzustellen.

(2) Die Bildschirmgeräte und die Software müssen entsprechend den Kenntnissen und Erfahrungen der Beschäftigten im Hinblick auf die jeweilige Arbeitsaufgabe angepasst werden können.

(3) Das Softwaresystem muss den Beschäftigten Angaben über die jeweiligen Dialogabläufe machen.

(4) Die Bildschirmgeräte und die Software müssen es den Beschäftigten ermöglichen, die Dialogabläufe zu beeinflussen. Sie müssen eventuelle Fehler bei der Handhabung beschreiben und eine Fehlerbeseitigung mit begrenztem Arbeitsaufwand erlauben.

(5) Eine Kontrolle der Arbeit hinsichtlich der qualitativen oder quantitativen Ergebnisse darf ohne Wissen der Beschäftigten nicht durchgeführt werden.

Der Anhang Nummer 6 gilt nicht für
1. Bedienerplätze von Maschinen oder Fahrerplätze von Fahrzeugen mit Bildschirmgeräten,
2. tragbare Bildschirmgeräte für die ortsveränderliche Verwendung, die nicht regelmäßig an einem Arbeitsplatz verwendet werden,
3. Rechenmaschinen, Registrierkassen oder andere Arbeitsmittel mit einer kleinen Daten- oder Messwertanzeigevorrichtung, die zur unmittelbaren Benutzung des Arbeitsmittels erforderlich ist und
4. Schreibmaschinen klassischer Bauart mit einem Display.

1.7 Der Bildschirmarbeitsplatz

Da nahezu jeder Arbeitsplatz mit Bildschirm und PC ausgestattet ist, wird ein Hauptteil der Bürotätigkeit sitzend ausgeführt. Da dies zu gesundheitlichen Belastungen führt, sind die ergonomischen Anforderungen an die Ausgestaltung des Arbeitsplatzes von großer Bedeutung.

1.7.1 Belastungen durch Bildschirmarbeit

Der Arbeitsvorgang bei der Bildschirmarbeit besteht aus dem Ablesen der Vorlage, der Eingabe über die Tastatur und der Kontrolle über den Bildschirm. Ein häufiger Blickwechsel ist unvermeidbar. Das Auge muss sich den ständig wechselnden Blickwinkeln anpassen. Daher sollten Bildschirm und Vorlage in möglichst gleicher Entfernung angeordnet sein. Mit der richtigen Aufstellung des Bildschirms und der Tastatur sowie der richtigen Bildschirmeinstellung lassen sich Belastungen bei der Bildschirmarbeit verringern.

1.7.2 Anforderungen an das Bildschirmgerät

- Der Bildschirm muss frei aufstellbar sowie leicht dreh- und neigbar sein. Dadurch lässt er sich an die individuellen Bedürfnisse der Benutzer anpassen.
- Die Bildschirmgröße sollte der Arbeitsaufgabe entsprechen.
- Der Bildschirm sollte entspiegelt sein.

Um Gesundheitsbeschwerden mit Symptomen im Nacken- und Schulterbereich vorzubeugen, sollte der Benutzer auf eine natürliche Kopf- und Körperposition achten.

Genauso wichtig ist die richtige Bildschirmeinstellung. Helligkeitsunterschiede und starke Kontraste zwischen Hintergrund und Bildschirmoberfläche ermüden das Auge, da durch den ständigen Blickwechsel der Helligkeitsunterschied ausgeglichen werden muss. Durch die permanente Ausgleichsarbeit der Augen steigt die Belastung für den Benutzer.

1.7.3 Positionierung des Bildschirms

Für die Bildschirmaufstellung sind folgende ergonomische Anforderungen zu beachten:

- Der Bildschirm sollte zentral im Blickfeld stehen.
- Der Bildschirm sollte mit der Blickrichtung parallel zum Fenster angeordnet sein. Bei einer Aufstellung vor dem Fenster entstehen starke Helligkeits- und Kontrastunterschiede. Wird der Bildschirm so aufgestellt, dass der Benutzer das Fenster im Rücken hat, entstehen Spiegelungen.
- Wird der Benutzer durch Sonneneinstrahlung geblendet und entstehen dadurch Reflexionen auf dem Bildschirm, sollten an den Fenstern Blendschutzvorrichtungen angebracht werden.
- Die höhenverstellbare Tastatur muss vom Bildschirmgerät getrennt und leicht geneigt sein sowie über eine rutschhemmende Unterseite verfügen. Vor der Tastatur sollten 10 cm bis 15 cm Platz zum Auflegen der Handballen in Eingabepausen sein. Ergonomische Tastaturen verhindern schmerzhafte Fehlstellungen der Hände.
- Bildschirm, Tastatur und Schulterachse sollten parallel ausgerichtet sein. So liegt der Bildschirm im optimalen Blickfeld und einseitige Belastungen werden vermieden.
- Der Bildschirm sollte so aufgestellt sein, dass eine Sehachse leicht nach unten erreicht wird. Die oberste Zeilenreihe des Bildschirms sollte sich unterhalb der Augenhöhe befinden.

- Der empfohlene Sehabstand zwischen den Augen und dem Bildschirm sollte mindestens **50 cm bis 80 cm** betragen.
- Als Arbeitsvorlage sollten nur gut lesbare Manuskripte verwendet werden. Ein Vorlagenhalter hilft gesundheitsschädlichen Körperhaltungen vorzubeugen. Er sollte auf Höhe des Bildschirms aufgestellt und in der Neigung verstellbar sein.

1.7.4 Bildschirmwiedergabe

- Die Darstellung auf dem Bildschirm sollte in der Positivdarstellung (dunkle Zeichen auf hellem Hintergrund) erfolgen. Die Positivdarstellung verbessert die Lesbarkeit der Zeichen und ermöglicht dem Auge eine bessere Anpassungsmöglichkeit an die Arbeitsumgebung.
- Die Zeichen auf dem Bildschirm müssen ausreichend groß und gut lesbar sein, damit das Auge nicht übermäßig beansprucht wird.
- Die Bildschirmwiedergabe muss flimmerfrei sein. Eine Auflösung von 1.600 x 1.200 Pixeln bei Bildschirmgrößen von 21 Zoll ist ausreichend für eine scharfe Zeichendarstellung.

1.7.5 Gütesiegel für Monitore

Trotz umfangreicher Forschungsarbeiten gibt es bisher keine genau definierten Belastungswerte, die gesundheitlich als unbedenklich betrachtet werden können. Das Problem der Strahlenbelastung durch Monitore ist ein wesentlicher Aspekt zum Thema „Sicherheit am Arbeitsplatz".

Die Aussagekraft von Güte- und Prüfsiegeln über bestimmte Qualitätskriterien wie Betriebssicherheit, Strahlungsarmut, Ergonomie und Umweltverträglichkeit ist sehr unterschiedlich, da diese auf verschiedenen Messmethoden und Kontrollmöglichkeiten basieren. Bei einer Kaufentscheidung sollte darauf geachtet werden, welche Mindestanforderungen zu beachten sind.

Monitore weisen heute überwiegend eine der folgenden Plaketten auf der Rückseite aus, die auch für andere Geräte als Orientierung zur **ökologischen Nutzung** und Herstellung dienen.

Güte- und Prüfsiegel im Überblick:

	Das Prüfsiegel des TÜV – „Ergonomie geprüft" wird am Büroarbeitsplatz für IT-Geräte, Bürostühle, Bürotische, Software usw. vergeben. Die Prüfung erfolgt mit dem Ziel aufzuzeigen, inwieweit eine nutzerfreundliche Bedienung vorliegt.
	Das schwedische TCO-Prüfsiegel ist ein weltweit anerkannter Zertifizierungs-Standard und stellt sicher, dass Produkte gewisse Qualitätsnormen hinsichtlich Ergonomie, Emissionen, Stromverbrauch und Umweltschutz erfüllen.
	Diese Prüfplakette bescheinigt dem Monitor, dass er die Normen zur Sicherheit der Informationstechnik EN60950, die Sicherheitsregeln für Bildschirmarbeitsplätze im Bürobereich und die ergonomischen Anforderungen gemäß ISO 9241 3 erfüllt.
	„CE" auf Arbeitsmitteln dokumentiert, dass die Herstellung mit den grundlegenden Sicherheits- und Gesundheitsanforderungen der betreffenden EG-Richtlinie bzw. mit dem Baumuster, das einer EG-Baumusterprüfung erfolgreich unterzogen worden ist, übereinstimmt.
	Der Schwerpunkt dieses Umweltzeichens liegt besonders auf recyclinggerechter Konstruktion sowie Schadstoffarmut der verwendeten Materialien.
	Dieses Gütesiegel befindet sich auf elektronischen Geräten, die von der Europäischen Kommission als besonders stromsparend eingestuft werden.

1.7.6 Der Bildschirmarbeitstisch

Der Arbeitstisch beziehungsweise die Arbeitsfläche ist ein wesentliches Element der sicheren und ergonomischen Arbeitsplatzgestaltung. Arbeitstische unterscheiden sich in ihren Ausführungen und Eigenschaften nach der **inneren und äußeren Wandelbarkeit**.

Innere Wandelbarkeit	Äußere Wandelbarkeit
Schubladen und Auszüge mit Führungen sind austauschbar.	Tischfläche, Unterschränke sowie tragende Elemente sind austauschbar.

Wichtige Kriterien für die Auswahl sind:
- individuelle Anpassbarkeit der Arbeitsflächenhöhe
- Wechsel zwischen Sitz- und Stehhaltung
- bewegungsgerechter Beinraum
- aufgabenorientierte Arbeitsfläche.

Für ein bequemes Arbeiten ist ein standsicherer Tisch mit einer ausreichend großen und reflexionsarmen Oberfläche erforderlich. Die Tischfläche muss eine flexible Anordnung der Arbeitsmittel wie Bildschirm, Tastatur und Vorlage bieten. Höhenverstellbare Tische mit komfortablem Beinraum erleichtern das Arbeiten. Ein separater Ständer für das Bildschirmgerät kann ebenfalls verwendet werden.

Die Größe der Arbeitsfläche entspricht dem „Greifraum" also dem Raum, der mit ausgestreckten Armen ohne Verrenkungen erreicht werden kann. Dies erfordert eine flexible Aufstellung und Zuordnung der Arbeitsmittel wie Bildschirm, Tastatur, Schriftgut usw. Diese müssen leicht umgestellt und an jeder Stelle der Arbeitsfläche angeordnet werden können.

Die verschiedenen Tischausführungen sind in der Höhe verstellbar, sodass die persönlich beste Tischhöhe eingestellt werden kann. Die genauen Abmessungen für Arbeitstische sind laut DIN 4549 genormt.

Die folgenden Faktoren haben wesentlichen Einfluss auf die Gestaltung ergonomischer Arbeitstische:
- Die **Höhe** sollte individuell zwischen **65 cm** und **85 cm** verstellbar sein. Nicht höhenverstellbare Bildschirm-Arbeitstische müssen **72 cm** hoch sein.
- Die Arbeitsfläche sollte mindestens **160 cm x 80 cm** groß sein. Bei Arbeitstischen, die überwiegend für PC-Arbeit genutzt werden, sind **120 cm x 80 cm** ausreichend.

- Eine **Mindesttiefe** der Arbeitsfläche von **80 cm** sollte gewährleistet sein, sodass den jeweiligen Arbeitsbedingungen entsprechend eine flexible Anordnung der Arbeitsmittel Bildschirm, Tastatur und Vorlagenhalter unter gleichzeitiger Einhaltung des erforderlichen Sehabstandes gewährleistet ist.
- Für ausreichende Beinfreiheit unterhalb der Arbeitsfläche ist zu sorgen. Der Beinraum sollte frei von Ein- und Unterbauten sein.
- Der freie **Beinraum** von Arbeitstischen sollte eine **Beinraumbreite** von mindestens **58 cm** und eine **Beinraumhöhe von 65 cm bis 69 cm** nicht unterschreiten.

1.7.7 Steh-Sitz-Arbeitsplatz – höhenverstellbare Arbeitstische

Arbeiten im Sitzen und Stehen fördert die Gesundheit des menschlichen Bewegungsapparates. Steh-Sitz-Arbeitsplätze sind die optimalen Lösungen für ergonomisches Arbeiten im Büro. Die höhenverstellbaren Arbeitsflächen ermöglichen und fördern ein dynamisches Sitzen bzw. den Wechsel von stehender und sitzender Tätigkeit. Ein **Steh-Sitz-Arbeitsplatz (Sitz-Steh-Arbeitstisch)** wird durch ein höhenverstellbares Steh-Sitz-Tischgestell ermöglicht, bei dem die Arbeitsfläche bis zur Höhe einer stehenden Person ausgezogen werden kann. Die Höhe kann bei diesem Modell zwischen 62 cm und 120 cm verändert werden. Der Verstellmechanismus muss sich auch unter Belastung leichtgängig und sicher betätigen lassen.

Der reine **Steharbeitsplatz** hat eine Höhe von **95 cm bis 120 cm**.

Unter **Steh-Sitzdynamik** versteht man den dynamischen Wechsel zwischen Stehen und Sitzen, also die Unterbrechung der sitzenden Tätigkeit durch Arbeitsabschnitte, die im Stehen erledigt werden. Hierzu stehen verschiedene **Steh-Sitz-konzepte** zur Verfügung:

- Sitzarbeitstisch mit integriertem Stehpult, wobei das Stehpult beim Arbeitstisch bereits angebracht ist oder nachgerüstet werden kann
- Sitzarbeitstisch und freistehendes Stehpult, wobei das freistehende Stehpult mobilen oder stationären Charakter hat
- Sitz- und Steharbeitstisch (als getrennte Lösungen)
- höhenverstellbarer Arbeitstisch (als integriertes Büromöbel zur Steh- und Sitzarbeit).

Ein Drittel Stehen und zwei Drittel Sitzen steigern nachweislich die körperliche und geistige Leistungsfähigkeit am Bildschirmarbeitsplatz.

1.7.8 Der Büroarbeitsstuhl

Wer acht Stunden und mehr im Büro verbringt, arbeitet meist sitzend. Deshalb sollte der Bürostuhl entsprechend ausgestattet sein. Falsche Stühle, die den ergonomischen Anforderungen nicht entsprechen, verbrauchen häufig mehr Leistung als die Arbeit selbst. Sie können die Ursachen für Unfälle und Körperschäden sein. Viele Menschen empfinden das Arbeiten im Sitzen als beschwerlich, weil sie falsch sitzen oder einen unpassenden Stuhl benutzen.

 MERKE

Falsches Sitzen gefährdet Ihre Gesundheit!
Jeder dritte Krankheitstag ist auf Rückenleiden zurückzuführen.

Falsches Sitzen am Arbeitsplatz und Bewegungsmangel sind die Hauptursachen für Muskel- und Skeletterkrankungen. Nach einer Erhebung der Betriebskrankenkassen entfallen darauf rund 32 % aller Arbeitsunfähigkeitstage. Für die Bundesrepublik bedeutet das ca. 50 Millionen Krankheitstage pro Jahr.

Folgende ergonomischen und sicherheitstechnischen Anforderungen sollte ein Büroarbeitsstuhl erfüllen:

Rückenlehne
- verstellbar in Höhe und Neigung
- pendelnde Lagerung
- Oberkante der Rückenlehne soll bis in den Bereich der Schulterblätter reichen
- Bandscheibenstütze im unteren und mittleren Bereich der Wirbelsäule
- atmungsaktiver Bezug

Sitz
- verstellbare Sitzhöhe auf 42 cm bis 53 cm
- verstellbare Sitztiefe in Sitzhaltung (38 cm bis 44 cm)
- Stoßdämpfer beim Hinsetzen
- weiche, abgerundete vordere Sitzfläche
- atmungsaktiver Bezug
- Armlehnen in Höhe und Breite verstellbar

Untergestell
- bewegliche Rollen oder Gleiter
- mindestens 5 Rollen
- kippsicher, wegrollsicher, stolpersicher
- sicher gegen unbeabsichtigtes Lösen vom Oberteil

1.7.9 Alternative Sitzmöbel

Der Markt für Bürostühle hat sich im Laufe der Jahre permanent erweitert. Um Haltungsschäden und Rückenbeschwerden vorzubeugen, haben neben innovativen Techniken auch besondere dynamische Büroarbeitsstühle und alternative Sitzgelegenheiten Einzug in die Büros gehalten.

1. Gestaltung von Arbeitsraum und Arbeitsplatz

Büroarbeitsstühle

Sitzmechanik	Merkmale
Wippmechanik	Ein sehr bequemes Sitzsystem. Der Winkel zwischen Sitz- und Rückenlehne bleibt stets gleich.
Permanentmechanik	Die Rückenlehne ist in der Neigung beliebig verstellbar und folgt bei wechselnder Sitzhaltung permanent dem Oberkörper. Unentbehrlich für das Abstützen der Wirbelsäule. Ermöglicht ein aktives, dynamisches Sitzen. In jeder Stellung arretierbar.
Synchronmechanik	Die Synchronmechanik ermöglicht in jeder Sitzposition wohltuenden Halt und gestattet ermüdungsfreies Sitzen. Die Neigung von Sitz und Rückenlehne passt sich automatisch der Sitzhaltung an. Harmonischer Bewegungsablauf, da sich Sitz und Lehne unterschiedlich stark neigen. In jeder Stellung arretierbar.

Alternative Sitzkonzepte

Sitzkonzept	Merkmale	Nutzeneffekt
Hochsitzer	Die Sitzfläche ist deutlich höher und nach vorne geneigt.	▸ Wirbelsäule wird aufgerichtet ▸ Oberschenkeldruck wird reduziert
Kniehocker	Die Sitzfläche ist geneigt. Die Abstützung des Körpers erfolgt über Gesäß und Unterschenkel.	▸ Wirbelsäule wird aufgerichtet ▸ Oberschenkeldruck wird reduziert ▸ Durchblutung wird verbessert
Pendelhocker	Die Sitzfläche ist in alle Richtungen beweglich und hat keine Rückenlehne.	▸ Muskulatur wird gekräftigt ▸ Belastungswechsel der Bandscheiben
Fit-/Sitzball	Ball der mit Luft gefüllt und frei beweglich ist	▸ Muskulatur wird gekräftigt ▸ Sitztraining

1.7.10 Dynamische Sitzhaltung

Die Funktionalität eines ergonomischen Bürodrehstuhls wird durch die gelegentliche Entlastung der Wirbelsäule ergänzt. Dies setzt eine dynamische Sitzhaltung voraus. **Dynamisches Sitzen** bedeutet:

- die Sitzposition möglichst häufig zu wechseln
- regelmäßiger Wechsel zwischen vorderer, mittlerer und hinterer Sitzhaltung
- Nutzung der gesamten Tiefe der Sitzfläche.

Dynamisches Sitzen schont die Bandscheiben, senkt die statische Muskelbeanspruchung und steigert das Wohlbefinden.

 TIPP

Wichtige **Verhaltensregeln für gesundes Sitzen:**
1. die Füße ganzflächig auf den Boden stellen.
2. die ganze Sitzfläche nutzen.
3. die Wirbelsäule aufrichten.
4. so oft wie möglich dynamisch sitzen.
5. rechter Winkel zwischen Ober- und Unterarm.
6. eine starke seitliche Neigung beim Sitzen vermeiden.
7. regelmäßig Bewegungsübungen durchführen.

1.7.11 Fußstütze

Für die Arbeit an nicht höhenverstellbaren Tischen oder für Benutzer an Tischen mit nicht ausreichender Verstellbarkeit kann eine Fußstütze den notwendigen Ausgleich zwischen Tischhöhe und Fußboden herstellen. Gerade für kleinere Menschen ist eine Fußstütze notwendig, damit die Füße, wie in der **BildscharbV**, gefordert, ganzflächig beim Sitzen aufgesetzt werden können.

- Fußstützen sollen eine ausreichend große Stellfläche haben und stufenlos verstellbar sein.
- Fußstützen beim Arbeiten im Stehen entlasten den gesamten Körper und die Beine.

1.8 Arbeitsorganisationsmodelle

Psychische Belastungen am Bildschirmarbeitsplatz durch ungenügende Arbeitsorganisation sollen laut Bildschirmarbeitsverordnung durch eine veränderte Form der Organisation des täglichen Arbeitsablaufs verringert werden.

Es gibt viele Ansatzpunkte um Arbeitsabläufe auf Basis fundierter arbeitswissenschaftlicher Erkenntnisse menschengerecht zu gestalten. Zur Verringerung der Belastungen durch Bildschirmarbeit werden zwei organisatorische Maßnahmen gefordert: **Mischarbeit oder Pausen**.

Dabei geht man davon aus, „zunächst zu versuchen, die Arbeit an Bildschirmgeräten so zu organisieren, dass sie durch andere belastungsreduzierende Tätigkeiten unterbrochen wird. Erst in zweiter Linie kommen Unterbrechungen durch Pausen infrage." (Begründung BildscharbV).

Mischarbeit bedeutet die Zusammenfassung unterschiedlicher Tätigkeiten zu einem neuen Arbeitsablauf, z. B. die Mischung von konzentrationsintensiven und konzentrationsärmeren Tätigkeiten und die Mischung von Tätigkeiten mit unterschiedlichen Belastungsschwerpunkten.

Organisationstechnisch lässt sich **Mischarbeit** durch verschiedene Arbeitsgestaltungskonzepte erreichen:

- **Arbeitsplatzwechsel**
  Mehrere Beschäftigte rotieren auf mehreren Arbeitsplätzen mit unterschiedlichen Aufgaben, die hinsichtlich der entsprechenden Qualifikation vergleichbar sind.
- **Aufgabenerweiterung**
  An einem Arbeitsplatz werden mehrere qualitativ gleichwertige Tätigkeiten zusammengefasst.
- **Aufgabenbereicherung**
  Tätigkeiten mit unterschiedlichen Qualifikationen werden zusammengefasst, darunter auch Planungs-, Steuerungs- und Kontrollaufgaben.
- **Gruppenarbeit**
  Mehrere Beschäftigte bilden eine Gruppe, der eine bestimmte Aufgabe übertragen wird.

Mischarbeit als Arbeitsorganisationsmodell

- sorgt für körperliche und geistige Beweglichkeit
- reduziert den Krankenstand
- vermindert den Stress
- erhöht die Arbeitszufriedenheit
- fördert Wohlbefinden und Gesundheit.

1.8.1 Pausenregelung und -gestaltung

Ausreichende Erholungspausen sind eine Notwendigkeit zur Verringerung bzw. Vermeidung psychischer Ermüdung. Der Arbeitgeber ist verpflichtet **(§ 5 BildscharbV)** die Tätigkeit von Bildschirmarbeit so zu organisieren, dass sie regelmäßig durch Pausen oder andere Beschäftigungen, unterbrochen wird.

Diese kurzzeitigen Erholzeiten (vgl. BGI 650) – also **Kurzpausen** – sind bezahlte **Arbeitsunterbrechungen** im Gegensatz zu den im Arbeitszeitgesetz geforderten Ruhepausen. Dies bedeutet, dass eine bezahlte Ruhepause den Beschäftigten zusteht, die mehr als zwei Stunden pro Arbeitstag am Bildschirm arbeiten. Diese Unterbrechung der Bildschirmarbeit sollte einen Belastungswechsel ermöglichen und regelmäßig am Arbeitstag stattfinden, damit eine Regeneration gewährleistet ist.

Leitziele für Kurzpausen am Bildschirmarbeitsplatz:

- Mehrere kurze Pausen haben einen höheren Erholungswert, als wenige lange Pausen. Daher sollten Kurzpausen nicht angespart werden, um die tatsächliche Arbeitszeit zu kürzen.
- Nach ca. 50 Minuten sollte die Arbeitszeit am Bildschirm für fünf bis zehn Minuten unterbrochen werden. Andere Modelle sehen nach jeweils 100 Minuten Arbeitszeit eine Bildschirmerholzeit vor.
- Die Dauer und die Häufigkeit der Kurzpausen richten sich nach der Schwierigkeit der Arbeit. Für Tätigkeiten, die stark bildschirmgebunden sind, wie z. B. im Call-Center oder in Datenverarbeitungszentralen, werden bis zu 15 Minuten pro Stunde empfohlen.
- Der Erholungswert der Kurzpausen, darf nicht durch Ersatztätigkeiten gemindert werden.
- Die Pause sollte so organisiert werden, dass sie Konzentrationsschwäche und Ermüdung vorbeugt. Wer selbstorganisiert arbeitet, sollte die Pausen terminlich einplanen oder Organisationsinstrumente, wie z. B. Erinnerungssoftware oder Weckerfunktionen nutzen.

Wichtig ist, dass Pausen sinnvoll genutzt und nicht am Schreibtisch mit privaten E-Mails oder Erledigungen in größter Eile verbracht werden. Ein tatsächlicher Erholungswert findet statt, wenn sich die Betroffenen vom Arbeitsplatz räumlich entfernen, um eventuell an die frische Luft zu gehen, sich zu bewegen, Ausgleichsübungen zu machen oder meditativ auf Gedankenreise zu gehen. Auch ein kurzer Schlaf – Power-Napping genannt – sorgt für Erholung. Diese Regenerationsmethode gilt arbeitsmedizinisch als eine der effektivsten Möglichkeiten, die Arbeitskraft zu erneuern.

1.8.2 Bewegungsraum Büro

Nicht nur das Arbeitsorganisationsmodell **Mischarbeit und aktive Pausengestaltung** sollte Bewegung ins Büro bringen, sondern auch ergonomische und arbeitsorganisatorische Maßnahmen für ein gesundheitsschonendes Verhalten am Arbeitsplatz. Gesundheitsschutz und -förderung muss deshalb die Arbeitsplatzgestaltung ergänzen und begleiten.

Rückenbeschwerden als Folge von Büroarbeit sind vermeidbar. Falsche Körperhaltungen verursachen Verspannungen im Schulter-, Nacken- und Rückenbereich. Die richtige Sitzhaltung und ein individuell eingestellter, ergonomischer Bürostuhl beugen diesen Beschwerden vor. Neben dynamischem Sitzen entlasten gezielte Übungen bei regelmäßiger Durchführung den Rücken und stärken die Muskulatur:

- **1. Übung: Der Rückendreher lockert die Wirbelsäule**
  Die ideale Sitzhaltung einnehmen und die Hände über den Schultern verschränken. Den Oberkörper nun in gemäßigtem Tempo nach links und rechts drehen. Das Becken nicht bewegen. Die Übung jeweils zwei Minuten lang durchführen.

- **2. Übung: Der Halsstrecker entspannt den Nacken**
  Aufrecht hinstellen oder setzen. Einatmen und dabei die Schultern in Richtung der Ohren heben. Beim Ausatmen die Schulten wieder nach unten ziehen. Der Hals wird gestreckt und der Nacken entspannt sich.

- **3. Übung: Dehnübungen gegen den Mausarm**
  Arm vor dem Körper in gestreckter Position mit der freien Hand von unten in Höhe des Ellenbogens zur entgegengesetzten Seite und zum Körper hinziehen. Dehnung ca. 20 Sekunden halten und dann die Seite wechseln. Darauf achten, dass die Schultern unten bleiben.

- **4. Übung: Der Schulterstrecker aktiviert die Rückenmuskulatur**
  Aufrecht hinstellen oder setzen. Die Hände greifen mit gekrümmten Fingern vor der Brust ineinander. Kinn nach unten schieben. Langsam einen Zug nach außen aufbauen und halten. Position ca. 20 Sekunden halten.

MEDIEN

www.gesundheit.de

https://www.youtube.com
- Locker am Schreibtisch – Übungen für schmerzfreies Arbeiten
- Fit im Büro: Gymnastik

www.vbg.de/

Eine Vielzahl von Beschäftigten an Bildschirmarbeitsplätzen klagen über Augenprobleme, denn Bildschirmarbeit ist nicht nur für den Körper anstrengend, sondern auch für die Augen, die Schwerstarbeit leisten. Damit keine Schäden entstehen, sollten die Anforderungen an den Bildschirm beachtet werden. Vorsorgeuntersuchungen sind vor Aufnahme der Bildschirmtätigkeit vorzunehmen und in regelmäßigen Abständen durchzuführen. Bei Beschwerden sollten rechtzeitige Untersuchungen erfolgen.

Wird bei diesen Untersuchungen Fehlsichtigkeit diagnostiziert, kann eine Bildschirmbrille, für die der Arbeitgeber aufkommt, helfen. Bildschirmbrillen werden auf die Bildschirmentfernung abgestimmt. Recht auf Bildschirmbrillen haben die Beschäftigten, die mindestens 30 bis 45 Minuten pro Tag am Bildschirmarbeitsplatz verbringen.

Jeder Tätigkeitswechsel ist auch ein Belastungswechsel und schont die Augen. Vorgeschriebene Kurzpausen sollten für Augengymnastik genutzt werden. Hierfür reichen oft schon wenige Minuten am Tag, um die Augen fit zu halten.

Fitnessprogramm für beanspruchte Augen:
- Zwischendurch immer wieder für eine Minute bewusst in die Ferne schauen. Dies entlastet die Augen.
- Die Handflächen gegeneinander reiben. Zwei bis drei Minuten die Augen mit den Händen bedecken, ohne Druck auszuüben. Dunkelheit und Wärme sorgen für Entspannung. Damit es anschließend zu keiner Blendung kommt, die Hände langsam von den Augen nehmen.
- Gähnen führt zur Muskelentspannung. Das Herabfallen des Unterkiefers und das Atmen durch den Mund führt zur An- und Entspannung der Augenmuskulatur.

2. Arbeitsprozesse effizient strukturieren

Effizientes und qualitativ hochwertiges Arbeiten ist eine Notwendigkeit für wirtschaftliche Abläufe. Optimal ablaufende Arbeits- bzw. Geschäftsprozesse führen zu einem guten Überblick, schaffen Raum für zusätzliche Aufgaben und Leistungen und sorgen auch für mehr Entspannung am Arbeitsplatz. Um wirtschaftliche Erfolge aus solchen Prozessen zu erzielen, müssen diese in der allgemeinen Unternehmenskultur etabliert werden. Dazu müssen die entsprechenden Ressourcen, wie Bereitstellung von Arbeitszeit, Fortbildungen, Einbindung in Arbeitsabläufe und andere Prozesse, vorhanden sein. Nur so können Schwachstellen im Sinne eines **kontinuierlichen Verbesserungsprozesses** analysiert werden. Dies ist eine wesentliche Voraussetzung, um **Geschäftsprozesse** effizienter zu gestalten. Durch Transparenz von Arbeitsweisen und Arbeitsabläufen werden Störungen erkannt und behoben.

Für die Umsetzung sind nachfolgende Erfolgskriterien entscheidend:
- Unterstützung durch die Unternehmensleitung und Führungsverantwortlichen
- Unterstützung und Schulung durch professionelle KVP-Moderatoren
- Standardisierung und Methoden für die Durchführung von Verbesserungsprozessen
- transparente Darstellung von Ergebnissen
- Teamarbeit und Einbindung der Spezialisten vor Ort.

2.1 Bürowirtschaftliche Abläufe analysieren

Transparenz wird durch das Analysieren von Arbeitsabläufen erreicht. In regelmäßigen Abständen sollten routinemäßig ablaufende Arbeitsprozesse auf ihren Ist-Zustand untersucht werden. Solche kontinuierlichen Verbesserungsprozesse führen zur Optimierung von Arbeitsabläufen. Dies führt zu besseren Standards und einem Zeitgewinn für Wesentlicheres. Die Arbeitnehmer haben mehr Freude am Arbeitsplatz und dem Unternehmen werden Wettbewerbsvorteile gesichert.

Folgende Kriterien führen zur Optimierung von Arbeitsprozessen:
- **Ist-Zustand erfassen**
  - Routineaufgaben
  - neue Aufgaben
- **Analyse des Arbeitsprozesses**
  - Zeitumfang der Aufgaben
  - Wo liegen Schwachstellen?
  - Welche Arbeitsabläufe können zusammengefasst werden?
- **Standardisierung**
  - stellt reibungslosen Ablauf sicher
  - verbessert das Zeitmanagement
  - schließt Fehler durch routinierte Abläufe aus

▸ **Kontrolle**
- festgelegte Standards regelmäßig kontrollieren
- auf Schwachstellen in Arbeitsprozessen achten.

2.2 Geschäftsprozesse im Unternehmen

Geschäftsprozesse dienen in Unternehmen dazu, ein geschäftliches oder betriebliches Ziel zu erreichen. Sie beschreiben Abläufe von Einzeltätigkeiten, die zu dem gesetzten Ziel führen. Prozesse können einmal als Projekt auftreten oder wiederholt erscheinen. Prozesse sind durch einen definierten Anfang und ein definiertes Ende gekennzeichnet.

Bei Prozessabläufen in Unternehmen werden Geschäftsprozesse und Büroprozesse unterschieden.

Geschäftsprozesse stehen im direkten Zusammenhang mit externen Partnern, wie Kunden, Lieferanten usw. Sie beschreiben einen gesamten Prozessdurchlauf von der Kundenanfrage bis zur Auftragserfüllung.

Büroprozesse hingegen betreffen die Organisationsabläufe in Unternehmen. Sie beschreiben, wie büroorganisatorische Abläufe optimiert und standardisiert werden können und tragen somit zu einem ständigen kontinuierlichen Verbesserungsprozess bei.

LF 1, Kap. 8.2

Geschäftsprozesse werden im Allgemeinen grafisch als ereignisgesteuerte Prozessketten (EPK) dargestellt. Eine Norm zur Darstellung von Geschäftsprozessen gibt es derzeit noch nicht. Die EPK-Schreibweise besteht aus grundlegenden Notationselementen, um Arbeitsabläufe zu beschreiben. Nachfolgendes Beispiel zeigt eine einfache ereignisgesteuerte Prozesskette:

2.3 Zielorientierte Arbeitsorganisation

Im hektischen Büroalltag kann der Überblick schnell verloren gehen, da bei hoher Arbeitsbelastung wenig Zeit für die Strukturierung von Arbeitsabläufen bleibt.

Die **Büroorganisation** beschreibt die Strukturierung aller Arbeitsabläufe, die in einem Büro anfallen. Klare Aufgabenbeschreibungen und konkrete Aufgabenzuordnungen sind Standards für transparente Prozesse. Sie steigern die Effizienz und tragen zu einem kontinuierlichen Verbesserungsprozess bei.

Zu den grundlegenden Organisationsstrukturen zählen:
- technische und persönliche Kommunikationsstrukturen
- Dokumentenverwaltungssysteme – digital und in Papierform
- allgemeine und firmenspezifische Arbeitsabläufe
- Standardisierung von Routineaufgaben
- Planen und Durchführen von Projekten.

2.3.1 5-A-Aktionen

Für erfolgreiche Veränderungs- und Verbesserungsprozesse in der Büroorganisation stellen die **5-A-Aktionen** einen Orientierungsrahmen dar, mit dem die Büroorganisation optimiert werden kann:

Aussortieren	- Arbeitsmittel, die täglich benötigt werden, am Arbeitsplatz anordnen - Arbeitsmittel, die nicht so oft benötigt werden, im entfernteren Zugriffsbereich platzieren - Arbeitsmittel, die nicht mehr benötigt werden, entsorgen - regelmäßig nicht mehr benötigte Dateien löschen - wichtige Dateien auf externen Datenträgern auslagern
Aufräumen	- Gegenstände so unterbringen, dass sie ohne Suchaufwand gefunden werden - möglichst nur zwei Ablagebehälter pro Arbeitsplatz, z. B. ein Behälter für Post, ein Behälter für Diverses - Organisationsmittel sollten ein Teil des Arbeitsprozesses darstellen. - Abends sollte der Arbeitsplatz frei von Papierstapeln sein. - Der Posteingang sollte abends erledigt sein.
Arbeitsplatz sauber halten	- Auf Sauberkeit in der Arbeitsumgebung achten. - anfallenden Schmutz beim Entstehen beseitigen - Ordnung und Sauberkeit als Gewohnheit betrachten - Auf dem Fußboden befinden sich folgende Gegenstände: Computer, Mülleimer mit Trennung für Altpapier, Pflanzen, Dekogegenstände.
Arbeitsstandards definieren	- Materialien für die Grundausstattung eines Arbeitsplatzes - Schränke, Schubladen und Organisationsmittel konkret beschriften - Checklisten für Arbeitsprozesse und Routineaufgaben - Checklisten präzise und konkret formulieren - Auf jedem Ausdruck Dokumentenpfad, Name und Datum angeben.
Alle Punkte einhalten und ständig verbessern	- konsequentes Überwachen der festgelegten Standards mithilfe von Checklisten - bei Änderungen Checklisten und Regeln anpassen

2.3.2 Ordnungssysteme für den Arbeitsplatz

Das Genie überschaut das Chaos, behauptet der Volksmund. Wer allerdings im Büro effektiv arbeiten will, tut gut daran, so übersichtlich wie möglich organisiert zu sein. Ordnungssysteme und Ablagestrukturen sorgen für schnellen Zugriff auf relevante Informationen.

Ablagekörbe	Sie sind ein beliebtes Ordnungssystem, in dem Unterlagen zwischengelagert werden. Sie sollten mithilfe eines Labels oder Einsteckschildes beschriftbar sein. Verschiedene Farben dienen einer besseren Übersicht. **Tipp: Ablagekörbe sollten regelmäßig geleert werden.**
Hängeregistratur	Das optimale Ablagesystem am Arbeitsplatz, da es sehr raumsparend ist. Voraussetzung dafür ist ein Rollcontainer mit einem Hängeregistraturauszug. Hier finden Unterlagen, die regelmäßig benötigt werden, Platz. Die Mappen und Reiter lassen sich farblich markieren.
Ordner	Diese sollten zur besseren Übersicht farblich sortiert und aussagefähig beschriftet sein. Die Ordnerstruktur ist nach einem festgeschriebenen System aufgebaut (numerisch, alphabetisch, nach Sachgebieten usw.).
Pultordner A - Z 1 - 31	Papiere, die chronologisch oder alphabetisch sortiert sind, werden hier eingeordnet. Das Pultordnersystem 1 - 31 gibt die Monatstage an. Ein ideales System für Terminplanung oder Wiedervorlage.
Stehsammler	Ein ideales Aufbewahrungsmittel für Unterlagen die nicht gelocht werden können, wie z. B. Prospekte, Kataloge, Preislisten. Auch hier dienen Organisationsfarben und eine „Rückenbeschriftung" der besseren Übersicht.
Sicht- und Prospekthüllen	Einsetzbar für Dokumente, die nicht gelocht werden. Sichthüllen werden eingesetzt, wenn ein Vorgang noch nicht abgeschlossen werden kann. Alle Dokumente zu einem Vorgang werden in einer Hülle gesammelt und in dem entsprechenden Ablagekästchen, Pultordner oder der Hängemappe bis zur Weiterbearbeitung aufbewahrt.

2.3.3 To-Do-Liste

Die **To-Do-Liste** ist eine Methode des Arbeits- und Zeitmanagement, mit deren Hilfe zu erledigende Aufgaben aufgelistet werden. Damit bleibt der Überblick über die zu bewältigenden Arbeitsaufgaben und Aktivitäten erhalten.

Der kontinuierliche Einsatz von To-Do-Listen hilft dabei, Aufgaben, Aktivitäten und Termine nicht zu vergessen und leistet damit einen wirksamen Beitrag zum Stressabbau. Darüber hinaus sorgt die To-Do-Liste für einen leeren Schreibtisch. Vorteile einer To-Do-Liste sind:

- Mit einer täglichen To-Do-Liste bleibt der Überblick über alle Tagesaktivitäten, Projekte und Arbeiten, die erledigt werden müssen, erhalten.
- Aufgaben können bereits im Vorfeld systematisiert werden, wie z. B. alle Telefonate; zu verfassende Schriftstücke werden in einer gesonderten Spalte der To-Do-Liste gebündelt.
- Eine To-Do-Liste kann nach individuellen Bedürfnissen erweitert werden. Neben der Aufgabe können der Zeitbedarf, die notwendigen Unterlagen, der Abgabetermin, die Prioritätsstufe usw. eingetragen werden.

Beispiel

To-Do-Liste				
Priorität	Aufgabe	Von wem?	Datum	Erledigt
				☑

2.4 Störungen im Arbeitsprozess

Ständige Erreichbarkeit, die durch moderne Kommunikationsmedien gegeben ist, führt bei vielen Beschäftigten zu unklarer Prioritätensetzung. Bedingt durch die vielen Kommunikationsformen und -wege fällt es vielen schwer, zu unterscheiden, was relevant ist und was nicht.

Fehlende oder schlechte Kommunikation ist ebenfalls eine Ursache für Störungen im Arbeitsprozess. Koordination von Aufgaben ist wesentlich für den Work-Flow in Unternehmen. Wenn Informationen zu spät mitgeteilt werden, bringt das den Arbeitsprozess zum Stocken. Die Mitarbeiter müssen rechtzeitig über die Terminierung von Aufgaben informiert werden, um diese pünktlich zu erledigen.

Schlechte Zeitplanung, chaotische Arbeitsweise und Vergesslichkeit sind weitere Faktoren, die zu Störungen von Arbeitsprozessen führen.

Beispiel

Das Telefon klingelt kurz bevor das Meeting beginnt. Dabei waren die letzten Minuten für die Präsentationserstellung eingeplant. Das Ergebnis: Ein gestresstes Telefonat und eine misslungene Präsentation.

Solche Verhaltensweisen am Arbeitsplatz lösen oft eine Spirale aus, die meist nicht mehr kontrollierbar ist. Arbeitsaufträge bleiben liegen, eiligere Aufgaben werden nicht erledigt, noch zu erledigende Aufgaben kommen hinzu. Diese Störmomente – auch **„Zeitfresser oder Zeitdiebe"** genannt –, behindern einen effektiven Arbeitsablauf und führen zur Überforderung von Beschäftigten. Wissenschaftlich werden diese Faktoren als **Stressoren** bezeichnet, da sie Stress durch Überforderung auslösen. Strukturiere Arbeitsabläufe wirken vorbeugend gegen diese Stressoren.

2.4.1 Der Sägeblatteffekt

Pausen sind nützlich und wichtig. Im Gegensatz zu den Pausen sind jedoch Unterbrecher Zeitfresser. Wird der Arbeitsfluss ständig unterbrochen, kommt es zum sog. Sägeblatteffekt. Nach jeder Unterbrechung wird es schwieriger sich wieder neu zu konzentrieren und in die Aufgabe hineinzudenken. Dies führt zu Demotivation und Ineffizienz. Störungen bei wichtigen oder komplizierten Aufgaben kosten viel Energie und Zeit und verringern die Chance, ein hochwertiges Arbeitsergebnis zu erzielen.

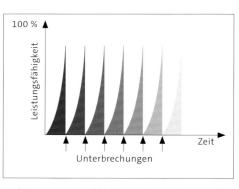

2.4.2 Die „stille Stunde"

Mit dem Instrument der „stillen Stunde" wird der „Sägeblatt-Effekt" reduziert und Arbeitsergebnisse deutlich verbessert. Die „stille Stunde" ist ein selbst organisierter störungsfreier Zeitraum für die Erledigung von schwierigen und wichtigen Aufgaben, die ein hohes Maß an Konzentration erfordern. Hierfür sollte man einen „Termin mit sich selbst" vereinbaren und folgende Punkte beachten:

2. Arbeitsprozesse effizient strukturieren

- die „stille Stunde" fest im Terminplan eintragen
- keine aktiven oder passiven Telefonate
- keine E-Mails lesen
- Kollegen über die „stille Stunde" informieren
- die „stille Stunde" in die störungsarme Zeit legen.

In der Praxis ist die „stille Stunde" nach wie vor eine große Herausforderung. Man muss genügend Selbstdisziplin mitbringen, um die „stille Stunde" konsequent umzusetzen. Ob die „stille Stunde" 30 oder 60 Minuten oder einen Vormittag dauert, ist weniger von Bedeutung. Wesentlich ist, dass man sie tatsächlich machen muss.

2.5 Methoden des Arbeits- und Zeitmanagement

Die richtige Zeiteinteilung ist eine wesentliche Voraussetzung für optimales Arbeiten. Ein effizientes Arbeits- und Zeitmanagement gehört zu den wesentlichsten Techniken des Selbstmanagement. Der Einsatz verschiedener Strategien, Techniken und Methoden ermöglicht:

- erreichbare Ziele zu setzen
- den Überblick über ein Ganzes zu bewahren
- Prioritäten zu erkennen und festzulegen
- Arbeitsvorhaben zeitlich zu planen
- Motivation für die Zielerreichung aufzubauen und aufrecht zu erhalten.

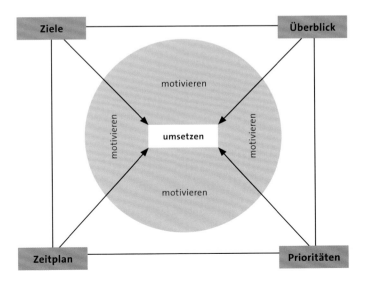

Mit konsequent durchgeführtem Zeitmanagement entsteht Raum für ruhiges und zufriedenes Arbeiten. Die gewonnene Zeit kann dazu genutzt werden, Ressourcen wieder aufzubauen. Die Qualität der Arbeitsprozesse und -ergebnisse verbessern sich zunehmend.

> Denke und plane nicht „Wie teile ich mir meinen Tag sinnvoll ein?" sondern „Welchen Erfolg will ich bis heute Abend erreicht haben?"

Klar definierte Ziele, konkrete Regeln und effektive Strategien ermöglichen eine effiziente Zeitplanung:

Ziele präzise definieren		
	S	**Spezifisch** Ziele müssen konkret, eindeutig und präzise formuliert sein, d. h. „Ich will mehr Zeit für das Wesentliche haben", nicht „Ich will weniger Stress haben".
	M	**Messbar** Ziele müssen überprüfbar sein. Ziele sollten in mehrere Schritte („Meilensteine") eingeteilt werden.
	A	**Attraktiv** Das Ziel muss beeinflussbar sein. Das **„A"** steht auch für **„akzeptabel"** oder **„aktiv beeinflussbar"**.
	R	**Realistisch** Das Ziel sollte hoch gesteckt, aber vor allem erreichbar sein.
	T	**Terminierbar** Ein Ziel muss klar definierte Zeitangaben haben.
Planungsgrundsätze		▸ rechtzeitig und im Voraus planen ▸ Routinetätigkeiten bei der Planung berücksichtigen ▸ Nur **60 %** der Zeit verplanen und **40 %** für Unvorhergesehenes. ▸ **Zeitblöcke** für Routinetätigkeiten bilden, denn in 1 x **60** Minuten kann mehr erledigt werden als in 6 x 10 Minuten. ▸ **Wichtige Aufgaben** sollten in der leistungsfähigen Zeit erledigt werden, Routineaufgaben im Leistungstief. ▸ Die Zielerreichung täglich kontrollieren und Abweichungen bei der nächsten Planung beachten.

2. Arbeitsprozesse effizient strukturieren

Prioritäten setzen **AUFGABEN** 1. 2. 3. 4. 5. 6. 7.	Prioritäten setzen heißt, zu überlegen und festzulegen, welche die wichtigsten Aufgaben sind, die vorrangig behandelt werden müssen.
Tagesplanung 	**Schriftlich planen:** Die Schriftform der Planung ist wichtig, damit der Überblick nicht verloren geht und zuverlässig geprüft werden kann, ob tatsächlich nichts vergessen wurde. Am Ende des Arbeitstags kontrollieren, was erledigt wurde und was nicht. Das Unerledigte in den Plan des nächsten Tages übernehmen.
Zeitfresser 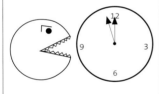	**Zeitfresser ausschalten:** Es sollte analysiert werden, wie viel Zeit für jede Tätigkeit benötigt wird und welche Tätigkeiten oder Aktivitäten „Zeitfresser" sind. Zeitfresser sind z. B. ▸ keine Ziele, Prioritäten oder Tagesziele ▸ Hast, Ungeduld, keine Konzentration ▸ persönliche Desorganisation (überhäufter Schreibtisch) ▸ mangelhafte Koordination (kein Teamwork) ▸ schlechtes Ablagesystem ▸ zu wenig Delegation ▸ Unfähigkeit „NEIN" zu sagen ▸ fehlende Selbstdisziplin (Aufgaben nicht zu Ende führen) ▸ keine oder unpräzise Kommunikation ▸ Ablenkung, wie Lärm, telefonische Unterbrechungen und unangemeldete Besucher

Leistungskurve 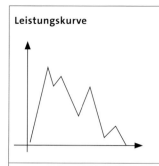	Jeder Mensch ist in seiner Leistungsfähigkeit während des ganzen Tages bestimmten Schwankungen unterworfen. Der Leistungshöhepunkt liegt am Vormittag. Wichtige Dinge (A-Aufgaben) sollten während des Leistungshochs am Vormittag eingeplant werden. Im Leistungstief sollte nicht gegen den biologischen Rhythmus gearbeitet werden, sondern diese Phase sollte für soziale Kontakte und Routinetätigkeiten (C-Aufgaben) genutzt werden. Am späten Nachmittag können wieder wichtigere Aktivitäten (B-Aufgaben) erledigt werden.
Pausen 	Zu langes, intensives Arbeiten macht sich nicht bezahlt, da Konzentration und Leistungsfähigkeit nachlassen und sich Fehler einschleichen. Medizinische Untersuchungen zeigen, dass der beste Erholungswert etwa nach **einer Stunde Arbeitszeit** erzielt wird. Der optimale Erholungswert tritt bei Pausen ein, die **fünf bis zehn Minuten** dauern.

2.6 Zeitmanagementmethoden anwenden

Zeit ist kostbar. Um sie effektiv zu nutzen, ist ein persönliches Zeitmanagement sinnvoll und notwendig. Zeit wird definiert als eine Spanne, in der Erlebnisse oder Arbeitsfolgen stattfinden. Im Zeitalter moderner Kommunikationstechnologien verkürzt sich die Halbwertzeit des Wissens. Rahmenbedingungen in der Wirtschaft und im sozialen Bereich werden immer flexibler. Mehrere Aufgaben möglichst gleichzeitig zu erledigen, oder Multi-Tasking-fähig sein, geht auf Dauer nicht gut. Äußere Faktoren erhöhen den Stress. Oft reicht die Zeit nicht aus, Erholungspausen einzulegen. Der Mensch wird krank. Schlimmstenfalls droht ein Burnout.

Seine Zeit zu organisieren ist erlernbar. Geplante Termine und Aufgaben in einem entsprechenden Zeitrahmen methodisch abzuarbeiten, bedeutet **Zeitmanagement**. Arbeitsabläufe werden analysiert und optimiert, Planungsinstrumente gezielt eingesetzt, um eine Effizienzsteigerung der betrieblichen Prozesse zu erreichen.

Da der Mensch ein Individuum ist, weist er auch beim Zeitmanagement Verhaltenstendenzen auf. Abhängig von den eigenen Stärken, dem eigenem Wissen sowie der Persönlichkeit ist das Zeitverhalten bzw. der Umgang mit der Zeit vom Menschen geprägt.

2.6.1 Das Pareto-Prinzip – die 80/20-Regel

Dieses Prinzip wurde nach Vilfredo Pareto, einem italienischen Soziologen und Ökonomen benannt, der Anfang des 20. Jahrhunderts feststellte, dass in Italien 80 % des Einkommens von nur 20 % der Bevölkerung getragen wurde.

Dieses Verhältnis von 80/20 ist auf andere mögliche Bereiche übertragbar. Allgemein wird dieser Grundsatz auch als **Pareto-Formel** oder die **80/20-Regel** bezeichnet.

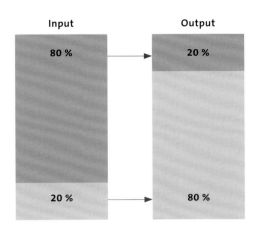

Übertragen auf die Arbeitsorganisation bedeutet das Pareto-Prinzip:

20 % der Aufgaben sind so wichtig, dass man damit 80 % des Arbeitserfolges erreicht.

Diese Verhältnismäßigkeit hilft Probleme bei der Zeitplanung zu erkennen, Prioritäten zu setzen und konkrete Ziele zu formulieren. Effizienter ist es demnach, sich für 80 % der Ergebnisse anzustrengen, als die Energie in die noch zur Perfektion fehlenden 20 % zu stecken.

2.6.2 ABC-Analyse

Die ABC-Analyse ist ein einfaches Instrument, um sich über die Ist-Situation ein genaues Bild zu machen. Die Vorteile der ABC-Analyse liegen besonders in ihrer schnellen und unkomplizierten Umsetzung. Ziel der ABC-Analyse ist es, anstehende Aufgaben zu sortieren und mit einer eindeutigen Priorität zu versehen.

A-Aufgaben	**Wichtig** Diese Aufgaben können nur von der betreffenden Person selbst oder im Team verantwortlich ausgeführt werden. Sie sind nicht delegierbar.
B-Aufgaben	**Durchschnittlich wichtige Aufgaben** Diese Aufgaben können an andere delegiert werden.
C-Aufgaben	**Wenig wichtig** Aufgaben mit geringem Wert, die jedoch einen Großteil der täglichen Arbeit ausmachen (Routinearbeiten, Ablage, Korrespondenz).

Büroprozesse gestalten und Arbeitsvorgänge organisieren

Nach diesem Prinzip sollte allen Aufgaben eine Priorität zugeordnet werden. Dies bedeutet nicht, auf die Erledigung von C-Aufgaben zu verzichten und nur noch A-Aufgaben zu erledigen. Die ABC-Analyse dient vielmehr dazu, alle Aktivitäten durch Prioritätensetzung in ein ausgewogenes Verhältnis zu setzen.

2.6.3 ALPEN-Methode

Die **ALPEN-Methode** ist eine relativ einfache und effektive Art, den Tagesablauf zu planen und das Zeitmanagement zu steigern. Die tägliche Planung erfordert durchschnittlich acht Minuten, um den Zeitplan zu strukturieren.

Jeder einzelne Buchstabe ist Abkürzung für eine Tätigkeit: Das **A** steht für Aufgaben, Termine und geplante Aktivitäten notieren, das **L** für Länge schätzen, das **P** für Pufferzeiten einplanen, **E** für Entscheidungen treffen und **N** für Nachkontrolle. In dieser Reihenfolge sollte ein Zeitplan erstellt werden.

	N	**Nachkontrolle durchführen:** Aufgaben und Aktivitäten, die nicht erledigt wurden, auf den nächsten Tag verschieben.
	E	**Entscheidungen treffen:** Prioritäten setzen und Aufgaben delegieren. Ziele definieren und Aktivitäten auf ein realistisches Maß begrenzen.
	P	**Pufferzeiten reservieren:** Nur 60 % der Arbeitszeit verplanen. Den Rest für unvorhergesehene Ereignisse reservieren. 20 % entfallen auf unerwartete Aktivitäten oder Störungen, 20 % auf spontane oder soziale Aktivitäten.
	L	**Länge der Aktivitäten abschätzen:** Den geschätzten Zeitbedarf für jede Aufgabe erfassen. Die Aufgaben werden erheblich konzentrierter durchgeführt und Störungen werden unterbunden, wenn für eine bestimmte Aufgabe ein Zeitrahmen vorgegeben wurde.
A		**Aufgaben, Aktivitäten** und Termine aufschreiben

2.6.4 Das Eisenhower-Prinzip

Eine wichtige und weitverbreitete Methode des Zeitmanagements ist das Eisenhower-Prinzip. Diese Technik hat ihren Namen vom früheren US-Präsidenten Dwight D. Eisenhower.

Die Grundidee des Eisenhower-Prinzips ist eine gezielte Einordnung von Aufgaben in **Wichtigkeit** und **Dringlichkeit**.

- **Wichtigkeit:** Eine Aufgabe ist dann wichtig, wenn sie der Zielerreichung dient. Wann diese Aufgabe erledigt wird, ist abhängig von der Dringlichkeit.
- **Dringlichkeit:** Eine Aufgabe ist dringend, wenn sie sofort erledigt werden muss.

Anhand dieser beiden Faktoren, die auf einer horizontalen und einer vertikalen Achse aufgetragen werden, kann man Aufgaben in vier Quadranten einteilen, die sog. **Eisenhower-Box**.

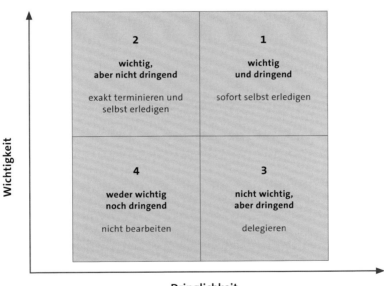

- Das **Quadrat 1** umfasst die **Aufgaben, die sowohl wichtig als auch dringend sind**. Diese Aufgaben sind als erstes zu erledigen.
- Das **Quadrat 2** enthält die **Aufgaben, die zwar wichtig, aber keineswegs dringend sind**. Diese Aufgaben müssen terminiert werden, damit sie nicht vernachlässigt oder vergessen werden.

- Im **Quadrat 3** befinden sich alle **Aufgaben, die dringend zu erledigen wären, allerdings nicht wichtig sind**, d. h. sie dienen nicht der Zielerreichung. Laut dem Eisenhower-Prinzip sollten diese Aufgaben an andere delegiert werden.
- **Quadrat 4** enthält Aufgaben, die laut dem Eisenhower-Prinzip vermieden werden sollten. Es handelt sich hier um Aufgaben, **die weder wichtig noch dringend sind**. Diese sollten bedingungslos in den Papierkorb wandern.

3. Sicherheit und Gesundheit am Arbeitsplatz

Unter „Gesundheit" allgemein versteht man nicht nur die Abwesenheit von Krankheiten, sondern auch das geistige und psychische Wohlbefinden der Mitarbeiter. Demnach gehören zur Arbeitsplatzgestaltung ebenso die Berücksichtigung zwischenmenschlicher Beziehungen und psychischer Belastungsfaktoren. Mit körperlicher und geistiger Fitness sind die Leistungsfähigkeit und damit die persönliche Produktivität verbunden. Daher muss nicht nur die **Sicherheit am Arbeitsplatz** gewährleistet sein, sondern auch **soziale** und **psychische Aspekte** wie **Stress, psychische Ermüdung, Burnout, Mobbing** usw. vermieden werden.

3.1 Risikofaktoren im Büro

Gefährdungen und Gesundheitsgefahren am Büroarbeitsplatz entstehen durch **technische Risikofaktoren (z. B. Vernachlässigung von Sicherheitsrichtlinien und Unfallverhütungsvorschriften), ergonomisch unzureichende Arbeitsmittel, mangelhafte Organisationsstrukturen, unsachgemäßen Umgang mit Gefahrstoffen sowie physische, psychische und soziale Belastungen**.

Stress, Ängste, Depressionen und Motivationsverlust führen in den letzten Jahren zu einem deutlichen Anstieg von psychisch bedingten Krankheiten. Oft hängen die psychischen Probleme mit körperlichen Beschwerden zusammen.

Diese Faktoren haben gleichermaßen negative Auswirkungen für Arbeitnehmer und Arbeitgeber zur Folge:

 MERKE

- Beschwerden des Bewegungsapparates
- Arbeitsfähigkeit wird beeinträchtigt
- Arbeitsunfälle
- erhöhter Krankenstand
- Produktivitätsverlust
- Anstieg der Fehlerrate
- Unzufriedenheit der Mitarbeiter
- Fluktuation von Arbeitsplätzen

3.2 Maßnahmen zur Erhaltung und Förderung der Gesundheit

Das Arbeiten im Büro erfordert ein hohes Maß an Belastbarkeit, Flexibilität und Stabilität. Diese Kompetenzen erfordern einen Arbeitsplatz, der Standards zur optimalen Gestaltung der Arbeitsumgebung erfüllt.

3.2.1 Arbeitsschutz und Arbeitssicherheit fördern

Der Gesetzgeber wacht darüber, dass bestimmte Standards am Arbeitsplatz eingehalten werden. Die Bundesanstalt für Arbeitsschutz und Arbeitsmedizin (BAuA) hat einen Katalog mit Richtlinien für die optimale Gestaltung der Arbeitsumgebung entwickelt.

Die Gewährleistung und Verbesserung der Sicherheit und des Gesundheitsschutzes der Beschäftigten während der Arbeit ist im Arbeitsschutzgesetz (ArbSchG) geregelt. Dieses Gesetz verpflichtet den Arbeitgeber, unabhängig von der Beschäftigtenzahl und der Betriebsgröße, eine Gefährdungsbeurteilung für alle Arbeitsplätze durchzuführen. Zu den Grundpflichten des Arbeitgebers gehören weiterhin erforderliche Maßnahmen zur Verhütung von Arbeitsunfällen, arbeitsbedingten Gesundheitsgefahren und zur Ersten Hilfe zu treffen. Diese Grundsätze der Prävention **(BGV A1)** werden in den Unfallverhütungsvorschriften **(UVV)** der Berufsgenossenschaft umgesetzt.

www.vorschriften.bghw.de/
www.gesetze-im-internet.de/
arbschg/

3.2.2 Sicherheitskennzeichnung

Ausrutschen, Stolpern und Stürze gehören zu den häufigsten Unfallursachen. Zu anderen Gefahren zählen herunterfallende Gegenstände, Gefahrstoffe und Stress. Zur Vermeidung von Unfällen am Arbeitsplatz gilt europaweit ein einheitlicher Standard für die Sicherheitskennzeichnung an Arbeitsstätten. Diese Sicherheitszeichen müssen als Schilder, Aufkleber oder aufgemalt und dauerhaft in geeigneter Höhe angebracht werden. Auch muss für eine entsprechende Beleuchtung gesorgt werden. Diese Bilder sind ohne Sprachbarriere für jeden verständlich.

Büroprozesse gestalten und Arbeitsvorgänge organisieren

Die Kombination von geometrischer Form und Sicherheitsfarbe ergibt die Grundbedeutung für die Sicherheitszeichen.

Gebotszeichen: ЗАПОВЕД Schutz- und Vorsichtsmaßnahme	Gehörschutz benutzen	**Merkmal:** blauer Kreis weißes Symbol
Warnzeichen: Warnung vor Gefahr	Warnung vor Rutschgefahr	**Merkmal:** gelbes Dreieck schwarzes Symbol
Brandschutzzeichen: Maßnahmen zur Brandbekämpfung	Brandmelder	**Merkmal:** rotes Rechteck weißes Symbol
Verbotszeichen: Verbotene Handlungen	Feuer, offene Zündquelle und Rauchen verboten	**Merkmal:** roter Kreis roter diagonaler Strich
Rettungszeichen: Rettungseinrichtungen	Sammelstelle	**Merkmal:** grünes Rechteck weißes Symbol
Gefahrensymbol: Verwendung von Chemikalien und Gefahrstoffen	explosionsgefährlich	**Merkmal:** rot umrandete Raute weißer Hintergrund

3.2.3 Sicherheitsorganisation im Unternehmen

Der Arbeitgeber ist für sein Unternehmen rechtlich verantwortlich. Zu seinen Pflichten gehört auch die Organisation des innerbetrieblichen Arbeits- und Gesundheitsschutzes. Zur Unterstützung kann er weitere Beauftragte benennen, wie z. B. einen **Ersthelfer**, der für die Erstversorgung von Verletzten zuständig ist. Bei einer Unternehmensgröße ab 20 Mitarbeitern benötigt ein Unternehmen mindestens einen **Sicherheitsbeauftragten**. Diese freiwilligen Helfer kümmern sich in einem konkreten Unternehmensbereich um Fragen der Arbeitssicherheit. Sie sind freiwillige Helfer, die keine Verantwortung und auch keine unmittelbare Weisungsbefugnis gegenüber Beschäftigten einnehmen. Sie haben lediglich eine beratende Funktion.

Ein weiterer Helfer ist die **Fachkraft für Arbeitssicherheit (FASi)**. Sie hat die Funktion, regelmäßig Begehungen durchzuführen und die Ursachen von Arbeitsunfällen zu untersuchen und den Arbeitgeber auf diese Mängel hinzuweisen. Darüber hinaus informiert sie die Beschäftigten über Unfall- und Gesundheitsgefahren.

3.3 Strategien zur Bewältigung von physischen und psychischen Belastungen

Psychosoziale Risiken und arbeitsbedingter Stress gehören, was Sicherheit und Gesundheitsschutz am Arbeitsplatz angeht, zu den größten Herausforderungen. Sie beeinträchtigen die Gesundheit des Einzelnen erheblich, wirken sich aber auch negativ auf die Produktivität von Unternehmen und der gesamten Volkswirtschaft aus. Rund die Hälfte der Arbeitnehmer ist der Meinung, dass an ihrem Arbeitsplatz Stress üblich sei. Arbeitgeber behaupten, dass rund 50 % der Fehltage auf Stress zurückzuführen sind.

Stress kann durch unzureichende Arbeitsplatzgestaltung und mangelnde Organisationsstrukturen entstehen oder durch fehlende soziale Beziehungen. Stress steht im ungünstigen sozialen Kontext zur Arbeit und kann sich psychisch, körperlich und sozial negativ auswirken und u. a. zu arbeitsbedingtem Stress, Burnout, Depression und Mobbing führen. Arbeitsbedingungen, die solche Risiken fördern, sind z. B.:

MERKE

- Überlastung
- Überforderung und unklare Abgrenzung von Aufgabenbereichen
- Unterforderung und Einschränkung der Entscheidungsbefugnis von Mitarbeitern
- fehlende Unterstützung durch Vorgesetzte oder Kollegen
- ineffizienter Kommunikationsfluss im Unternehmen
- psychische und sexuelle Belästigung.

3.3.1 Kampf dem Stress

Stress ist ein Begriff, der heute fast inflationär verwendet wird. Fast jeder behauptet von sich er sei im Stress oder habe Stress. Damit wird meistens ausgedrückt, dass man viel zu tun hat oder in Eile ist. Daher klingt dieser Begriff „Stress" ziemlich abgegriffen.

Stress ist nichts anderes als eine chemische Reaktion unseres Körpers. Wird eine Situation als gefährlich eingeschätzt,

schüttet der Körper sofort Adrenalin und Nodrenalin in die Blutbahn. Die Freisetzung dieser Stresshormone ermöglicht es dem Körper, schnell an Energiereserven heranzukommen. Der Körper rüstet sich zum Kampf oder zur Flucht.

Der Kampf am Arbeitsplatz richtet sich gegen Zeitdruck oder einen endlosen Stapel zu erledigender Arbeiten. Da der Körper in diesen Situationen nicht mit tatsächlichem Kampf oder Flucht reagieren kann, bleibt die gesamte Anspannung im Körper.

Chronische Anspannung führt zu den unterschiedlichsten Stress-Symptomen in Form von psychosomatischen Beschwerden, wie

- Rückenschmerzen
- Schwindelgefühle
- Herz- und Kreislaufprobleme
- Magen- und Darmerkrankungen
- Allergien
- Kopfschmerzen.

Zur Bewältigung dieser Stressfaktoren sollte an der Umgebung, an sich selbst und an seinen Körperreaktionen angesetzt werden.

Umgebung	Äußere Faktoren, die Stressreaktionen auslösen können verringern

- Lärmquellen ausschalten
- Aufgaben mit hohem Konzentrationsanspruch in ruhiger Umgebung erledigen

Eigene Person	Denk- und Verhaltensweisen ändern

- Arbeiten delegieren
- Nein sagen lernen
- Perfektionsstreben ablegen

Körperreaktionen	Anspannung durch körperliche Bewegung oder Entspannungsübungen abbauen

- aerober Ausdauersport wie Walken, Joggen, Schwimmen oder Radfahren
- progressive Muskelentspannung, Yoga, Meditation
- Atemtechniken

3.3.2 Burnout

In den 1970er Jahren entstand der Begriff „Burnout-Syndrom" und beschreibt damals wie heute einen **„Zustand der emotionalen Erschöpfung"** oder des „Ausgebranntseins". Es handelt sich hierbei um eine emotionale und geistige Erschöpfung der Betroffenen. Die Leistungsfähigkeit ist dauerhaft und nachhaltig eingeschränkt. Wichtig ist die Abgrenzung zu einem kurzzeitigen, vorübergehenden Leistungstief.

Die Krankheit entwickelt sich meist über einen längeren Zeitraum – die Motivation im Beruf und das soziale Engagement wechseln fließend zum Gegenteil über, bis zur **sozialen Isolation, Resignation** und zu **Depressionen**. Typisch für die Diagnose eines Burnouts ist auch der Rückzug von Kollegen, Kunden, Freunden und Bekannten.

Vorbeugende Maßnahmen und individuelle Strategien können Burnout-Symptome vermeiden oder reduzieren. Veränderungen sind in betrieblicher wie auch im persönlichen Bereich erforderlich. Zur Therapie eines akuten Burnouts, sollte psychologische Unterstützung in Anspruch genommen werden.

Viele Unternehmen kommen ihren Mitarbeitern bereits mit der Finanzierung von Fitnessmaßnahmen, Coachings oder Seminaren entgegen. Themen wie Work-Life-Balance, Entspannung oder Stressbewältigung gehören mittlerweile zu aktuellen Seminarthemen, denn die Unternehmer sind sich der drohenden arbeitstechnischen und finanziellen Folgen des Burnout-Syndroms bewusst.

TIPP

Folgende **Strategien** helfen dem **Burnout-Syndrom vorzubeugen:**
- Gezielt entspannen! Bereits 20 Minuten Entspannung am Tag wirken vorbeugend gegen das Burnout-Syndrom, wie z. B. Spaziergänge, Entspannung zur Lieblingsmusik.
- Zeit für gesundes Essen! Damit werden Magen- und Darmprobleme reduziert. Gesund und überlegt ernähren sowie auf Fast-Food verzichten. Das Essverhalten darf nicht vom Stress geprägt sein.
- Ausreichend Schlaf ist eine der Voraussetzungen für einen gesunden Menschen. Im Schlaf regeneriert der Körper und das Gehirn verarbeitet das Erlebte.
- Regelmäßige Bewegung! Der Körper des Menschen ist für die Bewegung geschaffen. Daher sollte mindestens zweimal die Woche aktiv Sport getrieben werden.
- Zeit für soziale Kontakte! Der Partner, Freunde und Bekannte bieten Unterstützung und sozialen Halt. Ein regelmäßiger Austausch im Bekanntenkreis hilft Anspannungen zu lösen.
- Arbeiten delegieren! Überprüfung des Aufgabenbereiches. Weniger wichtige Aufgaben delegieren. Dies ist umso wichtiger für perfektionistisch veranlagte Personen.

Ist ein Arbeitnehmer hingegen am Arbeitsplatz permanent unterfordert, gelangweilt oder desinteressiert, spricht man vom **Boreout**. Diese Unterforderung entsteht oft durch einen geringen Arbeitsanfall oder dadurch, dass die Qualifikation des Beschäftigten höher ist als seine beruflichen Aufgaben und er sich daher geistig unterfordert fühlt.

Um jedoch auf die Arbeitswelt ausgelastet und beschäftigt zu wirken, tun **Boreout-Betroffene** so, als ob sie arbeiten würden. Sie kommen früh an den Arbeitsplatz und gehen spät nach Hause. Sie erfüllen ihre Aufgaben stets schnell, geben die Ergebnisse jedoch kurz vor Abgabetermin ab.

Boreout-Betroffene fühlen sich oft ausgelaugt, unzufrieden und frustriert, weil die Anerkennung fehlt und sie ihr Wissen nicht anwenden können. Die psychischen und gesundheitlichen Folgen der Unterforderung ähneln denen bei der Überforderung bzw. Burnout.

3.3.3 Work-Life-Balance

Work-Life-Balance steht für ein ausgewogenes Verhältnis von Beruf- und Privatleben. Ziel ist es, die privaten Interessen mit den Anforderungen der Arbeitswelt in Einklang, in ein ausgewogenes und gesundes Gleichgewicht zu bringen. Denn das persönliche Engagement auf nur jeweils einen Bereich zu konzentrieren, heißt auch, die eigene Lebensqualität einzuschränken.

Mittlerweile hat dieses Thema eine hohe Bedeutung in der Personalarbeit in der Unternehmen.

Mitarbeiter, die sich in einer ausgewogenen Lebenssituation befinden, übertragen dies auf die erbrachte Leistung am Arbeitsplatz, sodass dies zur Produktivität und dem Unternehmenserfolg beiträgt.

Intelligente Work-Life-Balance-Konzepte enthalten moderne Strategien zum Stressmanagement und wirken sich nachhaltig auf die Mitarbeitermotivation und Mitarbeiterbindung aus. Ziele eines solchen Konzeptes sind:

▸ Erhöhung der Attraktivität als Arbeitgeber

▸ Erhöhung der Bindung von Beschäftigten an das Unternehmen

▸ gesundes Unternehmen durch gesunde Mitarbeiter.

Maßnahmen zur Gestaltung eines unternehmensspezifischen Work-Life-Balance-Konzepts könnten sein:
- flexible Arbeitszeitgestaltung
- Arbeitsorganisation (z. B. Teamarbeit, Telearbeit)
- Ausrichtung der Unternehmenskultur auf Work-Life-Balance
- betriebliche Gesundheitsvorsorge
- Serviceleistungen für Familien
  (z. B. Unterstützung bei der Kinderbetreuung, Unterstützung bei der Pflege von Familienangehörigen)
- präventive Maßnahmen (z. B. Stressmanagement, Konfliktmanagement, Selbstmanagement).

3.3.4 Mobbing

Der Begriff Mobbing stammt aus dem Englischen und bedeutet „jemanden bedrängen, anpöbeln, über ihn herfallen, ihn fertig machen".

Nach einer Schätzung werden etwa eine Million Berufstätige in Deutschland gemobbt bzw. leiden unter Mobbing. Mobbing findet am Arbeitsplatz, in der Schule, im Internet (Cybermobbing) und in privaten Bereichen statt. Das Mobbing kann von Kollegen aber auch von Vorgesetzten (Bossing) ausgehen.

Ein vorübergehendes schlechtes Betriebsklima, eine kurzfristige Verstimmung oder ein kurz aufflammender Konflikt sind damit nicht gemeint.

MERKE

Ein tatsächliches Mobbing wird definiert, wenn Mobbingopfer mindestens einmal wöchentlich über einen Zeitraum von einem halben Jahr hinweg angegriffen, angefeindet, schikaniert oder diskriminiert werden.
- Über das Mobbing-Opfer werden üble, denunzierende und diskriminierende Gerüchte und Nachrichten verbreitet.
- Es verschwinden wichtige Unterlagen.
- Man redet nicht mehr mit dem Mobbing-Opfer.
- Das Mobbingopfer bekommt geringschätzige Blicke zugeworfen.
- Kleine Versäumnisse und Fehler des Schikanierten werden aufgebauscht.

Wenn Intrigen und Feindseligkeiten über einen längeren Zeitraum hinweg anhalten, ohne dass das Opfer eine Chance sieht, sich gegen die Anfeindungen zu wehren, dann hat das in den meisten Fällen erhebliche negative Auswirkungen auf das psychische und körperliche Befinden. Insbesondere das Selbstwertgefühl und die Selbstachtung werden durch ständige Angriffe und Attacken in Mitleidenschaft gezogen.

Psychische Auswirkungen des Mobbing haben zur Folge, dass die Leistungsfähigkeit sinkt, die Konzentrations- und Merkfähigkeit nachlässt. Die Betroffenen haben Angst zur Arbeit zu gehen, sind demotiviert und depressiv. Die psychische Belastbarkeit nimmt ab.

Körperliche Beschwerden des Mobbings treten durch Schlafstörungen, Rücken- und Kopfschmerzen, Herz-Kreislaufprobleme und Essstörungen auf. Mobbingopfer leiden meist unter chronischen Stress-Symptomen.

 MERKE

Strategien, wie sich Betroffene gegen Mobbing wehren können:
- Aussprache mit dem Mobber führen – am besten im Beisein einer dritten Person.
- Verbal zur Wehr setzen, z. B. „Ich dulde diese Gemeinheiten nicht länger. Ich bestehe darauf, mit Respekt behandelt zu werden."
- Faires Verhalten einfordern. Wenn Informationen vorenthalten werden und Fehler mit Inkompetenz begründet werden, auf konstruktive Kritik pochen.
- Den Mobber entmutigen. Auf verbale Angriffe keine sichtbare Reaktion zeigen.
- Den Mobber isolieren. Übergriffe des Mobbers im Unternehmen publik machen. Eine klare Anti-Mobber-Haltung einfordern.
- Den Mobber einschüchtern. Mit rechtlichen Konsequenzen drohen und diese klar benennen.
- Den Vorgesetzen (bei Bossing dessen Vorgesetzen) informieren.
- Den Betriebsrat in Konfliktgespräche mit einbeziehen.

Im deutschen Arbeitsrecht gibt es derzeit kein „Anti-Mobbing-Gesetz" und keine spezialgesetzlichen Regelungen. Vor Gericht muss weiterhin auf die allgemeinen Schutzgesetze und die allgemein gültigen Rechtsnormen zurückgegriffen werden.

Im deutschen Recht gibt es keine Vorschrift, die Mobbing explizit und ausdrücklich verbietet. Zur Behandlung von Mobbing werden daher die folgenden allgemeinen Schutzgesetze und das Grundgesetz herangezogen:

- das Grundgesetz (GG)
- das Betriebsverfassungsgesetz (BetrVG)
  bzw. die Personalvertretungsgesetze des Bundes und der Länder
- das Bürgerliche Gesetzbuch (BGB)
- das Strafgesetzbuch (StGB)
- das Sozialgesetzbuch (SGB)
- das Arbeitsschutzgesetz (ArbSchG).

4. Termine koordinieren und im Team kooperieren

Ein wesentlicher Teil der täglichen Büroarbeit ist die Strukturierung von Arbeitsabläufen. Die Planung dieser Abläufe ist abhängig von Angelegenheiten, Aktivitäten und Vorhaben, deren Erledigung von bestimmten Terminen abhängig ist.

Ein **Termin** ist ein definierter Zeitpunkt, der mit einem Kalenderdatum und einer Uhrzeit verbunden ist. Zu diesem Zeitpunkt findet ein bestimmtes Ereignis oder ein gewünschtes Ergebnis statt. Termine stehen meist im geschäftlichen Kontext und ergeben sich aus Verträgen, Verabredungen, Besprechungen, Zahlungsverpflichtungen, Reisen, Postein- und -ausgang, Projekten usw.

Termine, die fristgebunden sind, wie z. B. Zahlungs- und Liefertermine, Garantietermine, Kündigungstermine, sollten besonders beachtet werden.

Folgende Leitfragen helfen bei der Konkretisierung von Terminen:

- **Warum** findet der Termin statt?
- **Wer** wird zu diesem Termin erwartet?
- **Wann** wird der Termin stattfinden?
- **Wie** lange dauert der Termin?
- **Was** soll erreicht werden?
- **Welche** Unterlagen werden benötigt?

4.1 Terminarten

Bei der Planung von Aufgaben können kurzfristige (Tage, Wochen), mittelfristige (Monate) und langfristige Termine (bis zu mehreren Jahren) entstehen. Daher werden Termine wie folgt kategorisiert:

Fixe Termine	wiederholen sich periodisch. Sie werden möglichst frühzeitig – teilweise schon am Jahresanfang eingetragen, um späteren Terminüberschneidungen vorzubeugen.	z. B. Geburtstage, Urlaub, Ferien, Jahrestage, Messen, Steuerzahlungen
Variable Termine	ergeben sich aus dem täglichen Arbeitsablauf und werden, sobald sie festgelegt sind, eingetragen. Diese Termine entstehen kurzfristig. Externe Termine haben Vorrang vor internen Terminen.	z. B. Besprechungen, Geschäftsreisen, Tagungen, Sitzungen, Einladungen
Wiedervorlagetermine	ergeben sich u. a. aus der ein- und ausgehenden Post und der Bearbeitung von Projekten. Sie werden in der Terminmappe überwacht.	z. B. Zahlungs- und Liefertermine, Terminlisten für Projekte, Kündigungstermine, Geburtstagslisten

4.2 Termine koordinieren und überwachen

Für ein effizientes Zeitmanagement sind eine sorgfältige Koordination und eine stete Überwachung der Termine von großer Bedeutung.

Auf eine sorgfältige und ordentliche Handhabung ist zu achten. Eine einheitliche Darstellung erleichtert den Überblick.

 MERKE

- Verschiedene Termine sollten optisch durch Farben voneinander getrennt werden.
- Die Dauer der Termine werden in Form von Balkendiagrammen oder Klammern gekennzeichnet.
- Zeitpuffer für die Anreise zum Termin oder für Folgetermine werden eingeplant.
- für eine Stunde nur eine Zeile beschriften
- erledigte Termine abhaken oder durchstreichen
- abgesagte oder verschobene Termine mit einem Symbol versehen, z. B. „V"
- Prioritäten oder Aufgaben durch Symbole kennzeichnen.

Büroprozesse gestalten und Arbeitsvorgänge organisieren

Soll zu einer Besprechung, einem Meeting oder einer Konferenz mit mehreren Personen ein gemeinsamer Termin gefunden werden, muss vor der endgültigen Terminsetzung eine Terminabfrage erfolgen. Bei Terminabfragen sollten immer mehrere Alternativtermine angeboten werden.

Ein ideales Organisationsinstrument ist ein Vordruck, in dem alle Teilnehmer und die vorgegebenen Termine erfasst werden.

Teilnehmer	Terminvorschläge			
	17. November 10:00 - 12:00 Uhr	19. November 14:00 - 15:00 Uhr	24. November 10:00 - 12:00 Uhr	26. November 14:00 - 15:00 Uhr
Weber, Marion	✓	-	✓	-
Hahn, Frank	-	✓	✓	-
Daube, Mario	✓	-	✓	✓
Wiegand, Bettina	-	✓	✓	-

Der gefundene Termin sollte sofort im Kalender vermerkt werden. Die Teilnehmer erhalten zur Information eine Terminbestätigung.

Onlinetools zur unkomplizierten Terminabsprache ersparen den Zeitaufwand von Telefonaten oder E-Mails. Personengruppen können in einem virtuellen Terminkalender einen gemeinsamen Termin finden. Dieser Terminkalender kann per E-Mail an beliebig viele Personen weitergegeben werden.

4.3 Hilfsmittel für die Terminplanung und -überwachung

Eines der wichtigsten Hilfsmittel zur Terminkoordination ist der Terminkalender. Dabei ist nicht die Form wesentlich (digital oder Papier). Wichtig ist, dass am Arbeitsplatz nur ein Hilfsmittel als Terminkalender geführt wird, sonst kommt es zu Überschneidungen und Verzögerungsprozessen.

198

4.3.1 Terminkalender

Terminkalender gibt es in verschiedenen Variationen, z. B. als Tages-, Wochen-, Monats- und Jahreskalender. Monats- und Jahreskalender bieten eine gute Übersicht zur Terminüberwachung. Für den täglichen Einsatzzweck am Arbeitsplatz eignet sich besonders der Wochenkalender. Dieser bietet aufgeschlagen die Möglichkeit, einen Bereich für die Termine, und den anderen Bereich für Notizen, sonstige Aktivitäten und Bemerkungen. Jahresplaner mit Angabe der Kalenderwochen dienen der raschen Zeitraumerfassung.

4.3.2 Terminplaner

Terminplaner sind in der Regel als Jahresplaner mit Angabe der Kalenderwochen strukturiert. Sie werden an der Wand befestigt und dienen wegen der raschen Zeitraumerfassung für die langfristige Terminierung.

4.3.3 Terminmappen

Terminmappen werden auch als Wiedervorlagemappe oder Pultordner eingesetzt. In dieser Form werden fristbezogene Unterlagen aufbewahrt. Sie eignen sich besonders zur Aufbewahrung im oder auf dem Schreibtisch. Sie bestehen aus 31 Fächern für die Tage oder zwölf Fächern für die Monate. Alternativ kann im Schreibtisch auch eine Hängeregistratur für die Terminüberwachung eingerichtet werden.

4.3.4 Planungstafeln

Planungstafeln bieten eine Terminübersicht über ein ganzes Jahr und eignen sich für besondere Aufgaben, wie z. B. Urlaubsplanung, Personalplanung, Aktionsplanung für Projekte. Die Termine werden durch farbige Kärtchen, Symbole oder Haftmagnete auf Magnet- oder Kunststofftafeln visualisiert.

4.3.5 Digitaler Terminkalender

Für die Termin- und Projektplanung gibt es verschiedene Softwareanwendungen, die für Einzelarbeitsplätze oder in Netzwerken installiert werden. Bekannte Programme wie Outlook oder Lotus Notes integrieren neben einem digitalen Kalender, ein Terminverwaltungstool, eine Kontaktdatenbank und eine E-Mail-Funktion. Bei einer Netzwerkinstallation können mehrere Mitarbeiter in dem gemeinsamen Kalender freie Termine suchen, Terminabstimmungen koordinieren, Überschneidungen melden und periodische Eintragungen registrieren.

Neben einer effizienten Terminplanung haben digitale Terminkalender den Vorteil, dass die Termine mit sämtlichen elektronischen Kommunikationsmitteln (z. B. Handy, Tablet, Smartphone) synchronisiert werden können. Bereits gespeicherte Dokumente, die für einen Termin benötigt werden, können mit dem Termin verknüpft werden.

Die Softwareanwendungen zur digitalen Terminplanung bieten darüber hinaus weitere Funktionen wie:

Kalenderfunktion	Tages-, Wochen- und Monatsübersichten, Anzeige der Feiertage, Kalender über mehrere Jahre, Planungsansicht
Terminfunktion	Eintragung von Terminen und Terminserien; verhindert Doppelbelegungen und Überschneidungen von Terminen
Zeitfunktion	Ein akustisches Signal weist auf einen Termin hin. Der Zeitpunkt kann beliebig eingestellt werden.
Adressbuch	Kontakte verwalten, selektieren, ordnen und speichern
Aufgabenverwaltung	Aufgaben und Tagespläne werden verwaltet, die „Zettelwirtschaft" wird reduziert.
Synchronisierung	Aktualisierung der Daten mit beliebigen Kommunikationsmitteln auch außerhalb vom Arbeitsplatz

5. Kommunikationsfähigkeit im Berufsleben entwickeln

Kommunikationsfähigkeit ist eine der wichtigsten und meist gewünschten Sozialkompetenzen. Sie ist Voraussetzung für viele andere Fähigkeiten, die im Berufsleben benötigt werden.

Je besser Gedanken und Gefühle formuliert werden, desto glaubwürdiger und souveräner ist deren Wirkung.

Kommunikationsfähigkeit bedeutet zum einen, Botschaften so auszudrücken, dass sie nicht nur akustisch sondern auch mental das Gegenüber so erreichen, wie sie es sollen, zum anderen das Zuhören und Verstehen.

Der Kommunikationsprozess findet im Austausch von Informationen zwischen Sender und Empfänger statt. Neben der Informationsübermittlung ist ein verbaler Kommunikationsaustausch stark von Mimik und Gestik der Gesprächspartner geprägt.

 MERKE

Die menschliche Kommunikation bedient sich verschiedener Mittel wie der Sprache, der Mimik, der Gestik oder anderer Signale. Sie wird sowohl durch ihre individuelle Persönlichkeit des Senders als auch des Empfängers beeinflusst. Ihre Vielschichtigkeit birgt sowohl Chancen als auch Risiken.

Kommunikation ist nur dann erfolgreich, wenn die Nachricht auf allen Ebenen so verstanden wird wie sie gemeint ist.

Es ist nicht ausschlaggebend was der Sender gemeint hat!

Viel wichtiger ist was der Empfänger verstanden hat!

5.1 Kommunikationswege

Störungen in Arbeitsprozessen, unnötige Belastungen, Ärger und Zeitverlust sind vermeidbar, wenn die Kommunikationswege in Unternehmen organisiert und allen Beschäftigten bekannt sind. Konflikte und Probleme in der Zusammenarbeit haben oft in gestörter oder nicht kooperativer Kommunikation ihre Ursache.

Der Kommunikationsaustausch findet **horizontal** zwischen Mitarbeitern auf der gleichen Hierarchieebene statt. **Vertikale** Kommunikation erfolgt zwischen zwei unterschiedlichen Hierarchieebenen.

- 70 % aller Fehler am Arbeitsplatz lassen sich auf mangelnde Kommunikation zurückführen.
- 30 % - 50 % aller Mitarbeiter äußern, dass sie ungenügend informiert sind.

5.2 Nonverbale Kommunikation

Kommt es zu Konflikten in einer Kommunikationssituation, obwohl die mündliche übermittelte Sachinformation dafür gar keinen Grund liefert, ist dafür oft die nonverbale Kommunikation ursächlich.

Die nonverbale Kommunikation ist eine Kommunikationsform, bei der die Informationen, Gedanken und Gefühle nicht durch Worte vermittelt werden. Für die nonverbale Kommunikation bedient sich der Mensch verschiedener bewusster oder auch unbewusster Ausdrucksformen.

> „Der Mensch ist ein auf vielen Ebenen kommunizierendes Wesen,
> das manchmal auch spricht."
> (Ray L. Birdwhistell)

Wenn Menschen nicht verbal kommunizieren, spricht der Körper alleine. Er ist niemals stumm und teilt auch dann mit den Signalen der Selbstversunkenheit, der Abschirmung mit, dass zurzeit z. B. Kontakte unerwünscht sind.

Der Eindruck, den die Körpersprache vermittelt, ist oft sehr mächtig und Worte haben es schwer, diesen zu dementieren.

Nonverbale Botschaften werden im Allgemeinen auf mehreren Informationskanälen gleichzeitig gesendet und empfangen. Wir kommunizieren gleichermaßen mit Blick, Gesichtsausdruck, Haltung, Gestik, Stimmqualität, Kleidung und Distanzverhalten.

Informationen über unsere inneren Zustände werden im Wesentlichen über fünf Informationskanäle zum Ausdruck gebracht: Gesichtsausdruck, Augenkontakt, Körperbewegungen, Körperhaltungen, Berührungen.

Die nonverbale Kommunikation und das äußere Erscheinungsbild sind maßgeblich für die Wirkung auf andere Menschen. Der erste Eindruck wird durch die folgenden Faktoren beeinflusst:

- Umgangsformen
- Kleidung
- Körperpflege.

Darüber hinaus drückt sich die nonverbale Kommunikation besonders stark in Distanzzonen aus. Im Gespräch mit Personen wird bewusst bzw. unbewusst mehr oder weniger Abstand eingehalten.

Man unterscheidet **vier** Distanzzonen:

5.3 Kommunikationsstörungen

Kommunikationsstörungen treten auf, wenn der Empfänger die Nachricht mit einem anderen Ohr aufnimmt, als vom Sender beabsichtigt. Ursachen für Kommunikationsstörungen können sein:

- Die Botschaft des Senders wird vom Empfänger nicht richtig erkannt.
- Informationen werden nicht vollständig weitergegeben.
- Kompetenzstreitigkeiten verhindern den Informationsfluss.
- Es herrschen unterschiedliche Ziel- und Wertevorstellungen zwischen den Hierarchieebenen.

Eine Botschaft ist ein vielseitiges Paket mit verbalen und nonverbalen Anteilen. Sie kann gleichzeitig viele Botschaften enthalten. Jeder Sender, ob er dies beabsichtigt oder nicht, sendet immer gleichzeitig alle diese Botschaften.

Die vier Seiten einer Nachricht:

Der Kommunikationsprozess findet laut Schulz von Thun auf vier Ebenen statt. Die Stimme, Betonung, Aussprache, Mimik und Gestik des Senders entscheiden oft darüber, wie vom Empfänger eine Nachricht interpretiert wird.

5.4 Kommunikationsregeln

Zur verbesserten Kommunikationsfähigkeit sollte man sich an Gesprächsregeln halten. Ziel dieser Regeln ist es, die Wahrnehmung von Gefühlen, Stimmungen und Einstellungen bei sich selbst und anderen zu verbessern, um mit dem Wahrgenommenen besser umgehen zu können.

Kommunikationsregeln sind die Basis für einen konstruktiven Kommunikationsstil und dienen der Erweiterung der Sozialkompetenz.

Kommunikationsregeln für den Sender	Kommunikationsregeln für den Empfänger
▸ deutlich und in angemessener Lautstärke sprechen ▸ vollständige Sätze formulieren ▸ Ich-Botschaften kennzeichnen eigene Gedanken und Gefühle. ▸ konkrete Situationen ansprechen → keine Verallgemeinerungen ▸ beim Thema bleiben → nur auf Inhalte eingehen, die relevant sind	▸ aktives Zuhören → nonverbal durch unterstützende Gesten reagieren ▸ Blickkontakt halten ▸ Zusammenfassen → wichtige Äußerungen des Senders in eigenen Worten wiederholen ▸ Aussagen und Meinungen akzeptieren ▸ Ausreden lassen

5.5 Selbstbild und Fremdbild

Jeder Mensch besitzt aufgrund seiner persönlichen Erfahrungen eigene Vorstellungen über sich selbst. Dieses Bild spiegelt die persönliche Haltung sowie die persönlichen Stärken und Schwächen wieder. Dieses Bild von sich selbst – **Selbstbild** – beeinflusst die eigene Verhaltensweise. Das Selbstbild wird z. B. charakterisiert durch:

▸ Eigenschaften und Wertvorstellungen

▸ Erfahrungen und deren Bewertung

▸ Wünsche und Ziele, Fähigkeiten und Kompetenzen

▸ Einstellung und soziales Umfeld.

Das Selbstbild ist individuell geprägt und stimmt nicht immer mit dem Bild überein, das andere von einem haben. Dieses **Fremdbild** entsteht durch die Wirkung auf andere und ist maßgebend dafür, wie man von anderen wahrgenommen wird.

Fremdbilder sind meist subjektive Resultate von Einstellungen, Ursachen, Vorurteilen sowie Erwartungen des Gegenübers und spiegeln dessen Bewertung wieder.

Da das Selbstbild und das Fremdbild nur selten deckungsgleich sind, entstehen aus dieser Diskrepanz heraus oftmals Missverständnisse oder Konflikte.

 MERKE

Fremdbild und Selbstbild haben nichts mit Tatsachen zu tun, sondern sind Resultate persönlicher Wahrnehmungen und Bewertungen.

Fehler im Selbstbild entstehen durch Überschätzung von Kompetenzen und der Nichtbeachtung von Misserfolgen und Schwachstellen. Der Hintergrund davon ist, dass das Selbstwertgefühlt geschützt werden soll.

Das Selbstbild kann aber auch negativ wirken, wenn Schwächen und Fehler überbewertet und positive Eigenschaften und Stärken übersehen bzw. verdrängt werden.

„Erkenne dich selbst" hieß es schon im alten Griechenland. Am erfolgreichsten sind Menschen wenn sie ihre Stärken einsetzen. Deshalb müssen Sie Ihre Stärken kennen. Aber auch Ihre Schwächen müssen Ihnen bewusst sein. Nur wer seine Fähigkeiten richtig einschätzt – **realistisches Selbstbild** – kann andere von sich überzeugen. Daher ist es wichtig eigene Verhaltensweisen zu reflektieren und sich Feedback zu holen.

Selbstwirksamkeit wird erzeugt durch:
- subjektive Realität akzeptieren (Diskussion objektiver Aspekte vermeiden)
- Feedback abholen, Ängste abbauen
- Wirkung des eigenen Verhaltens richtig einschätzen.

6. Teamarbeit

Teamarbeit ist eine kooperative Zusammenarbeit von gleichberechtigten Personen in einer Gruppe, die ein gemeinsames Ziel oder Ergebnis erreichen wollen. Ein gut funktionierendes Team sollte aus Personen bestehen, die unterschiedliche Fähigkeiten, Kenntnisse und Kompetenzen haben und sich komplementär ergänzen.

Teamarbeit wird zunehmend zur Durchführung von speziellen Projekten eingesetzt.

> *„Ein Team ist eine kleine, nach funktionalen Gesichtspunkten strukturierte Arbeitsgruppe mit einer spezifischen Zielsetzung, gemeinsamen Aufgaben und entsprechenden Arbeitsformen, relativ intensiven Interaktionen untereinander und einem mehr oder weniger starken Gemeinschaftsgeist."*
> (Walter Bungard, zitiert nach Cony Antoni, Praxishandbuch Gruppenarbeit, 2001)

Unternehmen müssen flexibel und wettbewerbsfähig sein. Ziel der Unternehmer ist daher, das Wissen und die Erfahrungen, die unterschiedliche Mitarbeiter in ein Team einbringen, zu nutzen. Daher ist heutzutage Teamfähigkeit eine der wichtigsten Sozialkompetenzen, die in Stellenausschreibungen gefordert werden.

Das Ziel der Mitarbeiter ist, dass sie sich weniger als einzelne Individuen sehen, sondern Teil einer Gruppe von Menschen sind, die ein gemeinsames Ziel verfolgen.

Es lassen sich unterscheiden:

Gruppenarbeit	Projektteam
Mehrere Mitarbeiter sind in einer Gruppe als Team dauerhaft zusammengefasst. Sie verfolgen ein gemeinsames Ziel und haben gemeinsame Aufgaben. Solch eine Gruppe hat meist einen hohen Handlungs- und Entscheidungsspielraum. Die Teamkoordination erfolgt durch einen Gruppensprecher oder einen Gruppenleiter.	Hier arbeiten mehrere Mitarbeiter aus unterschiedlichen Bereichen für einen befristeten Zeitraum zusammen. Als Projektziel gilt es eine spezifische, neuartige oder einmalige Aufgabe zu bewältigen. Die Koordination wird von einem Projektleiter geleitet. Nach Projektende wird ein solches Team wieder aufgelöst.

Beispiele

- Schnittstellen von Abteilungen innerhalb eines Unternehmens, aber auch zu Kunden und Lieferanten definieren
- eine Unternehmensstrategie oder eine Unternehmensphilosophie entwickeln; Innovationen fördern
- Change-Management-Prozesse gestalten und umsetzen
- Entscheidungen vorbereiten
- Kundenprojekte realisieren.

MERKE

Change-Management = Veränderungsmanagement zur Umsetzung neuer Strategien, Strukturen und Prozesse in einer Organisation.

MERKE

Zusammenfassend kann gesagt werden:
- Ein Team ist mehr als die Summe seiner Mitglieder.
- Die Erkenntnis der eigenen Teamrolle motiviert den Mitarbeiter.
- Teamanalyse durch Zuordnung der Teammitglieder nach ihren Teamrollen ist die Basis für eine optimale Teamleistung.
- Die richtige Kombination der verschiedenen Teamrollen stärkt das Team, die falsche Kombination schwächt das Team.
- Einige Teamrollen sind für den Erfolg wichtiger als andere.

6.1 Teambuilding

Bei der Zusammenstellung von Teams sollte beachtet werden, dass den einzelnen Teammitgliedern Aufgaben zugewiesen werden, die ihren Stärken oder ihrer Rolle im Team entgegenkommen. Klare Instrumente, wie eine Teamanalyse, helfen einen Überblick über das Team zu bekommen und vorhandene Potenziale freizusetzen. Demnach sollten sich die Teammitglieder in ihren Rollen ergänzen und Teamarbeit als eine Chance für Entwicklung und Flexibilität sehen. Die Selbsteinschätzung zur Bestimmung der eigenen Rolle im Team kann mithilfe eines Fragebogens und einem dementsprechenden Feedback erfolgen.

Nach Belbin arbeiten Teams dann effektiv, wenn sie aus einer Vielzahl verschiedenartiger Persönlichkeits- und Rollentypen bestehen. Nach seiner Theorie gibt es neun verschiedene Teamrollen, die sich in 3er-Gruppen gliedern:

	Handlungsorientierte Rollen
Macher	hat Mut, Hindernisse zu überwinden dynamisch, arbeitet gut unter Druck ungeduldig, neigt zu Provokation
Umsetzer	setzt Pläne in die Tat um diszipliniert, verlässlich, effektiv unflexibel
Perfektionist	vermeidet Fehler, stellt optimale Ergebnisse sicher gewissenhaft, pünktlich überängstlich, delegiert ungern
	Kommunikationsorientierte Rollen
Koordinator	fördert Entscheidungsprozesse selbstsicher, vertrauensvoll kann als manipulierend empfunden werden
Mitspieler	verbessert Kommunikation, baut Reibungsverluste ab kooperativ, diplomatisch unentschlossen in kritischen Situationen
Wegbereiter	entwickelt Kontakte kommunikativ, extrovertiert oft zu optimistisch
	Wissensorientierte Rollen
Erfinder	bringt neue Ideen ein unorthodoxes Denken oft gedankenverloren
Beobachter	untersucht Vorschläge auf Machbarkeit nüchtern, strategisch, kritisch mangelnde Fähigkeit zur Inspiration
Spezialist	liefert Fachwissen und Information selbstbezogen, engagiert, Fachwissen zählt verliert sich oft in technischen Details

Büroprozesse gestalten und Arbeitsvorgänge organisieren

6.2 Die vier Phasen der Teamentwicklung

Die Bildung eines Teams ist ein vierstufiger Entwicklungsprozess, der einige Zeit in Anspruch nehmen kann, denn kein Team arbeitet gleich problemlos miteinander. Solch ein Teamentwicklungsprozess durchläuft vier Phasen bis die eigentliche Teamstruktur steht.

Phase	Beschreibung
Forming	Aufgabe kennenlernen
Storming	Rollenzuweisung
Norming	Auseineinandersetzung durch Austausch von Informationen und Meinungen
Performing	Arbeiten an der Aufgabenstellung

Um einen erfolgreichen Abschluss der Teamarbeit zu gewährleisten, sind neben der Rollenzuweisung und der Teamentwicklung bestimmte Verhaltensregeln im Team zu beachten:

Regeln für eine erfolgreiche Teamarbeit:

1. Auswahl der Teammitglieder nach definierten Kriterien
2. Kompetenzen und Handlungsspielräume von Teammitgliedern festlegen
3. Maßnahmen zur Teamentwicklung treffen
4. Gegenseitige Wertschätzung und Vertrauen sicherstellen
5. Teamentscheidungen nach außen gemeinsam vertreten
6. Projektziele konkret formulieren
7. Vereinbarungen verbindlich einhalten
8. Meinungsverschiedenheiten und Interessenunterschiede als Chance betrachten
9. Konstruktive Kritik und Feedback
10. Transparente Kommunikation durch regelmäßige Teambesprechungen
11. Zwischenergebnisse der Projektarbeit dokumentieren
12. Vorgehensschritte und Meilensteine vereinbaren
13. Konflikte und Spannungen lösen
14. Verhaltensregeln für das Team festlegen

Je mehr Teamregeln unbeachtet bleiben, desto größer sind mögliche negative Folgen. Auch besteht die Gefahr des „sozialen Faulenzens", indem sich Menschen unbewusst in einer Gruppe zurückhalten und weniger leisten, als wenn sie ihre Arbeitsabläufe alleine verrichten. Der bekannteste Effekt in diesem Zusammenhang äußert sich in der bekannten Aussage:

> **T.E.A.M. – TOLL, EIN ANDERER MACHT'S.**

7. Zielgerichtet Sitzungen und Besprechungen planen und durchführen

Besprechung, Sitzung, Konferenz, Seminar, Tagung – bei diesen Begriffen handelt es sich um Zusammenkünfte von mehreren Personen, die im Rahmen einer zeitlichen Begrenzung zu einer Zielsetzung Informationen austauschen.

Jedoch bestehen Unterschiede bei den Veranstaltungsarten, die sich bei der Planung, Vorbereitung und Durchführung ähneln oder gleich sind. Die häufigste Art der Zusammenkunft sind Besprechungen und Sitzungen. Sie sind ein gewinnbringendes Mittel zum Informationsaustausch, um Probleme zu lösen, den Teamgeist zu fördern oder Handlungen herbeizuführen. Führungskräfte verbringen bis zu 50 % ihrer Arbeitszeit in Meetings.

Davon kann abgeleitet werden, dass Veranstaltungen einen großen Teil der Arbeitszeit binden. Da jede Veranstaltung individuell geplant werden muss, stellt sie ganz spezifische Anforderungen an das Umfeld und den Ablauf. Daher gehören zu einer professionellen Organisation nicht nur die Vorbereitung, sondern auch die Durchführung und Nachbereitung.

Büroprozesse gestalten und Arbeitsvorgänge organisieren

7.1 Sitzungen und Besprechungen vorbereiten
Eine ergebnis- und teilnehmerorientierte Gestaltung von Sitzungen und Meetings stellt verschiedene Anforderungen an die Organisation.

7.2 Sitzungsziele
Eine erfolgreiche Sitzung beginnt mit einer effektiven Vorbereitung. Dazu gehört zunächst eine konkrete Zielsetzung. Es sollte feststehen, was mit einer Sitzung erreicht werden soll. Typische Sitzungsziele sind wie folgt ausgerichtet:

7. Zielgerichtet Sitzungen und Besprechungen planen und durchführen

Inhalt
- Informationen unverbindlich austauschen
- Meinungsunterschiede darstellen
- Mehrheiten sichtbar machen

Gruppe
- verbindliches Meinungsprofil erschließen
- Meinungsführung verdeutlichen
- Geschlossenheit herstellen

Beschlüsse
- Anträge formulieren
- formulierte Anträge diskutieren
- Anträge beschließen

7.3 Planen und Organisieren

Sitzungen und Besprechungen sollten so vorbereitet werden, dass sie den Anforderungen angepasst sind und den jeweiligen Zielen entsprechen.

Bevor mit einer exakten Organisation und Planung begonnen werden kann, sind zunächst einige grundsätzliche Fragen zu klären:

- **Was** wird auf der Veranstaltung besprochen?
- **Wer** nimmt an der Veranstaltung teil?
- **Wann** wird die Veranstaltung stattfinden?
- **Wo** wird die Veranstaltung stattfinden?
- **Wie lange** wird die Veranstaltung dauern?

Bei der Vorbereitung von Veranstaltungen kann leicht etwas vergessen werden. Zu Beginn jeder Veranstaltungsplanung empfiehlt es sich, die grundsätzlichen Schwerpunkte und Zielsetzungen in einer **Checkliste** festzulegen.

Mithilfe einer Checkliste können einzelne Bereiche einer Veranstaltung dahingehend überprüft werden, ob an alles gedacht wurde.

Checklisten können auch in ähnlich gelagerten Situationen als Hilfsmittel herangezogen werden und sollten daher laufend ergänzt und korrigiert werden.

Checkliste zur Sitzungsvorbereitung			
	Aufgabe/Tätigkeit	Anmerkung	Erledigt
1.	Zielsetzung des Meetings		☒
2.	Datum des Meetings, Beginn und voraussichtliches Ende		☐
3.	Ort, Raum, Erreichbarkeit und ggf. Parkmöglichkeiten		☐
4.	Besprechungsleiter, Teilnehmer und Gäste		☐
5.	Thema des Meetings, Auflistung der TOPs		☐
6.	Tagungsraum reservieren		☐
7.	Technische Ausstattung überprüfen		☐
8.	Bestuhlung und Sitzordnung festlegen		☐
9.	Bewirtung organisieren		☐
10.	Dekoration		☐
11.	Rücklauf der Einladungen überwachen		☐
12.	Teilnehmerliste erstellen		☐
13.	Namensschilder drucken		☐

TIPP

Eine Checkliste sollte täglich überwacht werden.

Ein geeignetes Organisationsmittel für die Wiedervorlage ist ein Pultordner oder die Hängeregistratur im Schreibtischauszug.

7.3.1 Themen und Inhalte

Im ersten Schritt der Vorbereitung müssen Themen und Inhalte festgelegt werden. Abhängig von der Art der Veranstaltung empfiehlt es sich ein Rahmenthema zu stellen und dazu die Tagesordnungspunkte konkret zu formulieren.

- Eine **Tagesordnung** hat den Vorteil, dass die Teilnehmer inhaltlich vorab informiert werden und sich gegebenenfalls vorbereiten können.
- Bei der Gestaltung der Tagesordnung ist darauf zu achten, dass die einzelnen Tagesordnungspunkte in einem exakten Zeitplan gegliedert werden.
- Die Tagesordnung kann in die Einladung integriert werden, sie kann aber auch als gesondertes Schriftstück erstellt werden.

7.3.2 Teilnehmerkreis

Neben den Referenten muss der eigentliche Teilnehmerkreis bestimmt werden. Dieser richtet sich nach der Tagesordnung, da grundsätzlich nur Personen teilnehmen sollten,

- deren Tätigkeitsbereich durch die Inhalte bzw. Tagesordnungspunkte betroffen ist
- die über Informationen bezüglich der Thematik verfügen
- die für eine Beschlussfassung benötigt werden.

Der Teilnehmerkreis sollte zahlenmäßig begrenzt werden. Unnötig viele Teilnehmer erschweren die Kommunikation und die Effektivität von Gesprächen.

7.3.3 Terminplanung

Die Festlegung des Termins muss rechtzeitig erfolgen, was jedoch von der Art der Veranstaltung abhängig ist, damit die Teilnehmer entsprechend planen können. Bei Konferenzen und Hauptversammlungen müssen satzungsmäßige Einberufungsfristen beachtet werden.

Nachfolgende Faktoren sind bei der Terminfestlegung zu berücksichtigen:

- Ferien- und Urlaubszeiten sowie Brückentage
- regionale und überregionale Feiertage (je nach Bundesland)
- Messen und andere Großveranstaltungen
- ähnliche Veranstaltungen, die parallel stattfinden.

Ein wesentlicher organisatorischer Aspekt ist, die Terminvorstellungen mit Fachreferenten und dem externen Veranstaltungsort abzustimmen.

7.3.4 Zeitplan

Die Dauer einer Veranstaltung richtet sich grundsätzlich nach der Veranstaltungsart und der Zielsetzung.

Interne Besprechungen sollten einen Zeitumfang von 45 bis 60 Minuten nicht überschreiten. Sitzungen dauern meist länger, da hier formelle Regelungen eingehalten werden müssen.

7.3.5 Veranstaltungsort

Der Veranstaltungsort sollte eine angenehme Arbeitsatmosphäre haben, um die Aufnahme- und Konzentrationsfähigkeit zu steigern. Findet eine Besprechung, Sitzung oder Tagung im eigenen Hause statt, ist abzuklären, ob ein Konferenzraum entsprechender Größe und Ausstattung zum geplanten Termin frei ist. Die Reservierung des Raumes muss im Belegungsplan eingetragen werden.

Unabhängig davon, ob eine Veranstaltung intern oder extern stattfindet, sollten folgende Fragen geklärt werden:

- Sind ausreichend Sitzgelegenheiten vorhanden?
- Ist die Tischordnung optimal?
- Ist der Sitzungsraum angemessen?
- Ist eine technische Ausstattung vorhanden?
- Ist die Verpflegung während der Sitzung gewährleistet?
- Ist der Veranstaltungsort gut erreichbar?
- Darf während der Besprechung gestört werden?

Findet eine Sitzung außerbetrieblich statt, muss ein Veranstaltungsort gefunden werden, der die dafür ausgestatteten Räumlichkeiten bietet. Tagungshotels ermöglichen gleichzeitig die Unterbringung und Bewirtung der Teilnehmer. In diesem Fall muss ebenfalls geklärt werden, ob passende Räumlichkeiten und Bettenkapazitäten für die geplante Veranstaltung vorhanden sind und ob der entsprechende Termin realisiert werden kann.

7.3.6 Die Einladung

Die Einladung ist die Visitenkarte der Veranstaltung und muss rechtzeitig in mündlicher oder schriftlicher Form erfolgen.

MERKE

Je größer die Veranstaltung, desto früher ist einzuladen.

Das Einladungsschreiben soll ausführlich über den Rahmen der Veranstaltung informieren!	**Das Einladungsschreiben soll neugierig auf den Verlauf der Veranstaltung machen!**
Die Formalia	**Die Aufhänger**
▸ Kontaktdaten des Veranstalters ▸ Ort der Veranstaltung ▸ Beginn und Dauer ▸ Tagesordnung ▸ Vorlagen und Anträge ▸ Verkehrsverbindungen ▸ Veranstaltungsort ▸ Antwortkarte	▸ Inhalte offensiv und interessant darstellen ▸ Ziel der Sitzung hervorheben ▸ moderne Veranstaltungsform in Aussicht stellen ▸ Veranstaltungsort attraktiv beschreiben ▸ Ansprechpartner am Veranstaltungsort nennen

7.4 Sitzungen und Besprechungen durchführen

Die Durchführung einer Veranstaltung umfasst alle Aufgaben, die am Tag der Veranstaltung durchgeführt werden müssen. Für einen reibungslosen Ablauf ist es sehr wichtig, dass eine Person die Verantwortung für den Ablauf übernimmt. Diese Person ist für die Überprüfung und Koordinierung aller Bestandteile der Veranstaltung verantwortlich. Bei keiner Veranstaltung läuft alles nach Plan – so gut Vorbereitung und Organisation auch gewesen sein mögen. Daher sind klare Zuständigkeiten erforderlich, um eine reibungslose Umsetzung und kurzfristige Änderungen zu gewährleisten.

Ein wichtiges Instrument ist der Ablaufplan bzw. eine Checkliste. In Anlehnung an das Programm sollten vor allem die Punkte eingetragen werden, die einen reibungslosen Veranstaltungsablauf gewährleisten.

Büroprozesse gestalten und Arbeitsvorgänge organisieren

Checkliste		
Aufgabe	Zuständig	Erledigt
▸ Veranstaltungsraum organisationstechnisch überprüfen		☒
▸ technische Medien prüfen (Notebook, Beamer, Mikrofon usw.)		☒
▸ Hinweisschild zum Veranstaltungsraum		☒
▸ Veranstaltungsmaterialien (Unterlagen, Schreibmaterial usw.)		
▸ Getränke und Imbiss bereit gestellt		
▸ Gäste begrüßen und empfangen		
▸ Teilnehmerliste aktualisieren und evtl. ergänzen		
▸ Namensschilder aushändigen		
▸ Protokollführung		
▸ Veranstaltungsraum in den Pausen belüften		
▸ …		
▸ …		

Zu Beginn einer Sitzung wird die Sitzungsleitung alle Teilnehmer kurz über den Ablauf informieren. Dann werden die geplanten Besprechungspunkte nacheinander abgearbeitet, im Sinne von Informationsaustausch, Entscheidungsvorbereitung oder Beschlüssen.

Der Verlauf einer Sitzung und die Ergebnisse der einzelnen Besprechungspunkte werden schriftlich in Form eines Protokolls dokumentiert. Dieses Protokoll wird in der nächsten Sitzung meist wieder aufgelegt, um die Umsetzung der vereinbarten Ergebnisse zu überprüfen.

Damit ein konstantes Qualitätsniveau beibehalten wird, kann eine Sitzung mit einer kurzen Feedback-Runde reflektiert werden, z. B.: Wie war die heutige Besprechung? Was war gut? Was war weniger gut? Welche Schlussfolgerungen können bei der nächsten Sitzung umgesetzt werden?

7.5 Sitzungen und Besprechungen nachbereiten

„Vor der Sitzung ist nach der Sitzung!" oder
„Was wurde aus der Veranstaltung gelernt?"

Unmittelbar nach dem Ende einer Veranstaltung fragt sich das Veranstaltungsteam, was während des Veranstaltungsverlaufs gut gelaufen ist und was man somit beim nächsten Mal wieder so durchführen möchte. Es wird ebenfalls festgestellt, was nicht so gut lief und wie man dies beim nächsten Mal anders machen sollte.

Je besser eine Veranstaltung vorbereitet wurde, desto weniger Störungen wird es bei der Durchführung geben. Die Nachbereitungsarbeiten resultieren aus der jeweiligen Veranstaltung. Auch hier kann eine Checkliste als Organisationsinstrument hilfreich sein, damit keine Aufgaben vergessen werden. Folgende Tätigkeiten fallen nach einer Veranstaltung an:

- Manöverkritik (kritischer Rückblick)
- Aufräumen des Tagungsraumes
- Rechnungen begleichen
- Kostenaufstellung und Budgetvergleich
- Dankschreiben an die Referenten
- Informationsmaterial an die Teilnehmer versenden
- Feedback-Bögen zur Bewertung der Veranstaltung versenden
- Checklisten aktualisieren
- Protokoll schreiben und versenden.

7.6 Sitzungen und Besprechungen im Business-English

Bei der Durchführung von Sitzungen und Besprechungen, bei denen fremdsprachliche Teilnehmer anwesend sind, gehört mittlerweile gutes Englisch – neben anderen Fremdsprachen – zum allgemeinen Standard.

Englischkenntnisse sind in diesem Rahmen nicht nur für die Konversation notwendig, sondern auch für das Formulieren von Einladungsschreiben, Programmabläufen, E-Mails und Protokollen.

In nachfolgenden Beispielen werden Redewendungen im Business-Englisch in englischer und deutscher Sprache verdeutlicht:

Vorbereitung eines Meetings	
English	**Deutsch**
I would like to invite you to our meeting.	Ich möchte Sie zu unserer Besprechung/Sitzung einladen.
I am looking forward to seeing you.	Ich freue mich, Sie zu sehen.
Please confirm your attendance by May 14th.	Bitte bestätigen Sie Ihre Teilnahme bis zum 14. Mai.
Do you have any further questions?	Haben Sie noch weitere Fragen?
We are having a meeting on the 15th. Is that date suitable for you?	Wir haben am 15. eine Besprechung/eine Sitzung. Passt Ihnen dieser Termin?
I would like to set an appointment.	Ich würde gerne einen Termin vereinbaren.
I´ll check my diary.	Ich sehe in meinem Kalender nach.

Vorbereitung eines Meetings	
English	Deutsch
I´m sorry but I am unable to attend.	Leider kann ich nicht kommen.
I send my apologies for not attending.	Ich muss meine Abwesenheit entschuldigen.
Could you keep me posted?	Könnten Sie mich auf dem Laufenden halten?
The board meeting was cancelled at short notice.	Die Vorstandssitzung wurde kurzfristig abgesagt.
Would you prefer a different date?	Würden Sie einen anderen Termin vorziehen?
Enclosed/Attached you will find a copy of the agenda.	Eine Kopie der Tagesordnung ist beigefügt/angehängt.
Durchführung eines Meetings	
English	Deutsch
Welcome and thank you for attending today.	Willkommen und danke für Ihr heutiges Erscheinen.
Do we have any absentees today?	Haben wir heute Abwesende?/Ist heute jemand abwesend?
There are apologies from ...	Es liegen Entschuldigungen vor von ...
We are here today to talk about a new sales strategy.	Wir sind heute zusammengekommen, um über eine neue Verkaufsstrategie zu reden.
Who wants to keep the minutes?	Wer will Protokoll führen?
Everyone should have a handout by now.	Jeder sollte jetzt ein Handout haben.
I affirm that this meeting has a quorum.	Ich stelle fest, dass die Sitzung beschlussfähig ist.
This meeting's agenda is written down in your handouts.	Die Tagesordnung dieser Sitzung steht in Ihren Handouts.
Are there any questions from the minutes of our last meeting?	Gibt es noch Fragen zum Protokoll unserer letzten Sitzung?
We have six topics on the list today.	Heute sind sechs Punkte auf der Liste.
We should finish our meeting at 2 o'clock. That will give us 20 minutes for each item on the agenda.	Wir sollten unsere Sitzung um 14:00 Uhr beenden. Das gibt uns 20 Minuten für jeden Punkt auf der Tagesordnung.
We will have a lunch break at 12 o'clock.	Wir werden eine Mittagspause um 12:00 Uhr machen.
So, let's move on.	Also, lassen Sie uns weitermachen.
We should start the presentation now.	Wir sollten die Präsentation jetzt beginnen.
Let´s start with the necessary background information.	Lassen Sie uns mit den notwendigen Hintergrundinformationen beginnen.
In order to illustrate the facts, I will be using flip charts/overhead foils/slides.	Um die Fakten zu verdeutlichen, werde ich Flipcharts (Schaubilder)/Overhead-Folien/Dias verwenden.

7.7 Sitzungen und Besprechungen schriftlich dokumentieren

Um den Verlauf von Besprechungen und Sitzungen sowie deren Ergebnisse festzuhalten, ist es erforderlich, ein Protokoll anzufertigen.

In vielen Fällen ist es ausreichend, lediglich die einzelnen Ergebnisse oder Vereinbarungen zu notieren. Es werden nur solche Aussagen schriftlich fixiert, die für die Zukunft einen Informationswert besitzen. Man spricht dann von einem **Ergebnisprotokoll.** Soll nachvollziehbar sein, wie es zum Ergebnis einer Besprechung oder Sitzung gekommen ist, spricht man von einem **Verlaufsprotokoll**.

Ergebnisprotokoll	Verlaufsprotokoll
Das **Ergebnisprotokoll** orientiert sich an den Ergebnissen einer Besprechung oder Sitzung und gibt keine Redebeiträge wieder, sondern liefert lediglich **Kernaussagen und Beschlüsse** der jeweiligen Tagesordnungspunkte.	Das **Verlaufsprotokoll** gibt den **Ablauf** eines Ereignisses oder einer Versammlung **knapp und sachlich** wieder. Das bedeutet, dass es aufzeigt, welche **Redebeiträge** beim Zusammentreffen **geäußert wurden**.
Das Ergebnisprotokoll wird stets im **Präsens** verfasst und gibt alle Aspekte **stichpunktartig** in einer logischen (nicht chronologischen) Reihenfolge wieder.	Das Verlaufsprotokoll wird stets im **Präsens** verfasst, in Stichpunkte gegliedert und gibt **Redebeiträge in ihrer zeitlichen Abfolge in der indirekten Rede wieder**.

7.7.1 Protokolle

Das **Protokoll** ist eine förmliche Niederschrift über den Verlauf einer Sitzung oder einer Besprechung. Das Protokoll kann zu verschiedenen Zwecken, beispielsweise als Beweismittel, Gedächtnisstütze oder als Kontrollinstrument dienen.

Ein Protokoll wird in der **Gegenwartsform** geschrieben und ist dazu erforderlich, Außenstehende über den Verlauf der Besprechung oder Sitzung zu informieren und wesentliche Details wiederzugeben. Die Hauptaufgabe eines Protokolls ist demnach eine genaue und objektive Darstellung eines Gesprächsverlaufs.

Bei der Erstellung eines Protokolls sollten folgende Aspekte berücksichtigt werden:

sachlich richtig — objektiv — neutral — übersichtlich — verständlich

7.7.2 Protokollrahmen

Die äußere Form eines Protokolls wird durch den Protokollrahmen festgelegt. Dieser Protokollrahmen muss folgende Punkte enthalten:

- **Was:** Tagesordnung, Thema
- **Wann:** Gesprächsdatum, Beginn und Ende
- **Wo:** Gesprächsort, mit näherer Bezeichnung
- **Wer:** Teilnehmer, anwesend/nicht anwesend
- **Wie:** eigentlicher Gegenstand des Protokolls.

Für eine übersichtliche Gestaltung hat sich in der Praxis folgender Aufbau durchgesetzt:

Protokollkopf	Der Kopfteil eines Protokolls enthält die Bezeichnung „Protokoll" und die für alle Beteiligten notwendigen Vorabinformationen über:
	- Thema
	- Datum, Beginn und Ende
	- Ort
	- Teilnehmer
	  - Vorsitz, Leiter oder Moderator
	  - Teilnehmer (alphabetisch aufgelistet oder nach Hierarchieebene)
	  - Protokollführer
	- Tagesordnungspunkte.

Protokollkern	Je nach Protokollart werden im Protokollkern Angaben über den Verlauf und die Ergebnisse der Besprechung festgehalten und nach den Tagesordnungspunkten gegliedert. Der Text kann durch Absätze und Hervorhebungen übersichtlich dargestellt werden.

7. Zielgerichtet Sitzungen und Besprechungen planen und durchführen

Protokollschluss	Am Protokollschluss wird für die Richtigkeit und Vollständigkeit des Inhalts durch folgende Punkte gekennzeichnet: ▸ Ort, Datum der Ausfertigung ▸ Unterschrift des Vorsitzenden ▸ Unterschrift des Protokollführers ▸ Anlagen ▸ Verteiler.

7.7.3 Protokollarten

Protokolle richten sich in Inhalt und Darstellung nach den Anforderungen und dem Verwendungszweck. Abhängig von ihrer Ausführlichkeit werden folgende Protokollarten unterschieden:

Protokollart	Dokumentationsform	Vorteile	Nachteile	Stilmittel
Kurz- protokoll	komprimierte Angaben über Verlauf, Ergebnisse und Entscheidungs-gründe, z. B. bei ▸ Vorstandssitzungen ▸ Besprechungen aller Art ▸ Mitarbeiter-besprechungen ▸ Verwaltungsrats-sitzungen	▸ kurz und präzise ▸ übersichtlich ▸ einfach auszu-werten	▸ Protokollführer muss Fachwis-sen besitzen, um Wesentliches von Unwe-sentlichem zu unterscheiden	▸ Präsens ▸ indirekte Rede (Kon-junktiv)
Wort- protokoll	wörtliches Festhalten des gesamten Verlaufs (Reinschrift von Stenogramm oder Tonbandaufnahme), z. B. ▸ im Parlament ▸ bei Gericht	▸ hohe Beweis-kraft ▸ chronologischer Ablauf ▸ sehr ausführlich	▸ zeitaufwendig ▸ unübersichtlich ▸ hohe Anforde-rungen an die kurzschriftlichen Fähigkeiten des Protokollanten ▸ erschwerte Auswertung	▸ Präsens ▸ direkte Rede

Protokollart	Dokumentationsform	Vorteile	Nachteile	Stilmittel
Verlaufs-protokoll	Diskussionsschritte, Verlauf mit Ergebnissen ▸ Vorstandssitzungen ▸ Vereins-versammlungen ▸ Delegierten-versammlungen ▸ Verwaltungsrats-sitzungen	▸ Sitzungsver-lauf ist daraus ersichtlich ▸ hohe Beweiskraft ▸ Einsatz als Informations-mittel möglich	▸ zeitaufwendig in der Erstellung ▸ unübersichtlich ▸ hohe sprachliche und kurzschrift-liche Anforde-rung an den Protokollanten ▸ Der Protokoll-führer muss Fachkenntnisse haben.	▸ Präsens ▸ indirekte Rede (Konjunk-tiv)
Ergebnis-protokoll	Einzelentscheidung einer Besprechung; keine Wiedergabe des Verlaufs – enthält aus-schließlich Ergebnisse und Beschlüsse, z. B. bei ▸ Arbeits-/Projektsitzungen ▸ Abteilungs-besprechungen	▸ übersichtlich ▸ einfache Aus-wertung ▸ kurze Erstel-lungszeit ▸ keine besondere Aufnahmetech-nik erforderlich ▸ erleichtert Dokumentation	▸ keine Informa-tion über den Sitzungsverlauf ▸ keine Begrün-dungen vorhan-den	▸ Präsens ▸ indirekte Rede (Indikativ)
Gedächtnis-protokoll	▸ nachträgliche inhalt-liche Rekonstruktion bei Besprechungen aller Art	▸ kann nachträg-lich erstellt werden	▸ Inhalte können vergessen oder nicht mehr genau aus dem Gedächtnis rekonstruiert werden. ▸ Informationsver-lust möglich	▸ Präsens ▸ indirekte Rede (Indikativ)

SPORTINA AG

Ergebnisprotokoll

Thema:	Energiesparmaßnahmen – Arbeitsumgebung
Datum:	4. Oktober 20__, 14:00 Uhr – 14:45 Uhr
Ort:	Büro Frau Krüger
Tagesordnung:	1. Energieersparnis im Betrieb 2. Arbeitsumgebung in der Verkaufsabteilung
Teilnehmer:	Martina Krüger, Leiterin Verkaufsabteilung Theo Maier, Sachbearbeiter Verkaufsabteilung Carola Schnake, Sachbearbeiterin Einkaufsabteilung
Vorsitz:	Martina Krüger
Protokollführung:	Verena Thees

TOP 1 — Energieersparnis im Betrieb

Die Fenster werden künftig nur noch kurz zum Lüften geöffnet.
Frau Schnake beauftragt die Firma Weber & Söhne mit der Reparatur der Fenster in der Verkaufsabteilung.

Die Heizkörper im Sitzungssaal und im kleinen Konferenzraum werden künftig erst vor Beginn einer Sitzung angestellt.

Frau Schnake kümmert sich um die Reparatur der tropfenden Wasserhähne in den Sanitärräumen.

TOP 2 — Arbeitsumgebung in der Verkaufsabteilung

Frau Schnake und Herr Maier entwerfen das Rundschreiben „Fahrgemeinschaften" und legen den Entwurf am 6. Oktober 20__ vor.

Frau Schnake holt bei den Firmen „Europa" und „Astra" Angebote über neue Büromöbel und Stellwände für die Verkaufsabteilung ein. Über die Angebote wird am 26. Oktober 20__ gesprochen.

Die Beleuchtung in der Verkaufsabteilung wird verbessert; die Wände werden in einem warmen Gelb gestrichen.

Für die Richtigkeit	Mit der Protokollführung beauftragt
Ort, Datum	Ort, Datum
Martina Krüger Martina Krüger	*Verena Thees* Verena Thees

Verteiler
alle Teilnehmer

Verlaufsprotokoll

Thema:	Energiesparmaßnahmen – Arbeitsumgebung
Datum:	4. Oktober 20__, 14:00 Uhr - 14:45 Uhr
Ort:	Büro Frau Krüger
Tagesordnung:	1. Energieersparnis im Betrieb 2. Arbeitsumgebung in der Verkaufsabteilung
Teilnehmer:	Martina Krüger, Leiterin Verkaufsabteilung Theo Maier, Sachbearbeiter Verkaufsabteilung Carola Schnake, Sachbearbeiterin Einkaufsabteilung
Vorsitz:	Martina Krüger
Protokollführung:	Verena Thees
TOP 1	**Energieersparnis im Betrieb**

Frau Krüger erklärt, die Büroräume seien im Winter ständig überheizt. Dies meinten sogar die Angestellten. Überheizte Räume schaden der Gesundheit. Die Fenster blieben zum Lüften immer ein wenig offen. Wesentlich besser sei es, die Fenster kurze Zeit richtig zu öffnen, um gründlich zu lüften, sie aber sonst geschlossen zu halten. Das wirke sich positiv auf die Energiekosten aus.

Herr Maier gibt zu bedenken, dass die Fenster in der Verkaufsabteilung nicht mehr richtig schließen würden und man ständig der Zugluft ausgesetzt sei.

Frau Schnake will die Firma Weber & Söhne mit der Reparatur dieser Fenster beauftragen.

Frau Krüger weist auf die Heizungen im großen Sitzungssaal und im kleinen Konferenzraum hin. Die Heizkörper seien ständig in Betrieb, obwohl man die beiden Räume höchstens fünfmal im Monat benutze.

Herr Maier schlägt vor, nach den Eintragungen in den Terminkalendern vorzugehen und die Heizkörper erst kurz vor Sitzungsbeginn aufzudrehen.

Herr Maier erwähnt die tropfenden Wasserhähne in den Waschräumen.

Frau Krüger beauftragt Frau Schnake, sich um geeignete Handwerksbetriebe zu kümmern, um den Schaden beheben zu lassen.

Herr Maier berichtet, fast jeder Kollege fahre für sich allein mit dem Auto in die Firma. In einem Pkw hätten aber vier bis fünf Leute Platz.

Frau Schnake schlägt vor, die Mitarbeiter in einem Rundschreiben zur Bildung von Fahrgemeinschaften anzuregen.

Frau Krüger bittet Frau Schnake, das Rundschreiben gemeinsam mit Herrn Maier zu verfassen und den großen Vorteil der Fahrgemeinschaften deutlich herauszustellen: die Geldersparnis.

Frau Schnake verspricht den Entwurf für das Rundschreiben am 6. Oktober __ vorzulegen.

TOP 2	**Arbeitsumgebung in der Verkaufsabteilung**

Herr Maier schildert die Missstände in der Verkaufsabteilung. Trotz modernster Computer und Drucker sehe es dort aus wie vor 30 Jahren. Die Möbel seien nämlich total veraltet.

Frau Schnake weist auf einen Prospekt hin, den sie gerade erhalten hat. Dieser Prospekt zeigt Möbel für eine ästhetische Bürolandschaft: funktionelle und individuelle Elemente, halbhohe Stellwände, Sitzgruppen für Besucher.

7.7.4 Zeitformen des Protokolls

Für den Schreibstil eines Protokolls gelten die allgemeinen Regeln der deutschen Grammatik. Eine einfache Sprache, verständliche Ausdrucksweise, kurze Sätze und eine klare Gedankenführung, helfen dem Leser sich in die Geschehnisse hineinzudenken. Füllwörter sollten vermieden und auf Übersichtlichkeit und Verständlichkeit sollte geachtet werden.

Ein Protokoll ist grundsätzlich in der **Gegenwartsform – Präsens –** zu schreiben. Das vermittelt dem Leser, dass die Sitzung oder Besprechung im Augenblick stattfindet. In der **Vergangenheitsform** wird nur dann geschrieben, wenn etwas in Bezug auf die Sitzung bereits geschehen ist.

Aussagen und Meinungen, die während einer Sitzung geäußert werden, erscheinen grundsätzlich in Form der **indirekten Rede**. Nur bei sehr wichtigen kurzen Beiträgen, die genau und wörtlich wiedergegeben werden sollen, wird die **direkte Rede** eingesetzt.

Fakten und Tatsachen werden im **Indikativ** formuliert – Meinungen und Aussagen hingegen werden im **Konjunktiv** protokolliert.

Bei der Verwendung des **Konjunktivs** ist darauf zu achten, dass der richtige **Konjunktiv 1 (sei, werde, habe, komme)** und nicht der **Konjunktiv 2 (wäre, würde, hätte, käme)** eingesetzt wird.

8. Ein- und ausgehende Informationswege effizient nutzen

Wenn wichtige Informationen ihren Empfänger nicht zielgerichtet erreichen, leiden die Effektivität und die Effizienz in Unternehmen. Der Informationsfluss in Unternehmen wirkt sich einerseits auf die Beteiligten aus und steuert andererseits die Produktivität. Daher sollten Informationswege und Zuständigkeiten klar definiert sein. Folgende Fragen sind dabei von entscheidender Bedeutung:

- Wie hoch ist der Informationsbedarf im Unternehmen?
- Welche Wege und Mittel stehen zur Informationsaufnahme und -verteilung zur Verfügung?
- Wer ist am Informationsprozess beteiligt?

Um Informationskanäle in Unternehmen zu optimieren, müssen diese erkannt, aufeinander abgestimmt und durch Regeln festgelegt werden:

- Die Informationswege im Unternehmen sind eindeutig definiert.
- Es ist festgelegt, von wem welche Informationen bereitzustellen sind.
- Die Informationswege müssen möglichst kurz gehalten werden.
- Regelmäßige Besprechungen gewährleisten einen flüssigen Informationsaustausch und sorgen für Transparenz.
- Informationsmöglichkeiten, wie Internet, Fachliteratur usw., werden den Mitarbeitern zentral (Intranet, Medienoffice usw.) zur Verfügung gestellt.

- Bereitgestellte Medien werden permanent aktualisiert.
- Informationen zur Erledigung von Aufgaben werden rechtzeitig zur Verfügung gestellt.

8.1 Eingehende Informationen prozessorientiert strukturieren

Da Informationen über verschiedene Kanäle in ein Unternehmen gelangen, sollten diese prozessorientiert weitergeleitet werden. Neben der **schriftlichen** Form des Informationseingangs als Briefpost, fließen Informationen auch **digital** per E-Mail oder **mündlich** per Telefon in Unternehmen ein. Bei der Strukturierung von Informationsprozessen ist darauf zu achten, dass Informationen zielorientiert in sachlicher und korrekter Form an die entsprechenden Empfänger weitergeleitet werden. Wesentlich bei der Weiterleitung von Informationen ist, dass keine Informationen innerhalb eines Prozesses verloren gehen.

MERKE

Kann ein Empfänger nicht eindeutig zugeordnet werden oder ist dieser nicht erreichbar, müssen eingehende Informationen vertretungsweise entgegengenommen und dem entsprechenden Empfänger zugeordnet werden. Damit bei solchen Abläufen keine Informationslücke entsteht, sind solche Abläufe in der Regel mit den entsprechenden Hilfsmitteln klar beschrieben.

Bei Abwesenheit sind Vertretungspersonen zu definieren, die die eingehenden Informationen verwalten und bearbeiten. Da digitale Informationen per E-Mail an ein persönliches Konto gerichtet sind, muss der Empfänger seinen E-Mail-Account so konfigurieren, dass in Abwesenheit diese E-Mails weitergeleitet werden oder der Sender automatisch über die Abwesenheit informiert wird.

Beispiel

Ein eingehendes Telefongespräch wird meist geführt, ohne die einzelnen Schritte zu überlegen. Tatsächlich besteht diese Aufgabe aus einer ganzen Reihe von Tätigkeiten und Entscheidungen, die unbewusst erfolgen, jedoch einen geschlossenen Informationsprozess bilden:

8.2 Informationen schriftlich zur innerbetrieblichen Weitergabe aufbereiten

Um einem Informationsverlust in einem mündlichen Kommunikationsaustausch per Telefonat oder bei Besprechungen vorzubeugen, sollten mündlich ausgetauschte Informationen schriftlich dokumentiert werden. Bei Besprechungen werden Abläufe und Fakten in Form eines Protokolls festgehalten. Bei Telefonaten erfolgt die Dokumentation in Form von Telefon- oder Gesprächsnotizen. Die Weiterleitung an den Empfänger kann sowohl digital, per E-Mail, oder als Telefax, als auch auf Papier erfolgen.

 MERKE

Auch diese Informationsaufbereitung muss als Ablauf in einem Unternehmen reglementiert werden, damit keine Informationen verloren gehen, unabhängig von der Form des Informationseingangs.

Sollen Informationen an Dritte weitergleitet werden, ist es wichtig, diese Informationen so entgegenzunehmen, dass alle wesentlichen Inhalte lückenlos erfasst werden.

Dazu bieten sich als Hilfsmittel ablaufgerecht gestaltete Vordrucke an. Inhalte eines Telefongesprächs können in einer Telefonnotiz in Papierform oder digital dokumentiert werden.

 MERKE

Folgende Angaben sollten auf einer Telefonnotiz enthalten sein, damit alle wesentlichen Informationen erfasst werden:
- Für wen war der Anruf (Name, evtl. Abteilung)?
- Wer hat angerufen (Name, Firma und Telefonnummer)?
- Zeitpunkt des Anrufs (Datum, Uhrzeit)
- Zweck oder Inhalt des Anrufs
- Welcher Ablauf ergibt sich aus dem Anruf (Information, Rückruf, Termin, …)?
- Wer hat den Anruf entgegengenommen?

8.3 Ausgehende Informationen prozessorientiert weiterleiten

Das Informationsmanagement beschränkt sich nicht nur auf den innerbetrieblichen Informationsfluss, sondern umfasst das gesamte Informationsgeschehen des Unternehmens von innen nach außen und umgekehrt. Der Informationsfluss nach außen wird neben den im Kommunikationsprozess befindlichen Personen auch von Datenbanksystemen, Management-Informationssystemen, E-Mail, Internet sowie Werbung und Öffentlichkeitsarbeit gesteuert.

Ein wichtiger Aspekt beim ausgehenden Informationsfluss ist das visuelle Erscheinungsbild eines Unternehmens – das **Corporate Design** –, das ein Ziel der **Corporate Identity** darstellt.

Das **Corporate Design** soll Unternehmen nach innen und außen durch formelle Gestaltungskonzepte, wie z. B. Firmenlogo, einheitliche Layouts in Briefbögen, Produkt- und Verpackungsgestaltung, Anzeigen, Werbeslogan und Briefabschlüssen, als geschlossene Einheit erscheinen lassen.

MERKE

Corporate Identity (CI): Unter Corporate Identity versteht man ein Kommunikationskonzept mit dem Ziel, von innen heraus die Selbstdarstellung eines Unternehmens nach außen zu steuern.

Maßgeblich für den außerbetrieblichen Informationsfluss ist der Informationsempfänger. Wichtige Informationsempfänger für Unternehmen sind:
- **Mitarbeiter**, als Informationsträger zur Erfüllung ihrer Aufgaben
- **Kunden** über die Produkte, Serviceleistungen, Unternehmenszweck
- **Lieferanten** über die Bedarfsdeckung, Zahlungsfähigkeit des Unternehmens, Unternehmenszweck
- **Öffentlichkeit**, über das soziale und gesellschaftliche Image (Arbeitsplatz- und Ausbildungsangebot, Sponsorentätigkeit u. Ä.).

Der ausgehende Informationsfluss sollte möglichst adressatengerecht erfolgen, d. h. er muss an die individuellen Informationsbedürfnisse der Empfänger in technischer sowie inhaltlicher Form angepasst sein.

Verlassen schriftliche Informationen das Unternehmen, wird dies in der Regel dokumentiert.

8.4 Postbearbeitung im Unternehmen

Der Umfang und die Komplexität der Arbeitsabläufe in Poststellen werden immer größer. Die Mitarbeiter müssen als Team gut aufeinander abgestimmt sein und funktionell zusammenarbeiten. Eine moderne Poststelle stellt heutzutage die Informationslogistik eines Unternehmens dar.

Als Schnittstelle zu den Fachabteilungen werden in der zentralen Poststelle eine gut funktionierende und moderne Postbearbeitung, die Steuerung des Posteingangs und -ausgangs sowie die elektronische Verarbeitung und Digitalisierung von Dokumenten durchgeführt.

8.5 Die Eingangspost im Unternehmen bearbeiten

Mit dem Bearbeiten der Eingangspost laufen Informationen im Unternehmen zusammen. Diese Informationen entscheiden über den Tagesablauf, über Prioritäten und Arbeitsabläufe. Daher sollte auch der Posteingang prozessorientiert fließen.

8.5.1 Wie kommt die Post ins Büro?

Die Postzustellung erfolgt durch

- **den Postzusteller oder private Dienstleister (z. B. HIN + WEG-Service)**
- den zentralen Eingang von **elektronischer Post, wie E-Mails, E-Postbriefe, Telefax**
- die **Abholung aus dem Postfach** der jeweiligen Poststelle im Einzugsbereich.

8.5.2 Postfach

Das Anmieten eines **Postfachs** ermöglicht dem Unternehmen eine flexiblere Handhabung der Zustellzeiten sowie eine Unabhängigkeit vom Zusteller. Im Postfach ist die Post gut aufgehoben und vor unbefugtem Zugriff geschützt. Es ist jedoch erforderlich, die Post selbst abzuholen.

Das **Postfach** muss bei der Deutschen Post beantragt werden. Dafür fällt eine einmalige Einrichtungsgebühr an. Der Mieter des Postfachs erhält neben einer individuellen Postfachadresse, die entsprechenden Postfachschlüssel. Zu beachten ist, dass nicht alle Briefsendungen in einem Postfach hinterlegt werden. Sendungen mit dem Vermerk „Eigenhändig", Postzustellungsaufträge, Pakete, Expresssendungen und Kataloge werden unter der Hausanschrift zugestellt.

www.deutsche-post.de/postfach

8.5.3 Postvollmacht

Personen, die für den Posteingang und die Abholung aus dem Postfach zuständig sind, benötigen von ihrer Firma eine Postvollmacht. Diese Personen sind dann offiziell autorisiert, Postsendungen in Empfang zu nehmen.

Vorgedruckte Formulare für eine Postvollmacht sind in den Postfilialen der Deutschen Post oder als Download über die Homepage der Deutschen Post erhältlich. Alternativ kann eine solche Vollmacht auch auf dem Firmenpapier abgedruckt werden.

Eine Postvollmacht muss von dem Postbevollmächtigten und einem Vertretungsberechtigten des Unternehmens unterschrieben sein. Der Vollmachttext muss den Namen des Postbevollmächtigten und des Postvollmachtgebers enthalten.

Postvermerk „Persönlich": Sendungen mit dem Vermerk „Persönlich" oder „Vertraulich" müssen dem Empfänger nicht eigenhändig zugestellt werden. Mit einer Postvollmacht sind auch Bevollmächtigte zum Empfang solcher Briefe berechtigt.

Postvermerk „Eigenhändig": Bei Sendungen mit diesem Postvermerk benötigt der Bevollmächtigte eine besondere schriftliche Postvollmacht, die ihn ausdrücklich dazu berechtigt, als „Eigenhändig" gekennzeichneten Sendungen entgegenzunehmen.

8.5.4 E-Postbrief und De-Mail

Mit dem **E-Postbrief** können Schriftstücke mit sensiblen persönlichen Daten verbindlich und vertraulich versendet und empfangen werden. Der E-Postbrief bietet höchste Sicherheitsstandards. Alle Nachrichten sind automatisch verschlüsselt und tragen eine Signatur der Deutschen Post. Zur Bearbeitung wird keine Softwareanwendung benötigt, sondern lediglich eine Internetverbindung zur Deutschen Post. Durch eine eindeutige Identifizierung mittels PostIdent-Verfahren und einer Kombination von Zugangsdaten, ist der Versand im Vergleich zur herkömmlichen E-Mail verbindlich.

Falls der Empfänger über keinen Internetzugang verfügt oder den Brief nicht in elektronischer Form empfangen möchte, wird der **E-Postbrief** von der Deutschen Post ausgedruckt, kuvertiert und zugestellt.

Die **De-Mail** stellt eine rechtsverbindliche und gesetzlich verankerte Alternative zum E-Postbrief und zur E-Mail dar. Die **De-Mail** soll im Gegensatz zu einer normalen E-Mail sicher, vertraulich, fälschungssicher und nachweisbar und damit rechtssicher auf einen Absender zurückzuführen sein. Versenden lässt sich die De-Mail nur von einem De-Mail-Konto zu einem anderen.

Privatpersonen können über eine **De-Mail** mit Unternehmen und Behörden digital kommunizieren, wie z. B. die Beantragung eines Personalausweises über Mausklick. Dafür ist die Anmeldung bei einem nach **§ 21 De-Mail Gesetz**, zertifizierten **De-Mail-Dienstleister** notwendig.

www.bsi.bund.de

8.6 Schritte des Posteingangs

Die Durchführung des Posteingangs ist eine der Haupttätigkeiten am Büroarbeitsplatz kleiner und mittelständischer Unternehmen.

Hat ein Unternehmen eine zentrale Poststelle eingerichtet, ist die Menge der eingehenden Post meistens so groß, dass technische Hilfsmittel für den Ablauf des Posteingangs eingesetzt werden. Viele Schriftstücke erreichen in digitaler Form das Unternehmen. Der Ablauf der Postbearbeitung unterscheidet sich dann von den herkömmlichen Schritten. Der grundsätzliche Prozess bleibt jedoch gleich.

Aus der Grafik sind die Schritte des Posteingangs ersichtlich:

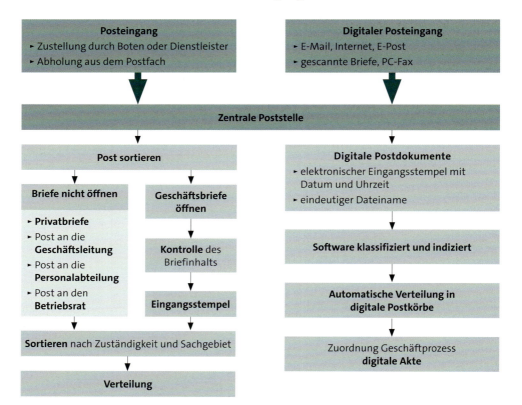

8.6.1 Wer darf welche Post öffnen?

Vor dem Öffnen der Post werden die Sendungen aussortiert, die **nicht geöffnet** werden dürfen und von der Geschäftspost, die geöffnet werden darf, getrennt.

 MERKE

- Ist zuerst die Firma genannt → **öffnen!**
- Ist zuerst die natürliche Person mit den Zusatzvermerk „Persönlich" oder „Vertraulich" genannt → **nicht öffnen!** Hier gilt das Briefgeheimnis!
- Ist die natürliche Person zuerst und vor der Firma genannt → **eventuell öffnen.** Es könnte ein Privatbrief sein. Hier sollten die betrieblichen Konventionen zum Umgang mit der Eingangspost beachtet werden.

▸ Briefe an die Geschäfts- oder Unternehmensleitung, die Personalabteilung und den Betriebsrat → **nicht öffnen!**

Irrläufer – Sendungen mit falschem Empfänger – werden an den Zusteller oder an die Postfiliale zurückgegeben.

Brief öffnen	Brief nicht öffnen (eindeutige Privatpost)	Brief eventuell öffnen (könnte Privatpost sein)	Brief nicht öffnen
Sportina AG **Frau Marion Weber** Holsterhauser Str. 202 44625 Herne	Persönlich Frau **Marion Weber** Sportina AG Holsterhauser Str. 202 44625 Herne	Frau **Marion Weber** Sportina AG Holsterhauser Str. 202 44625 Herne	Herrn **Rüdiger Klinger** **Geschäftsleitung** Sportina AG Holsterhauser Str. 202 44625 Herne

8.6.2 Briefe öffnen und kontrollieren

In Unternehmen mit einer zentralen Poststelle werden die Briefe mit einem elektrischen Brieföffner geöffnet. In kleineren Unternehmen wird dazu ein Brieföffner bzw. Handmesser eingesetzt.

Nach dem Öffnen der Briefe wird **kontrolliert**, ob …

▸ der Briefumschlag vollständig geleert ist, denn kleine Anlagen fallen oft heraus.
▸ alle aufgelisteten Anlagen vorhanden sind. Fehlt eine Anlage, wird dies auf dem Brief vermerkt.
▸ das Datum des Poststempels und das Datum des Briefes zeitnah sind. Weicht das Datum ab, wird der Briefumschlag als Nachweis an das Schriftstück geheftet.

8.6.3 Briefe stempeln

Der Eingangsstempel wird rechts neben das Anschriftenfeld aufgedruckt. Im Abdruck sollten folgende Informationen erscheinen:

▸ eventuell Firmenname
▸ Datum und Uhrzeit des Eingangs
▸ Felder für Erledigungs- oder Bearbeitungsvermerke, z. B. Angabe der zuständigen Abteilung.

Beispiele

MERKE

Urkunden, Verträge, Schecks, Zertifikate und ähnliche Dokumente werden nicht gestempelt. Hier empfiehlt es sich den Briefumschlag zu stempeln und anzuheften.

Ein weiteres Beweismittel, neben dem Stempeln der Eingangspost, ist das Registrieren in einem Posteingangsbuch. Dieses Verfahren ist allerdings sehr zeitaufwendig, ermöglicht jedoch eine genaue Kontrolle darüber, wann eine Postsendung eingegangen ist.

Beispiel

Ein klassisches Posteingangsbuch:

lfd. Nr.	Eingangs-datum	Absender Name, PLZ, Ort	kurze Inhalts-angabe	Identnummer (bei nachzu-weisenden Sendungen)	Zahl der Anlagen	weiterge-leitet an	Zeichen Poststelle
001	14.05.20..	VSI 50677 Köln	Angebot Seminar	-	-	Personal-abteilung	lb
002	14.05.20..	DüMaBa 40532 Düsseldorf	Rechnung	-	-	Buch-haltung	lb
...	...	...	...	...	...	...	...

Viele Unternehmen führen wegen des hohen Zeitaufwandes kein Posteingangsbuch. Andere erfassen die Posteingangsdaten digital in Form einer Tabelle.

8.6.4 Briefe sortieren

Die vorbereitete Post wird entsprechend des Unternehmensaufbaus und der Zuständigkeit von Abteilungen sortiert. Hier bestehen mehrere Möglichkeiten, die durch Hilfsmittel unterstützt werden:

- **Zuständigkeit:** Abteilungen, Sachgebiete, Mitarbeiterfächer
- **Hilfsmittel:** Aktendeckel, Sortierkörbe, Postfächer.

8.6.5 Post verteilen

Die interne Verteilung der Eingangspost ist ebenfalls von der Unternehmensstruktur abhängig und kann durch Abholung oder Zustellung erfolgen:

Abholung	Zustellung
Die Eingangspost wird von Mitarbeitern aus dem betrieblichen Postfach abgeholt.	Die Eingangspost wird von Mitarbeitern der Poststelle im Unternehmen verteilt. In großen Unternehmen erfolgt die Zustellung mit **Büroförderanlagen**.

Büroförderanlagen

- **Rohrpost:** Die Post wird in zylindrischen Behältern (Rohrpostbüchse) mithilfe von Druck- und Saugluft von Station zu Station innerhalb eines Rohrpostsystems transportiert.
- **Schienenförderanlage:** Schienenförderanlagen sind automatische Transportsysteme. Auf Profilschienen transportieren geschlossene Behälter die Post zu den Empfangsstationen, die über einen Zahlencode am Förderbehälter gekennzeichnet sind.
- **Umlaufwagen:** Mithilfe eines elektrisch angetriebenen Flurfahrzeugs, das sich entweder selbst steuert oder durch Personen gesteuert werden kann, wird auch schweres Postgut bequem transportiert.

8.6.6 Digitale Archivierung

Ein optimierter Posteingangsprozess stellt die digitale Archivierung der Eingangspost dar. Hier erfolgt die Abarbeitung des Posteingangs in Form der digitalen Archivierung und Verteilung.

8.7 Schritte des Postausgangs

Die vorbereiteten Sendungen werden entweder zu einem vereinbarten Zeitpunkt zur Poststelle gebracht oder von einem Botendienst der Poststelle in den Abteilungen abgeholt. Die Poststelle bereitet die Ausgangspost für den Versand auf. Grundsätzlich werden zwei Arten der Ausgangspost unterschieden:

- **Tagespost:** individuelle Geschäftsbriefe, die an bestimmte Personen gerichtet sind
- **Massenpost:** Sendungen mit gleichem Inhalt, die zu Werbezwecken verschickt werden sowie Kataloge und Prospekte. Diese Sendungen werden mit Postbearbeitungsmaschinen rationell für den Versand vorbereitet.

8.7.1 Adressieren

Bei der täglich anfallenden **Tagespost** ist der Einsatz von Fensterbriefumschlägen empfehlenswert, da dann eine gesonderte Adressierung entfällt.

Bei der **Massenpost** hingegen werden die Adressen aus der Kundendatenbank entnommen und mit einem Etikettendrucksystem entweder direkt auf den Umschlag oder auf Adressetiketten gedruckt.

8.7.2 Zusammentragen der Unterlagen zum Postversand

In großen Unternehmen, in denen viel Massenpost anfällt und viele Anlagen beigefügt werden, z. B. Kataloge, Preislisten oder Werbeflyer, erledigt diesen Arbeitsvorgang die Zusammentragmaschine. In kleineren Unternehmen, mit geringerem Postaufkommen, wird dies von Hand erledigt.

8.7.3 Falzen und Kuvertieren

Damit ein Schriftstück in eine Briefhülle eingesteckt werden kann, muss entsprechend des Formats der Briefhülle gefalzt werden. Folgende Falzarten werden unterschieden:

Falzart	Abbildung ungefalzt	Abbildung gefalzt	Briefhüllenformat
Einfachfalz, Bruchfalz oder Parallelfalz			Briefhülle C5
Zickzackfalz (Leporellofalz)			Briefhülle DL mit Fenster
Wickelfalz			Briefhülle DL mit und ohne Fenster
Kreuzfalz			Briefhülle C6

Wird ein Brief per Hand gefalzt, sind auf dem Briefbogen zur Orientierung Falzmarken angebracht. Falzmaschinen führen diesen Vorgang rasch und kantenfrei durch. Sie sind auf unterschiedliche Falzarten einstellbar.

Beim **Kuvertieren** von Hand wird der Brief in eine genormte Briefhülle eingesteckt. Hier eignen sich besonders Briefhüllen mit Adhäsionsverschluss. Kuvertiermaschinen legen automatisch die gefalzten Briefbögen in die entsprechenden Hüllen ein.

Kombinierte Falz- und Kuvertiermaschinen führen diese Schritte automatisch in einem Arbeitsgang durch.

 MERKE

Für den Versand als Standardbrief können die Briefhülle DL (DIN Lang) mit und ohne Fenster und die Briefhülle C6 eingesetzt werden.

8.7.4 Wiegen und Frankieren

Für die richtige Portoermittlung müssen neben dem Gewicht des Briefes auch seine Maße (Länge, Breite und Höhe) ermittelt werden.

Die Briefe werden entweder mit mechanischen oder mit elektronischen Briefwaagen gewogen. Professionelle Briefwaagen haben den Vorteil, dass sie nach Eingabe der Versandart (z. B. Standardbrief) und Zusatzleistung (z. B. Einschreiben) Gewicht und Porto anzeigen.

Die Frankierung der Briefe ist abhängig vom Postvolumen eines Unternehmens. Neben der Frankierung per Hand durch Aufkleben der Briefmarken – bei geringem Postvolumen – erfolgt in vielen Unternehmen die Frankierung maschinell. Eine Frankiermaschine druckt das Portoentgelt, den Tagesstempel, das Firmenlogo und evtl. einen Werbedruck in einem Arbeitsgang auf den Briefumschlag.

Die Frankiermaschine ist die am häufigsten eingesetzte Maschine zur Rationalisierung des Briefversands und muss durch die Deutsche Post AG genehmigt werden.

MERKE

Die ablaufgerechte maschinelle Zusammenfassung der Falz-, Kuvertier-, Briefschließ- und Frankiermaschine wird auch **Poststraße** genannt.

Weitere Möglichkeiten der Frankierung sind z. B.:

Plusbrief	Die Briefmarke ist bereits auf dem Briefumschlag eingedruckt. Ab einer Bestellmenge von 500 Stück kann der Brief mit einer individuell gestalteten Briefmarke bedruckt werden.
DV-Frankierung	Mithilfe einer entsprechenden Software erfolgt die Frankierung über die interne EDV-Anlage. Diese Frankierung ist kostengünstig und muss von der Deutschen Post genehmigt werden. Sie bietet sich besonders beim Versand von Massenpost an.
Internetmarke	Über den kostenfreien Online-Service Internetmarke der Deutschen Post kann das Porto für Sendungen online über das Internet ausgedruckt werden. Das Porto wird online bezahlt und per PDF auf Umschlägen, Etiketten oder Papier ausgedruckt.
E-Porto	Das E-Porto ist ein kostenfreies Add-In, mit dem bequem und schnell das passende Porto auf Briefe gedruckt wird. Das Tool wird beim Download automatisch in das Textverarbeitungsprogramm integriert. Das System nutzt den Online-Service Internetmarke. Die Kosten werden über einen Account, der "persönlichen Portokasse" abgerechnet. Voraussetzung ist eine Registrierung bei der Deutschen Post.
Handyporto	Eine mobile Lösung der Deutschen Post ist das Handyporto. Als Frankierung dient ein zwölfstelliger Code, der per SMS übermittelt wird.

Neben den aufgeführten Frankiermöglichkeiten bieten Dienstleister wie die Deutsche Post AG einen Frankier-Service für Briefe, Postkarten, Bücher- und Warensendungen sowie Infopostsendungen an.

8.7.5 Postausgangsbuch

Je größer und je vielfältiger die Organisationsabläufe in einem Unternehmen sind, umso mehr Postausgang fällt an. Hier ist es wichtig, den Postausgang genau zu überwachen, um zu überprüfen, wann welche Sendungen versandt wurden.

Ein Postausgangsbuch ist ein geeignetes Organisationsmittel, um den Postausgang schriftlich zu dokumentieren. Im Postausgangsbuch werden in der Regel folgende Angaben eingetragen:

- Registriernummer
- Datum der Eintragung
- Datum des Dokumentes
- Empfänger
- Sendungsart und Zusatzleistung
- Absender (Person, Abteilung, Zuständigkeitsbereich).

Das Führen des Postausgangsbuches kann händisch oder mittels entsprechender Software digital erfolgen.

8.8 Zweckmäßige Versandarten auswählen und vergleichen
8.8.1 Post- und Briefdienstleister

Mit der schrittweisen Aufhebung des Postmonopols der Deutschen Post AG hat sich der Postmarkt liberalisiert. Inzwischen befördern viele alternative Briefdienstleister die Post.

Die Bundesnetzagentur vergibt seit Inkrafttreten des Postgesetzes Lizenzen an Briefdienstleister. Diese Lizenz ist Voraussetzung für die Beförderung von Post. Seit dem 1. Januar 2008 gelten diese Lizenzen unbeschränkt.

Neben der Deutschen Post AG, die nach wie vor der größte Anbieter auf diesem Markt ist, etablieren sich immer mehr Anbieter für **Kurier-, Express- und Postdienste**, der sog. **KEP-Markt**. Die KEP-Dienste haben sich dadurch zu einem wichtigen Wirtschaftsfaktor und Arbeitgeber in Deutschland entwickelt.

Die Kurier-, Express- und Paketdienste bieten eine schnelle, zuverlässige und hochmoderne Dienstleistung, die viele Qualitäten hat, unter anderem die Zustellung just in time, den professionellen Service für Zulieferer, Transport von Gefahrgut und Waren aller Maße und Gewichte. Sie agieren in tragfähigen Netzwerken und verfügen über eine hohe internationale Kompetenz. Nicht zuletzt ist das Angebot der Unternehmen auch fester Bestandteil des Alltags vieler Verbraucher geworden: Sie planen unter anderem mit der kurzfristigen Zustellung von Waren, die im Internet bestellt wurden.

Paketdienste sind mittlerweile ein fester Bestandteil des Distanzhandels in Deutschland. Dies ist insbesondere auf die nach wie vor steigende Bedeutung des E-Commerce zurückzuführen, der sich mit Abstand zum wichtigsten Wachstumstreiber des Paketmarktes entwickelt hat.

Viele der alternativen Briefdienstleister bieten ihren Service vor allem Geschäftskunden mit einem bestimmten Mindestaufkommen an Briefen an. Immer mehr KEPs verkaufen mittlerweile auch eigene Briefmarken und planen die Aufstellung eigener Briefkästen, um verstärkt Privatkunden zu erreichen.

Definition KEP

K – Kurierdienste

Bezeichnend für Kurierdienste sind die permanente persönliche Begleitung der Sendungen und die damit verbundene Möglichkeit des Dienstleisters, jederzeit auf die Sendung zuzugreifen, um Dispositionen zu treffen. Dies stellt einen entscheidenden Vorteil zur Abgrenzung dieser Serviceart gegenüber den Express- und Paketdiensten dar.

Neben einer großen Zahl von Einzelunternehmen, die für dieses Segment typisch sind, werden hier auch Vermittlungszentralen einbezogen, die die Aufträge an die angeschlossenen Unternehmen weitervermitteln.

E – Expressdienste

Der Expressbereich ist das am stärksten geschlossene Segment des KEP-Marktes. Das Anbieterspektrum reicht vom Overnight-Dienst bis hin zur klassischen Spedition, die garantierte 24-Stunden-Transporte anbietet. Der Transport erfolgt bei Expressdiensten im Vergleich zu Kurierdiensten nicht direkt exklusiv und persönlich, sondern über Umschlagzentren zum Empfänger. Typisch für diesen Bereich sind Sammeltransporte, bei denen ein fester, häufig garantierter Ausliefertermin vereinbart wird, z. B. bis 08:00 Uhr.

Der Transport wird innerhalb eigener Netzwerke durchgeführt, die zum Teil die ganze Welt umspannen.

P – Paketdienste

Paketdienste stellen ein Untersegment der Expressdienste dar. Entscheidende Merkmale der Paketdienste sind die aus dem Transportsystem heraus zu erfüllenden Lieferzeiten sowie die Beschränkung der zum Transport übernommenen Sendungen in Größe und Gewicht.

Paketdienste konzentrieren sich auf die flächendeckende, regelmäßige und zum Teil fahrplanmäßige Beförderung standardisierter Paketstücke.

8. Ein- und ausgehende Informationswege effizient nutzen

 MERKE

Bei der Auswahl des passenden Brief- bzw. Paketdienstleisters für ein Unternehmen, sollten genaue Informationen über die Leistungsfähigkeit eingeholt werden. Neben den wirtschaftlichen Faktoren wie Kosten, Beförderungszeit, Servicefähigkeit sollten auch ökologische Aspekte, wie umweltfreundliche Verpackungsmaterialien, effiziente Routenplanungen und der Einsatz von verbrauchs- und emissionsarmen Transportfahrzeugen berücksichtigt werden.

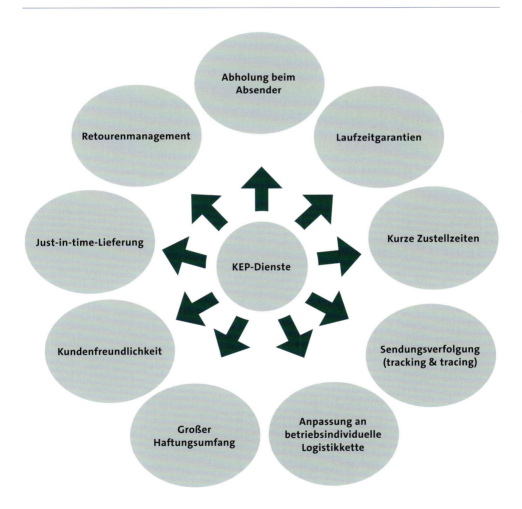

Immer mehr Versender erkennen zunehmend die Vorteile, die sich aus der Zusammenarbeit mit alternativen Paket- und Briefdienstleistern ergeben. Doch es lohnt sich, sich zu erkundigen, ob die Alternativen auch vergleichbar sind. Nicht nur wertvolle Serviceleistungen, sondern auch Preis und Qualität müssen stimmen.

Als Nachschlagewerk zum Thema Post und Dokument dient „Das Rote Buch", das neben vielen anderen hilfreichen Auflistungen eine umfangreiche Sammlung aller rund 150 Briefdienstleister, nach Leitzonen sortiert, enthält. Zudem sind Übersichten mit Kontaktdaten über Druckdienstleister, Scandienstleister und das Poststellenmanagement enthalten.

8.8.2 Die richtige Versandart wählen

Für die Briefpost gibt es unterschiedliche Sendungsarten. Mit der Sendungsart **Brief** werden Informationen, Nachrichten und Mitteilungen bis 1.000 g im Inland und 2.000 g im Ausland als geschäftliche Korrespondenz verschickt.

Sendungsart	Größe	Höhe	Gewicht
Standardbrief	23,5 x 12,5 cm	bis 0,5 cm	bis 20 g
Kompaktbrief	23,5 x 12,5 cm	bis 1,0 cm	bis 50 g
Großbrief	35,3 x 25,0 cm	bis 2,0 cm	bis 500 g
Maxibrief	35,3 x 25,0 cm	bis 5,0 cm	bis 1.000 g
Postkarte	23,5 x 12,5 cm	Flächengewicht 150 g/m² bis 500 g/m²	

TIPP

Übersteigt das Gewicht einer Sendung das Gewicht und Format eines Maxibriefes, kann der Versand als Päckchen oder Paket erfolgen. Informationen sind dazu auf den Internetseiten der Paketdienstleister ersichtlich.

8.8.3 Zusatzleistungen

Bei gewissen Briefsendungen ist eine gesicherte Zustellung besonders wichtig. Eine Bestätigung oder die persönliche Sendungsübergabe gewährleistet diesen Anspruch. Für diese zusätzliche Leistung fällt ein Entgelt zusätzlich zum Briefporto an.

Tarifname	Beschreibung
Einschreiben	Der Empfänger bestätigt durch Unterschrift den Empfang der Sendung.
Einwurfeinschreiben	Der Zusteller dokumentiert den Einwurf in den Briefkasten oder das Postfach des Empfängers.
Eigenhändig (nur mit Übergabeeinschreiben)	Die Sendung wird nur an den Empfänger persönlich oder an einen Bevollmächtigten ausgehändigt.
Rückschein (nur mit Übergabeeinschreiben)	Der Empfang der Sendung wird dem Absender auf einem vorbereiteten Rückschein bestätigt.
Eigenhändig Rückschein	Übergabe des Schreibens erfolgt nur gegen eigenhändige Unterschrift des Empfängers auf dem Rückschein, der an den Absender zurückgeschickt wird.
Nachnahme national	Beim Versand per Nachnahme wird die Sendung nur gegen Zahlung des angegebenen Nachnahmebetrages ausgeliefert. Anschließend überweist der Briefdienstleister den eingezogenen Betrag abzüglich des Entgeltes für die Geldübermittlung auf das entsprechende Konto.

8.8.4 Besondere Sendungsarten

Neben der allgemeinen Briefpost, gibt es eine Reihe von Sendungsarten, die den Versand verbilligen und optimieren. Inhalt, Größe und vor allem die Menge sind ausschlaggebend für die Wahl der richtigen Versandart.

Warensendung	Warensendungen sind ausschließlich für den Versand von Waren, Warenproben, Mustern oder anderen Gegenständen gedacht. Das Porto ist vergünstigt. Sachinformationen können lose beigelegt oder auf den Gegenständen beziehungsweise deren Verpackung angebracht sein, wie z. B. Rechnungen, Überweisungsträger, Gebrauchsanweisungen und Anwendungsvorschriften.
Büchersendung	Die Büchersendung ist ausschließlich für den Versand von Büchern, Broschüren, Notenblättern oder Landkarten in einem offenen Umschlag gedacht. Sie dürfen keinem geschäftlichen Zweck dienen. Beigelegt werden kann die Rechnung, ein Überweisungsträger, Rückantwortumschlag, Leih- oder Buchlaufkarte.
Blindensendung	Schriftstücke in Blindenschrift oder Tonaufzeichnungen, die für Sehbehinderte bestimmt sind. Blindensendungen sind kostenfrei mit Ausnahme von Zusatzleistungen.
Dialogpost	Werbliche und nichtwerbliche Inhalte in größeren Mengen können preiswert versandt werden. Voraussetzungen sind mindestens 5.000 Stück bundesweit, mindestens 200 Stück nach Leitregion (Übereinstimmung der ersten beiden Stellen der Postleitzahl). Es ist eine auf- oder absteigende Sortierung nach Postleitzahlen erforderlich. Alle Sendungen einer Einlieferung müssen format- und gewichtsgleich sein. Sendungen mit **nicht werblichem** Inhalt müssen inhaltsgleich sein.
Werbeantwort	Vorfrankierte Briefe oder Postkarten, die z. B. als Kundenantwort Werbesendungen beigelegt sind. Durch den Aufdruck „Entgelt zahlt der Empfänger" kann der Kunde leicht reagieren. Der Empfänger der Werbeantwort zahlt die Portokosten.
Postaktuell	Inhaltsgleiche Sendungen, Drucksachen, Muster, Warenproben, Werbeartikel etc. werden **unadressiert** flächendeckend an ausgewählte Haushalte in Deutschland verteilt. Dabei kann gewählt werden, ob die Schreiben an „alle Haushalte" oder nur an „Haushalte mit Tagespost" verschickt werden.

8.8.5 Pakete und Päckchen

Übersteigt das Gewicht einer Sendung 1.000 g, oder ist die Größe der Sendung nicht mehr als Briefversand zulässig, muss als Sendungsart ein Päckchen oder Paket gewählt werden. Die Leistungsmerkmale dieser Sendungsarten sind nachfolgend am Beispiel von DHL verdeutlicht:

DHL-Paket	Gegenstände, Waren und Mitteilungen bis zu einem Höchstgewicht von **31,5 kg** können bundesweit, in die Länder der europäischen Union und weltweit versandt werden. Standardmäßig sind Pakete bis zum einem Betrag von 500 € versichert. Übersteigt der Paketinhalt diesen Wert, kann eine Transportversicherung abgeschlossen werden.
	Pakete, die das maximale Maß überschreiten, können als **Sperrgut** gegen eine Zusatzgebühr versandt werden.
	Die Freimachung eines Pakets erfolgt mit Wertmarken.
	Weitere Leistungsmerkmale sind die deutschlandweite **Sendungsverfolgung**, der **klimaneutrale Versand**, der **Abholservice** durch DHL.
Päckchen	Kleine Waren und Gegenstände bis zu einem Gewicht von **2.000 g** und einem Höchstmaß von 60 x 30 x 15 cm. Im Gegensatz zur Warensendung dürfen hier briefliche Mitteilungen beigelegt werden.
	Der Festpreis des Päckchens ist abhängig davon, ob sich der Zustellort innerhalb Deutschlands, Europas oder weltweit befindet.
	Das Päckchen ist nicht versichert. Gegen eine Zusatzgebühr kann eine Transportversicherung abgeschlossen werden.

 MERKE

Leistungen und Preise zu den Sendungsarten, Zusatzleistungen, besonderen Sendungsarten, Päckchen und Paketen, stehen auf den Internetseiten der Post- und Briefdienstleister aktualisiert zum Download zur Verfügung. Bei Berechnungen sollten auch die **Online-Preise** verglichen werden.

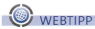
WEBTIPP

Leistungen und Preise der Deutschen Post:
https://www.deutschepost.de/preise

Leistungen und Preise von DHL:
http://www.dhl.de

Informationen und Vergleiche zu Brief- und Paketsendungen:
http://www.posttip.de

9. Aufbewahrung von Schriftgut

Täglich gehen unterschiedliche Informationen auf vielfältigen Wegen in einem Unternehmen ein und stapeln sich dann auf dem Schreibtisch der Assistenten. So kommt es leicht vor, dass unnötige Informationen aus Unsicherheit gehortet werden, aber auch, dass wichtige Dokumente in unübersichtlichen Ablagesystemen verloren gehen.

Die Aufbewahrung von Schriftstücken ist jedoch nicht nur von betrieblichem Interesse, sondern vom Gesetzgeber im Handelsgesetzbuch und der Abgabenordnung geregelt.

MERKE

Kaufleute sind zur Aufbewahrung von Unterlagen durch das Handelsgesetzbuch (§§ 257 - 261 HGB) und der Abgabenordnung (§§ 146 - 147 AO) verpflichtet. Diese Unterlagen haben Gesetzeswert!

9. Aufbewahrung von Schriftgut

Betriebliche Notwendigkeit	Gesetzliche Vorschriften	Aufbewahrung von elektronischen Dokumenten	Internationale Normung
▸ Gedächtnisstütze für Arbeitsprozesse ▸ Beweisfunktion bei Ansprüchen nach außen ▸ Dokumentation der Unternehmensentwicklung	▸ Abgabenordnung (AO) ▸ Handelsgesetzbuch (HGB)	▸ GDPdU (Grundsätze zum Datenzugriff und zur Prüfbarkeit digitaler Daten) ▸ Unterlagen, die digital eingehen, müssen auch digital aufbewahrt werden	▸ DIN ISO 15489 ▸ gilt für Unternehmen, die sich bestimmten Qualitätsgrundsätzen verschrieben haben

9.1 Wertstufen von Dokumenten

In der Praxis werden Schriftstücken meist unterschiedliche Wertstufen zugeteilt, die im Folgenden beschrieben werden:

Wertstufe	Beschreibung	Beispiele
Tageswert	Diese Schriftstücke haben für Unternehmen im Allgemeinen keinen bleibenden Wert und können nach Kenntnisnahme direkt vernichtet werden. Der Begriff „Tageswert" bedeutet aber nicht zwangsläufig, dass sie nur einen Tag aufbewahrt werden sollten. Das Vernichtungsdatum für solche Dokumente kann auch firmenintern geregelt sein.	▸ Rundschreiben ▸ Tageszeitungen ▸ unverlangte Angebote ▸ Werbeflyer
Prüfwert	Auch für den Prüfwert können ggf. interne Fristen abgesprochen und dokumentiert sein. Wichtig ist jedoch, dass diese Schriftstücke eine zeitlich befristete Bedeutung haben.	▸ Angebote/Anfragen ohne Auftragsfolge ▸ Bewerbungen ▸ Produktkataloge

Wertstufe	Beschreibung	Beispiele
Gesetzeswert	Hier schreibt der Gesetzgeber die Fristen zur Aufbewahrung vor. Dadurch soll eine lückenlose Dokumentation der Handelsgeschäfte sichergestellt werden. Einen guten Überblick über die Aufbewahrungsfristen von Unterlagen bieten die Industrie- und Handelskammern, z. B. https://www.muenchen.ihk.de/de/recht/	**sechs Jahre** ▸ Handels- und Geschäftsbriefe ▸ Angebote mit Auftragsfolge ▸ Bestellungen ▸ Lieferscheine **zehn Jahre** ▸ Jahresabschlüsse ▸ Inventare ▸ Handelsbücher ▸ Buchungsbelege ▸ Rechnungen
Dauerwert	Dieses Schriftgut ist für das Unternehmen von dauerhafter Bedeutung. Deshalb sollte es so lange aufbewahrt werden, wie das Unternehmen besteht.	▸ Patente ▸ Dokumente zur Unternehmensgründung ▸ notarielle Urkunden ▸ Pläne

Die Einordnung des Schriftgutes in eine bestimmte Wertigkeitsstufe bedeutet nicht, dass es zwangläufig dort verbleiben muss. Deshalb sollte die Ablage regelmäßig überprüft und aussortiert werden. Eine fristgerechte Vernichtung von Unterlagen, die nicht mehr benötigt werden, sorgt für Platz- und Kosteneinsparung.

Die Aufbewahrungsfrist beginnt immer am Schluss des Kalenderjahres, in dem das Schriftgut angefallen ist.

Beispiel

Die Aufbewahrungsfrist einer Eingangsrechnung vom 5. Mai 2020 beginnt am 31. Dezember 2020.

Die Aufbewahrungsfrist dieser Rechnung endet am 31. Dezember 2030.

Die Vernichtung der Rechnung darf am 1. Januar 2031 erfolgen.

Gesetzlich geregelte Aufbewahrungsformen

Auch die Form der Aufbewahrung ist gesetzlich geregelt. So müssen z. B. Ausfuhrbelege mit pigmentierten Stempelfarben im Original aufbewahrt werden. Auch Eingangsrechnungen, bei denen ein Vorsteuerabzug in Anspruch genommen wird, sollten im Original vorhanden sein.

Handels- und Geschäftsbriefe sowie Buchungsbelege können so aufbewahrt werden, dass ihre Wiedergabe bildlich mit dem Original übereinstimmt.

ACHTUNG

Nach Änderung der Abgabenordnung im Jahr 2002 gilt, dass digitale Unterlagen auch digital aufbewahrt werden müssen. Alle digitalen Daten müssen den Grundsätzen ordnungsgemäßer DV-gestützter Buchführungssysteme (GoBS) und den Grundsätzen zum Datenzugriff und zur Prüfbarkeit digitaler Unterlagen (GDPdU) entsprechen.

9.2 Die Aufbewahrungsorte

9.2.1 Die Ablage am Arbeitsplatz

Vorgänge, die sich noch in Bearbeitung befinden oder ständig benötigt werden, bewahrt man direkt am Arbeitsplatz auf. Diese Unterlagen werden lediglich von dem jeweiligen Sachbearbeiter benötigt, an dessen Arbeitsplatz sie sich befinden.

Um Ordnung zu bewahren, eignet sich für die Arbeitsplatzablage eine gut strukturierte Hängeregistratur (vertikale Hängeregistratur) mit Hängemappen, Hängeordnern, Hängeheftern und Hängetaschen.

Die dafür benötigten Hängeregale, Container oder Hängeschränke sind meist bereits direkt in die Möbel der Arbeitsplatzregistratur integriert. Für die schnelle Ablage auf dem Arbeitsplatz eignen sich Ablagekörbe.

9.2.2 Die Abteilungsregistratur

In der Abteilungsregistratur werden Unterlagen aufbewahrt, die für die ganze Abteilung benötigt werden und die sich meist noch in Überwachung befinden oder auf die ggf. noch zurückgegriffen werden muss. Dieser Registraturstandort ist zentral für eine Abteilung angelegt und meist mit Hängeregistraturmöbeln (auch Pendelregistratur), Ordnerregalen, geschlossenen Flügeltürschränken oder Rollladenschränken ausgestattet.

Durch die hohe Datenmenge eignen sich hier insbesondere Stehordner, Stehsammler, Hänge- oder Pendelmappen, -taschen, -ordner oder -hefter.

Bei der Sortierung der Abteilungsregistratur sollte darauf geachtet werden, dass die Ordner verständlich und einheitlich beschriftet werden, damit sich auch jeder problemlos zurechtfinden kann.

9.2.3 Die Zentralregistratur

In der Zentralregistratur werden Unterlagen aufbewahrt, die für mehrere Abteilungen interessant sind. Meist ist in der Praxis die Altablage (Ablage für Akten, die dem Gesetzeswert unterliegen und noch nicht vernichtet werden dürfen) in die Zentralregistratur integriert.

In der Zentralregistratur finden sich die typischen Registraturmöbel, wie Schränke oder Regale, aber auch Paternosterregalsysteme oder Rollregalanlagen.

Die Unterlagen werden hier in Ordnern, Einstellmappen, Archivsammlern oder -schachteln aufbewahrt.

Es bietet sich an, dass die Zentralregistratur von festem Personal geführt wird. Dies vermeidet Datenverlust oder Chaos in der Registratur, da auf diesen Registraturstandort viele Mitarbeiter eines Unternehmens Zugriff haben.

9.2.4 Das Archiv

Das Archiv bewahrt wertvolles Schriftgut mit Dauerwert auf. Diese Dokumente sind für das Unternehmen sehr wichtig, werden jedoch nur selten benötigt. Ein Archiv kann sehr groß und mit denselben Möbeln wie die Zentralregistratur ausgestattet sein, aber auch ein feuerfester und einbruchssicherer Safe oder ein Bankschließfach können als Archiv geführt werden.

9.3 Registraturformen

Die vielfältigen Registraturbehälter lassen unterschiedliche Ablageformen zu. Hierbei unterscheidet man zwischen:

- **Loseblattablage**
  Hier werden die Dokumente ungeheftet in Mappen oder Körbe gelegt. Diese Akten dürfen nicht zu umfangreich sein, da sonst Datenverluste drohen. Ein großer Vorteil dieser Ablageart ist die zeitsparende Ablage.

- **gehefteter Ablage**
  Lose Blätter werden gelocht und in Ordnern oder Heftern abgeheftet. Dadurch entsteht eine klar definierte Reihenfolge.

Außerdem kann zwischen der **Einzel- und Sammelakte** unterschieden werden. Bei Einzelakten gehören die abgelegten Schriftstücke zu einem Thema oder einer Person (z. B. Personalakte, Kundenakte), während Sammelakten mehrere gleichartige Vorgänge zusammenfassen (z. B. Angebotsakten, Rechnungsakten).

Die Registraturbehälter lassen zudem auch eine Unterscheidung nach liegender, stehender und hängender Registratur zu.

9.3.1 Liegende Registratur

Die liegende Registratur ist einer der am häufigsten eingesetzten Registraturformen – denn jeder hat, ob geschäftlich oder privat, etwas auf seinem Schreibtisch liegen. Dennoch gehört diese Registraturform zu den unübersichtlichsten. Abgelegte Unterlagen in Jurismappen und Aktendeckeln und Ablagekörben (Loseblattablage) und in Schnellheftern (geheftete Ablage) werden meist unsystematisch aufeinander gestapelt.

Übersichtlichkeit können Ablagekörbe und Pultordner bringen, in die die liegende Registratur einsortiert werden kann.

Vorteile der liegenden Registratur	Nachteile der liegenden Registratur
▸ preisgünstig	▸ hoher Raumbedarf ▸ großer Suchaufwand

9.3.2 Stehende Registratur

Stehordner (geheftete Ablage) und Stehsammler (Loseblattablage) sind für diese Registraturform die beliebtesten Materialien. Die Registraturform ist zudem sehr übersichtlich, wenn die Behälter von außen gut und verständlich beschriftet werden.

Beide Behälter sind jedoch sehr platzaufwendig und durch die fest vorgegebene Breite kann bei Akten mit weniger Papierbedarf ein gewisser „Totraum" im Ordner entstehen.

Vorteile der stehenden Registratur	Nachteile der stehenden Registratur
▸ übersichtlich ▸ Materialkosten relativ gering ▸ Beschriftung leicht anzubringen	▸ nachträgliche Ergänzungen z. T. schwer möglich ▸ hoher Platzbedarf ▸ Durch „Totraum" im Ordner entsteht keine optimale Ausnutzung der Behälter.

9. Aufbewahrung von Schriftgut

9.3.3 Hängende Registratur

Bei der hängenden Registratur unterscheidet man die vertikale und laterale Aufhängung der Mappen und Sammler (Loseblattablage) und der Ordner und Hefter (geheftete Ablage).

Die vertikale Aufhängung ist die typischste und häufigste Form der hängenden Registratur. Sie findet sich meistens an jedem Arbeitsplatz in Schreibtischcontainern. Durch die Reiter an den Behältern entsteht eine gute Übersicht über den Inhalt der Registratur.

Die laterale Hängeregistratur ist eine Pendelregistratur, für die Schienen und Stangen notwendig ist und ein geeigneter Schrank mit der Vorrichtung vorhanden sein muss. Man kann sich diese Registratur wie Kleiderstangen und -bügel im Kleiderschrank vorstellen. So hängen die Akten auch nebeneinander. Dies bedeutet, man hat einen seitlichen Zugriff auf die Unterlagen. Sie ist – im Gegensatz zur vertikalen Aufhängung – nicht so übersichtlich.

9.4 Ordnungssysteme

Um in einer Registratur Ordnung zu schaffen, kommt es nicht nur auf die richtigen Ablagestandorte, Registraturmöbel und -behälter an. Oberste Priorität hat hier die Wahl des richtigen Ordnungssystems.

9.4.1 Alphabetisches Ordnungssystem

Wie der Name bereits vermuten lässt, werden Unterlagen nach dem Alphabet abgeheftet. Hierbei sind verschiedene Regeln zu beachten, die in der DIN 5007 festgelegt sind.

INFO

DIN 5007
Allgemeines (Buchstabenfolge)

- Bei der Ordnung von Umlauten wird der Umlaut auf den Grundbuchstaben zurückgeführt (ä = a; ü = u; ö = o).

  Achtung: Die Auflösung der Umlaute in die Grundbuchstaben ae, oe und ue wurde mit der Neuerung der DIN 5007 im Jahr 2005 eindeutig als **Ausnahmeregelung** gekennzeichnet!

- Akzente bleiben unberücksichtigt (é = e; à = a).
- Lautverbindungen wie ch, ck, sch und st gelten als zwei bzw. drei Buchstaben (ß = ss). Ausnahme: Sch und St am Wortanfang können in der Registratur als selbstständige Buchstaben geführt werden: S, Sch, St.
- Vorsatzwörter (van, von, der, de, das, die, zum, zur usw.), akademische Grade, Berufsbezeichnungen und Adelsbezeichnungen werden nicht berücksichtig.
- Die Wörter „und", „&", „für" usw. bleiben unberücksichtigt.
- Feststehende und gebräuchliche Abkürzungen können wie ein Wort behandelt werden: ADAC = Adac.

Ordnungsfolge nach Namen

- Ordnungswert hat das erste Wort des Familien-, Firmen- oder Sachnamens.
- Alle Vornamen, Zweitnamen und Zusätze besitzen zudem Ordnungswert.
- Familiennamen ohne Vornamen werden vor Familiennamen mit Vornamen und Zusätzen einsortiert.
- Abgekürzte Vornamen stehen vor ausgeschriebenen Vornamen.
- Gebrüder, Geschwister usw. werden wie Vornamen behandelt.
- Sind die ersten Namen gleich, bestimmen zweite oder mehrere Vornamen die Ordnungsfolge.
- Sind alle Vornamen und Zusätze gleich, werden weitere Ordnungskriterien hinzugezogen (z. B. Wohnort, Beruf).
- Doppelnamen verschmelzen zu einem Namen.
- Untrennbare Eigennamen werden ohne Rücksicht auf die Vornamen einsortiert.

Da normalerweise alle Mitarbeiter das Alphabet beherrschen sollten, ist dieses Ordnungssystem für alle nachvollziehbar. Das erleichtert den direkten Zugriff auf die Akten und das Schriftgut an sich muss nicht weiter besonders gekennzeichnet werden.

Bei aller Einfachheit muss bei diesem Ordnungssystem trotzdem sorgfältig und konzentriert gearbeitet werden, denn gerade Umlaute, Doppelnamen und Abkürzungen können schnell falsch einsortiert werden.

9.4.2 Numerisches Ordnungssystem

Hier wird das Schriftgut nach Zahlen bzw. Nummern sortiert. Besonders gut eignen sich dafür Schriftstücke, die bereits eine Ordnungsnummer tragen (Rechnungen, Lieferscheine usw.). Werden Ordnungsnummern erst vergeben, könnte eine Suche der Unterlagen nur noch über einen Index möglich sein. Dies könnte das Arbeiten in der Registratur verlangsamen.

Ansonsten ist dieses Ordnungssystem natürlich dahingehend vorteilhaft, dass es leicht verständlich ist und das Sortieren schnell geht.

9.4.3 Dekadisches Ordnungssystem

Dieses Ordnungssystem ist eine Erweiterung der Numerischen Ordnung. Hierbei wird mithilfe des Zehnersystems eine Struktur gebildet (z. B. nach Abteilungen). Die Hauptgruppe erhält anschließend eine Nummer von 0 bis 9, die Untergruppen beginnen jeweils mit der gleichen Ziffer und werden dann wieder von 0 bis 9 unterteilt.

Mit der dekadischen Ordnung kann man sehr gut Sachgebiete voneinander abgrenzen. Sie ist sehr gut nachvollziehbar.

Allerdings ist sie nur bis zu einem gewissen Grad schnell erweiterbar.

Beispiel

9	Aufbewahrung von Schriftgut
9.1	Wertstufen
9.2	Aufbewahrungsorte
10	Datensicherung

9.4.4 Alphanumerisches Ordnungssystem

Hier werden Buchstaben und Zahlen miteinander kombiniert. Meist wird mit den Buchstaben ein gedanklicher Hinweis zu einem Sachverhalt hergestellt und die Zahlen bilden dann die Vorgangsnummer.

Vorteilhaft bei diesem Ordnungssystem ist, dass Betriebsfremde meist mit den Buchstaben- und Zahlenkombinationen nichts anfangen können und sie deshalb nicht so leicht Zugang zu den Unterlagen erhalten. Nachteilig ist, dass die Ablage relativ zeitaufwendig ist und eine hohe Konzentration erfordert.

9.4.5 Chronologische Ordnung

Bei der chronologischen Ordnung wird nach dem Datum sortiert. Hierbei unterscheidet man zwischen kaufmännischer Heftung und Behördenheftung. Bei der kaufmännischen Heftung wird das aktuelle Schriftgut „oben" abgelegt, also einfach am Anfang der Ablage eingeheftet. Bei der Behördenheftung ist das aktuelle Schriftgut am Ende der Ablage abzulegen.

9.4.6 Sachliche Ordnung, Merkhilfen, Farben und Symbole (Mnemotechnische Ordnung)

Die oben genannten Ordnungssysteme können durch Stichwörter, Farben und Symbole unterstützt und ergänzt werden. So finden sich in vielen Registraturen z. B. farbige Ordner für bestimmte Vorgänge. Dieses Ordnungssystem hilft, durch eindeutige Erkennbarkeit Fehler beim Einsortieren zu vermeiden. Allerdings müssen im Vorfeld klare Regelungen bestehen, welche Farben für welches Schriftgut verwendet und welche Bezeichnungen auf den Ordnern vermerkt werden.

9.5 Der Aktenplan

Der Aktenplan managed übergeordnet die Schriftgutablage im Unternehmen, indem er sie sachlich, logisch und für alle Mitarbeiter nachvollziehbar strukturiert. Er ist dekadisch aufgebaut (meist nach Abteilungen der Unternehmen). Dies ist notwendig, um das Schriftgut der einzelnen Abteilungen voneinander abzugrenzen.

Vorteile	Nachteile
▸ einheitliche Ablage ▸ guter Überblick über Unterlagen im Unternehmen ▸ Mehrfachablagen werden vermieden ▸ schnellere Einarbeitung von Mitarbeitern ▸ Bearbeitung von Vorgängen ohne große Verzögerung ▸ leichtere Vertretung im Krankheits- oder Urlaubsfall	▸ zunächst aufwendig in der Erstellung ▸ bei umfangreichen Schriftgutsammlungen kann schnell der Überblick verloren gehen ▸ Schlagworte werden ggf. nicht von allen Mitarbeitern gleich aufgefasst

Ergänzend zum Aktenplan kann ein Schriftgutkatalog zusätzlich intern geregelte Aufbewahrungsfristen aufnehmen.

9.6 Das Dokumenten-Management-System (DMS)

Informationen gehen nicht nur schriftlich (in Papierform) in ein Unternehmen ein, sondern kommen durch moderne Medien in vielfältigen Formen beim Sachbearbeiter an.

So können Informationen

- per Telefon,
- per Briefsendung,
- per E-Mail oder Internet,
- per Printmedien,
- über persönliche Gespräche und
- durch Foren und Chats

eingehen.

Durch das Nutzen unterschiedlichster Eingangskanäle entstehen **Medienbrüche**, die durch das Vereinheitlichen der Informationen mithilfe eines Dokumenten-Management-Systems vermieden werden können.

Dokumenten-Management-Systeme übernehmen die digitale Archivierung von Schriftgut und verwalten die Dokumente über ihren gesamten Lebenszyklus. Die unterschiedlichen Dokumenten-Management-Systeme, die am Markt angeboten werden, sind so individuell, wie die Unternehmen, die sie benötigen.

Wichtig ist jedoch, dass das DMS revisionssicher ist. Dafür muss es folgende Kriterien erfüllen:

- Ordnungsmäßigkeit
- Vollständigkeit
- Sicherung des Gesamtverfahrens
- Schutz vor Veränderung bzw. Verfälschung
- Sicherung der Daten vor Verlust
- Nutzung nur durch Berechtigte
- Einhaltung der Aufbewahrungsfristen
- Nachvollziehbarkeit
- Prüfbarkeit.

Das Dokumenten-Management-System übernimmt dabei folgende Aufgaben:

Erfassung	Verwaltung	Archivierung
▸ Erfassung der Dokumente ▸ Erstellen von Dokumentationen	▸ Verwaltung allgemeiner Korrespondenz ▸ Strukturierung und Ablage allgemeiner Korrespondenz	▸ Archivierung kaufmännischer Belege ▸ automatische Ablage der Unterlagen

Anfallende Schriftstücke werden zunächst nach ihrer Art vorsortiert und mit einem Barcode versehen. Dieser macht die Schriftstücke unverwechselbar. Durch das anschließende Einscannen wird das Dokument digitalisiert und als Grafik auf einem Datenträger gespeichert. Auch Dateien aus allen möglichen Programmen (E-Mails, elektronische Faxe usw.) können in dieses System integriert werden, sodass Medienbrüche vermieden werden.

Nach dem Einscannen erhält jedes einzelne Dokument einen Index. In der Fachsprache bezeichnet man diesen Vorgang auch als „Verschlagworten", d. h. einzelne Begriffe (Schlagworte) des Dokumentes werden dem Dokument zugeordnet. Hochwertige DMS-Programme leisten diese Verschlagwortung selbstständig. Durch das Indizieren erreicht man, dass

▸ Dokumente unterschiedlichen Typen zugeordnet werden können

▸ eine zeitliche Abfolge nachvollziehbar ist

▸ festgestellt werden kann, welche Dokumente von wem erstellt wurden

▸ Änderungen an den Dokumenten festgestellt werden können.

Da es sich bei den eingescannten Dateien um Bilddateien handelt, ist eine Suche meist nur nach den Schlagworten möglich. Kombiniert man jedoch das DMS mit einem OCR-Programm, so ist eine Volltextsuche in den Dokumenten möglich.

INFO

OCR = Optical Character Recognition

Dieses Programm (auch Texterkennungssoftware genannt) wandelt Bilddateien in Textdateien um und ermöglicht in umfangreichen Dateien eine Suche mit vernetzten Begriffen.

Nach dem Einscannen und Indizieren können die Dateien nun über das Netzwerk den entsprechenden Abteilungen zur Bearbeitung weitergeleitet und später abgelegt werden. Das DMS-Programm kann zudem automatisch den Vernichtungstermin bekannt geben, sofern das Vernichtungsdatum bei der Indizierung eingetragen wurde.

Vorteile eines DMS	Nachteile eines DMS
▸ Einsparung von Raum-, Material- und Personalkosten ▸ erhöhte Kundenzufriedenheit durch schnelleres Finden der entsprechenden Unterlagen ▸ kein aufwendiges Suchen in Archiven ▸ Verkürzung von Durchlauf- und Reaktionszeiten ▸ Schutz der Unterlagen durch individuelle Zugriffsrechte ▸ Änderungen sind nachvollziehbar ▸ Vernichtungszeitpunkt wird vom System gemeldet ▸ kein Kopieren und Transportieren von Akten mehr notwendig	▸ funktioniert nicht ohne Strom ▸ Anschaffungskosten für Programm und spezielle Geräte ▸ Datendiebstahl möglich ▸ abhängig vom Stand der Technik → möglicherweise System schnell veraltet

9.7 Datenschutz

9.7.1 Bundesdatenschutzgesetz – Datenschutzgrundverordnung

Das Bundesdatenschutzgesetz (BDSG) ist das zentrale Gesetz im deutschen Datenschutzrecht. Es enthält Anweisungen, wie personenbezogene Daten verarbeitet werden dürfen.

Vor dem Hintergrund stetig wachsender digitaler Vernetzung wurde das Bundesdatenschutzgesetz novelliert und trat gemeinsam mit der EU-Datenschutzgrundverordnung (EU-DSGVO) zum 25. Mai 2018 in Kraft.

Die EU-Datenschutzgrundverordnung ist unmittelbar geltendes Recht. Sie enthält allerdings an einigen Stellen sogenannte Öffnungsklauseln. Das heißt konkret, dass einige Reglungen offengehalten und auf nationaler Ebene konkretisiert werden können. In solchen Fällen greift dann das Bundesdatenschutzgesetz. Es konkretisiert und ergänzt die EU-DSGVO.

Daher muss das Bundesdatenschutzgesetz immer in Verbindung mit der Datenschutzgrundverordnung betrachtet werden.

Beispiel

... für personenbezogene Daten:
- Name, Alter, Familienstand, Geburtsdatum
- Anschrift, Telefonnummer, E-Mail-Adresse
- Kontodaten, Kreditkartennummer
- IP-Adresse
- Kfz-Kennzeichen
- Nummer des Personalausweises
- Vorstrafen
- Gesundheitsdaten.

 MERKE

Jede Person hat das Recht auf informationelle Selbstbestimmung und darf über die Speicherung, Übermittlung und Verarbeitung seiner Daten selbst entscheiden, soweit gesetzlich nichts anderes geregelt ist.

9.7.2 Gesetzliche Pflichten für Unternehmen

Das Bundesdatenschutzgesetz (BDSG/DSGVO) enthält eine Reihe neuer Datenschutzbestimmungen für Unternehmen bei der Verarbeitung von personenbezogenen Daten. Um den Schutz der Daten betroffener Personen bestmöglich zu gewährleisten, hat der Gesetzgeber in den Art. 5 ff. DSGVO Grundsätze entwickelt, welche die Verarbeitung personenbezogener Daten regeln.

Eine zentrale Vorschrift ist dabei Art. 5 DSGVO. Danach ist die Verarbeitung personenbezogener Daten nur unter bestimmten Voraussetzungen, wie beispielsweise Zweckbindung, Rechtmäßigkeit und Transparenz, möglich. Weitere Vorschriften umfassen die Pflicht des Verantwortlichen, den Betroffenen über die Erhebung von Daten umfassend zu informieren oder ihm, bei Verlangen, Auskunft über die Verarbeitung zu geben.

Kommt der Verantwortliche seinen Pflichten nicht nach, sieht der Gesetzgeber Sanktionen in Form schmerzhafter Geldbußen vor.

9.7.3 Datenschutzbeauftragter

Unter anderem müssen Unternehmen unter bestimmten Umständen einen Datenschutzbeauftragten (DSB) benennen.

In § 38 Abs. 1 BDSG findet sich die Pflicht für Unternehmen, einen Datenschutzbeauftragten (DSB) zu bestellen,
- wenn in der Regel mindestens 10 Personen ständig mit der automatisierten Verarbeitung personenbezogener Daten beschäftigt sind.
- Unabhängig von der Anzahl ist dann ein DSB zu bestellen, wenn Verarbeitungen vorgenommen werden, die einer Datenschutz-Folgenabschätzung nach Art. 35 DSGVO (besonders sensible Daten, wie z. B. Daten zur Kreditwürdigkeit, Gesundheitsdaten, Vorstrafen usw.) unterliegen.
- wenn personenbezogene Daten geschäftsmäßig zum Zweck der Übermittlung, der anonymisierten Übermittlung oder für Zwecke der Markt- oder Meinungsforschung verarbeitet werden.

Der Datenschutzbeauftragte hat sämtliche datenschutzrechtlich relevanten Belange zu kennen und innerhalb des Unternehmens darauf hinzuwirken, dass diese umgesetzt werden. Zu seinen Aufgaben gehören beispielsweise die Überwachung der Einhaltung der DSGVO, sowie die Sensibilisierung und Schulung von Mitarbeitern.

9.7.4 Technische und organisatorische Maßnahmen (TOM)

Die technischen und organisatorischen Maßnahmen (TOM) beschreiben die Anforderungen an die Sicherheit der Datenverarbeitung in Unternehmen.

Diese Sicherheitsmaßnahmen sind in § 64 BDSG und in Art. 32 DSGVO definiert. Die beiden Maßnahmen unterscheiden sich wie folgt:
- **Technische Maßnahmen** beziehen sich auf den Datenverarbeitungsvorgang als solches. Sie bezeichnen alle Maßnahmen, die sich physisch umsetzen lassen, z. B. durch das Installieren einer Alarmanlage oder Benutzerkonten, die passwortgeschützt sind.
- **Organisatorische Maßnahmen** beziehen sich auf die Rahmenbedingungen des Datenverarbeitungsvorgangs. Sie umfassen Regeln, Vorgaben und Handlungsanweisungen, die dazu dienen, dass Mitarbeiter den Datenschutz gesetzestreu einhalten.

9.7.5 Maßnahmen zum Datenschutz

Zugangskontrolle	Das Unternehmen muss sicherstellen, dass nur Befugte die Möglichkeit haben, an EDV-Anlagen zu gelangen.
Abgangskontrolle	Durch geeignete Maßnahmen ist zu verhindern, dass Datenträger durch unbefugte Personen entwendet werden können.
Speicherkontrolle	Unbefugten ist das Speichern, Verändern und Löschen von Daten nicht gestattet.
Benutzerkontrolle	Hier muss sichergestellt werden, dass Unbefugte nicht an die entsprechenden Daten gelangen.
Zugriffskontrolle	Mitarbeiter bekommen bestimmte „Rechte" zugewiesen, mit denen sie nur an befugte Daten gelangen können.
Übermittlungskontrolle	Hier muss das Unternehmen sicherstellen, dass überprüft werden kann, an welche Stellen Daten übermittelt werden können.
Eingabekontrolle	Hier muss überprüfbar sein, wer an welchen Daten zu welcher Zeit gearbeitet hat.
Auftragskontrolle	Es muss sichergestellt werden, dass personenbezogene Daten nur entsprechend der Weisungen des Auftraggebers verarbeitet werden.
Transportkontrolle	Bei Übermittlung und Beförderung von Datenträgern muss dafür gesorgt werden, dass diese nicht unbefugt gelesen, verändert oder gelöscht werden können.
Organisationskontrolle	Der betriebliche Aufbau des Unternehmens muss so gestaltet sein, dass er den besonderen Anforderungen des Datenschutzes gerecht wird.

9.7.6 Maßnahmen zur Datensicherheit

Aufbewahrtes Schriftgut – ob digital oder im Papierformat – sollte so aufgehoben werden, dass es nicht verloren geht. Hier greift die Datensicherheit.

Datenverluste können entstehen durch:
- absichtliches Herbeiführen der Verluste (Diebstahl, Beschädigung)
- äußere Einwirkungen (Brand, Wasserschaden, Blitzschläge)
- Hard- und Softwarefehler
- Schadsoftware (Computerviren, Trojaner, Würmer, Spam- und Spyware)
- menschliches Versagen (Irrtum, Nachlässigkeit).

Unternehmen sind dazu verpflichtet, ihr Schriftgut vor diesen Verlusten durch entsprechende Maßnahmen zu schützen. Dafür bieten sich vielfältige Möglichkeiten:

1. Durch das Einrichten von Zugangskontrollen (Ausweisleser, Chipsysteme, optische Überwachung, Fingerscan) sorgt man dafür, dass nur berechtigte Mitarbeiter Zugang zum Unternehmen und zu den Daten erhalten.
2. Raumüberwachungsanlagen, Rauchverbote und Rauchmelder, Temperatur- und Luftfeuchtigkeitsmesser usw. sind geeignete Präventionsmaßnahmen, um Datenverlusten vorzubeugen.
3. Auch der Zugang zum PC sollte nur über Zugangskontrollen möglich sein (Passwörter, Code-Karten).
4. Für die Mitarbeiter sollten klare Zuständigkeiten bei der Datenbe- und -verarbeitung geregelt sein.
5. Richtlinien zur Datensicherheit sollten erlassen werden. Diese sollten auch im besten Fall die Nutzung von privaten Endgeräten im geschäftlichen WLAN-Netzwerk regeln.
6. Passwörter sollten regelmäßig geändert werden. Dazu sollte es allgemeine Vorschriften zur Erstellung von Passwörtern geben.
7. Die Rechner sollten aktuelle Virenschutzprogramme besitzen.
8. Digitale Daten sollten durch regelmäßige Backups geschützt werden.

Ursprünglich wurde bei Magnetbändern das Backup-System des „Großvater-Vater-Sohn"-Prinzips verwendet. Hierbei werden in regelmäßigen Abständen Sicherheitskopien angelegt. Die neueste Version wird dabei immer als „Sohn" bezeichnet und entwickelt sich im Laufe der nächsten Sicherung dann zum „Vater" weiter.

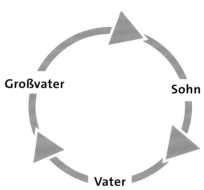

Eine andere Backup-Möglichkeit ist die Spiegelung der Festplatte auf einer anderen Festplatte. Bei Defekten kann so schnell der letzte Speicherstand wiederhergestellt werden.

9.7.7 Verpflichtungserklärung Mitarbeiter

Arbeitgeber müssen ihre Mitarbeiter im Rahmen des Datenschutzes auf die Anforderungen der Datenschutzvorschriften hinweisen und sie zu deren Beachtung verpflichten. Daher müssen Mitarbeiter eine Verpflichtungserklärung zum Datenschutz unterschreiben.

Eine solche Verpflichtung sollte aus Beweisgründen immer in schriftlicher Form erfolgen. Zusätzlich sollte sie alle Pflichten, die im Zusammenhang mit der Verarbeitung von personenbezogenen Daten stehen, enthalten. Darüber hinaus sollten auch Hinweise, welche strafrechtlichen Maßnahmen bei Verstößen in Kraft treten, enthalten.

Bei Abschluss neuer Arbeitsverträge kann die Verpflichtungserklärung als eigene Klausel in den Arbeitsvertrag aufgenommen werden oder sie ist dem Arbeitsvertrag als Anlage beizufügen.

9.7.8 Betroffenenrechte

Jede Person (Betroffener) hat das Recht auf informationelle Selbstbestimmung und kann über die Verarbeitung seiner personenbezogenen Daten frei bestimmen. Das heißt konkret, er kann seine Rechte gegenüber dem Verantwortlichen (Datenverarbeiter) geltend machen.

Dies sollte auf jeden Fall schriftlich zum Zwecke der Identifizierung als E-Mail, per Post oder über ein bereitgestelltes Formular erfolgen. Auch telefonische Anfragen sind möglich. Jedoch werden telefonische Anfragen nur angenommen und nicht am Telefon beantwortet. Der Verantwortliche wählt das Medium (Post, E-Mail, sonstige Medien) aus und schickt dem Betroffenen über dieses Medium die Antwort auf seine Anfrage. Die Antworten auf Anfragen zu den Betroffenenrechten erfolgt kostenlos. Die Antwort erfolgt innerhalb der gesetzlichen Frist von einem Monat.

Der Betroffene muss sich gegenüber dem Verantwortlichen zur Legitimation seiner Betroffenenrechte authentifizieren

Betroffenenrecht	Definition
Auskunftsrecht	Der Betroffene hat ein Recht auf Auskunft über den Zweck, die Kategorie, die Dauer, die Löschung, die Herkunft usw. seiner personenbezogenen Daten. Die Auskunft darf die Rechte und Freiheiten anderer Personen nicht beeinträchtigen.
Recht auf Berichtigung	Der Betroffene hat das Recht, die unverzügliche Berichtigung seiner unrichtigen personenbezogenen Daten von dem Verantwortlichen zu verlangen. Ähnliches gilt für unvollständige Daten.
Recht auf Löschung „Recht auf Vergessenwerden"	Der Betroffene kann von dem Verantwortlichen die unverzügliche Löschung seiner personenbezogenen Daten verlangen, sofern die Daten für den Zweck der Datenverarbeitung nicht mehr erforderlich sind und den gesetzlichen Aufbewahrungsfristen nicht mehr unterliegen.
Recht auf Einschränkung der Verarbeitung	Der Betroffene hat das Recht, die Einschränkung der Verarbeitung von dem Verantwortlichen zu verlangen, wenn der Betroffene Widerspruch gegen die Verarbeitung eingelegt hat (z. B. wenn der rechtmäßige Zweck der Datenverarbeitung mit dem Verantwortlichen geklärt werden muss)
Recht auf Datenübertragbarkeit	Der Betroffene hat das Recht, die personenbezogenen Daten, die er dem Verantwortlichen bereitgestellt hat, in einem strukturierten und maschinenlesbaren Format zu erhalten, sofern die Verarbeitung auf einer Einwilligung oder auf einem Vertrag beruht (z. B. Wechsel vom Mobilfunkanbieter, soziales Netzwerk, u. Ä.).
Widerspruchsrecht und Widerruf	Der Betroffene hat das Recht, aus Gründen, die sich aus seiner Situation ergeben, jederzeit Widerspruch gegen die Verarbeitung einzulegen. Dies gilt nicht, wenn der Verantwortliche zwingende schutzwürdige Gründe für die Verarbeitung nachweisen kann, die den Interessen, Rechten und Freiheiten des Betroffenen überwiegen (z. B. Widerspruch gegen den Versand von Direktwerbung, Widerruf einer Einwilligung für den Newsletterversand).

9.8 Speichermedien

Speichermedien dienen der Aufbewahrung von Daten und sind hinsichtlich der Datensicherheit unerlässlich. Man kann hierbei zwischen internen und externen Speichern unterscheiden.

Interner Speicher	**Schreib-Lese-Speicher RAM (Random Access Memory)**	Im RAM werden Daten nur gespeichert, solange der Computer eingeschaltet ist. Er wird deshalb auch als „flüchtiger" Speicher bezeichnet.
	Festwertspeicher ROM (Read only memory)	Der reine Lesespeicher ermöglicht es, Daten lediglich zu lesen, sie aber nicht zu verändern. Auch ohne Stromzufuhr bleiben diese Daten als feste Bestandteile des Computers bestehen (das BIOS eines PCs befindet sich im ROM).
Externer Speicher	**magnetische Speicher** ▸ Festplatten	Festplattenspeicher bestehen aus mehreren Scheiben, die mit einer Magnetschicht versehen sind. Schreib-Lese-Köpfe fahren über die rotierenden Scheiben, um die Information zu lesen. Festplatten haben eine hohe Speicherkapazität, unterliegen jedoch auch dem mechanischen Verschleiß. Die allgemeine Lebensdauer von Magnetspeichern beträgt 10 bis 30 Jahre.
	optische Speicher ▸ CD-ROM ▸ CD-R ▸ CD-RW ▸ DVD ▸ Blu-ray Disc	Optische Speicher lassen eine Speicherung von riesigen Datenmengen auf kleinstem Platz zu. Die Informationen werden über einen stark gebündelten Laserstrahl in Form winziger Punkte auf die Platte „gebrannt". Die Lebensdauer dieser Speichermedien beträgt 30 bis 100 Jahre. CD-ROM — Compact Disc Read Only Memory. Sie kann nach dem Beschreiben nur gelesen werden. CD-R — CD-Recordable. Der Datenträger ist einmalig vom Anwender beschreibbar. CD-RW — CD-ReWriteable. Der Datenträger ist mehrmals beschreibbar. DVD — Digital Versatile Disc. Die DVD hat dieselben Anwendungsmöglichkeiten, wie oben beschrieben. Sie sieht zwar optisch wie eine CD aus, hat aber die siebenfache Speicherkapazität, da sie aus mehreren Scheiben bestehen kann. Blu-ray Disc — Die BD bietet im Vergleich zur DVD noch eine deutlich gesteigerte Datenrate und Speicherkapazität. Die Daten werden bei Blu-ray durch einen violetten Laser auf die Platte gebrannt.

Externer Speicher	USB-Massenspeicher	USB-Sticks verfügen über unterschiedlich hohe Speicherkapazitäten. Durch die handliche Größe und die schnelle Zugriffmöglichkeit, ist der USB-Stick zum beliebten Speichermedium geworden. Allerdings unterliegen die Speicherzellen einem hohen Verschleiß, weshalb die Schreibzyklen auf dem Stick begrenzt sind.
	mobile Speicherkarten	Mobile Speicherkarten werden in Handys, digitalen Kameras, digitalen Diktiergeräten u. Ä. verwendet. In neuwertigen PCs sind entsprechende Lesesteckplätze für diese Speicherkarten bereits integriert, es gibt aber auch Kartenadapter für den USB-Anschluss. Mobile Speicherkarten haben eine Haltbarkeit von ca. zehn Jahren.
	Streamer (Magnetband-Laufwerke)	Große Datenmengen werden häufig auf Magnetbändern als Backup gespeichert. Magnetbänder können sowohl gelesen, als auch beschrieben werden. Das Laufwerk an sich wird als Streamer bezeichnet. Der große Nachteil dieses Mediums ist der langsame Zugriff, da die Daten nur in einer bestimmten Reihenfolge gelesen werden.

Um den geeigneten Datenträger für die Datensicherung auszuwählen, sollten folgende Fragen berücksichtigt werden:

- Wie lange müssen die Daten aufbewahrt werden?
- Wie oft wird auf die Daten zugegriffen (täglich, wöchentlich, monatlich, jährlich oder fast nie)?
- Wie oft werden Änderungen an den Daten vorgenommen (häufig oder kaum)?
- Um wie viele Daten handelt es sich (Kapazität des Datenträgers)?
- Wie hoch sind die Investitions- und laufenden Kosten bei den jeweiligen Speichermedien?

9.9 Cloud-Computing

Für Software- und Dokumentenverwaltung nutzen Unternehmen bereits häufiger sog. „Datenwolken" (Clouds). Hier werden die im Unternehmen genutzten Daten oder Programme nicht direkt auf den Rechnern, sondern in einer externen virtuellen Umgebung im Internet gespeichert.

Cloud-Anbieter vermieten entsprechenden Speicherplatz an ihre Kunden und ermöglichen es damit, dass Mitarbeiter der Unternehmen von überall aus auf diesen Speicher zugreifen können.

Beispiel

Typische Cloud-Dienstleister
- Dropbox
- Microsoft Skydrive
- Apple iCloud
- Amazon
- Telekom.

Cloud-Verzeichnisse können durch spezielle Software Ordner auf dem PC applizieren, sodass man eigentlich gar nicht merkt, dass der Speicherplatz nicht auf dem Rechner direkt angesteuert wird.

Datenschützer warnen jedoch vor den, mit dem Cloud-Computing verbundenen, Sicherheitsmängeln.

 WISSENSCHECK

Im Online-Training zu diesem Buch können Sie zusätzlich Aufgaben zu diesem Lernfeld bearbeiten und so das Gelernte überprüfen.

Aufträge bearbeiten

Im Lernfeld 3 wird die Bearbeitung eines Kundenauftrags von der ersten Anfrage bis zur abschließenden Reflexion und Kontrolle der erfolgten Arbeitsschritte behandelt. Die Auszubildenden lernen die Bedeutung und Inhalte der Dokumente Kundenanfrage, Angebot, Lieferschein und Rechnung kennen, die im Rahmen eines solchen Kundenauftrags eine Rolle spielen. Ein besonderer Schwerpunkt liegt dabei auf der Vorbereitung und Erstellung eines Angebots. Dies schließt sowohl die Sammlung der dafür notwendigen Informationen und die Kalkulation des Angebotspreises als auch die eigentliche Anfertigung des Angebotsschreibens unter Berücksichtigung der dafür gültigen Normen und gesetzlichen Vorgaben ein.

Neben den betriebswirtschaftlichen Aspekten werden in diesem Lernfeld auch praktische Lerninhalte vermittelt, die sich auf die Anwendung büroüblicher Software und Hardware beziehen. So erlernen die Auszubildenden die Grundlagen der Tabellenkalkulation und können dadurch die Berechnung von Angebotspreisen leichter nachvollziehen.

Die normengerechte Gestaltung von Geschäftsbriefen wird durch die Anwendung einer Textverarbeitungssoftware unterstützt. Um die erstellten Dokumente danach ausdrucken zu können, erarbeiten sich die Auszubildenden ebenfalls die Funktionen der entsprechenden Geräte, die in einem Büro zu diesem Zweck verwendet werden.

Den Abschluss des Lernfelds bildet die Reflexion und Optimierung der durchgeführten Arbeitsschritte im Hinblick auf eine möglichst kundenorientierte Auftragsbearbeitung.

1. Bedeutung und Inhalte von Anfragen — 278
2. Umgang mit umfangreichen Datentabellen in Microsoft Excel — 281
3. Bedeutung und Inhalte von Angeboten — 284
4. Handelskalkulation — 290
5. Gestaltung von Geschäftsbriefen nach DIN 5008 — 295
6. Weitere Empfehlungen für die Gestaltung und Formulierung von Geschäftsbriefen — 325
7. Erstellung von Vorlagen mit Microsoft Word — 331
8. Erstellung weiterer betrieblicher Dokumente — 337
9. Betriebliche Informationstechnik und Telekommunikation — 341
10. Warenlieferung und Lieferschein — 356
11. Bedeutung und Inhalte einer Rechnung — 360
12. Druck und Vervielfältigung von Dokumenten — 363
13. Kundenorientierte Auftragsabwicklung — 369

1. Bedeutung und Inhalte von Anfragen

Das Ziel einer Anfrage eines potenziellen Kunden an ein Unternehmen ist der Erhalt von Informationen bezüglich der Preise, Nachlässe, Liefer- und Zahlungskonditionen oder anderer Bedingungen hinsichtlich der Lieferung von Waren bzw. der Erbringung von Dienstleistungen.

Anfragen unterliegen keinen Formvorschriften, d. h. sie können z. B. schriftlich, mündlich, telefonisch, elektronisch über das Internet oder per Fax erfolgen. Unabhängig vom Kommunikationsmedium werden Anfragen in die beiden folgenden Kategorien unterteilt:

- **Allgemein gehaltene Anfragen**, mit deren Hilfe grundsätzliche Informationen zum Sortiment und zu den Geschäftsbedingungen eines Unternehmens erbeten werden (z. B. die Bitte um einen Produkt- bzw. Musterkatalog, eine Preisliste oder einen Vertreterbesuch).
- **Bestimmt gehaltene Anfragen**, die sich auf die Lieferung von bestimmten Waren bzw. die Erbringung von Dienstleistungen beziehen und zu diesem Zweck konkrete Informationen über Preise, Beschaffenheit und andere Beschaffungskonditionen erbitten. Als Antwort auf eine bestimmt gehaltene Anfrage wird häufig ein Angebot erstellt.

Rechtlich betrachtet sind Anfragen grundsätzlich unverbindlich, d. h. der Anfragende geht keinerlei Verpflichtung gegenüber dem angefragten Unternehmen ein. Um eine ausreichende Informationsbasis für eine fundierte Entscheidung zu erhalten, ist es für einen potenziellen Käufer sogar sinnvoll und notwendig, gleichlautende Anfragen an mehrere Lieferanten parallel zu versenden.

Die beiden folgenden Abbildungen stellen jeweils ein **Beispiel für eine allgemein gehaltene und eine bestimmt gehaltene Anfrage** dar.

VSI Personalberatung GmbH
- Seit 10 Jahren Ihr Experte in allen Personalfragen -

VSI Personalberatung GmbH - Zugweg 2 - 50677 Köln

Col-IT OHG
Aachener Straße 203
50931 Köln

		E-Mail	**Telefax**
		hansen@vsi-personal.de	0221 17656-70
Ihr Zeichen, Ihre Nachricht vom	**Unser Zeichen, Unsere Nachricht vom** br-ha	**Name, Telefon** Britta Hansen, 0221 17656-201	**Datum** 28.06.20..

Anfrage bezüglich eines Beraterbesuchs

Sehr geehrte Damen und Herren,

wir sind durch Ihre Anzeige in der Fachzeitschrift „Personal & Management" auf Sie aufmerksam geworden.

Wir würden uns gern über Ihre angebotenen Dienstleistungen rund um die Informationstechnik informieren und bitten Sie daher um einen Termin mit einem Ihrer Beratungsmitarbeiter.

Wir bedanken uns für Ihre baldige Antwort.

Freundliche Grüße

VSI Personalberatung GmbH

B. Hansen

Britta Hansen

VSI Personalberatung GmbH	Amtsgericht Köln	Stadtsparkasse Köln
Zugweg 2	HR-B 34 678	BLZ 370 501 98, Konto-Nr. 8654813
50677 Köln	Geschäftsführerin: Britta Hansen	BIC: COLSDE33XXX
		IBAN: DE83 3705 0198 0008 6548 13

Beispiel für eine allgemein gehaltene Anfrage

DüMaBa GmbH
- Düsseldorfer Maschinenbaugesellschaft -

DüMaBa GmbH – Bahnhofstraße 8 – 40532 Düsseldorf

Col-IT OHG
Herrn Jan Lindner
Aachener Straße 203
50931 Köln

Ihr Zeichen:	
Ihre Nachricht vom:	
Unser Zeichen:	rbü
Unsere Nachricht vom:	
Name:	Regina Büttner
Telefon:	0211 88442-103
Telefax:	0211 88442-11
E-Mail:	r.buettner@duemaba.de
Datum:	28.06.20..

Anfrage nach Tonerkartuschen für den Laserdrucker LP 1000

Sehr geehrter Herr Lindner,

bitte senden Sie uns kurzfristig ein Angebot über die Lieferung von Tonerkartuschen für den Laserdrucker LP 1000. Gehen Sie bei der Preisfestlegung davon aus, dass wir zunächst eine Menge von 100 Stück benötigen.

Da unser aktueller Lagerbestand der o.g. Tonerkartuschen nur noch sehr begrenzt ist, darf die Lieferzeit 7 Tage nicht überschreiten. Darüber hinaus gehen wir von einer Lieferung „frei Haus" aus.

Wenn uns das Angebot zufrieden stellt, können Sie mit regelmäßigen Bestellungen von Druckerzubehör rechnen.

Freundliche Grüße

DüMaBa GmbH

i. A. Regina Büttner

DüMaBa GmbH	Handelsregistereintrag: HR-B 72 812-9	Bankverbindung: Stadtsparkasse Düsseldorf
Bahnhofstraße 8	Amtsgericht Düsseldorf	Kontonummer: 9152618, Bankleitzahl: 300 501 10
40532 Düsseldorf	Geschäftsführer: Dr. Irmgard Sonnenfeld,	IBAN: DE61 3005 0110 0009 1526 18
	Johannes Klimt	BIC: DUSSDEDDXXX

Beispiel für eine bestimmt gehaltene Anfrage

2. Umgang mit umfangreichen Datentabellen in Microsoft Excel

In der betrieblichen Praxis können Datentabellen häufig sehr umfangreich sein. Microsoft Excel bietet im Umgang mit solchen Tabellen einige hilfreiche Funktionen, die es ermöglichen, auch unter einer Vielzahl von Datensätzen die wenigen relevanten Informationen schnell zu finden.

2.1 Suchen und Ersetzen

Unter der Registerkarte „Start" befindet sich das Menü **„Suchen und Auswählen"**. Dort können die Funktionen „Suchen" und „Ersetzen" aufgerufen werden. Alternativ kann auch das Tastaturkürzel „STRG + f" genutzt werden.

Im daraufhin angezeigten Dialog **„Suchen und Ersetzen"** können der Suchwert und ggf. der neue Wert eingetragen werden. Mithilfe der Karteireiter „Suchen" und „Ersetzen" kann zwischen den beiden Funktionen umgeschaltet werden. Zusätzliche Suchoptionen öffnen sich bei der Aktivierung der Schaltfläche „Optionen".

2.2 Sortierung

Datentabellen können nach ihren Spalten beliebig sortiert werden. Dazu muss im ersten Schritt die zu sortierende Datentabelle markiert werden.

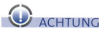
ACHTUNG

Bei der Verwendung der Sortierfunktion müssen vorher immer alle inhaltlich zusammenhängenden Zellen markiert werden. Wenn nur ein Teil der Zellen (z. B. nur die Spalte mit dem Sortierkriterium) markiert und sortiert wird, geht der inhaltliche Zusammenhang innerhalb der Datensätze unbemerkt verloren und sämtliche Auswertungen und Berechnungen auf Basis dieser Werte sind ggf. fehlerhaft. Um im Falle eines Fehlers auf die Ausgangsdaten zurückgreifen zu können, empfiehlt es sich die Datei vor dem Sortierungsvorgang zu speichern.

Anschließend muss der Dialog **„Sortieren"** über die gleichnamige Schaltfläche im Register „Daten" des Menübands geöffnet werden. Nun können die gewünschten Sortierkriterien und -reihenfolgen eingestellt und ausgeführt werden. Mithilfe der Schaltflächen „Ebene hinzufügen" ❶ und „Ebene löschen" ❷ ist es möglich, zusätzliche Sortierkriterien einzufügen bzw. zu entfernen. Um die Konfiguration der Sortierung zu vereinfachen, ist es sinnvoll, dass die Spalten der Tabelle in der ersten Zeile jeweils eine aussagekräftige Überschrift aufweisen.

2. Umgang mit umfangreichen Datentabellen in Microsoft Excel

2.3 Filterung

Mithilfe der **Filter-Funktion** können umfangreiche Datentabellen auf relevante Datenzeilen eingeschränkt werden. Dabei muss zuerst der entsprechende Tabellenbereich markiert und die Filter-Funktion über die Schaltfläche „Filtern" in der Registerkarte „Daten" des Menübands aktiviert werden. Anschließend können über die Filtereinstellungen in jeder Datenspalte die Zeilen eingeschränkt werden.

Neben der Einschränkung auf konkrete Datenwerte kann die Datentabelle auch mithilfe eines **benutzerdefinierten Filters** auf bestimmte Wertebereiche gefiltert werden. Zu diesem Zweck muss z. B. bei Zahlenwerten der Zahlenfilter ausgewählt und die gewünschte Filterbedingung in dem daraufhin angezeigten Dialog „Benutzerdefinierter Autofilter" eingestellt werden.

283

3. Bedeutung und Inhalte von Angeboten

Ein Angebot stellt eine an eine konkrete Person oder Personengruppe gerichtete Willenserklärung dar, die die Bedingungen festlegt, zu denen der Anbieter bereit ist, bestimmte Waren bzw. Dienstleistungen zu liefern bzw. zu erbringen. Da aus einem Angebot häufig ein gültiger Vertrag hervorgeht, ist neben den Inhalten auch dessen rechtliche Verbindlichkeit zu klären.

3.1 Rechtliche Verbindlichkeit eines Angebots

Ein Angebot ist grundsätzlich rechtlich verbindlich, solange es keine entsprechenden Einschränkungen enthält. Für die Verbindlichkeit eines Angebots ist dabei insbesondere ein definierter Adressat notwendig. Jegliche Form von Werbung in Zeitungen, Zeitschriften, Radio und Fernsehen sowie Katalogen, Prospekten und Auslagen, z. B. in Selbstbedienungsgeschäften oder in Schaufenstern, sind dagegen an die Allgemeinheit gerichtet und aus diesem Grund liegen hier auch keine verbindlichen Angebote, sondern nur unverbindliche **Anpreisungen** vor. Ein gültiger Kaufvertrag entsteht hier erst im Rahmen des Bezahlvorgangs an der Kasse bzw. durch die Abwicklung einer Bestellung.

Für die Erstellung eines Angebots gelten keine Formvorschriften, ein Angebot kann also schriftlich, elektronisch, mündlich oder telefonisch erfolgen. Allerdings ist die gesetzliche Bindungsfrist, d. h. der Zeitraum, in dem ein Angebot ohne explizit angegebene Frist verbindlich ist, von dem gewählten Kommunikationsmedium abhängig. So besitzen Angebote, die mündlich während eines Verkaufsgesprächs oder eines Telefonats gemacht werden, nur bis zum Ende des Gesprächs Gültigkeit. Die Bindungsfrist bei einem schriftlichen Angebot beginnt mit dem Eingang des Schreibens beim Empfänger und besteht nach einer generellen Bedenkzeit von einem Tag so lange, wie der Versand einer Antwort auf dem gleichen Kommunikationsweg unter verkehrsüblichen Bedingungen dauert. Ein per Briefpost versandtes Angebot ist somit länger verbindlich als ein Angebot in einer E-Mail. Diese Regelungen zur gesetzlichen Bindungsfrist gelten nur dann, wenn in dem Angebot keine konkrete Ablauffrist enthalten ist.

Die Verbindlichkeit eines Angebots erlischt, wenn einer der folgenden Fälle eintritt:
- Der Empfänger antwortet nicht auf das Angebot bzw. die Antwort erreicht den Anbieter erst nach Ende der Bindungsfrist.
- Der Empfänger lehnt das Angebot explizit ab.
- Der Anbieter widerruft das Angebot rechtzeitig. Der Widerruf muss jedoch spätestens zum gleichen Zeitpunkt wie das Angebot beim Empfänger eingehen.
- Der Empfänger nimmt das Angebot nur teilweise an, d. h. die Bestellung weicht von den im Angebot ausgewiesenen Vertragsbedingungen ab. Für einen gültigen Kaufvertrag muss nun der Anbieter diesen Abweichungen zustimmen.

Zusätzlich zur Bindungsfrist kann der Anbieter die Verbindlichkeit eines Angebots mithilfe von Freizeichnungsklauseln ganz bzw. teilweise einschränken:

Klausel	Bedeutung
„solange der Vorrat reicht"	Die im Angebot angegebene Liefermenge ist unverbindlich, die übrigen Bedingungen (u. a. der Preis) sind dagegen verbindlich.
„Preisänderungen vorbehalten" „Preise freibleibend"	Der Preis des Angebots ist unverbindlich.
„frei bleibend" „unverbindlich" „ohne Gewähr" „ohne Obligo"	Alle Bedingungen des Angebots sind unverbindlich.

3.2 Inhalte eines Angebots

Bezüglich der Inhalte eines Angebots existieren keine gesetzlichen Vorgaben. Da ein Angebot jedoch häufig als Grundlage für einen Kaufvertrag verwendet wird, sollte es so formuliert werden, dass alle notwendigen Vertragsbedingungen bereits eindeutig enthalten sind. Auf diese Weise können frühzeitig Missverständnisse und Streitigkeiten während der späteren Bearbeitung des Kaufvertrags vermieden werden. Wenn einzelne vertragliche Bedingungen nicht im Angebot festgelegt werden, gelten die entsprechenden gesetzlichen Vorschriften des BGB und HGB.

LF 4, Kap. 8

Der tatsächliche Inhalt eines konkreten Angebots wird stark durch die angebotenen Waren bzw. Dienstleistungen beeinflusst. Häufig finden sich jedoch die folgenden grundsätzlichen Regelungen in Angeboten wieder:

Regelung	Erläuterung
Detaillierte Beschreibung der angebotenen Waren bzw. Dienstleistungen (z. B. durch Art, Güte, Qualität oder Beschaffenheit)	Mithilfe von handelsüblichen Bezeichnungen (= Art) können die angebotenen Waren bzw. Dienstleistungen schnell erkennbar voneinander abgegrenzt werden. Darüber hinaus helfen Güteklassen oder -zeichen sowie ausführliche Angaben über die Eigenschaften der angebotenen Leistungen Irrtümer und Meinungsverschiedenheiten zu vermeiden.
Menge der angebotenen Waren bzw. Dienstleistungen	Die Menge der angebotenen Leistungen wird in einer handelsüblichen Maßeinheit (z. B. Stück, kg, Arbeitsstunde, m^2) angegeben und wirkt sich häufig auf den Preis aus, daher ist sie in diesen Fällen relevant für die Angebotserstellung. Ist im Angebot keine Menge festgelegt, gilt der enthaltene Preis für jede handelsübliche Menge. Der Anbieter kann zusätzlich Einschränkungen in Form von Mindest- oder Höchstbestellmengen im Angebot vorgeben.
Preis der angebotenen Waren bzw. Dienstleistungen	Die im Angebot angegebenen Preise können sich entweder auf einzelne Positionen beziehen oder als Gesamtpreis für alle enthaltenen Leistungen gelten. Einzelpreise sollten eine passende, handelsübliche Maßeinheit (z. B. Stück, kg, Arbeitsstunde, m^2) aufweisen, damit dem Empfänger der Zusammenhang zwischen den Einzelpreisen und dem Gesamtpreis deutlich wird.
Preisnachlässe	Unter bestimmten Voraussetzungen gewährt ein Anbieter auf den im Angebot angegebenen Preis einen Nachlass. Es werden u. a. folgende Formen von Preisnachlässen unterschieden: ▸ **Mengenrabatt** beim Kauf größerer Mengen ▸ **Wiederverkäuferrabatt** für Zwischenhändler, die die Ware weiterverkaufen ▸ **Treuerabatt** für Stammkunden ▸ **Sonderrabatt** für besondere Situationen, Zeiträume oder Anlässe (z. B. beim Lagerverkauf, bei der Produkteinführung, zum Saisonende) ▸ **Naturalrabatt** in Form von Draufgaben (zusätzlich zu der bestellten Menge erhält der Käufer zusätzliche, kostenlose Leistungen) oder Dreingaben (der Käufer muss nur einen Teil der bestellten Menge bezahlen) ▸ **Bonus** (= nachträglich gewährter Rabatt), wenn der Kunde innerhalb eines festgelegten Zeitraums (üblicherweise ein Jahr) einen bestimmten Mindestumsatz erreicht
Versand-/ Beförderungskosten	Durch den Versand bestellter Waren können folgende Beförderungskosten entstehen: ▸ Frachtkosten von der Geschäftsniederlassung des Verkäufers zur Versandstation (z. B. zur Poststation, zum Bahnhof oder zum Hafen) ▸ Kosten für die Verladung an der Versandstation

3. Bedeutung und Inhalte von Angeboten

Regelung	Erläuterung
Versand-/ Beförderungskosten	▸ Frachtkosten für die Beförderung der Ware von der Versandstation zur Empfangsstation ▸ Kosten für die Entladung an der Empfangsstation ▸ Frachtkosten von der Empfangsstation zur Geschäftsniederlassung des Käufers. Laut den gesetzlichen Regelungen handelt es sich bei Warenschulden um Holschulden des Käufers. Bei einem sog. **Platzkauf** liegen die Geschäftsniederlassungen von Verkäufer und Käufer im gleichen Ort und der Käufer ist in diesem Fall zur Zahlung der Versandkosten ab der Niederlassung des Verkäufers verpflichtet. Befinden sich die Geschäftssitze von Verkäufer und Käufer jedoch in verschiedenen Orten, liegt ein **Versendungskauf** vor und der Käufer muss nur die Versandkosten ab der Versandstation zahlen. Der Käufer und der Verkäufer können allerdings von der gesetzlichen Regelung abweichende Vereinbarungen im Kaufvertrag festlegen (z. B. die Lieferung erfolgt „frei Haus", d. h. der Verkäufer übernimmt die Versandkosten komplett). Solche Regelungen sollten, wenn möglich, bereits im Angebot aufgeführt werden.
Verpackungskosten	Insbesondere beim Kauf größerer Mengen können zusätzliche Kosten für die Transportverpackung entstehen (z. B. Verpackungsfolie, Paletten). Laut Gesetz müssen die Kosten vom Käufer getragen werden, wenn es keine anderslautende Vereinbarung im Kaufvertrag gibt.
Lieferzeit	Die Lieferzeit legt fest, wann der Anbieter die gewünschte Warenlieferung bzw. Dienstleistung erbringen kann. Üblicherweise enthalten Angebote diesbezüglich eine der folgenden Regelungen: ▸ Lieferung innerhalb einer festgelegten Frist (z. B. „Lieferung in zehn Tagen nach Erhalt der Bestellung") ▸ Lieferung bis zu einem festgelegten Termin (z. B. „Lieferung bis zum Monatsende") ▸ Lieferung zu einem kalendermäßig festgelegten Datum (Fixkauf) (z. B. „Lieferung am 15. Oktober diesen Jahres"). Wenn der Verkäufer und der Käufer keine Regelung bezüglich der Lieferzeit vereinbaren, ist der Verkäufer gesetzlich zur sofortigen Lieferung verpflichtet.
Zahlungsbedingungen	Der Zahlungstermin ist üblicherweise abhängig von der Lieferung: ▸ Die Zahlung muss teilweise (Anzahlung) oder vollständig (Vorauszahlung) **vor der Lieferung** geleistet werden. ▸ Die Zahlung muss **bei der Lieferung** erfolgen im Austausch gegen die bestellten Waren bzw. Dienstleistungen. Ein bekanntes Beispiel für diese Zahlungsbedingung ist die Nachnahme. ▸ Die Zahlung erfolgt zu einem festgelegten Termin nach der Lieferung (z. B. „Zahlung innerhalb 30 Tagen nach Erhalt der Lieferung").

Regelung	Erläuterung
Zahlungsbedingungen	Vereinbaren der Verkäufer und der Käufer keinen Zahlungstermin, ist der Käufer gesetzlich zur sofortigen Zahlung bei Lieferung verpflichtet. In Angeboten findet sich darüber hinaus häufig ein zusätzlicher Rabatt (Skonto), der jedoch nur in Anspruch genommen werden kann, wenn die Zahlung innerhalb eines kürzeren Zeitraums geleistet wird (z. B. „Zahlung ohne Abzug innerhalb 30 Tagen. Bei einer Zahlung innerhalb 10 Tagen wird zusätzlich 3 % Skonto gewährt.").
Erfüllungsort	Der Erfüllungsort ist der Ort, an dem der Verkäufer und der Käufer ihre jeweiligen Leistungen erbringen. Aus diesem Grund muss zwischen dem Erfüllungsort für die Lieferung und dem Erfüllungsort für die Zahlung unterschieden werden. Als Erfüllungsorte können die Orte der Geschäftsniederlassungen des Verkäufers oder des Käufers sowie jeder andere Ort festgelegt werden. Sind die Erfüllungsorte nicht vertraglich festgelegt, gelten folgende gesetzliche Regelungen: ▸ Der **Erfüllungsort der Lieferung** ist der **Wohn- oder Geschäftssitz des Verkäufers**. Die Gefahr, dass die bestellte Ware beschädigt oder zerstört wird, geht an diesem Ort bei der Übergabe an den Käufer oder an den vom Käufer beauftragten Frachtführer auf den Käufer über. Der Käufer hat ab diesem Zeitpunkt alle Schäden zu tragen, die nicht durch ein Verschulden des Verkäufers oder des Frachtführers entstehen. ▸ Der **Erfüllungsort der Zahlung** ist der **Wohn- oder Geschäftssitz des Käufers**. Da es sich bei der Zahlung jedoch um eine Schickschuld handelt, trägt der Käufer die Kosten und die Gefahr der Geldübermittlung bis zum Wohn- oder Geschäftssitz des Verkäufers alleine.
Gerichtsstand	Das Gericht, das für mögliche Streitfälle zwischen Verkäufer und Käufer bezüglich eines Kaufvertrags zuständig ist, wird gemäß der gesetzlichen Vorgaben durch die Erfüllungsorte bestimmt. Somit gelten folgende Regeln: ▸ Rechtliche Auseinandersetzungen **bezüglich der Lieferung** werden vor dem Gericht verhandelt, das am **Wohn- und Geschäftssitz des Verkäufers** zuständig ist. ▸ Rechtliche Auseinandersetzungen **bezüglich der Zahlung** werden vor dem Gericht verhandelt, das am **Wohn- und Geschäftssitz des Käufers** zuständig ist. Nur bei zweiseitigen Handelskäufen dürfen der Verkäufer und der Käufer den Gerichtsstand jeweils unabhängig von den gesetzlichen Regelungen festlegen.

3. Bedeutung und Inhalte von Angeboten

Col-IT OHG
Hardware & Software

Col-IT OHG / Aachener Straße 203 / 50931 Köln

DüMaBa GmbH
Frau Regina Büttner
Bahnhofsstraße 8
40532 Düsseldorf

Ihr Zeichen:	rbü
Ihre Nachricht vom:	11.11.20..
Unser Zeichen:	jli
Unsere Nachricht vom:	
Ansprechpartner:	Jan Lindner
Tel.:	0221 455551-23
Fax:	0221 455551-100
E-Mail:	lindner@col-it.de
Datum:	12.11.20..

Angebot für 25 PCs Sprint 5047

Sehr geehrte Frau Büttner,

vielen Dank für Ihre Anfrage. Sie erhalten beigefügt unser Angebot für die folgenden Artikel:

25	PCs Sprint 5047 Art.Nr. 14264 AMD Athlon X2 5000B (2,6 GHz), 250 GB SATA, 2048 MB DDR2, GeForce 6150, DVD-Laufwerk, CardReader, Sound, LAN	Nettopreis pro Stück	289,90 EUR
	Stammkundenrabatt auf die bestellte Ware	10 %	
	Nettogesamtpreis für die bestellte Ware		6.522,75 EUR
	Verpackungskosten		49,50 EUR
	Lieferkosten		120,00 EUR

Die Lieferung der Waren erfolgt innerhalb von 7 Tagen nach Angebotsannahme. Wir erwarten die Zahlung des Rechnungsbetrages innerhalb eines Monats nach der Lieferung. Wenn Sie innerhalb von 10 Tagen zahlen, gewähren wir 3 % Skonto. Als Erfüllungsort für Lieferung und Zahlung sowie als Gerichtsstand wird Köln vereinbart.
Dieses Angebot ist 14 Tage gültig.

Wir freuen uns über Ihren Auftrag.

Freundliche Grüße

Col-IT OHG

i. V. Jan Lindner

Col-IT OHG Aachener Straße 203 50931 Köln	Handelsregistereintrag: HR-A 122 301-1 Amtsgericht Köln	Bankverbindung: Commerzbank Köln Kontonummer: 6258265, Bankleitzahl: 370 400 44 IBAN: DE40 3704 0044 0006 2582 65 BIC: COBADEFFXXX

Beispiel für ein Angebot

4. Handelskalkulation

Unter dem Begriff Handelskalkulation wird die Berechnung von verschiedenen Preisen im Rahmen der Erstellung bzw. dem Vergleich von Angeboten zusammengefasst.

Die Handelskalkulation besteht dabei aus aufeinander aufbauenden Berechnungsschritten, mit deren Hilfe ausgehend von dem Listeneinkaufspreis über mehrere Zwischenergebnisse hinweg letztlich der Bruttoverkaufspreis bzw. Angebotspreis berechnet werden kann.

Es kann aber durchaus sinnvoll sein, nur einen Teil des kompletten Berechnungsschemas der Handelskalkulation zu verwenden, um z. B. einen Kostenvergleich von mehreren Angeboten auf Basis der Selbstkosten durchzuführen.

4.1 Bestandteile der Handelskalkulation

Bei der Handelskalkulation werden üblicherweise die folgenden Bestandteile berücksichtigt:

- **Listeneinkaufspreis**
  Der Listeneinkaufspreis (oder auch Listenpreis) ist der Preis, der in einer Preisliste des Lieferanten für das gewünschte Gut angegeben ist. Er bildet die Grundlage für die Handelskalkulation. Nachlässe, wie Skonti und Boni sowie Handlungskosten und Steuern, sind noch nicht in dem Preis berücksichtigt und müssen in den weiteren Rechenschritten mit einbezogen werden.

- **Lieferrabatt**
  Der Lieferrabatt ist ein Preisnachlass, der vom Lieferanten gewährt wird.

- **Zieleinkaufspreis**
  Der Zieleinkaufspreis (oder auch Lieferrechnungspreis) ist der Preis, der durch die Preissetzung des Listeneinkaufspreises sowie evtl. gewährte Lieferrabatte bestimmt wird.

- **Lieferskonto**
  Beim Lieferskonto handelt es sich um einen Rechnungsnachlass, den der Verkäufer bzw. Lieferant seinem Kunden gewährt, um ihm einen Anreiz zur früheren Zahlung zu geben. Der Lieferskonto ist gewöhnlich in den Zahlungsbedingungen des Lieferanten zu finden.

- **Bareinkaufspreis**
  Beim Bareinkaufspreis handelt es sich um jenen Preis, den ein Kunde bezahlen muss, wenn er die Rechnung innerhalb der Skonto-Zahlungsfrist begleicht und daher den Skontobetrag vom Rechnungspreis abziehen kann.

▸ **Bezugskosten**
Unter Bezugskosten werden die Kosten verstanden, die beim Bezug von Waren entstehen. Bezugskosten können z. B. entstehen durch:
- Verpackung
- Fracht
- Rollgeld
- Versicherung
- Zoll
- Maut
- Provision
- Ladegebühren
- usw.

▸ **Bezugspreis**
Der Bezugspreis (auch Einstandspreis oder Beschaffungspreis) wird ausgehend vom Listeneinkaufspreis unter Berücksichtigung der vom Lieferanten gewährten Nachlässe (Rabatte, Skonti, Boni) und der entstandenen Bezugskosten ermittelt.

▸ **Handlungskosten**
Handlungskosten (auch Geschäftskosten) sind solche Kosten, die bei üblichen, handelsbetrieblichen Tätigkeiten anfallen. Handlungskosten sind z. B.:
- Personalkosten
- Lagerkosten
- Miete
- Kosten für Instandhaltung
- Zinsen
- Abschreibungen
- Verwaltungskosten
- Steuer
- usw.

INFO

Die Handlungskosten können häufig nicht zahlenmäßig genau bestimmt werden und werden daher im Allgemeinen in Form eines prozentualen Zuschlags auf den Bezugspreis einkalkuliert.

- **Selbstkostenpreis**
Als Selbstkostenpreis wird der Preis bezeichnet, zu dem ein Unternehmen seine Produkte oder Dienstleistungen ohne Gewinnaufschlag anbieten würde. Die Selbstkosten umfassen alle Kosten, die für die Herstellung, Verwaltung und den Vertrieb eines Produkts oder einer Dienstleistung anfallen. Somit stellt der Selbstkostenpreis die langfristige Preisuntergrenze dar, bei dem das Unternehmen zwar keinen Verlust macht aber auch keinen Gewinn erwirtschaftet.

- **Gewinnzuschlag**
Der Gewinnzuschlag wird auch als Gewinnspanne bezeichnet und meint den Betrag, der meist in Prozent auf den Selbstkostenpreis aufgeschlagen wird, um daraus den Verkaufspreis zu ermitteln.

Die Formel für den Gewinnzuschlag lautet:

> Selbstkosten • Gewinnzuschlagssatz = Gewinnzuschlag

- **Barverkaufspreis**
Der Barverkaufspreis stellt den Preis dar, den der Kunde innerhalb der Skontofrist zahlen muss und setzt sich aus dem Selbstkostenpreis und dem Gewinnzuschlag zusammen.

- **Vertreterprovision**
Die Vertreterprovision ist eine Vergütung, die an einen ggf. vom Anbieter eingeschalteten Handelsvertreter für die Vermittlung des Kaufvertrags ausgezahlt wird.

- **Kundenskonto**
Beim Kundenskonto handelt es sich um einen Preisnachlass auf den Zielverkaufspreis, den das Unternehmen seinem Kunden gewährt, wenn dieser die Rechnung kurzfristig innerhalb eines bestimmten Zeitraums begleicht.

- **Zielverkaufspreis**
Der Zielverkaufspreis ist der Preis, den das Unternehmen erhält, wenn der Kunde die Skontofrist ungenutzt verstreichen lässt.

- **Kundenrabatt**
Ein Kundenrabatt ist ein Rabatt (Preisnachlass), den das Unternehmen seinem Kunden gewähren kann. Der Verkäufer räumt dem Kunden beispielsweise bei einer bestimmten Abnahmemenge einen Mengenrabatt ein oder aber für langjährige Treue einen Treuerabatt. Der Kundenrabatt wird als Kaufanreiz genutzt und ist ein strategisches Mittel der Preispolitik.

- **Nettolistenverkaufspreis**
Der Nettolistenverkaufspreis gibt den Preis an, zu dem eine Ware oder Dienstleistung ohne Abzug des Kundenrabatts und ohne Berücksichtigung der Umsatzsteuer angeboten bzw. verkauft wird.

4. Handelskalkulation

- **Umsatzsteuer**
  Die Umsatzsteuer besteuert die Wertschöpfung, die bei einer Ware während des Produktionsprozesses stattgefunden hat. Der derzeitige Umsatzsteuersatz liegt in Deutschland bei 19 %, Güter des täglichen Bedarfs bilden eine Ausnahme und werden mit 7 % besteuert. Die Umsatzsteuer wird umgangssprachlich auch „Mehrwertsteuer" genannt.
- **Bruttolistenverkaufspreis**
  Der Bruttolistenverkaufspreis entspricht dem Nettolistenverkaufspreis inklusive der zu zahlenden Umsatzsteuer.

4.2 Berechnung der Selbstkosten

Bei der Berechnung der Selbstkosten werden vom Listeneinkaufspreis alle gewährten Rabatte abgezogen und alle Kosten addiert, die dem Unternehmen für das Angebot der Ware entstehen.

Das folgende Schema stellt die notwendigen Berechnungsschritte zur Bestimmung der Selbstkosten dar:

	Berechnungsschritt	Beschreibung
	Listeneinkaufspreis	Preis des Lieferanten laut Preisliste (netto)
-	Lieferrabatt	Gewährter Rabatt des Lieferanten
=	**Zieleinkaufs- oder Rechnungspreis**	
-	Lieferskonto	Skonto für kurzfristige Bezahlung des Rechnungsbetrages
=	**Bareinkaufspreis**	
+	Bezugskosten	Kosten, die für den Bezug der Ware anfallen (Transportkosten, Verpackungskosten, Zölle, Versicherungen usw.) ohne Umsatzsteuer
=	**Bezugs- oder Einstandspreis**	
+	Geschäfts- oder Handlungskosten	Kosten, die für die Lagerung und die Verwendung bzw. den Weiterverkauf der Ware anfallen (Angebotskosten, Lagerkosten, Personalkosten, Neu-/Umverpackungskosten, Werbungskosten für Prospekte usw.)
=	**Selbstkosten**	

4.3 Berechnung des Bruttoverkaufspreises

Ausgehend von den Selbstkosten wird der Bruttoverkaufspreis berechnet, den der Kunde für die angebotene Ware inklusive Umsatzsteuer bezahlen muss. Dabei werden sowohl der geplante Gewinn als auch alle Preisnachlässe, die das Unternehmen in der Rolle des Verkäufers gewährt, einbezogen. Gegebenenfalls müssen auch die Kosten für einen Handelsvertreter, den das Unternehmen beauftragt hat, in dem Bruttoverkaufspreis berücksichtigt werden.

Die Berechnungsschritte zur Bestimmung des Bruttoverkaufspreises werden im folgenden Schema zusammengefasst:

=	**Selbstkosten**	
+	Gewinn	Der Gewinn, der mit dem Verkauf der Ware durch das Unternehmen erzielt werden soll.
=	**Barverkaufspreis**	
+	Kundenskonto	Gewährtes Skonto für kurzfristige Bezahlung des Rechnungsbetrages durch den Kunden (**Vorsicht:** es gilt der verminderte Grundwert)
+	Vertreterprovision	Provision für einen ggf. vom Unternehmen eingeschalteten Vertreter
=	**Zielverkaufs- oder Rechnungspreis**	
+	Kundenrabatt	Der dem Kunden gewährte Rabatt (**Vorsicht:** es gilt der verminderte Grundwert)
=	**Listen- oder Nettoverkaufspreis**	
+	Mehrwertsteuer/ Umsatzsteuern	Mehrwertsteuer/Umsatzsteuer, die an das Finanzamt abgetreten werden muss (zur Zeit 19 % bzw. 7 % ermäßigt)
=	**Bruttolistenverkaufs- oder Bruttoverkaufs- preis**	

INFO

Bei der Berechnung der Beträge für das Kundenskonto und den Kundenrabatt muss im Rahmen der Prozentrechnung von einem verminderten Grundwert ausgegangen werden, da der Kunde den Rabatt bzw. das Skonto jeweils vom Nettoverkaufspreis bzw. vom Zielverkaufspreis selbst berechnet und abzieht.

Beispiel:
Der Barverkaufspreis einer Ware beträgt 392 € und der Verkäufer gewährt 2 % Kundenskonto. Der Skontobetrag berechnet sich in diesem Fall wie folgt:

$$\text{Skontobetrag} = \frac{\text{Barverkaufspreis} \cdot \text{Skontoprozentsatz}}{(100 - \text{Skontoprozentsatz})} = \frac{392 \cdot 2}{98} = 8\ €$$

5. Gestaltung von Geschäftsbriefen nach DIN 5008

Die DIN 5008 umfasst eine Reihe von Empfehlungen zur übersichtlichen Gestaltung von Briefen und wird von dem Arbeitsausschuss NA 043-03-01 AA für Textverarbeitung vom nationalen Normenausschuss Informationstechnik und Anwendungen (NIA) erarbeitet. Die Einhaltung der DIN 5008 bei der Erstellung von Geschäftsbriefen ist nicht vorgeschrieben, die Norm genießt jedoch eine hohe Anerkennung in der Wirtschaft und daher können deutliche Abweichungen von den enthaltenen Regelungen ggf. auf Missbilligung beim Empfänger des Briefes stoßen.

5.1 Vorgaben für die Elemente eines Geschäftsbriefes nach DIN 5008

In den folgenden Abschnitten werden die Vorgaben der DIN 5008 für die einzelnen Elemente eines Geschäftsbriefes in dem Format A4 vorgestellt, da dieses Papierformat am häufigsten im täglichen Schriftverkehr Verwendung findet. Die Norm unterscheidet dabei zwischen der Form A mit einem hochgestellten Anschriftenfeld (**oberer Seitenrand**: 27 mm) und der Form B mit einem tiefgestellten Anschriftenfeld (**oberer Seitenrand**: 45 mm). Durch diesen Unterschied verschieben sich jeweils die anderen Elemente des Geschäftsbriefs.

Für beide Formen gelten jedoch die folgenden Vorgaben bzw. Empfehlungen bezüglich der übrigen Seitenränder:

- Der **linke Seitenrand** beträgt 25 mm.
- Die Vorgaben bezüglich des **rechten Seitenrands** sind flexibel gestaltet. Er sollte mindestens 10 mm betragen, empfohlen werden jedoch 20 mm.
- Für den **unteren Seitenrand** enthält die DIN 5008 keine konkreten Vorgaben. Er sollte abhängig vom Platzbedarf und von der Größe der Fußzeile gewählt werden.

5.1.1 Briefkopf

Der Briefkopf beginnt direkt an der oberen Blattkante und kann die gesamte Breite des Blatts umfassen. Abhängig von der Briefform weist das Feld für den Briefkopf dabei entweder eine Höhe von 27 mm (Form A) oder eine Höhe von 45 mm (Form B) auf.

Grundsätzlich enthält die DIN 5008 keine weiteren Vorgaben zur Gestaltung des Briefkopfs. Es ist jedoch sinnvoll, dass darin der Absender (z. B. durch den Firmennamen und das Logo) sowie ggf. dessen Postanschrift enthalten ist, falls diese Informationen nicht in einem anderen Briefelement ausgewiesen werden.

5.1.2 Rücksendeangabe und Anschriftenfeld

Unter dem Briefkopf folgt das Feld für die Rücksendeangabe, welches die Absenderanschrift für den Fall einer Rücksendung enthält. Die Rücksendeangabe umfasst nur eine Zeile und weist die Maße 5 mm x 85 mm auf. Die DIN 5008 empfiehlt dazu eine Schriftgröße von 8 Punkt (aber mindestens 6 Punkt). Das Feld für die Rücksendeangabe ist zwar 20 mm von der linken Blattkante positioniert, die Schrift beginnt jedoch aufgrund des linken Seitenrandes erst ab 25 mm.

Direkt unter dem Feld für die Rücksendeangaben befindet sich das Anschriftenfeld mit der Empfängeranschrift. Es weist die Maße 40 mm x 85 mm auf und umfasst insgesamt 9 Zeilen. Für diese Zeilen ist die gleiche Schriftgröße wie für den Brieftext zu verwenden (aber mindestens 8 Punkt). Wird eine Schriftgröße unter 10 Punkt verwendet, empfiehlt es sich, serifenlose Schriften wie Arial für das Anschriftenfeld zu nutzen.

Die ersten drei Zeilen des Anschriftenfeldes bilden den Bereich für Zusätze und Vermerke, in dem besondere Zustellungsvermerke (z. B. „Nicht nachsenden"), Versandformen (z. B. „Einschreiben") oder andere Informationen eingetragen werden können. Die Anschrift des Empfängers wird in den Anschriftenbereich eingefügt, der aus den übrigen sechs Zeilen des Anschriftenfeldes besteht. Dabei sind die Zeilen im Bereich für Zusätze und Vermerke so zu befüllen, dass keine Leerzeile zur ersten Zeile im Anschriftenbereich entsteht. Wenn der Platz in einem der beiden Bereiche des Anschriftenfeldes nicht ausreicht, können freie Zeilen des jeweils anderen Bereichs mitgenutzt werden.

Als Alternative zu dem 9-zeiligen Anschriftenfeld mit getrennten Rücksendeangaben erlaubt die DIN 5008 auch die Kombination dieser Elemente zu einem 11-zeiligen Anschriftenfeld. Die ersten fünf Zeilen dieser alternativen Form des Anschriftenfeldes enthalten dann sowohl die Rücksendeangaben als auch die Zusätze und Vermerke. Dieser kombinierte Bereich wird in einer kleineren Schriftgröße (8 Punkt empfohlen) dargestellt, während die restlichen sechs Zeilen für die eigentliche Empfängeranschrift unverändert bleiben (gleiche Schriftgröße wie der Brieftext).

 MERKE

Bei einem kombinierten Bereich für Rücksendeangaben, Zusätze und Vermerke werden die Rücksendeangaben zwar weiterhin zuoberst eingefügt, allerdings müssen sie genauso behandelt werden wie die anderen Zusätze und Vermerke, sodass zum Anschriftenbereich keine Leerzeile entsteht. Wenn also keine Zusätze oder Vermerke vorhanden sind, werden die Rücksendeangaben dementsprechend direkt über der Empfängeradresse geschrieben.

Die folgenden beiden Abbildungen fassen die Vorgaben der DIN 5008 für die zwei Varianten des Anschriftenfeldes zusammen:

9-zeiliges Anschriftenfeld

1 3 2 1	Rücksendeangaben	6 – 8 Punkt
	Zusatz- und Vermerkzone	
1 2 3 4 5 6	Anschriftenbereich	Gleiche Schriftgröße wie der Brieftext

1 3 2	ABC GmbH – Musterstraße 1 – 12345 Musterstadt
1	Persönlich
1	Frau
2	Karla Klammer
3	Königsstraße 14
4	54321 Königsberg
5	
6	

11-zeiliges Anschriftenfeld

5 4 3 2 1	Zone für Rücksendeangaben, Zusätze und Vermerke	6 – 8 Punkt
1 2 3 4 5 6	Anschriftenbereich	Gleiche Schriftgröße wie der Brieftext

5	
4	
3	
2	ABC GmbH – Musterstraße 1 – 12345 Musterstadt
1	Persönlich
1	Frau
2	Karla Klammer
3	Königsstraße 14
4	54321 Königsberg
5	
6	

5.1.3 Inlands- und Auslandsanschriften

Bei den Regelungen für die Befüllung des Anschriftenbereiches unterscheidet die DIN 5008 zwischen inländischen und ausländischen Anschriften.

Eine **Inlandsanschrift** besteht aus drei Bestandteilen:
1. Empfängerbeschreibung
2. Postfach oder Straße und Hausnummer
3. Postleitzahl und Bestimmungsort.

Handelt es sich bei dem Empfänger um eine natürliche Person, enthält die erste Zeile abhängig vom Geschlecht eine der beiden Ansprachen „Frau" oder „Herrn" sowie bei Bedarf eine Berufs- oder Amtsbezeichnung (z. B. „Frau Direktorin" oder „Herrn Vorstandsvorsitzender"). In der zweiten Anschriftenzeile folgen dann ein ggf. vorhandener Titel und der Name der natürlichen Person (z. B. „Dr. Ursula Jansen" oder „Frederik Schmidt").

Bei Unternehmensanschriften enthält die Empfängerbeschreibung in der ersten Zeile entweder das Wort „Firma" oder eine passende Branchenbezeichnung (z. B. „Schreibwarenhandel" oder „Möbelschreinerei"). Die Firmenbezeichnung wird dann in die zweite Anschriftenzeile eingetragen. Ist anhand dieser Firmenbezeichnung klar ersichtlich, dass es sich bei dem Empfänger nicht um eine natürliche Person handelt, kann die erste Zeile auch entfallen und die Firmenbezeichnung rückt stattdessen auf. In der dritten Zeile einer Unternehmensanschrift kann eine Abteilung oder ein konkreter Mitarbeiter als Empfänger des Geschäftsbriefs angegeben werden. Bei einer natürlichen Person entfällt dabei die früher genutzte Abkürzung „z. Hd." (zu Händen) und es ist auf eine geschlechterspezifische Ansprache und ggf. vorhandene Titel zu achten (z. B. „Herrn Professor Günther Klein").

Nach der Empfängerbeschreibung folgt entweder die Angabe eines Postfachs oder einer Adresse in Form einer Straße und einer Hausnummer. Die Nummer eines Postfachs wird dabei von rechts beginnend in zweistelligen Blöcken, unterteilt durch Leerzeichen, dargestellt (z. B. „Postfach 1 23 45"). Bei der Verwendung eines Straßennamens kann hinter der Hausnummer getrennt durch zwei Schrägstriche ein zusätzlicher Zustellvermerk (z. B. die Wohnungsnummer oder das Stockwerk) angegeben werden (z. B. „Bahnhofsstraße 17 // 3. Stock"). Bei Großempfängern, die täglich eine große Menge Briefpost erhalten, kann die Angabe eines Postfachs oder einer Straße inklusive Hausnummer entfallen.

Um die Darstellung von Anschriften international zu vereinheitlichen, werden die Postleitzahl und der Bestimmungsort nicht durch eine Leerzeile von dem Postfach bzw. von der Straße und der Hausnummer getrennt. Postleitzahlen werden dabei 5-stellig ohne Trennzeichen geschrieben und eine Hervorhebung des Bestimmungsorts, z. B. durch Fettschrift, ist ebenfalls nicht vorgesehen.

Aufträge bearbeiten

Beispiele für Inlandsanschriften:

3	
2	
1	
1	Frau Rechtsanwältin
2	Dr. Melanie Krüger
3	Steinstraße 12
4	20095 Hamburg
5	
6	

3	
2	
1	
1	Schneiderei
2	Johanna Riegel e.Kffr.
3	Westendstraße 188
4	80686 München
5	
6	

3	
2	
1	Warensendung
1	Herrn
2	Karsten Müller
3	Postfach 67 25 98
4	01111 Dresden
5	
6	

3	
2	
1	Büchersendung
1	DüMaBa GmbH
2	Herrn Dr. Stefan Hinsen
3	Bahnhofsstraße 8
4	40532 Düsseldorf
5	
6	

3	15825-a38-985/6
2	Einschreiben
1	Persönlich
1	Frau
2	Theodora Zimmermann
3	Hauptstraße 100 // Wohnung 52
4	04288 Leipzig
5	
6	

3	
2	
1	Vertraulich
1	Col-IT OHG
2	Personalabteilung
3	Aachener Straße 203
4	50931 Köln
5	
6	

3	
2	
1	
1	Agentur für Arbeit Düsseldorf
2	40180 Düsseldorf
3	
4	
5	
6	

5. Gestaltung von Geschäftsbriefen nach DIN 5008

Der Aufbau von **Auslandsanschriften** wird im Allgemeinen durch die Vorgaben des Empfängerlandes festgelegt. Dabei ist darauf zu achten, dass für die Anschrift lateinische Schriftzeichen und arabische Ziffern genutzt werden. Darüber hinaus empfiehlt die DIN 5008 den Bestimmungsort in Großbuchstaben und in der jeweiligen Landessprache anzugeben (z. B. NICE statt NIZZA). Unter dem Bestimmungsort sollte zusätzlich das Bestimmungsland in Großbuchstaben und in deutscher Sprache eingefügt werden. Ein Länderkennzeichen vor der Postleitzahl ist jedoch nicht notwendig.

3	
2	
1	
1	International Federation of Red Cross
2	and Red Crescent Societies
3	P.O. Box 303
4	1211 GENEVA 19
5	SCHWEIZ
6	

3	
2	
1	
1	Lorenzo Monti
2	Via Piemonte 24
3	00187 ROMA
4	ITALIEN
5	
6	

5.1.4 Informationsblock

Der Informationsblock kann Angaben über den Bezug des Briefes sowie zusätzliche Kommunikationsmöglichkeiten des Absenders (z. B. Telefon, Telefax, E-Mail) enthalten. Er ist dabei neben dem Anschriftenfeld positioniert und beginnt bei 125 mm von der linken Blattkante. In Bezug auf die obere Blattkante liegt der Informationsblock gleichauf mit der ersten Zeile der Zusatz- und Vermerkzone des Anschriftenfelds. Dadurch ergibt sich, abhängig von der Form des Briefs, ein Abstand von entweder 32 mm (Form A) oder 50 mm (Form B) zur oberen Blattkante. Die Breite des Informationsblocks ist variabel, sollte jedoch 75 mm nicht überschreiten.

 MERKE

Zur Umsetzung der angegebenen Abstände muss zwischen dem Briefkopf und dem Infoblock somit immer (unabhängig von der Form des Anschriftenfeldes) eine Leerzeile frei bleiben.

Der Inhalt des **Informationsblocks** wird durch sog. Leitwörter strukturiert. Das folgende Standardbeispiel orientiert sich dabei an den Angaben aus der Bezugszeichenzeile (nähere Informationen dazu im nächsten Kapitel).

```
Ihr Zeichen: jvo
Ihre Nachricht vom: 15.03.20xx
Unser Zeichen: bü-103
Unsere Nachricht vom: 18.03.20xx

Name: Regina Büttner
Telefon: 0211 88442-103
Telefax: 0211 88442-110
E-mail: r.buettner@duemaba.de

Datum: 23.03.20xx
```

Die Gestaltung des Informationsblocks kann gemäß der DIN 5008 relativ frei vorgenommen werden. Grundsätzlich können Leitwörter verändert, entfernt, hinzugefügt oder gegen entsprechende Symbole (z. B. ☎ statt Telefon) ausgetauscht werden. Darüber hinaus kann eine einheitliche Startposition (Fluchtlinie) für die Angaben abhängig von dem längsten Leitwort eingerichtet werden.

Hinsichtlich der Schriftart und -größe der Leitwörter und der Angaben gelten die folgenden Empfehlungen der DIN 5008:

- Die **Angaben** sollten in der gleichen Schriftart und -größe wie der Brieftext formatiert werden.
- Einzelne Angaben (z. B. die E-Mail-Adresse) können **aus Platzgründen** auch in einer kleineren Schriftart dargestellt werden. Die Schriftgröße sollte jedoch 8 Punkt nicht unterschreiten.
- Die **Leitwörter** können ebenfalls in einer kleineren Schriftart formatiert werden. Die Schriftgröße sollte jedoch ebenfalls 8 Punkt nicht unterschreiten.

TIPP

Die genaue Positionierung des Informationsblocks kann in Microsoft Word auf unterschiedliche Arten erfolgen:

- **Tabstopps:** in den Zeilen, in denen der Informationsblock geschrieben werden soll, wird ein Tabstopp bei 10 cm für die Leitwörter gesetzt. Ein zweiter Tabstopp (im Allgemeinen bei ca. 13 cm) sorgt für eine einheitliche Fluchtlinie für die Angaben zu den Leitwörtern.

- **Randlose Tabelle:** mithilfe einer unsichtbaren Tabelle werden die Größe und die Position des Anschriftenfeldes und des Informationsblockes festgelegt. Dazu muss eine Tabellenstruktur mit festen Spaltenbreiten und Zeilenhöhe gemäß der folgenden Abbildung erstellt werden.

Anschriftenfeld Spaltenbreite: 8 cm (fest) Zeilenhöhe: 4,5 cm (fest)	Leere Zelle Breite: 2 cm (fest)	Informationsblock Spaltenbreite: abhängig vom rechten Seitenrand (7,5 cm bei 1 cm rechtem Seitenrand)
Leere Zelle, variabel		

Damit die Tabelle später nicht mehr sichtbar ist, müssen die Tabellenränder deaktiviert werden.

- **Textfeld:** ein Textfeld ohne Rand wird 10 cm rechts vom Seitenrand und 0,5 cm unterhalb des Seitenrandes positioniert.

Bei der Verwendung von Tabstopps bzw. einer randlosen Tabelle ist darauf zu achten, dass zwischen dem Briefkopf und dem ersten Leitwort des Informationsblocks eine Leerzeile besteht, da der Informationsblock erst ab 3,2 cm (Form A) bzw. ab 5,0 cm (Form B) vom oberen Blattrand beginnt.

5.1.5 Bezugszeichenzeile und Kommunikationszeile

Als Alternative zum Informationsblock kann auch die Bezugszeichenzeile verwendet werden, die mindestens 8,46 mm (= 2 Zeilen oder 24 Punkte) unter dem Anschriftenfeld beginnt und die Leitwörter „Ihr Zeichen, Ihre Nachricht vom", „Unser Zeichen, unsere Nachricht vom", „Telefon, Name", und „Datum" in dieser Reihenfolge enthält.

Die Bezugszeichenzeile und die Kommunikationszeile gelten als veraltet und werden daher im Vergleich zum Informationsblock in der betrieblichen Praxis nicht mehr so häufig verwendet.

TIPP

Gegebenenfalls leere Zeilen im Anschriftenfeld dürfen nicht als Abstand zur Bezugszeichenzeile zweckentfremdet werden, sondern müssen zusätzlich zu den zwei Leerzeilen zwischen Anschriftenfeld und Bezugszeichenzeile eingegeben werden. Ansonsten kann es passieren, dass die Bezugszeichenzeile teilweise im Fenster des Briefkuverts sichtbar ist.

Das erste Leitwort beginnt dabei am linken Seitenrand, d. h. 25 mm von der linken Blattkante entfernt und die übrigen Leitwörter folgen jeweils in einem Abstand von 50 mm zum Beginn des Vorgängers. Die Angaben zu den Leitwörtern werden im gleichen Raster eine Zeile darunter eingetragen, d. h. die Leitwörter und die passenden Angaben stehen jeweils bündig untereinander. Falls erforderlich können die Angaben auch zwei Zeilen umfassen.

Ihr Zeichen, Ihre Nachricht vom	Unser Zeichen, unsere Nachricht vom	Telefon, Name	Datum
jvo, 15.03.20..	bü-103, 18.03.20..	0211 88442-103, Regina Büttner	23.03.20..

 TIPP

Die Umsetzung der Abstände zwischen den Leitwörtern bzw. zwischen den passenden Angaben kann in Microsoft Word mithilfe von Tabstopps erfolgen. Die Tabstopps müssen dazu jeweils bei 5 cm, 10 cm und 15 cm gesetzt werden.

Die Leitwörter können z. B. um die Haupttelefonnummer des Unternehmens erweitert und das Leitwort „Telefon" durch ein passendes Symbol ersetzt werden. Nicht genutzte Leitwörter dürfen entfernt werden. Als Schriftgröße empfiehlt die DIN 5008 8 Punkt (für die Leitwörter), bei zweizeiligen Leitwörtern können diese auch mit einer Schriftgröße von 6 Punkt geschrieben werden. Die Schriftgröße für die Angaben entspricht der Schriftgröße für den Brieftext.

Ihr Zeichen, Ihre Nachricht vom	Unser Zeichen, unsere Nachricht vom	Telefon, Name 0211 88442-	Datum
jvo, 15.03.20..	bü-103, 18.03.20..	103, Regina Büttner	23.03.20..

Sollen zusätzlich zur Bezugszeichenzeile weitere Kommunikationsangaben in den Geschäftsbrief eingefügt werden, kann zu diesem Zweck die Kommunikationszeile verwendet werden. Dieses Feld beginnt bei 125 mm vom linken Blattrand und steht damit in einer Fluchtlinie mit dem dritten Leitwort der Bezugszeichenzeile „Telefon, Name". In der Kommunikationszeile werden die Leitwörter und die entsprechenden Angaben ebenfalls untereinander geschrieben. Die Position der Leitwörter ist dabei so zu wählen, dass die Angaben auf der gleichen Höhe wie die letzte Zeile des Anschriftenbereichs im Anschriftenfeld geschrieben wird. Wenn in der Kommunikationszeile mehr als ein Leitwort verwendet werden soll, können die Fluchtlinien der weiteren Leitwörter frei gewählt werden. Nur das erste Leitwort muss in der gleichen Fluchtlinie wie das dritte Leitwort der Bezugszeichenzeile stehen (also 125 mm vom linken Blattrand bzw. 100 mm vom Seitenrand).

Wie bei der Bezugszeichenzeile empfiehlt die DIN 5008 auch für die Kommunikationszeile eine Schriftgröße von 8 Punkt für die Leitwörter. Die Angaben sind in der Schriftgröße des Brieftextes zu formatieren. Bei Bedarf kann die Schriftgröße für besonders lange Angaben (z. B. E-Mail-Adressen) auf bis zu höchsten 8 Punkt verkleinert werden.

5.1.6 Betreff

Der Betreff fasst das Anliegen des Briefes in wenigen Worten kurz zusammen und wird, getrennt von zwei Leerzeilen, unter die Bezugszeichenzeile bzw. unter den Informationsblock geschrieben. Wenn der Informationsblock weniger Zeilen umfasst als das Anschriftenfeld, ist der Betreff nach zwei Leerzeilen unter die letzte Zeile des Anschriftenfeldes zu setzen. Dabei ist zu beachten, dass die letzten Zeilen des Anschriftenfeldes auch leer sein können, d. h. in den meisten Fällen liegen mehr als zwei Leerzeilen zwischen Postleitzahl/Ort und dem Betreff.

Der Text der Betreffzeile beginnt am Seitenrand (d. h. 25 mm von der linken Blattkante) und kann sich bei Bedarf über mehrere Zeilen erstrecken. Am Ende des Betreffs wird kein Schlusspunkt gesetzt.

Die DIN 5008 erlaubt auch eine Hervorhebung des Textes, z. B. durch Fettdruck. Die Schriftgröße für den Betreff sollte ebenso wie für die nachfolgenden Elemente (Anrede, Brieftext, Grußformel, Unterschriften, Anlagen und Verteiler) einheitlich zwischen 10 und 12 Punkt gewählt werden.

5. Gestaltung von Geschäftsbriefen nach DIN 5008

5.1.7 Anrede

Nach zwei Leerzeilen folgt unter dem Betreff die Anrede des Empfängers, die ebenfalls 25 mm von der linken Blattkante beginnt. Ist der Empfänger dem Absender persönlich bekannt bzw. ist der Brief an eine konkrete Person gerichtet, sollte eine direkte Anrede, d. h. unter Verwendung des Namens und ggf. vorhandener Titel des Empfängers, gewählt werden. Richtet sich der Brief dagegen an eine Personengruppe bzw. ist der Empfänger dem Absender unbekannt, kann eine Anrede wie „Sehr geehrte Damen und Herren" verwendet werden. Unabhängig von der gewählten Ansprache endet die Anrede grundsätzlich mit einem Komma.

5.1.8 Brieftext

Durch eine Leerzeile von der Anrede getrennt, beginnt nun der eigentliche Brieftext, der wie der Betreff und die Anrede auch ab 25 mm vom linken Blattrand geschrieben wird. Bezüglich der Zeilenenden ist darauf zu achten, dass mindestens ein Rand von 10 mm zum rechten Blattrand eingehalten wird. Bei einem zweiseitigen Druck müssen diese Ränder auf den Blattrückseiten umgekehrt eingehalten werden, d. h. auf den Rückseiten sollte der Abstand zum linken Blattrand mindestens 10 mm und zum rechten Blattrand genau 25 mm betragen.

Bezüglich des oberen Blattrands ist ein Abstand von mindestens fünf Leerzeilen (mindestens 30 mm) bis zum Text einzuhalten. Vom unteren Blattrand sollte der Abstand wenigstens vier Leerzeilen (mindestens 30 mm) betragen.

Um die Lesbarkeit und die Verständlichkeit des Geschäftsbriefes zu erhöhen, sollte der Brieftext abhängig von Umfang und Inhalt durch Absätze in sinnvolle Abschnitte gegliedert werden. Dabei ist zu beachten, dass die einzelnen Textabschnitte gemäß der DIN 5008 jeweils durch ein Leerzeichen zu trennen sind.

5.1.9 Grußformel und Unterschriften

Nach dem Brieftext folgen, durch eine Leerzeile getrennt, die Grußformel und die Unterschriften der Absender, die wiederum jeweils ab 25 mm von der linken Blattkante beginnen. Bezüglich der Grußformel kann auch heute noch die inzwischen als veraltet geltende Standardformulierung „Mit freundlichen Grüßen" verwendet werden, die DIN 5008 lässt jedoch auch angemessene, modernere Abwandlungen (z. B. „Freundliche Grüße") zu. Nach der Grußformel und einer weiteren Leerzeile kann ggf. die Bezeichnung des Unternehmens bzw. der Behörde eingefügt werden.

Anschließend folgen ausreichend Leerzeichen, um Platz für die handschriftlichen Unterschriften zu gewährleisten (üblicherweise 3 Leerzeilen). Unter der Unterschrift kann der Name des Unterzeichnenden noch einmal maschinenschriftlich wiederholt werden. In Abhängigkeit von den Vollmachten, die der unterschreibenden Person erteilt wurden, muss darüber hinaus noch ein Unterschriftenzusatz angegeben werden. Diesbezüglich wird üblicherweise eine der folgenden Abkürzungen verwendet:

- ppa. für Prokuristen
- i. V. (in Vollmacht) für Personen, die eine allgemeine Handlungsvollmacht erteilt bekommen haben
- i. A. (im Auftrag) für Personen, die über eine beschränkte Handlungsvollmacht bzw. Artvollmacht verfügen.

LF 1, Kap. 9.

Unterschriftenzusätze sollen gemäß DIN 5008 entweder zwischen der Unternehmensbezeichnung und der Namenswiedergabe oder direkt vor der Namenswiedergabe eingefügt werden. Bei mehreren Unterzeichnenden werden die Unterschriften nach der innerbetrieblichen Rangfolge beginnend mit dem Ranghöchsten von links nach rechts angeordnet.

1	Freundliche Grüße
2	
3	VSI Personalberatung GmbH
4	
5	
6	
7	i. V. Christian Reiter

1	Freundliche Grüße
2	
3	VSI Personalberatung GmbH
4	
5	i. A.
6	
7	Volker Kohn

1	Freundliche Grüße	
2		
3	VSI Personalberatung GmbH	
4		
5		
6		
7	ppa. Henrietta Lensing	i. V. Christian Reiter

5.1.10 Seitennummerierung

Wenn ein Brief mehrere Seiten umfasst, sollten diese fortlaufend nummeriert werden. Die DIN 5008 unterscheidet zwischen den folgenden beiden Vorgehensweisen bei der Seitennummerierung:

- In der Kopfzeile wird ab der zweiten Seite die Seitennummer vorzugsweise zentriert und eingerahmt durch Bindestriche und Leerzeichen (z. B. – 2 –) ausgewiesen. Wenn eine weitere Folgeseite existiert, wird dies durch drei Punkte (…) in der Fußzeile am rechten Rand signalisiert. Dabei ist darauf zu achten, dass zwischen den Punkten und dem Brieftext mindestens eine Leerzeile liegt.
- Alle Briefseiten, einschließlich der Seite 1, weisen am rechten Rand die Seitenzahl in der Form „Seite … von …" aus. Zwischen der Angabe der Seitenzahl und dem Text sollte wiederum mindestens eine Leerzeile stehen. Ein Kennzeichen für eine Folgeseite ist bei dieser Vorgehensweise nicht notwendig. Bei einem zweiseitigen Druck muss die Darstellung der Seitenzahl auf den Briefrückseiten am linken Rand erfolgen.

5.1.11 Anlagen- und Verteilervermerke

Vermerke zu Anlagen oder zum Verteiler des Briefs können gemäß der DIN 5008 nach einer Leerzeile unter der maschinenschriftlichen Namenswiedergabe erfolgen. Wenn der Brief keine Unterschrift aufweist, sollten die Anlagen- bzw. Verteilervermerke stattdessen drei Leerzeilen nach der Grußformel oder der Firmenbezeichnung erfolgen. Die Wörter „Anlage" bzw. „Anlagen" und „Verteiler" dürfen laut DIN 5008 dabei durch Fettschrift hervorgehoben werden.

Wenn die Anlagen- bzw. Verteilervermerke nicht mehr auf das Blatt passen, können sie auch mit einem Abstand von 125 mm zur linken Blattkante neben den Unterschriftenblock (beginnend mit der Grußformel) gesetzt werden. Dabei ist darauf zu achten, dass zwischen dem Text und den Vermerken ein Abstand von einer Leerzeile vorliegt.

Sollen sowohl **Vermerke zu Anlagen und zum Verteiler** geschrieben werden, können diese nacheinander und mit einer Leerzeile getrennt erfolgen:

Anlagen
1 Katalog
3 Bestellscheine

Anlagen
Tagesordnung
Gesprächsprotokoll

Verteiler
Frau Dr. Christina Friedmann
Herrn Tim Weiler

5.1.12 Loch- und Faltmarken

Auf dem Seitenrand des Geschäftsbriefes empfiehlt die DIN 5008 den Druck von zwei Faltmarken und einer Lochmarke. Diese Marken werden als Linien (4 mm bis 8 mm Länge) direkt am linken Blattrand dargestellt.

Die vertikale Position der Faltmarken ist von der verwendeten Briefform abhängig:
- **Form A** (hochgestelltes Anschriftenfeld): 87 mm und 192 mm von der oberen Blattkante
- **Form B** (tiefgestelltes Anschriftenfeld): 105 mm und 210 mm von der oberen Blattkante

Die Lochmarke dient zur Orientierung beim Lochen des Briefs, d. h. sie sollte genau auf der Mitte des Blatts dargestellt werden. Bei dem Papierformat A4 liegt diese bei 148,6 mm, gemessen von der oberen Blattkante. Wenn der Brief bereits vom Absender vorgelocht wird, kann die Lochmarke entfallen.

Loch- und Faltmarken werden häufig als Striche, Dreiecke oder Pfeilspitzen dargestellt und können in Microsoft Word über Einfügen → Formen in das Dokument eingefügt werden.

5.1.13 Übersicht über die einzelnen Elemente eines Geschäftsbriefs

Die folgenden beiden Abbildungen fassen die Regelungen zur Positionierung der in den vorherigen Textabschnitten vorgestellten Elemente eines Geschäftsbriefs noch einmal beispielhaft zusammen.

5. Gestaltung von Geschäftsbriefen nach DIN 5008

Beispielhafte Positionierung der Elemente eines Geschäftsbriefs der Form A (alle Angaben in mm)

Beispielhafte Positionierung der Elemente eines Geschäftsbriefs der Form B (alle Angaben in mm)

5.2 Regelungen zur Textgestaltung nach DIN 5008

Neben den Vorgaben zu den einzelnen Elementen eines Geschäftsbriefes enthält die DIN 5008 auch eine Vielzahl von Regelungen bezüglich der Gestaltung des Textes. Die wichtigsten dieser Regelungen werden in den folgenden Abschnitten vorgestellt.

5.2.1 Texthervorhebungen

Durch die Verwendung von Texthervorhebungen wird das Augenmerk des Lesers auf entsprechend formatierte Textbereiche gelenkt. Hervorhebungen sollten dabei möglichst sparsam eingesetzt werden, um zu verhindern, dass der Text überladen und unübersichtlich wirkt.

Es werden zwei Kategorien von Texthervorhebungen unterschieden:

- **Hervorhebung durch Textpositionierung**
  Der hervorzuhebende Textbereich wird entweder eingerückt, zentriert oder einfach nur von dem restlichen Text abgesetzt dargestellt. Grundsätzlich wird dabei der betreffende Textteil jeweils mit einer Leerzeile vom vorhergehenden Textabsatz und vom nachfolgenden Textabsatz getrennt. Bei einer Einrückung beginnt der hervorzuhebende Text bei einer Fluchtlinie ab 25 mm vom linken Seitenrand (= 50 mm vom linken Blattrand).

- **Hervorhebung durch Textformatierung**
  Durch eine entsprechende Formatierung der Zeichen wird ein Textbereich hervorgehoben. Dazu können z. B. die Formatierungen Fettdruck, Kursivdruck, Unterstreichung, Großbuchstaben, Kapitälchen oder die Verwendung einer anderen Schriftart genutzt werden. Bezüglich der Formatierung ist zu beachten, dass auch die Satzzeichen innerhalb der Hervorhebung berücksichtigt werden. Satzzeichen, die am Ende des betreffenden Textbereichs stehen, sind ebenfalls zu formatieren, wenn sie inhaltlich zum hervorzuhebenden Textteil gehören. Klammern oder Anführungszeichen sind dann von der Formatierung betroffen, wenn ihr kompletter Inhalt hervorgehoben werden soll.

Die verschiedenen Möglichkeiten zur Texthervorhebung können auch miteinander kombiniert werden.

> Die Lieferung der Ware erfolgt spätestens fünf Tage nach Eingang der Bestellung durch einen Paketdienst unserer Wahl.
>
> > Für Beschädigungen, die durch den Transport entstehen, haftet der Paketdienstleister.
>
> Wir erwarten die Zahlung des Rechnungsbetrages innerhalb eines Monats nach der Lieferung.

> Die Lieferung erfolgt „frei Haus".

> **Bitte beachten Sie**: Dieses Angebot ist nur fünf Tage gültig.

5.2.2 Gliederung des Textes

Um dem Leser das Verständnis eines Textes zu erleichtern, sollte der Text eine klare Struktur aufweisen und in inhaltlich zusammengehörige Abschnitte gegliedert werden. Diese Abschnitte können durch eine Abschnittsüberschrift, ggf. kombiniert mit einer voranstehenden Abschnittsnummer, gekennzeichnet werden. Abschnittsüberschriften mit einer Nummerierung beginnen in der Fluchtlinie des Textes und werden mit jeweils einer Leerzeile von der vorangehenden und der nachfolgenden Textpassage getrennt. Überschriften ohne Nummerierung dürfen auch zentriert dargestellt werden.

Die Abschnittsnummerierung erfolgt mit arabischen Zahlen und beginnt üblicherweise mit der Zahl 1.

 INFO

Enthält der erste Abschnitt eines Textes ausschließlich allgemein gültige Angaben (z. B. bei einer Präambel), kann die Abschnittsnummerierung auch mit der Zahl 0 beginnen.

Wenn die Abschnitte wiederum in Unterabschnitte unterteilt werden, beginnt die Nummerierung für jede Stufe erneut mit der Zahl 1. Die einzelnen Stufen werden in der Abschnittsnummerierung jeweils durch einen Punkt getrennt, wobei am Ende der Nummerierung kein Punkt gesetzt wird (z. B. 1.2.3). Damit die Abschnittsunterteilung nicht unübersichtlich wird, sollte sie nicht mehr als drei Stufen aufweisen. Die Abschnittsnummerierung und die Abschnittsüberschrift werden durch mindestens zwei Leerzeichen getrennt, wobei eine angemessene Verwendung von Texthervorhebungen (siehe Kapitel 5.2.1) möglich ist. Jede weitere Zeile der Abschnittsüberschrift beginnt an der dadurch entstehenden Fluchtlinie.

---

2   Das Internet

Das Internet besteht aus einer Vielzahl miteinander verbundener Rechnernetzwerke.
...

2.1 Geschichte des Internets oder Warum die erste Nachricht, die über das Internet verschickt wurde, aus den Buchstaben LO bestand

Am 29. Oktober 1969 um 22:30 klingelte es im Rechenzentrum der University of California, Los Angeles (UCLA) in Menlo Park.
...

2.2 Weiterentwicklung zum ARPANET

...

Abschnitte können in Absätze unterteilt werden, die durch eine Leerzeile vom nachfolgenden Text getrennt werden und an der Fluchtlinie des Textes beginnen. Die Absätze können mithilfe von arabischen Zahlen nummeriert werden, wobei sich die Darstellung dieser Nummerierung deutlich von der Abschnittsnummerierung unterscheiden sollte, um Missverständnissen vorzubeugen. Absatznummern werden häufig in Klammer gesetzt oder durch einen nachstehenden Binde- bzw. Gedankenstrich gekennzeichnet.

Die **Nummerierung der Absätze** kann auf zwei unterschiedliche Arten erfolgen:
1. Mit dem Beginn eines neuen Abschnitts werden die enthaltenen Absätze fortlaufend, beginnend mit der Zahl 1, nummeriert.
2. Alle Absätze werden unabhängig von der Gliederung in Abschnitten fortlaufend nummeriert.

2.3   World Wide Web (WWW)

(1) Das World Wide Web wurde von Tim Berners-Lee 1990 während seiner Tätigkeit für die Europäische Organisation für Kernforschung (CERN) entwickelt.

(2) Es diente zur Veröffentlichung von Dokumenten, die über sogenannte Hyperlinks miteinander verknüpft waren.

Ein **Inhaltsverzeichnis** stellt die Gliederung eines Textes übersichtlich dar. Dabei werden alle Abschnittsnummern auf einer Fluchtlinie und die dazu passenden Abschnittsüberschriften an einer weiteren Fluchtlinie beginnend ausgewiesen. Zwischen der Abschnittsnummer und der Abschnittsüberschrift stehen wiederum mindestens zwei Leerzeichen.

1	Einführung in die moderne Kommunikationstechnik
2	Das Internet
2.1	Geschichte des Internets oder Warum die erste Nachricht, die über das Internet verschickt wurde, aus den Buchstaben LO bestand
2.2	Weiterentwicklung zum ARPANET
2.3	World Wide Web (WWW)
3	Aktuelle Internetdienste

5.2.3 Aufzählungen

Aufzählungen bestehen aus mehreren Aufzählungsgliedern, die jeweils mit einer arabischen Ordnungszahl und einem Punkt (1., 2., 3. usw.), mit einem lateinischen Kleinbuchstaben und einer Klammer (a), b), c) usw.) oder mit einem Zeichen (-, ●, ■ usw.) beginnen. Nach diesem Gliederungszeichen folgt stets mindestens ein Leerzeichen.

Gemäß der DIN 5008 wird eine **Aufzählung** sowohl am Anfang als auch am Ende mit einem Leerzeichen vom restlichen Text getrennt. Zwischen den einzelnen Aufzählungsgliedern kann bei Bedarf ebenfalls eine Leerzeile eingefügt werden, wenn dies der Lesbarkeit dient (z. B. bei Aufzählungsgliedern, die aus mehreren Zeilen bestehen).

> Unser Sortiment umfasst unter anderem die folgenden Produktkategorien
>
> – Sportbekleidung
> – Fitnessgeräte
> – Zubehör und Fanartikel
>
> Informieren Sie sich …

> Die Präsentationsmappe für die Konferenzteilnehmer muss folgende Dokumente enthalten:
>
> 1. Tagesordnung
> 2. Handout für die Eröffnungspräsentation
> 3. Faltplan des Konferenzzentrums
>
> Achten Sie bitte bei der Befüllung auf die Reihenfolge!

Es ist auch möglich, **Aufzählungen über mehrere Stufen** zu gliedern, wobei jedoch jede Stufe über eine eigene Fluchtlinie verfügen soll.

> – Sportbekleidung
>   a) Oberbekleidung
>   b) Hosen
>   c) Schuhe
> – Fitnessgeräte
>   a) Rudergeräte
>   b) Crosstrainer
>   c) Laufbänder
>
> Wählen Sie …

5.2.4 Fußnoten

Eine Fußnote stellt einen Hinweis zu einem bestimmten Teil eines Textes dar. Gekennzeichnet werden Fußnoten durch hochgestellte, arabische Zahlen, die direkt ohne Leerzeichen hinter dem betreffenden Textteil eingefügt und über alle Seiten unabhängig von der Gliederung fortlaufend hochgezählt werden. Enthält ein Text höchstens drei Fußnoten, können statt der Zahlen auch Sonderzeichen (z. B. Sternchen*) verwendet werden.

Die Fußnotenhinweise werden in einer kleineren Schriftart unten auf der gleichen Seite wie die Kennzeichnung im Text geschrieben. Sie werden durch den Fußnotenstrich vom Text getrennt, wobei vor dem Fußnotenstrich mindestens eine Leerzeile stehen sollte. Hinweistexte in Form eines vollständigen Satzes beginnen mit einem Großbuchstaben und enden mit einem Punkt.

Soll eine Fußnote mit Textteilen auf mehreren Seiten verknüpft werden, wird jeweils die gleiche Zahl genutzt und der Fußnotentext entweder wiederholt oder auf die erste Verwendung verwiesen (z. B. [3] Siehe Seite 5).

> Der erzielte Gewinn der DüMaBa GmbH ist im Vergleich zum letzten Geschäftsjahr um 8 %[1] gestiegen. Bei der Ermittlung dieser Gewinnsteigerung sind die im Mai angefallenen Sonderabschreibungen[2] bereits berücksichtigt.
>
> _____
>
> [1] Stand: Ende des 3. Quartals
> [2] Die Sonderabschreibungen sind durch die Schließung der Niederlassung in Leipzig entstanden.

In Microsoft Word können Fußnoten durch die Schaltfläche „Fußnote einfügen" auf der Registerkarte „Verweise" des Menübandes an der aktuellen Cursorposition eingetragen werden. Das Textverarbeitungsprogramm fügt dann auf der Seite einen passenden Fußnotenbereich ein und zählt die Fußnoten automatisch weiter.

 MERKE

Fußnoten in Tabellen werden direkt an das Ende der Tabelle geschrieben.

5.2.5 Gliederung von Zahlen

Grundsätzlich können bei Zahlen, die mehr als drei Vorkommastellen oder drei Nachkommastellen aufweisen, diese Stellen in Gruppen zu je drei Zahlen gegliedert werden. Die einzelnen Gruppen werden durch ein Leerzeichen voneinander getrennt. Bei Geldbeträgen kann statt des Leerzeichens auch ein Punkt (Tausenderpunkt) verwendet werden. Im Rahmen der Gliederung ist darauf zu achten, dass die einzelnen Gruppen nicht durch einen Zeilenumbruch voneinander getrennt werden. Um dies sicherzustellen, sollten in Microsoft Word entsprechende Leerzeichen mit der Tastenkombination STRG + Umschalt + Leertaste eingefügt werden.

Beispiele

1 234 567,89
2,283 250 985
9.589.725

Darüber hinaus enthält die DIN 5008 für die Darstellung einiger Zahlenwerte weitere Vorgaben. Die folgende Tabelle stellt die wichtigsten dieser Regelungen vor.

Zahlenwert	Gliederung
Geldbeträge	Insbesondere bei höheren Geldbeträgen sollten die Vorkommastellen ausgehend vom Komma in durch Punkte getrennte Dreiergruppen gegliedert werden. Das Währungskennzeichen kann bei einem Geldbetrag sowohl vor als auch nach dem Betrag angegeben werden. Bei der Verwendung in einem fortlaufenden Text wird jedoch empfohlen, das Währungskennzeichen hinter den Betrag zu positionieren. Darüber hinaus ist darauf zu achten, dass der Geldbetrag inklusive Währung nicht durch einen Zeilenumbruch getrennt wird. Beispiele: 1.234,56 EUR 258,59 €
Mengen- und Maßangaben	Mengen- und Maßangaben, die mehr als drei Stellen aufweisen, können ausgehend von dem Komma in Gruppen zu drei Stellen gegliedert werden. Die Gruppen werden jeweils durch ein Leerzeichen getrennt. Die Einheitenbezeichnung folgt nach der Zahl. Die einzelnen Elemente der Zahl sowie die Einheitenbezeichnung dürfen nicht durch einen Zeilenumbruch geteilt werden. Beispiel: 9 123 kg

Aufträge bearbeiten

Zahlenwert	Gliederung
Datum	Bei der rein numerischen Schreibweise eines Datums (z. B. in der Bezugszeichenzeile) ist die Reihenfolge Jahr, Monat, Tag jeweils durch einen Bindestrich gegliedert einzuhalten. Der Monat und Tag ist dabei zweistellig und das Jahr vierstellig anzugeben (z. B. 2019-12-24). Darüber hinaus darf auch die Reihenfolge Tag, Monat, Jahr – jeweils durch einen Punkt voneinander getrennt – verwendet werden, wenn dadurch keine Missverständnisse entstehen (z. B. 24.12.2019). In einem Text sollte ein Datum allerdings grundsätzlich alphanumerisch geschrieben werden (z. B. 6. Dezember 2019). Der Monatsname kann dabei ggf. auf vier Zeichen inklusive Punkt abgekürzt werden (z. B. Dez.), dies sollte jedoch in einem Fließtext vermieden werden. Bei einstelligen Tageszahlen wird keine führende Null ergänzt.
Uhrzeit	Uhrzeiten können entweder in der Reihenfolge Stunden, Minuten oder Stunden, Minuten und Sekunden geschrieben werden. Als Trennzeichen wird jeweils ein Doppelpunkt verwendet (z. B. 12:30 Uhr, 12:30:45 Uhr).
Telefon- bzw. Telefaxnummer	Telefon- bzw. Telefaxnummern werden in Landesvorwahl (bei internationalen Telefonnummern), Ortsvorwahl, Anschlussnummer und ggf. Durchwahlnummer unterteilt. Die Landesvorwahl, die Ortsvorwahl und die Anschlussnummer werden jeweils durch ein Leerzeichen voneinander getrennt. Ist eine Durchwahl (ggf. auch für die Zentrale) vorhanden, wird diese nach einem Bindestrich direkt hinter die Anschlussnummer geschrieben. Beispiele: +49 40 57827-0 030 2395687 0201 91367-123
Postfachnummer	Postfachnummern werden von rechts beginnend in Gruppen mit je zwei Stellen gegliedert. Die Gruppen werden durch Leerzeichen voneinander getrennt. Beispiele: 9 87 78 89
Bankleitzahl	Die (veralteten) Bankleitzahlen werden von links beginnend in zwei Gruppen zu je drei Stellen und einer Gruppe mit zwei Stellen gegliedert. Die Gruppen werden durch Leerzeichen voneinander getrennt. Beispiel: 430 605 99
IBAN	Internationale Bankkontonummern (IBAN) werden von links beginnend in fünf Gruppen zu je vier Stellen und einer Gruppe mit zwei Stellen gegliedert. Die Gruppen werden durch Leerzeichen voneinander getrennt. Beispiel: DE22 4306 0599 0001 3574 68

Zahlen werden in Tabellen oder Aufstellungen grundsätzlich rechtsbündig geschrieben. Wenn mehrere Zahlen untereinander eingefügt werden, sollen sie so ausgerichtet werden, dass die ggf. vorhandenen Dezimalzeichen (Kommata) oder Bruchstriche in der gleichen Fluchtlinie liegen.

 TIPP

Die Ausrichtung von Zahlen nach dem Dezimalzeichen kann in Microsoft Word über einen Dezimal-Tabstopp erfolgen.

5.2.6 Abkürzungen

Grundsätzlich sollten Abkürzungen nur in einem geringen Umfang verwendet werden. Dabei ist zu beachten, dass der Abkürzungspunkt direkt an die Abkürzung anschließt und nach dem Punkt im Allgemeinen ein Leerzeichen folgt. Befindet sich eine Abkürzung am Satzende, gilt der Abkürzungspunkt gleichzeitig als Schlusspunkt des Satzes.

Sollen mehrere Wörter hintereinander abgekürzt werden, ist zwischen den Abkürzungen jeweils ein Leerzeichen zu setzen. Darüber hinaus dürfen die zusammengehörigen Abkürzungen nicht durch einen Zeilenumbruch getrennt werden (z. B. i. A., z. B., u. v. m.). Es existieren jedoch auch einige Ausnahmen von dieser Regel (z. B. usw. und usf.).

Einige Abkürzungen, die als eigenständige Wörter gelten oder buchstäblich ausgesprochen werden, sind ohne Abkürzungspunkt und Leerzeichen zwischen den einzelnen Buchstaben zu schreiben (z. B. UNO, Pkw, AG, GmbH).

5.2.7 Tabellen

Tabellen nutzen zur Darstellung von Informationen eine Struktur aus Spalten und Zeilen. Dabei kann eine Tabelle die folgenden Elemente beinhalten:

- ❶ Tabellenüberschrift
- ❷ Tabellenkopf mit Spaltenüberschriften (ggf. auch über mehrere Ebenen und Zeilen gegliedert)
- ❸ Vorspalte mit Zeilenbezeichnungen
- ❹ Felder
- ❺ Summenzeile (optional)

Kopfbezeichnung / Vorspaltenbezeichnung ❸	Spaltenüberschrift 1	Spaltenüberschrift 2	Spaltenüberschrift 3 ❷
Zeilenbezeichnung 1		❹	
Zeilenbezeichnung 2			
Zeilenbezeichnung 3			
Gesamt ❺			

Tabellenüberschrift ❶

Bezüglich der Positionierung einer Tabelle ist darauf zu achten, dass sie inklusive des Rahmens innerhalb der Seitenränder liegt und zentriert ausgerichtet ist. Eine Tabelle wird vom vorhergehenden und vom nachfolgenden Text durch eine Leerzeile getrennt. Falls sie nicht vollständig auf eine Seite passt, muss der Tabellenkopf auf der nächsten Seite wiederholt werden.

Für die einzelnen Tabellenelemente gelten die folgenden Empfehlungen:

- **Tabellenüberschrift**
  Eine Tabelle sollte grundsätzlich über eine Überschrift verfügen. Diese Überschrift kann auch in den Tabellenkopf eingefügt werden. Wenn aus dem vorangehenden Text der Tabelleninhalt jedoch klar ersichtlich wird, darf die Tabellenüberschrift entfallen.

- **Tabellenkopf**
  Der Tabellenkopf umfasst die Spaltenüberschriften sowie ggf. eine Kopfbezeichnung. Die einzelnen Gliederungselemente im Tabellenkopf werden durch Rahmenlinien (im Allgemeinen mit gleicher Linienstärke) voneinander getrennt. Die Spaltenüberschriften sind zentriert auszurichten und sollten ggf.

die in der jeweiligen Spalte gültigen Maßeinheiten beinhalten. Zeitliche Abfolgen (z. B. von Januar bis Dezember) sind im Tabellenkopf von links nach rechts anzuordnen.

- **Vorspalte**
Die Vorspalte umfasst die Zeilenbezeichnungen sowie die Vorspaltenbezeichnung. Die Zeilenbezeichnungen sind dabei linksbündig auszurichten. Zeitliche Abfolgen (z. B. von Januar bis Dezember) werden in der Vorspalte von oben nach unten aufgeführt.

- **Felder**
Eine Tabelle sollte durch waagerechte und senkrechte Rahmenlinien übersichtlich gegliedert werden. Senkrechte Linien dienen dabei zur Abgrenzung der Spalten, während waagerechte Linien den Tabellenkopf, die Summenzeile und ggf. einzelne Gruppen von zusammengehörigen Zeilen trennen. Um einzelne Zeilen leichter unterscheiden zu können, können weitere Formatierungsfunktionen (z. B. die abwechselnde Verwendung von zwei Hintergrundfarben) genutzt werden.
Der Feldinhalt sollte von den senkrechten Spaltenlinien einen Mindestabstand von 1 mm und von der oberen und unteren Feldbegrenzung einen jeweils gleichen Abstand aufweisen. Texte sind in Tabellen linksbündig und Zahlen rechtsbündig auszurichten. Wenn die Zahlen in einer Spalte unterschiedlich viele Nachkommastellen aufweisen, sind die Zahlen so auszurichten, dass die Dezimalstellen (die Kommata) direkt untereinander stehen.

Da der Platz in Tabellen häufig begrenzt ist, können gebräuchliche Abkürzungen verwendet werden.

5.2.8 Diagramme

Ein Diagramm überträgt Daten und Informationen, die im Allgemeinen als Zahlenwerte vorliegen, in eine grafische Form (z. B. als Linien oder Säulen). Es sollte dabei über eine Überschrift verfügen, die den dargestellten Sachverhalt kurz zusammenfasst. Falls zum Verständnis des Diagramms notwendig, sind geeignete Beschriftungen (z. B. von Achsen oder Diagrammelementen wie Säulen, Anteilen) sowie eine Legende, die die verwendeten Farben und Symbole erläutert, einzufügen.

Die Trennung des Diagramms von den vorangehenden und nachfolgenden Textabschnitten erfolgt durch jeweils eine Leerzeile. Außerdem ist ein Diagramm inklusive ggf. vorhandenem Rahmen innerhalb der Seitenränder zentriert auszurichten. Bei freier Positionierung sollte ein Mindestabstand von 2 mm zwischen dem Diagramm und den benachbarten Objekten eingehalten werden. Darüber hinaus ist darauf zu achten, dass das Einfügen eines Diagramms keine Auswirkungen auf den Zeilenabstand hat.

Bei der Gestaltung eines Diagramms sollte ein geeigneter Diagrammtyp verwendet werden. Zweidimensionale Darstellungen sind dabei aufgrund einer höheren Genauigkeit zu bevorzugen. Die Größenskalierung des Diagramms sowie die verwendeten Farben und Symbole sollten angemessen gewählt werden. Gegebenenfalls eingeblendete Gitternetzlinien sollten so positioniert werden, dass sie die Lesbarkeit der Werte steigern und diese nicht verdecken.

5.2.9 Abbildungen

Eine Abbildung stellt eine Grafik oder ein Foto dar und wird zur Verdeutlichung bzw. zur Illustration des Textes eingefügt. Abbildungen können in unterschiedlichen Formaten vorliegen, wobei darauf zu achten ist, dass die verwendeten Dateien eine für die geplante Veröffentlichungsform (z. B. Veröffentlichung als Ausdruck oder im Internet) angemessene Qualität und Größe besitzen. Dies gilt insbesondere dann, wenn eine Abbildung zusätzlich vergrößert oder verkleinert werden soll. Bei der Veränderung der Bildgröße sollte darüber hinaus das Seitenverhältnis beibehalten und auf eine ausreichende Bildschärfe geachtet werden.

ACHTUNG

Bei der Veröffentlichung von Abbildungen sind unbedingt die Urheberrechte zu beachten.

Wird eine Abbildung frei positioniert, muss ein Mindestabstand von 2 mm zu den angrenzenden Textobjekten eingehalten werden. Die Integration einer Abbildung in eine Textzeile darf den Zeilenabstand nicht beeinflussen.

Abbildungen verfügen im Allgemeinen über eine Bildunterschrift, die möglichst präzise den Abbildungsinhalt beschreibt und zur Abgrenzung vom Text mithilfe geeigneter Formatierungen hervorgehoben wird (z. B. durch eine geringere Schriftgröße, Fett- bzw. Kursivdruck). Auf Fotos erkennbare Personen sind ggf. von links nach rechts namentlich zu benennen. Eine vorhandene Quelle der Abbildung sollte ebenfalls in der Bildunterschrift oder – bei längeren Texten – durch eine fortlaufende Nummer gekennzeichnet und im Abbildungsverzeichnis aufgeführt werden. Nummerierte Bildunterschriften sollten dabei mit dem Wort „Bild" oder dem Wort „Abb." sowie einem anschließenden Leerzeichen beginnen (z. B. Abb. 3). Abbildungen, die ausschließlich der Textverschönerung dienen, benötigen keine Bildunterschrift.

6. Weitere Empfehlungen für die Gestaltung und Formulierung von Geschäftsbriefen

Neben den Vorgaben der DIN 5008 sollten noch weitere Regeln und Empfehlungen bezüglich der Gestaltung und Formulierung von Geschäftsbriefen berücksichtigt werden:

- Gesetzlich vorgeschriebene Pflichtangaben in Geschäftsbriefen
- Unternehmensspezifische Gestaltungsregeln (Corporate Design)
- Allgemeine Empfehlungen zur Formulierung von Geschäftsbriefen.

6.1 Gesetzlich vorgeschriebene Pflichtangaben

Abhängig von der Rechtsform eines Unternehmens hat der Gesetzgeber verbindliche Pflichtangaben festgelegt, die in einem Geschäftsbrief abhängig von der Rechtsform des Unternehmens enthalten sein müssen. Diese gesetzlich vorgeschriebenen Informationen werden im Allgemeinen in der Fußzeile des Geschäftsbriefs eingefügt. Konkrete Vorgaben bezüglich der Gestaltung der Fußnoten (z. B. in der DIN 5008) gibt es nicht, allerdings muss der Text natürlich mit dem bloßen Auge lesbar sein.

Die folgende Tabelle ordnet den Rechtsformen die jeweiligen Pflichtangaben zu.

Rechtsformen und Rechtsgrundlagen	Pflichtangaben in einem Geschäftsbrief
Eingetragener Kaufmann/-frau (e. K. bzw. e. Kffr.), § 37a HGB	► vollständige Firmenbezeichnung (gemäß der Eintragung im Handelsregister) sowie Rechtsform (z. B. eingetragener Kaufmann, e. K., e. Kffr. usw.) ► Ort der Handelsniederlassung ► zuständiges Registergericht sowie die Handelsregisternummer, unter der der/die Kaufmann/-frau eingetragen ist.
Offene Handelsgesellschaft (oHG), § 125a HGB, Kommanditgesellschaft, § 177 HGB	► vollständige Firmenbezeichnung (gemäß der Eintragung im Handelsregister) sowie Rechtsform (oHG, KG) ► Sitz der Gesellschaft ► zuständiges Registergericht sowie die Handelsregisternummer, unter der die Gesellschaft eingetragen ist.

Rechtsformen und Rechtsgrundlagen	Pflichtangaben in einem Geschäftsbrief
Gesellschaft mit beschränkter Haftung (GmbH), Unternehmergesellschaft (UG), § 35a GmbHG	▸ vollständige Firmenbezeichnung (gemäß der Eintragung im Handelsregister) sowie Rechtsform (GmbH, UG) ▸ Sitz der Gesellschaft ▸ zuständiges Registergericht sowie die Handelsregisternummer, unter der die Gesellschaft eingetragen ist ▸ alle Geschäftsführer ▸ falls vorhanden: der Vorsitzende des Aufsichtsrates mit Familiennamen und mindestens einem ausgeschriebenen Vornamen ▸ optional: das Grundkapital der Gesellschaft inklusive des Gesamtbetrages der noch ausstehenden Einlagen.
Aktiengesellschaft (AG), § 80 AktG	▸ vollständige Firmenbezeichnung (gemäß der Eintragung im Handelsregister) sowie Rechtsform (AG) ▸ Sitz der Gesellschaft ▸ zuständiges Registergericht sowie die Handelsregisternummer, unter der die Gesellschaft eingetragen ist ▸ alle Vorstandsmitglieder (der Vorsitzende des Vorstands ist als solcher zu bezeichnen) ▸ der Vorsitzende des Aufsichtsrates mit Familiennamen und mindestens einem ausgeschriebenen Vornamen ▸ optional: das Grundkapital der Aktiengesellschaft sowie, wenn auf die Aktien der Ausgabebetrag nicht vollständig eingezahlt ist, der Gesamtbetrag der ausstehenden Einlagen.

Gewerbetreibende, die nicht im Handelsregister eintragen sind (= Nicht-Kaufleute) sollten in Geschäftsbriefen ihren Familiennamen und mindestens einen ausgeschriebenen Vornamen sowie eine ladungsfähige Adresse angeben. Bei Gesellschaften des bürgerlichen Rechts (GbR) sind neben einer ladungsfähigen Anschrift auch die Vor- und Nachnamen aller Gesellschafter aufzuführen.

Bei einigen besonderen Geschäftsbriefen (z. B. Rechnungen) schreibt der Gesetzgeber zusätzlich zu den oben genannten Angaben weitere Pflichtangaben (z. B. Umsatzsteuer-Identifikationsnummer) vor.

6.2 Corporate Design

Unter Corporate Design wird die Festlegung von unternehmensweit einheitlichen Gestaltungsregeln für alle Formen der Unternehmenskommunikation verstanden. Dabei können sich diese Gestaltungsregeln nicht nur auf die klassischen Kommunikationsmedien Geschäftsbriefe und Internetauftritt beschränken, sondern beispielsweise auch auf das Aussehen von Produkten, Büromöbeln, Geschäftswagen oder sogar Gebäuden beziehen.

Häufig beschränken sich die Vorgaben des Corporate Design auf die Verwendung des Unternehmenslogos, bestimmter Farben oder Schriftarten. Allerdings können auch besondere Formen oder Symbole sowie sprachliche Formulierungen und visuelle Stilmittel als Kennzeichen für ein Unternehmen dienen.

Das Ziel des Corporate Design ist die Schaffung bzw. Unterstützung einer Unternehmensidentität, die sich in den genutzten Gestaltungselementen widerspiegelt. Ein Betrachter von außen soll auf diese Weise direkt erkennen, mit welchem Unternehmen er es zu tun hat und welche grundsätzlichen Eigenschaften und Werte dieses Unternehmen vertritt.

LF 1, Kap. 11.

6.3 Allgemeine Empfehlungen zur Strukturierung und Formulierung von Geschäftsbriefen

Trotz moderner, internetbasierter Kommunikationskanäle wie Instant Messaging Dienste oder Videokonferenzen findet auch heute noch ein großer Teil der geschäftlichen Korrespondenz in schriftlicher Form als Brief oder als E-Mail statt.

Da bei dieser Form der Kommunikation kein persönlicher Kontakt zwischen den beteiligten Personen besteht, gilt es, durch eine übersichtliche Gestaltung sowie freundliche, zeitgemäße und präzise Formulierungen des Brief- bzw. E-Mail-Textes einen positiven Eindruck beim Empfänger zu hinterlassen.

Um dieses Ziel zu erreichen, sollte der Brieftext eine klare Struktur aufweisen. Der folgende Aufbau kann dabei als eine hilfreiche Richtlinie dienen:

- Einleitung
- Gegenstand/Anliegen der Nachricht
- Schluss.

6.3.1 Einleitung von Brieftexten

Nach der Anrede sollte erläutert werden, wie es zu dem Geschäftsbrief bzw. zu der E-Mail gekommen ist. Der Anlass für die Nachricht kann beispielsweise ein bestimmtes Ereignis (Besuch einer Messe, Erhalt einer Anfrage usw.) oder eine neue Situation im Unternehmen (Aufnahme eines neuen Produktes in das Sortiment, Suche nach einem neuen Lieferanten usw.) sein.

Beispiele für Formulierungen:
- Auf Empfehlung der Muster GmbH aus Berlin, mit der wir bereits seit vielen Jahren in Geschäftsbeziehung stehen, wenden wir uns an Sie.
- Vielen Dank für die Anfrage vom 5. Mai 2019.
- Durch Ihre Werbeanzeige in der NRZ/Ihren Internetauftritt/unseren Besuch auf der Messe im Mai 2019 sind wir auf Ihr Unternehmen aufmerksam geworden.
- Ihre Bewerbung vom 12. Dezember 2019 hat unser Interesse geweckt.

6.3.2 Gegenstand/Anliegen von Brieftexten

Im Anschluss an die Einleitung sollte das eigentliche Anliegen der Nachricht beschrieben werden. Dabei sind die zu berücksichtigenden Bedingungen (z. B. Zahlungs- oder Lieferbedingungen) sowie ggf. weitere relevante Vorgaben (z. B. technische Eigenschaften von Produkten, Bedingungen von Dienstleistungen) möglichst genau zu beschreiben.

Beispiele für Formulierungen:
- Wir bieten Ihnen die von Ihnen genannten Produkte/Dienstleistungen wie folgt an.
- Sie erhalten als Stammkunde einen Rabatt von 5 % auf die angegebenen Preise.
- Bitte begleichen Sie die Rechnung innerhalb von 30 Tagen nach Erhalt der Ware. Wenn Sie innerhalb von 10 Tagen zahlen, gewähren wir 2,5 % Skonto.
- Wir würden Sie gern persönlich kennenlernen und laden Sie daher am 3. März 2019 um 15:00 Uhr in unsere Geschäftsräume in der Musterstraße 3 in 12345 Musterstadt ein.
- Wir benötigen dringend zehn Crosstrainer vom Typ ABC des Herstellers XY AG.
- Wir benötigen die Ware spätestens drei Tage nach der Bestellung.
- Wir legen großen Wert auf schnelle Lieferung und einwandfreie Qualität.

6.3.3 Schluss von Brieftexten

Am Ende des Brieftextes sollte eine höfliche, aber konkrete Bitte um die vom Absender gewünschte Reaktion des Empfängers formuliert werden. Anschließend folgen die Grußformel, die Firma sowie die Unterschrift.

Beispiele für Formulierungen:
- Wir freuen uns auf Ihre Antwort/Ihr Angebot/Ihre Bestellung.
- Bitte nehmen Sie sich ein paar Minuten Zeit, um unsere Fragen zu beantworten.

- Besuchen Sie uns und lassen Sie sich von unseren qualifizierten Mitarbeitern beraten.
- Teilen Sie uns bitte bis zum 24. Oktober 2019 mit, ob Sie den Termin wahrnehmen können.
- Bitte senden Sie uns eine aktuelle Preisliste/einen aktuellen Katalog/ein Angebot.

6.3.4 Formulierung von Brieftexten

Um einen positiven Eindruck beim Empfänger zu erzielen, sollten darüber hinaus die folgenden Empfehlungen zur Formulierung von Geschäftsbriefen beachtet werden:

- Floskeln in der Briefeinleitung wie „Ich beziehe mich auf Ihr Schreiben vom …", „Hiermit teile ich Ihnen mit …", „Bezug nehmend auf …" sollten vermieden werden. Stattdessen erzeugt eine freundliche und persönliche Einleitung mit einem Bezug auf den letzten gemeinsamen Kommunikationsanlass einen positiven Ersteindruck beim Empfänger (z. B. „Vielen Dank für Ihre Bestellung vom …").
- Der Empfänger des Geschäftsbriefes sollte aktiv angesprochen werden. Dazu ist die direkte Ansprache „Sie" selbstbezogenen Formulierungen mit „wir" oder „ich" – wenn sinnvoll – vorzuziehen (z. B. „Sie erhalten 10 Artikel …" statt „Wir bieten 10 Artikel …").
- Der Brieftext sollte positiv gestaltet werden. Auch unerfreuliche Sätze, die negative Wörter wie „nicht" oder „leider" enthalten, können entsprechend umformuliert werden (z. B. statt „Leider haben wir die bestellte Ware zurzeit nicht auf Lager." besser „Sie erhalten die bestellte Ware am …").
- Durch Verwendung von aktiven Verben anstatt entsprechender Substantive (erkennbar an den Endungen -ung, -heit, -keit, und -nahme), wirken Geschäftsbriefe lebendiger und weniger steif (z. B. „Zahlen Sie bitte …" statt „Die Zahlung sollte …").
- Die Verwendung des Konjunktivs aus Höflichkeit (z. B. mittels der Verwendung von „möchten", „würden", „dürfen") sollte vermieden werden (z. B. „ich weise Sie darauf hin" statt „ich möchte Sie darauf hinweisen"), da solche Formulierungen beliebig und unsicher wirken können.
- Der Brieftext sollte keine überflüssigen Füllwörter (z. B. „selbstverständlich, natürlich, gewissermaßen usw.) oder veraltete Wörter (z. B. „etwaig", „ergebenst", „hochachtungsvoll" usw.) enthalten, da der Text sonst aufgebläht und unpersönlich wirkt.
- Doppelausdrücke (z. B. „Rückantwort", „herabgemindert") sollten vereinfacht werden (z. B. „Antwort", „gemindert").

- Fremdwörter und Anglizismen sollten nur dann verwendet werden, wenn dafür keine passenden Alternativen in der deutschen Alltagssprache existieren. Auf diese Weise können Missverständnisse oder sogar peinliche Fehler vermieden werden.
- Die übermäßige bzw. unübliche Verwendung von Abkürzungen wirkt unhöflich und kann ggf. zu Verständnisproblemen beim Empfänger führen. Geläufige Abkürzungen wie usw. oder z. B. können allerdings genutzt werden.

Grundsätzlich sollte eine geschäftliche Nachricht somit kurz, präzise, allgemein verständlich und höflich formuliert sein.

6.4 Änderungsverfolgung und Kommentarfunktion in Microsoft Word

Für den Fall, dass mehrere Personen gemeinsam an einem Word-Dokument arbeiten, bietet Microsoft Word verschiedene Funktionen an um die Abstimmung zwischen den Beteiligten zu vereinfachen. So ist es beispielsweise möglich die Änderungen an einem Word-Dokument mithilfe der Änderungsverfolgung sichtbar zu machen und Kommentare für die anderen Mitautoren zu hinterlegen.

6.4.1 Änderungsverfolgung verwenden

Die Änderungsverfolgung ist standardmäßig bei neu erstellten Word-Dokumenten nicht aktiviert, d. h. sie muss bewusst ausgewählt werden. Dazu dient die Schaltfläche „Änderungen nachverfolgen" ❶ auf der Registerkarte „Überprüfen" im Menüband.

Nach der Aktivierung der Änderungsverfolgung merkt sich Microsoft Word jede Veränderung am Dokument und markiert diese entsprechend ❷. Über eine Auswahlbox ❸ neben der Schaltfläche „Änderungen verfolgen" können verschiedene Ansichten des Dokumentes angezeigt werden:

- **Abgeschlossen: Markups anzeigen:** die aktuelle Version des Dokumentes wird zusammen mit den vergangenen Änderungen angezeigt.
- **Abgeschlossen:** die aktuelle Version wird ohne Änderungsmarkierungen dargestellt.
- **Original: Markups anzeigen:** die ursprüngliche Version des Dokumentes sowie die durchgeführten Änderungen werden ausgewiesen.
- **Original:** die ursprüngliche Version des Dokumentes wird ohne Änderungsmarkierungen angezeigt.

Andere Mitautoren des Dokumentes können die Änderungen einzeln durchlaufen und annehmen bzw. ablehnen ❹.

6.4.2 Kommentare einfügen

Neben der Änderungsverfolgung können in einem Word-Dokument auch Kommentare eingefügt werden. Dazu wird zuerst ein Textabschnitt oder eine Abbildung markiert und anschließend über die Schaltfläche „Neuer Kommentar" ❶ auf der Registerkarte „Überprüfen" im Menüband ein passender Kommentar erstellt.

7. Erstellung von Vorlagen mit Microsoft Word

Microsoft Word bietet verschiedene Funktionen zur Erstellung von Dokumentenvorlagen. So können Platzhalter definiert werden, die den Benutzer Schritt für Schritt durch die Vorlage führen. Darüber hinaus können häufig verwendete Textabschnitte als Textbausteine hinterlegt werden, die dann durch wenige Mausklicks in ein Dokument eingefügt werden können. Gespeichert werden solche Vorlagen in einem besonderen Dateityp, der bei der Erstellung eines neuen Dokumentes als Grundlage ausgewählt werden kann.

7.1 Erstellung und Verwendung von Dokumentenvorlagen

Für Dokumente, die regelmäßig in ähnlicher Form benötigt werden, ist die Erstellung einer geeigneten Dokumentenvorlage sinnvoll. In einer solchen Vorlage sind bereits alle Textelemente enthalten, die für alle abgeleiteten Dokumente gleich bleiben. Darüber hinaus werden die Textstellen, die für jedes Dokument spezifisch angepasst werden müssen, durch Platzhalter ausgetauscht und so die Anwendung der Vorlage deutlich erleichtert.

Eine Dokumentenvorlage wird mit der Dateiendung „.dotx" gespeichert, die im Dialog **„Speichern unter"** im Feld „Dateityp" ❶ ausgewählt werden kann.

Anschließend reicht ein Doppelklick auf die erstellte Vorlagendatei um automatisch ein neues Dokument auf Basis dieser Vorlage zu erstellen. Darüber hinaus kann die **Dokumentenvorlage** bei der Neuanlage eines Dokumentes z. B. über die Schaltflächen „Meine Vorlagen" ❶ oder „Neu aus vorhandenem Dokument" ❷ genutzt werden. Der Speicherort der Vorlagendateien, die unter „Meine Vorlagen" angezeigt werden, kann über die Optionen unter Erweitert/Dateispeicherorte eingesehen und verändert werden.

7. Erstellung von Vorlagen mit Microsoft Word

Um eine Vorlagendatei nachträglich zu verändern, muss die Datei in Microsoft Word über die Funktion „Öffnen" im Karteireiter „Datei" manuell ausgewählt werden. Ein Doppelklick wie sonst üblich, funktioniert hier aus oben genanntem Grund nicht.

7.2 Definition und Verwendung von Platzhaltern

Microsoft Word bietet mehrere Wege, Platzhalter unterschiedlicher Art in einen Text (z. B. für eine Dokumentenvorlage) einzufügen.

Eine einfache und schnelle Möglichkeit zur Erstellung von Platzhaltern ist die Feldfunktion QUOTE. Dazu wird zunächst der Eingabecursor an der Stelle positioniert, an der der Platzhalter eingefügt werden soll. Anschließend wird über die Schaltfläche „Feld" ❶ unter dem Punkt „Schnellbausteine" des Menüband-Karteireiters „Einfügen" der gleichnamige Dialog geöffnet.

333

Nun kann bei der Auswahl der Feldfunktion QUOTE ❶ eine Bezeichnung für den Platzhalter ❷ eingegeben werden. Der eingefügte Platzhalter ❸ ist schließlich erkennbar an dem grauen Hintergrund, der in Microsoft Word eine Feldfunktion kennzeichnet.

Die in einem Dokument eingefügten Platzhalter können mit der Taste F11 ausgehend von der aktuellen Cursorposition nacheinander angesprungen werden. Bei der Befüllung der Vorlage ist darauf zu achten, dass die Platzhalter durch die eingefügten Texte ersetzt und nicht nur umbenannt werden.

7.3 Erstellung, Verwaltung und Verwendung von Textbausteinen

Textbausteine sind Textabschnitte, die in einer Vorlagendatei bereits hinterlegt sind und durch wenige Mausklicks in ein Dokument eingefügt werden können. Um einen solchen Textbaustein anzulegen, muss zuerst der Textabschnitt wie gewünscht eingegeben und formatiert werden. Anschließend wird der Abschnitt markiert und nun kann daraus über die Schaltfläche „Auswahl im Schnellbaustein-Katalog speichern …" ❶ im Auswahlmenü „Schnellbausteine" des Menübands (im Register „Einfügen") ein Textbaustein erzeugt werden.

7. Erstellung von Vorlagen mit Microsoft Word

Mit der Tastenkombination ALT + F3 können Textbausteine sehr schnell erstellt werden.

Im Dialog **„Neuen Baustein erstellen"** müssen noch die folgenden Einstellungen vorgenommen werden:

❶ Name des Textbausteins

❷ Kategorie, in der der Textbaustein gespeichert werden soll

❸ Beschreibung des Textbausteins

❹ Vorlagendatei, in der der Textbaustein gespeichert werden soll (zur Auswahl stehen hier alle Vorlagendateien, die mit dem aktuellen Dokument verknüpft sind)

❺ Optionen bezüglich des Einfügens des Textbausteins.

Textbausteine, die in der Vorlagendatei „Normal.dotm" gespeichert werden, stehen in allen Dokumenten zur Verfügung, die nicht auf einer speziellen Vorlage basieren.

Vorhandene Textbausteine können über das Auswahlmenü „Schnellbausteine" ❶ oder über den „Organizer für Bausteine" ❷ eingefügt werden. Alternativ kann der Name des Textbausteins auch in das Dokument eingetragen, markiert und anschließend mit der Taste F3 in den Text des Bausteins umgewandelt werden.

Der Dialog **„Organizer für Bausteine"** erlaubt nicht nur das Einfügen von Textbausteinen ❶ sondern ermöglicht auch deren Bearbeitung ❷ und Löschung ❸.

8. Erstellung weiterer betrieblicher Dokumente

Neben dem Geschäftsbrief spielen noch weitere schriftliche Dokumente im betrieblichen Alltag eine Rolle. Dazu gehören beispielsweise die innerbetriebliche Mitteilung, das Rundschreiben und der Aktenvermerk.

8.1 Innerbetriebliche Mitteilung und Rundschreiben

Innerbetriebliche Mitteilungen und (interne) Rundschreiben (Hausmitteilungen) dienen dazu Informationen innerhalb des Unternehmens schriftlich weiterzuleiten. Während innerbetriebliche Mitteilungen im Allgemeinen nur an einen oder wenige ausgewählte Empfänger gerichtet sind und einen bestimmten Anlass bzw. ein konkretes Anliegen aufweisen, wenden sich Rundschreiben meist an eine größere Zielgruppe (ggf. auch die gesamte Belegschaft) und sie dienen dazu, allgemeine Informationen zu verbreiten.

Bei der Erstellung von innerbetrieblichen Mitteilungen und Rundschreiben sind folgende Bestandteile zu beachten:

Bestandteil	Erläuterung
Überschrift	Abhängig von der Art des Dokumentes sollte als Überschrift „Innerbetriebliche Mitteilung" oder „Rundschreiben" bzw. „Rundschreiben an alle Mitarbeiterinnen und Mitarbeiter" verwendet werden. Üblicherweise ist die Überschrift in einer größeren Schriftgröße, fett und zentriert formatiert.
Von	Der Name des Absenders sowie ggf. die Abteilung sollte eingetragen werden.
An	Hier werden die Namen und Abteilungen der Personen aufgeführt, an die das Dokument gerichtet ist. Bei einem Rundschreiben kann dieser Bestandteil entfallen, wenn die Empfänger bereits in der Überschrift genannt werden.
Datum	Zur zeitlichen Einordnung des Dokumentes sollte das Datum angegeben werden. Dabei kann das Datum sowohl im Kopf der Benachrichtigung als auch unter dem Text in der Grußformel stehen. Absender, Empfänger und ggf. das Datum sollten jeweils durch eine Leerzeile voneinander getrennt werden.
Thema/Betreff	Wie bei einem Geschäftsbrief fasst der Betreff den Inhalt des Schreibens kurz zusammen. Der Text kann fett gedruckt werden. Vor und nach dem Betreff sind zwei Leerzeilen als Abstand zu setzen.

Bestandteil	Erläuterung
Anrede (optional)	Bei einer innerbetrieblichen Mitteilung oder einem Rundschreiben ist die Anrede nicht zwingend erforderlich. Wenn aber eine Anrede verwendet wird, muss am Ende des Dokumentes auch eine Grußformel eingefügt werden.
Text	Der Text wird nach einer Leerzeile unter die Anrede eingegeben und enthält das eigentliche Anliegen der Benachrichtigung, dass maßgeblich durch die Situation bestimmt wird. Bei der Gestaltung und Formatierung sind die bereits oben beschriebenen Regelungen der DIN 5008 einzuhalten. Texthervorhebungen sind möglich und sinnvoll um die Übersichtlichkeit und Lesbarkeit zu steigern. Gegebenenfalls vorhandene Textabschnitte werden durch eine Leerzeile voneinander getrennt.
Grußformel (optional)	Wenn die Nachricht eine Anrede enthält, ist eine passende Grußformel am Ende des Textes einzusetzen. Alternativ kann auch der Ort und das Datum vermerkt werden. Der Abstand zum Text beträgt wiederum eine Leerzeile.
Unterschrift (inklusive Vollmacht)	Unter der Grußformel bzw. dem Ort und dem Datum sollten drei Leerzeilen als Platz für die Unterschrift gelassen werden. Darunter wird der Vor- und Nachname der unterschreibenden Person eingefügt. Das Kürzel für die Vollmacht kann – wie beim Geschäftsbrief auch – entweder vor die Unterschrift oder vor der Namenswiederholung gesetzt werden.

Bei der Erstellung von innerbetrieblichen Mitteilungen und Rundschreiben sind grundsätzlich die Regelungen der DIN 5008 zu beachten.

8. Erstellung weiterer betrieblicher Dokumente

Beispiel für eine innerbetriebliche Mitteilung

Innerbetriebliche Mitteilung

Von: Klara Jansen, Produktion

An: Tim Geuting, Einkauf

Datum: 17.11.2019

Qualitätsmängel bei den Beschlägen des Lieferanten Eisenwaren Krüger GmbH

Sehr geehrter Herr Geuting,

ich möchte Sie darüber informieren, dass die Beschläge des Lieferanten Eisenwaren Krüger GmbH seit einiger Zeit häufig Mängel aufweisen und somit unseren Qualitätsansprüchen nicht mehr genügen.

Daher bitte ich Sie, den Lieferanten über unsere Erfahrungen in Kenntnis zu setzen und entsprechende Gegenmaßnahmen zu fordern. Sollte die Eisenwaren Krüger GmbH unserem Anliegen nicht nachkommen, schlage ich vor, einen neuen Lieferanten für die Beschläge zu suchen.

Freundliche Grüße

Klara Jansen

i. A. Klara Jansen

8.2 Aktenvermerke

Aktenvermerke (auch Aktennotizen) werden verwendet um erzielte Arbeitsergebnisse und Vereinbarungen im Zusammenhang mit einem Objekt, einem Vorgang bzw. einem Termin oder einer Person (z. B. einem Kunden, Lieferanten oder Mitarbeiter) schriftlich zu dokumentieren.

Folgende Bestandteile sind bei einem Aktenvermerk zu berücksichtigen:

Bestandteil	Erläuterung
Überschrift	Als Überschrift ist das Wort „Aktenvermerk" ausreichend. Sie wird im Allgemeinen in einer größeren Schriftgröße, fett und zentriert formatiert.
Vorgang	Ein Aktenvermerk ist üblicherweise einem bestimmten Vorgang (oder einer Person) zugeordnet. Zusätzliche Angaben wie Kunden- oder Vorgangsnummern erleichtern die Zuordnung des Aktenvermerks.
Datum	Zur zeitlichen Einordnung des Aktenvermerks ist das Datum der Erstellung einzutragen.
Anlass	Der Anlass bzw. der Grund für den Aktenvermerk sollte kurz zusammengefasst werden.
Absender	Die Person, die den Aktenvermerk erstellt hat, sollte für Rückfragen angegeben werden. Eine Unterschrift ist jedoch im Allgemeinen nicht notwendig.
Text	Der Text des Aktenvermerks enthält die Informationen, die bezüglich des Vorgangs dokumentiert werden sollen. Eine Anrede sowie eine Grußformel sind hier nicht notwendig, da der Aktenvermerk nicht an eine konkrete Person gerichtet ist. Bei der Gestaltung und Formatierung sind die bereits oben beschriebenen Regelungen der DIN 5008 einzuhalten. Texthervorhebungen sind möglich und sinnvoll um die Übersichtlichkeit und Lesbarkeit zu steigern.

Für Aktenvermerke werden im Allgemeinen bereits vorgefertigte Vorlagen mit einer entsprechenden Tabellenstruktur verwendet.

Beispiel für einen Aktenvermerk

Aktenvermerk	
Vorgang	Reklamation einer Lieferung der Eisenwaren Krüger GmbH am 19.11.2019
Datum	15.12.2019
Anlass	Fehlende Reaktion der Eisenwaren Krüger GmbH auf die Reklamation
Sachbearbeiter/in	Tim Geuting

Die von der Eisenwaren Krüger GmbH am 3. November 2019 gelieferten Beschläge wiesen starke Qualitätsmängel in Bezug auf die Verarbeitung auf. Ähnliche Beobachtungen wurden aus der Produktionsabteilung bereits seit einiger Zeit gemeldet.

Auf die Reklamation der Lieferung am 19. November 2019 hat die Eisenwaren Krüger GmbH trotz einer Fristsetzung bis zum 10. Dezember 2019 nicht reagiert.

Da die betreffenden Beschläge für die Produktion von hoher Bedeutung sind, schlage ich vor einen neuen Lieferanten für diese Zulieferteile zu suchen und die Geschäftsbeziehung zur Eisenwaren Krüger GmbH zu beenden.

9. Betriebliche Informationstechnik und Telekommunikation

9.1 Grundlagen der Telekommunikation

Die Telekommunikation wird in Deutschland durch das Telekommunikationsgesetz (TKG) geregelt, das den Zweck hat, durch technologieneutrale Regulierung den Wettbewerb im Bereich der Telekommunikation und leistungsfähige Telekommunikationsinfrastrukturen zu fördern und flächendeckend angemessene und ausreichende Dienstleistungen zu gewährleisten (§ 1 TKG).

Gemäß § 3 Abs. 22 TKG ist Telekommunikation definiert als der technische Vorgang des Aussendens, Übermittelns und Empfangens von Signalen mittels Telekommunikationsanlagen. Telekommunikation bezeichnet daher den Austausch von Informationen und Daten über jegliche Distanzen, wobei die Distanz selbst unerheblich ist. Die Informationen können beispielsweise innerhalb des gleichen Raumes (z. B.

von einem Rechner zum anderen), innerhalb des gleichen Unternehmensgebäudes, innerhalb einer Stadt oder länder- und kontinentübergreifend ausgetauscht werden. Als Übertragungsweg für die Telekommunikation werden Kabel (Koaxialkabel, Fernmeldekabel, Stromnetz) oder die drahtlose Funktechnik benötigt, mithilfe derer Telekommunikationsanlagen Nachrichten verschicken können.

Telekommunikationsanlagen sind gem. § 3 Abs. 23 TKG technische Einrichtungen oder Systeme, die als Nachrichten identifizierbare elektromagnetische oder optische Signale innerhalb eines Telekommunikationsnetzes senden, übertragen, vermitteln, empfangen, steuern oder kontrollieren können.

Das Telekommunikationsnetz definiert sich hierbei als die Gesamtheit von Übertragungssystemen und gegebenenfalls Vermittlungs- und Leitwegeinrichtungen sowie anderweitigen Ressourcen, einschließlich der nicht aktiven Netzbestandteile, die die Übertragung von Signalen über Kabel, Funk, optische und andere elektromagnetische Einrichtungen ermöglichen, einschließlich Satellitennetzen, festen, leitungs- und paketvermittelten Netzen, einschließlich des Internets, und mobilen terrestrischen Netzen, Stromleitungssystemen, soweit sie zur Signalübertragung genutzt werden, Netzen für Hör- und Fernsehfunk sowie Kabelfernsehnetzen, unabhängig von der Art der übertragenen Information (§ 3 Abs. 27 TKG). Das Telekommunikationsgesetz, das als deutsches Bundesgesetz den Wettbewerb in der Branche der Telekommunikation regelt, unterscheidet außerdem Telekommunikationsdienste und telekommunikationsgestützte Dienste.

Telekommunikationsdienste (§ 3 Abs. 24 TKG)	telekommunikationsgestützte Dienste (§ 3 Abs. 25 TKG)
▸ gegen Entgelt erbrachte Dienste, die ganz oder überwiegend in der Übertragung von Signalen über Telekommunikationsnetze bestehen, einschließlich Übertragungsdienste in Rundfunknetzen	▸ Dienste, die keinen räumlich und zeitlich trennbaren Leistungsfluss auslösen, sondern bei denen die Inhaltsleistung noch während der Telekommunikationsverbindung erfüllt wird

9.2 Mündliche Telekommunikation

Mündliche Telekommunikation findet als Telefonie oder Videotelefonie statt, bei der zwei oder mehr Teilnehmer innerhalb eines Gesprächs Informationen austauschen. Es können zwei Personen ein Telefonat oder aber mehrere Personen als Gruppe eine Telefonkonferenz durchführen. Ebenso kann ein Telefonat mithilfe von Internetdiensten als Videotelefonat geführt werden, bei dem sich die Gesprächspartner sehen können, wenn sie über ein Gerät mit entsprechenden Funktionen und Zubehör (z. B. Webcam, Lautsprecher, Smartphone) verfügen.

LF 2, Kap. 5.

Telefonie über das Festnetz

- Die Telefonie erfolgt über öffentliche, leitungsgebundene Netzwerke.
- Das Festnetz ist unterteilt in Kern- und Zugangsnetze.
- Das analoge Festnetz wird in Deutschland zurzeit durch die Voice-over-IP-Technologie ersetzt.

Telefonie über Mobilfunknetze

- Die Telefonie erfolgt über Mobilfunknetze/Mobilvermittlungsnetze sowie über das Zugangsnetz.
- Signale werden zwischen den ortsfesten Einrichtungen und den Einrichtungen des Mobilfunknetzes übertragen.

Telefonie über VoIP

- Die Telefonie erfolgt über Voice over Internet Protokoll (VoIP) und wird auch als IP-Telefonie oder Internet-Telefonie bezeichnet.
- Die Sprachübertragung findet über ein für die Datenübertragung geeignetes Netz statt.
- Die Verbindung kann hergestellt werden über Computer, geeignete (kompatible) Telefonendgeräte oder über mit einem Adapter angeschlossene herkömmliche Telefone.

Die Übertragung der Sprache kann dabei entweder durch analoge oder digitale Datenübermittlung stattfinden.

9.3 Schriftliche Telekommunikation

Schriftliche Telekommunikation ist der schriftliche Austausch von Informationen und Daten über Telekommunikationsnetze. Zu diesem Zweck wird heute noch das Faxgerät sowie der E-Mail-Dienst oder Instant-Messaging-Dienste verwendet.

9.4 Betriebliche Informationstechnik

Der Begriff Informationstechnik (IT) beschreibt die Vorgänge der Informations- und Datenverarbeitung mithilfe der dazu benötigten Soft- und Hardware.

Die betriebliche Informationstechnik umfasst dabei alle Bereiche der Informationstechnik, die ein Unternehmen für sich betrieblich nutzt bzw. nutzen kann.

9.4.1 Hardware

Der Begriff Hardware bezeichnet die Komponenten sowie Baugruppen von Rechenanlagen, die technische Gegenstände sind und sich dementsprechend physisch anfassen lassen. Hardware kann je nach ihrem Verwendungszweck in fünf verschiedene Gruppen unterteilt werden:

1. Hardware zur Eingabe von Daten
2. Hardware zur Verarbeitung von Daten
3. Hardware zur Ausgabe von Daten
4. Hardware zur Speicherung von Daten
5. Hardware zur Übertragung von Daten.

Zur Verarbeitung der Daten werden verschiedene Komponenten benötigt, diese werden als **Zentraleinheit** bezeichnet. Alle weiteren Komponenten können unter dem Begriff **Peripheriegeräte** zusammengefasst werden.

Die Zentraleinheit besteht aus der Ein- und Ausgabesteuerung, dem Hauptspeicher und dem Prozessor.

Die Ein- und Ausgabesteuerung verbindet die einzelnen Hardwareelemente miteinander. Der Hauptspeicher hält die zur Bearbeitung notwendigen Programme und Daten bereit und nimmt Zwischen- sowie Endergebnisse der Verarbeitung auf. In dem Prozessor (auch CPU – Central Processing Unit) werden die einzelnen Anweisungen eines Programms verarbeitet.

Der Prozessor und der Hauptspeicher befinden sich physisch im PC auf der Hauptplatine (auch Motherboard oder Mainboard genannt). Auf der Hauptplatine befindet sich außerdem das Bussystem mit den entsprechenden Schnittstellen zu den Peripheriegeräten, z. B. die Steckplätze für Grafik-/Netzwerkkarten, USB-Schnittstellen oder auch Steuereinheiten für Speichermedien.

Die sog. Peripheriegeräte befinden sich entweder im Gehäuse des PC (z. B. die Festplatte, CD-Laufwerke, DVD-Laufwerke) oder sie befinden sich außerhalb des PC-Gehäuses (z. B. die Tastatur, der Bildschirm oder die Maus).

Grundsätzlich wird bei der Informationstechnik und der Nutzung von Hardware auch vom EVA-Prinzip gesprochen:

Befehle oder Daten werden über ein Eingabegerät eingegeben, anschließend werden sie in der Zentraleinheit verarbeitet und nach dem Verarbeitungsprozess wird das Ergebnis durch ein Ausgabegerät wieder ausgegeben.

Unter anderem können die folgenden Geräte zur **Eingabe von Daten oder Befehlen** verwendet werden:

Eingabegerät	Erläuterung
Tastatur	Die Tastatur dient dem Anwender zu Erfassung von numerischen, alphabetischen sowie alphanumerischen Daten. Der Anwender drückt eine Taste oder Tastenkombination. Die Information über diese Taste oder Tastenkombination wird digitalisiert, anschließend an die Zentraleinheit übermittelt und der gewünschte Befehl wird ausgeführt.
Maus	Die Maus dient dem Anwender zur Eingabe von Befehlen über die grafische Benutzeroberfläche (Bildschirm). Mithilfe der Maus können auf dem Bildschirm Eingabefelder, Befehlsschaltflächen oder Optionsfelder angesteuert werden. Durch einfaches oder doppeltes Klicken können Befehle eingegeben oder die Anzeige des Bildschirms durch Scrollen bewegt werden. Die Befehle, die mithilfe der Maus eingegeben werden, können zumeist auch über Tastenkombinationen (auch Shortcuts genannt) eingegeben werden.
optische Beleglesegeräte	Optische Beleglesegeräte dienen zur Digitalisierung von Daten und Informationen, die handschriftlich oder in Maschinenschrift vorliegen. Ein optisches Beleglesegerät erkennt Unterschiede anhand der Helligkeit und Dunkelheit und wandelt die Konturen in digitale Daten um, sodass beispielsweise Formulare eingelesen werden können.
Flachbettscanner	Ein Flachbettscanner dient der Digitalisierung von Daten und Informationen, die handschriftlich oder in Maschinenschrift vorliegen. Ein einzulesendes Dokument kann beispielsweise ein A4-Blatt, ein Foto o. Ä. sein. Der Flachbettscanner erkennt die unterschiedlichen Farb- und Graustufen. In Betrieben dienen Flachbettscanner dazu, Dokumente zu digitalisieren und diese z. B. im Rahmen eines Dokumentenmanagementsystems vielen Mitarbeitern gleichzeitig zugänglich zu machen.

9. Betriebliche Informationstechnik und Telekommunikation

Eingabegerät	Erläuterung
Barcode-Scanner	Der Barcode-Scanner dient dazu, anhand des eingescannten Barcodes eines Artikels Informationen über diesen Artikel abzurufen oder einzugeben. Damit der Barcode-Scanner Anwendung finden kann, müssen auf den gewünschten Artikeln/Waren Barcodes angebracht sein. Es gibt viele verschiedene Barcode-Typen. Ein solcher Barcode kann beispielsweise ein Strichcode, ein Stapelcode oder eine Data-Matrix sein.
RFID-Lesegeräte	RFID bedeutet Radio Frequency Identification. Es wird zunächst ein RFID-Label an einem Artikel angebracht. Das RFID-Lesegerät erzeugt ein elektromagnetisches Feld und das RFID-Label, das mit einem Funkchip ausgestattet ist, sendet die darauf enthaltenen Daten zurück an das RFID-Lesegerät.
Touchscreens	Touchscreens erlauben die Eingabe durch Berührung des Bildschirms mit den Fingern. Touchscreens sind aus dem privaten Bereich, z. B. durch die Smartphone-Nutzung, bekannt. Betrieblich finden sich Touchscreens z. B. bei Fahrkarten- oder auch Bankautomaten.
Geräte zur Erfassung biometrischer Daten	Geräte zur Erfassung biometrischer Daten dienen ebenfalls der Eingabe und Erfassung von Daten. An vielen Notebooks und Smartphones finden sich z. B. Fingerscanner, die anstelle einer Passworteingabe dem Nutzer des Geräts den Zugang erlauben, wenn er sich durch das Scannen seines Fingerabdrucks identifiziert hat.

Die folgenden Geräte ermöglichen die **Ausgabe von Daten** in einer für Menschen verständlichen Form:

Ausgabegerät	Erläuterung
Bildschirm	Der Bildschirm dient dem Anwender zur Visualisierung von Daten, Dateien, Befehlsschaltflächen usw.
Drucker	Der Drucker dient zur Darstellung von Daten auf einem Druckmedium (z. B. auf Papier, Folie o. Ä.).
Lautsprecher	Die Lautsprecher dienen zur Ausgabe von Audiodaten, z. B. Musik eines Videos, Warn- oder Hinweistöne bei falschen Eingaben.

Erweitert wird das EVA-Prinzip um die Komponenten der Datenübertragung, beispielsweise über eine Netzwerkkarte, sowie um die Möglichkeit der dauerhaften Speicherung von Daten, beispielsweise auf der Festplatte oder einem USB-Stick und durch das Brennen von Daten auf CDs oder DVDs.

9.4.2 Software

Im Gegensatz zur Hardware ist die Software nicht physisch greifbar. Software und Hardware sind eng miteinander verknüpft, nur durch die Verknüpfung beider können Informationssysteme funktionieren und durch einen Anwender genutzt werden.

Software dient dem Anwender in verschiedenen Bereichen, daher kann sie nach unterschiedlichen Merkmalen eingestuft werden:

- **Systemsoftware**
  Systemsoftware dient dazu, Soft- und Hardware miteinander zu verbinden. Durch die Systemsoftware wird der Betrieb eines Rechners gewährleistet, da unter die Systemsoftware prioritär das Betriebssystem eines Rechners fällt. Hierzu zählen auch Entwicklungsumgebungen und Programmiersprachen, zur sog. systemnahen Software zählen Dienstprogramme und Datenbank-Verwaltungswerkzeuge.

▸ Anwendungssoftware

Anwendungssoftware stellt dem Nutzer bestimmte Funktionen zur Verfügung, mit deren Hilfe die Bearbeitung verschiedener (betrieblicher) Aufgaben möglich bzw. vereinfacht wird. Je nach Aufgabe und verwendeter Anwendungssoftware können die Arbeitsschritte ggf. sogar vollständig automatisiert durchgeführt werden.

Die Anwendungssoftware lässt sich anhand des Individualisierungsgrads zusätzlich in Standardsoftware und Individualsoftware unterteilen.

▸ Standardsoftware

Standardsoftware ist bereits entwickelte Software, die vom Anwender (z. B. einem Unternehmen, einer Privatperson) erworben werden kann. Die Software ist dabei zur Unterstützung eines bestimmten Aufgabenbereichs entwickelt worden. Bei Standardsoftware handelt es sich entweder um funktionsübergreifende oder um funktionsbezogene Standardsoftware. Funktionsübergreifende Standardsoftware kann in verschiedenen Unternehmensbereichen eingesetzt werden, so z. B. Textverarbeitungssoftware oder Tabellenkalkulationssoftware. Die funktionsbezogene Standardsoftware unterstützt hingegen spezifische Fachaufgaben, z. B. CAD-Software zur Konstruktionsplanung. Standardsoftware ist oft günstiger in den Anschaffungskosten als Individualsoftware, dafür muss sie jedoch ggf. auf die Belange der Nutzer angepasst werden.

▸ Individualsoftware

Individualsoftware ist individuell auf die Belange des Anwenders/Unternehmens abgestimmt. Hierbei handelt es sich um Software, die für spezielle und nicht allgemein übliche Vorgänge programmiert wird. Individualsoftware ist z. B. dann für einen Anwender wichtig, wenn es keine geeignete Standardsoftware zur Bearbeitung der entsprechenden Aufgabe gibt. Gibt ein Unternehmen die Entwicklung von Individualsoftware in Auftrag, so erwartet es sich z. B. Vorteile gegenüber der Konkurrenz oder auch eine Loslösung von bereits existierenden Softwarelösungen am Markt. Durch eine individuelle Software besteht keine Abhängigkeit zu bereits bestehenden Anbietern von Softwarelösungen. Eine Gepäcksortiersteuerung am Flughafen oder eine extra erstellte Schulungsdatenbank dienen als Beispiele für Individualsoftware.

Die Standardsoftware kann weiterhin in die folgenden Unterkategorien unterteilt werden.

- **Funktionsübergreifende Standardsoftware**
  Funktionsübergreifende Standardsoftware hat den Vorteil, dass viele Anwender sie nutzen können, ohne hierfür Individualsoftware zu benötigen. Weiterhin ist funktionsübergreifende Standardsoftware branchenneutral, d. h. sie kann von den meisten Unternehmen verschiedenster Branchen genutzt werden. Zu funktionsübergreifender Standardsoftware gehören beispielsweise Office-Lösungen, die Textverarbeitungsprogramme, Tabellenkalkulationsprogramme, Datenbanken und andere Software beinhalten. Da diese Software sehr verbreitet ist, kann nicht nur in verschiedenen Funktionsbereichen eines Unternehmens mit der gleichen funktionsübergreifenden Software gearbeitet werden, auch ist das unternehmensübergreifende Arbeiten mit solcher Software kein Problem, da sich die mit funktionsübergreifender Software erstellten Dateien einfach verschicken und an anderer Stelle öffnen lassen.

- **Funktionsbezogene Standardsoftware**
  Funktionsbezogene Standardsoftware ist bereits entwickelte Software, die der Anwender, z. B. ein Unternehmen, erwirbt, um damit spezielle Aufgaben und Anforderungen erfüllen zu können. Technische Zeichner benötigen beispielsweise eine CAD-Software, die in typischen Office-Lösungen (funktionsübergreifende Standardsoftware) nicht enthalten ist.

- **Branchensoftware**
  Branchensoftware ist bereits entwickelte Software, die auf eine bestimmte Branche, somit also auf ein begrenztes Marktsegment abgestimmt ist. Branchensoftware ist z. B. ein Programm zur Auslegung von Dächern mit Modulen, das von Photovoltaikbetrieben benötigt wird. Branchensoftware ist oftmals kostengünstiger als Individualsoftware, kann jedoch auch im Nachhinein noch individualisiert und den Bedürfnissen des jeweiligen Anwenders/Unternehmens angepasst werden.

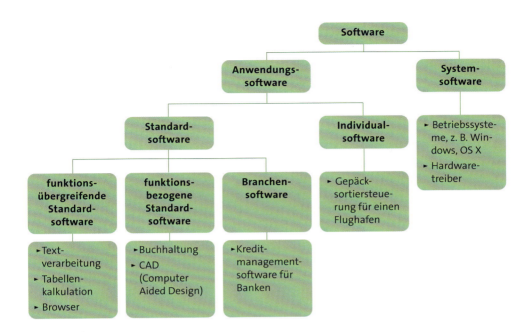

9.5 Betriebliche Kommunikation über das Internet

Ein Großteil der betrieblichen Kommunikation findet über Computernetzwerke statt, da sie Unternehmen (wie auch Privatpersonen) die Möglichkeit bieten, Dokumente und Daten schnell und kostengünstig zu senden, sofern Sender und Empfänger über einen Zugang zu einem gemeinsamen Netzwerk verfügen.

Abhängig von ihrer Größe werden die folgenden Netzwerkkategorien unterschieden:

9.5.1 Aufbau und Funktionsweise des Internets

Das Internet basiert auf dem Netzwerkprotokoll TCP/IP (Transmission Control Protocol/Internet Protocol) und ist ein Computernetzwerk, das den Anwendern die Nutzung von Internetdiensten ermöglicht. Dieses Computernetzwerk besteht dabei aus einem weltweiten Verbund vieler einzelner Netzwerke (inter = zwischen und net = Netz). Jeder an das Internet angeschlossene Rechner kann grundsätzlich mit jedem anderen, ebenfalls an das Internet angeschlossenen Rechner, kommunizieren. Mithilfe des Internets und der verschiedenen Internetdienste können z. B. Unternehmen Daten innerhalb kürzester Zeit über große Entfernungen hinweg austauschen.

Im Internet wird heute eine Vielzahl von Diensten angeboten. Die wichtigsten Dienste werden in den folgenden Kapiteln näher vorgestellt:

- World Wide Web (WWW)
- Suchmaschinen
- E-Mail.

Neben diesen Internetdiensten gibt es noch viele weitere, z. B. das File Transfer Protocol (FTP), Diskussionsforen zu bestimmten Themenbereichen, Chats, Internetfernsehen und -radio, Spiele.

9.5.2 World Wide Web (WWW)

Einer der wichtigsten Internetdienste ist das World Wide Web (WWW), ein über das Internet abrufbares System aus Hypertextdokumenten (auch Webseiten genannt). Diese Dokumente sind über sog. Hyperlinks miteinander verbunden. Sie können neben einfachem Text auch Videos, Audios oder Grafiken enthalten (Hypermedia). Auf Webservern werden die Seiten des World Wide Web zur Verfügung gestellt, sodass mithilfe eines Browsers (z. B. Google Chrome, Microsoft Edge) darauf zugegriffen werden kann. Dieser Zugriff erfolgt über die sog. Uniform Resource Locator (URL). Diese URL ist eine Adresse für eine bestimmte Webseite im World Wide Web, die dann wiederum Links zu anderen Webseiten enthalten kann. So wird über die URL www.kiehl.de der Zugang zu den Webseiten des Kiehl Verlags ermöglicht.

9.5.3 Nutzung von Suchmaschinen

Suchmaschinen sind Programme zum Finden und Recherchieren von Dokumenten und Dateien, die sowohl auf dem eigenen Rechner als auch über das Internet nutzbar sind. Um auf dem eigenen Rechner oder im Unternehmensnetzwerk eine Datei zu finden, kann die Suchfunktion des Rechners genutzt werden. Um eine Datei zu finden, die im Internet gespeichert ist, können entsprechende Suchmaschinen, wie z. B. Google, verwendet werden.

Die Suchbegriffe werden durch den Anwender in die Suchmaschine eingegeben und mit der Datenbank des Suchmaschinenanbieters verglichen. Die Suchergebnisse werden anschließend – nach Relevanz geordnet – dem Anwender angezeigt.

9.5.4 Nutzung von E-Mail

E-Mail ist ebenfalls den Diensten des Internets zugeordnet und leitet sich von „electronic mail" ab („elektronische Post"). Über den E-Mail-Dienst können elektronische Nachrichten versendet und empfangen werden, die Nachrichten werden dabei mithilfe eines E-Mail-Servers übermittelt. Eine E-Mail-Adresse besteht aus einem vorderen und einem hinteren Teil, beide werden durch das @-Zeichen voneinander abgegrenzt.

Beispiel

Die E-Mail-Adresse lautet: feedback@kiehl.de

Der vordere Teil lautet „feedback", dann folgt zur Trennung das @-Zeichen. Der hintere Teil der E-Mail-Adresse lautet „kiehl.de". „feedback" ist hierbei das Konto eines Benutzers, „kiehl.de" bestimmt bzw. lokalisiert den Mailserver, zu dem das Konto gehört.

E-Mails können zusätzlich zur eigentlichen Nachricht sowohl Textdokumente als auch Videos, Audios, Präsentationen u. Ä. transportieren. Bezüglich der Empfänger einer E-Mail kann zwischen drei verschiedenen Varianten ausgewählt werden:

- **An:** Alle Empfänger, die direkt in der E-Mail angesprochen werden
- **Cc** (Kopie): Alle Empfänger, die lediglich über den Inhalt der E-Mail informiert, aber nicht direkt angesprochen werden
- **Bcc** (Blindkopie): Alle Empfänger, die die E-Mail ohne Kenntnis der anderen Empfänger erhalten sollen.

Obwohl im Internet üblicherweise ein lockerer Umgangston vorherrscht, sollten betriebliche E-Mails dem Empfänger angemessen und höflich formuliert und dabei auf unangebrachte Abkürzungen und Smileys verzichtet werden. Darüber hinaus gelten für geschäftliche E-Mails abhängig von der Rechtsform des Unternehmens die gleichen gesetzlichen Vorgaben wie für Geschäftsbriefe.

Auch die DIN 5008 enthält einige Empfehlungen für die einzelnen Bestandteile von geschäftlichen E-Mails:

- **Betreff:** Wie beim Geschäftsbrief enthält der Betreff eine stichwortartige, aber möglichst aussagekräftige Zusammenfassung des Inhalts. Bei einer E-Mail steht dabei jedoch nur eine Zeile in einem separaten Eingabefeld zur Verfügung, die insbesondere für den Empfänger später zur Priorisierung und Bearbeitung der E-Mail eine zentrale Rolle spielt.

- **Anrede:** Bezüglich der Formulierung der Anrede in einer E-Mail empfiehlt die DIN 5008 die gleichen Regelungen wie bei einem Geschäftsbrief. Zwischen der Anrede und dem nachfolgenden Text steht eine Leerzeile.
- **Text:** Der eigentliche Text der E-Mail sollte als Fließtext ohne Worttrennungen gestaltet werden, da die Darstellung der E-Mail von der Software und von dem Endgerät des Empfängers abhängig ist. Absätze werden jeweils durch eine Leerzeile voneinander getrennt und auch ansonsten gelten für den Text die gleichen Gestaltungsregeln wie bei einem Geschäftsbrief.
- **Abschluss/Signatur:** Der Abschluss der E-Mail (auch Signatur genannt) umfasst wie bei dem Geschäftsbrief eine angemessene Grußformel, die Firmen- bzw. Behördenbezeichnung und den Namen des Absenders inklusive Abkürzung für die Bevollmächtigung (eine handschriftliche Unterschrift fehlt natürlich). Darunter können als Block zusätzliche Kommunikationsangaben (Telefon, Fax, E-Mail usw.) sowie die gesetzlich vorgeschriebenen Pflichtangaben zum Unternehmen (z. B. Unternehmenssitz, Handelsregistereintragung usw.) eingefügt werden. Die einzelnen Elemente der Signatur werden jeweils durch eine Leerzeile voneinander getrennt (siehe folgendes Beispiel).

```
 1  Freundliche Grüße
 2
 3  DüMaBa GmbH
 4
 5  i. A. Thea Schwarz
 6
 7  Telefon: 0211 88442-651
 8  Telefax: 0211 88442-11
 9  E-Mail: t.schwarz@duemaba.de
10  Internet: http://www.duemaba.de
11
12  Unternehmenssitz / Postanschrift: Bahnhofsstraße 8, 40532 Düsseldorf
13  Geschäftsführer: Dr. Irmgard Sonnenfeld, Johannes Klimt
14  Handelsregistereintrag: HR-B 72 812-9 beim Amtsgericht Düsseldorf
```

- **Anhänge:** Zusätzlich zum Nachrichtentext kann eine E-Mail auch eine oder mehrere Dateien als Anhang enthalten. Dabei ist zu beachten, dass viele Unternehmen die Größe der angehängten Datei begrenzen (z. B. bis 10 Megabyte) und ggf. bestimmte Dateiformate (z. B. ausgewählte Dateiendungen) aus Sicherheitsgründen sogar komplett sperren. E-Mails, die gegen diese unternehmensspezifischen Regeln verstoßen, werden nicht an die Empfänger weitergeleitet. Der Absender erhält eine entsprechende Fehlermeldung als E-Mail.

10. Warenlieferung

Wenn ein Kunde ein Angebot bestätigt bzw. eine Bestellung aufgibt, beginnt die eigentliche Auftragsbearbeitung, d. h. die Lieferung der bestellten Ware an den vereinbarten Lieferort.

Bis zur Auslieferung an den Kunden müssen folgende Aufgaben erfüllt werden:

- **Auftragserfassung:** die Auftragsdaten (z. B. Kundennummer, Artikelnummer, Artikelbezeichnungen, Bestellmengen, Liefertermin, Lieferort usw.) werden meist elektronisch für die weitere Bearbeitung erfasst. Der Auftrag erhält dabei eine Auftragsnummer, die eine eindeutige Identifizierung und Zuordnung während der nächsten Arbeitsschritte ermöglicht. Gegebenenfalls können die bereits vorher erfassten Angebotsdaten elektronisch in einen Auftrag überführt werden.
- **Aktualisierung des Lagerbestandes:** die bestellten Mengen werden im Lager für den Auftrag reserviert und die für andere Aufträge verfügbaren Lagerbestände entsprechend reduziert.
- **Kommissionierung der bestellten Ware:** anhand der Auftragsdaten werden die bestellten Waren aus dem Lager entnommen und für den Versand bereitgestellt.
- **Versand:** die bestellten Waren werden verpackt und versandfertig gemacht. Darüber hinaus werden die für die Lieferung notwendigen Lieferpapiere (z. B. Lieferschein, Frachtbrief, Ausfuhrdokumente usw.) erstellt und für den Frachtführer bereitgelegt.

10.1 Wahl des Transportmittels für eine Warenlieferung

Wenn der Kunde die Ware nicht selbst abholt bzw. durch einen beauftragten Dritten abholen lässt, ist bei einer Warenlieferung zu entscheiden, ob sie mithilfe von eigenen Transportmitteln oder durch die Beauftragung eines fremden Transportunternehmens erfolgen soll. Für diese Wahl gibt es jedoch keine allgemeingültige optimale Lösung, sondern für jede Situation müssen Faktoren, wie die entstehenden Kosten und die vereinbarten Lieferbedingungen, neu abgewogen werden.

Bei beiden Alternativen ist jedoch neben der bestellten Ware auch ein passender Lieferschein vom Frachtführer mitzuführen, der die notwendigen Informationen für eine erfolgreiche Lieferung enthält.

10.1.1 Unternehmenseigene Transportmittel

Unternehmen, die regelmäßig größere Warenlieferungen durchführen, besitzen im Allgemeinen eigene Transportfahrzeuge und beschäftigen entsprechende Mitarbeiter. Das Ziel ist dabei, durch eine hohe Auslastung des eigenen Fuhrparks Kosten im Vergleich zur Beauftragung von fremden Transportunternehmen einzusparen. Darüber hinaus können im Rahmen der Lieferung ggf. durch die eigenen, entsprechend geschulten Mitarbeiter vor Ort zusätzliche Dienstleistungen, wie z. B. der Aufbau und die Einrichtung von Geräten, durchgeführt werden. Auch die Barzahlung direkt an den Fahrer ist bei dem Einsatz unternehmenseigener Transportmittel möglich.

Es ist jedoch zu beachten, dass der Verkäufer bei der Lieferung durch eigene Transportmittel die Gefahr von Verlust oder Beschädigung der Ware bis zur Übergabe an den Kunden trägt. Gerät der Lkw des Verkäufers in einen Unfall und die Ware wird dabei beschädigt oder zerstört, kann der Kunde Ersatz fordern.

10.1.2 Lieferung durch ein fremdes Transportunternehmen

Anstatt die bestellte Ware selbst zum Kunden zu bringen, kann ein Verkäufer auch ein fremdes Transportunternehmen, einen sog. Frachtführer, mit der Lieferung beauftragen. Dieser Frachtführer ist dann dazu verpflichtet, die Ware innerhalb eines festgelegten Zeitraums zu einem bestimmten Ort zu transportieren. Wenn die Fracht durch die Schuld bzw. durch fahrlässiges Verhalten des Frachtführers verloren geht, beschädigt wird oder zu spät beim Kunden ankommt, ist das beauftragte Transportunternehmen gegenüber dem Verkäufer schadenersatzpflichtig.

Um die Lieferung durchführen zu können, kann der Frachtführer vom Verkäufer die Bereitstellung der notwendigen Warenbegleitpapiere (z. B. den Lieferschein, Zollpapiere) verlangen. Darüber hinaus erhält das Transportunternehmen natürlich eine Vergütung für die geleisteten Dienste.

10.2 Bedeutung und Inhalte eines Lieferscheins

Bei einem Lieferschein handelt es sich um ein sog. Begleitpapier, da dieses Dokument grundsätzlich im Rahmen einer Lieferung zusammen mit der Ware transportiert und übergeben wird.

Es existieren zwar keine gesetzlichen Vorgaben bezüglich des Inhalts eines Lieferscheins, allerdings sollten darin mindestens die folgenden Bestandteile enthalten sein:
- Anschrift des Absenders und des Empfängers
- Lieferscheinnummer, ggf. zusätzlich Kunden-, Bestell-, Auftrags- bzw. Rechnungsnummer (falls vorhanden)
- Lieferdatum
- Beschreibung und Menge der gelieferten Ware, ggf. Hinweise zum Transport (z. B. zerbrechlich)
- Empfangsbestätigung.

Lieferscheine können auch Preise, Rechnungsbeträge, Informationen zur Zahlung usw. enthalten, wenn sie gleichzeitig als Rechnung fungieren.

Üblicherweise werden Lieferscheine in zweifacher Ausfertigung erstellt. Das Original erhält der Empfänger, während das Duplikat mit der vom Empfänger unterschriebenen Empfangsbestätigung zurück an den Absender geht. Wenn die Lieferung durch einen Frachtführer erfolgt, benötigt dieser ggf. auch eine Kopie des Lieferscheins.

Darüber hinaus ist zu beachten, dass Lieferscheine als Geschäftsbriefe gelten, d. h. die entsprechenden gesetzlichen Pflichtangaben sowie die Regelungen und Empfehlungen der DIN 5008 sollten berücksichtigt werden. Außerdem legen viele Unternehmen im Rahmen des Corporate Designs weitere Gestaltungsvorschriften fest, die auch bei der Erstellung von Lieferscheinen angewendet werden.

Lieferscheine werden als Handelsbriefe angesehen und müssen daher nach § 147 AO sechs Jahre lang aufbewahrt werden. Dabei ist zu beachten, dass die Aufbewahrungsfrist erst am Ende des Kalenderjahres beginnt, in dem der Lieferschein geschrieben wurde. Somit darf ein Lieferschein aus dem Jahr 2017 frühestens am 31. Dezember 2023 vernichtet werden.

10. Warenlieferung

Col-IT OHG
Hardware & Software

Col-IT OHG / Aachener Straße 203 / 50931 Köln

DüMaBa GmbH
Bahnhofsstraße 8
40532 Düsseldorf

Ansprechpartner: Jan Lindner
Tel.: 0221 455551-23
Fax: 0221 455551-100
E-Mail: lindner@col-it.de

Kundennr.: 82578
Auftragsnr.: 100958

Datum: 12.11.20..

Lieferschein Nr. 20170-10

Artikel-Nr.	Artikelbezeichnung und -beschreibung	Menge
45025	Laserdrucker LP 1000	3
45031	Tonerkartusche für den Laserdrucker LP 1000	10
40051	USB-Anschlusskabel für Drucker	3
80003	Kopierpapier A4, 80g/m², 5 x 500 Blatt	20

Ware vollständig erhalten:

_____
(Unterschrift)

Col-IT OHG
Aachener Straße 203
50931 Köln

Handelsregistereintrag: HR-A 122 301-1
Amtsgericht Köln

Bankverbindung: Commerzbank Köln
Kontonummer: 6258265, Bankleitzahl: 370 400 44
IBAN: DE40 3704 0044 0006 2582 65
BIC: COBADEFFXXX

Beispiel für einen Lieferschein

11. Bedeutung und Inhalte einer Rechnung

Die Bestandteile einer Rechnung werden größtenteils durch gesetzliche Vorgaben festgelegt. In diesem Zusammenhang spielt insbesondere das Umsatzsteuergesetz (UStG) eine tragende Rolle. So ist ein Unternehmer nach § 14 Abs. 2 Satz 1 Nr. 1 UStG verpflichtet für eine Lieferung oder eine Leistung an einen anderen Unternehmer innerhalb von sechs Monaten eine Rechnung zu stellen. Diese Frist gilt nicht für Lieferungen oder Leistungen, die gegenüber einer Privatperson erbracht wurden, außer dies geschah im Zusammenhang mit einer Immobilie (z. B. im Rahmen von Bau- und Gärtnerarbeiten oder Instandhaltungen).
Die Pflicht zur Rechnungserstellung besteht jedoch auch bei Privatkunden.

LF 4, Kap. 9.

INFO

Die Ausnahmeregelung bezüglich Lieferungen und Leistungen im Zusammenhang mit einer Immobilie dient der Bekämpfung der Schwarzarbeit.

Für Rechnungen mit einem Bruttorechnungsbetrag über 250 € werden in § 14 Abs. 4 UStG sowie § 14a Abs. 5 UStG die folgenden Angaben gesetzlich vorgeschrieben:

- vollständiger Name und Anschrift des Lieferanten und des Empfängers
- Steuernummer oder Umsatzsteueridentifikationsnummer des Lieferanten
- Ausstellungsdatum der Rechnung (Rechnungsdatum) und fortlaufende Rechnungsnummer
- Menge und Bezeichnung der gelieferten Ware bzw. Beschreibung der durchgeführten Leistungen
- Lieferdatum
- Rechnungsbetrag (ggf. nach unterschiedlichen Steuersätzen aufgeschlüsselt) sowie vereinbarter Bonus, Rabatt und Skonto
- Steuerbetrag, der für den Rechnungsbetrag anfällt sowie der angewendete Steuersatz (z. B. Umsatzsteuersatz 19 %).

11. Bedeutung und Inhalte einer Rechnung

Rechnungen, die einen Bruttorechnungsbetrag bis 250 € aufweisen, gelten als Kleinbetragsrechnung und müssen nur die folgenden Angaben beinhalten:

- vollständiger Name und Anschrift des Lieferanten
- Ausstellungsdatum der Rechnung (Rechnungsdatum)
- Menge und Art der gelieferten Ware bzw. Art und Umfang der durchgeführten Leistungen
- Lieferdatum
- Rechnungsbetrag inklusive Steuerbetrag (= Bruttorechnungsbetrag)
- angewendeter Steuersatz.

Neben den gesetzlichen Pflichtangaben muss berücksichtigt werden, dass Rechnungen als Geschäftsbriefe betrachtet werden und somit die Vorgaben der DIN 5008 sowie des Corporate Designs des Lieferanten gelten.

Alle erhaltenen Rechnungen sowie Kopien aller ausgestellten Rechnungen müssen nach § 14b Abs. 1 UStG zehn Jahre lang aufbewahrt werden. Wie auch bei einem Lieferschein beginnt diese Aufbewahrungsfrist erst am Ende des Kalenderjahres, in dem die Rechnung geschrieben wurde.

Aufträge bearbeiten

Col-IT oHG
Hardware & Software

Col-IT oHG / Aachener Straße 203 / 50931 Köln

DüMaBa GmbH
Bahnhofsstraße 8
40532 Düsseldorf

Ansprechpartner: Jan Lindner
Tel.: 0221 455551-23
Fax: 0221 455551-100
E-Mail: lindner@col-it.de

Kundennr.: 82578
Auftragsnr.: 100958
Lieferschein-Nr.: 20170-10

Datum: 14.11.20..

Rechnung Nr. 25782

Sehr geehrte Damen und Herren,

für die Lieferung vom 12. November 20.. stellen wir Ihnen folgende Rechnung.

Pos.	Menge	Bezeichnung	Einzelpreis (netto)	Gesamtpreis (netto)
1	3	Laserdrucker LP 1000, Artikel-Nr. 45025	279,00 €	837,00 €
2	10	Tonerkartusche für den Laserdrucker LP 1000, Artikel-Nr. 45031	49,50 €	495,00 €
3	3	USB-Anschlusskabel für Drucker, Artikel-Nr. 40051	1,19 €	3,57 €
4	20	Kopierpapier A4, 80g/m^2, 5 x 500 Blatt, Artikel-Nr. 80003	15,90 €	318,00 €
		Nettobetrag		1.653,57 €
		zzgl. 19 % Umsatzsteuer		314,18 €
		Bruttobetrag		**1967,75 €**

Bitte überweisen Sie den Rechnungsbetrag innerhalb von 20 Tagen nach dem Erhalt der Rechnung auf das unten angegebene Konto. Zahlen Sie innerhalb von 7 Tagen, gewähren wir zusätzlich 2 % Skonto.

Freundliche Grüße

Col-IT oHG

i. A. Jan Lindner

Col-IT oHG
Aachener Straße 203
50931 Köln

Handelsregistereintrag: HR-A 122 301-1
Amtsgericht Köln
Umsatzsteuer-ID: DE 12 84 49 351
Steuernummer: 7572831445123

Bankverbindung: Commerzbank Köln
IBAN: DE40 3704 0044 0006 2582 65
BIC: COBADEFFXXX

Beispiel für eine Rechnung

12. Druck und Vervielfältigung von Dokumenten

Im betrieblichen Alltag müssen regelmäßig elektronisch erstellte Dokumente auf Papier ausgedruckt oder bereits vorhandene Dokumente vervielfältigt werden. In diesem Kapitel werden die folgenden, dazu verwendeten Geräte vorgestellt:

- Drucker
- Scanner
- Kopierer
- Multifunktionsgeräte.

12.1 Drucker

Mithilfe eines Druckers können elektronisch gespeicherte Dokumente (z. B. Briefe, Tabellen, Fotos) auf Druckmedien wie Papier, Folien usw. übertragen werden. Das Gerät kann dazu direkt mit einem Computer über die USB-Schnittstelle als Arbeitsplatzdrucker verbunden sein oder unabhängig als Netzwerkdrucker allen Computern innerhalb des Netzwerks zur Verfügung stehen.

INFO

USB ist die Abkürzung für Universal Serial Bus. Dabei handelt es sich um eine allgemeine Schnittstelle zur Verbindung von externen Geräten mit einem Computer.

Abhängig von der verwendeten Drucktechnik werden im Allgemeinen die folgenden Druckerarten unterschieden:

- Laserdrucker
- Tintenstrahldrucker
- Nadeldrucker
- Thermodrucker
- Großformatdrucker (Plotter).

12.1.1 Laserdrucker

Bei einem Laserdrucker wird die zu druckende Seite mithilfe eines Lasers auf die im Drucker eingebaute Bildtrommel transferiert, sodass die nicht belichteten Stellen eine negative elektrische Ladung besitzen. Anschließend werden ebenfalls negativ geladene Tonerpartikel auf die Bildtrommel aufgebracht, die aufgrund der Ladung nur auf den belichteten Stellen haften bleiben. Anschließend wird der Toner durch eine positive elektrische Ladung von der Trommel entweder direkt oder über eine Transferwalze auf das Papier übertragen. Zum Abschluss müssen die Tonerpartikel durch Hitze mit dem Papier verschmolzen und damit fixiert werden. Durch mehrmaligen Druck mit unterschiedlichen Farben oder durch die Verwendung von mehreren, internen Druckwerken ermöglichen Laserdrucker inzwischen auch Farbausdrucke. Der Farbkontrast und die Farbechtheit, die durch dieses Verfahren erreicht werden können, sind jedoch begrenzt.

Das Laserdruckverfahren steht seit einiger Zeit in der Kritik, da während des Druckvorgangs ggf. Tonerpartikel und bei einigen Geräten sogar Ozon an die Umgebungsluft abgegeben werden. Aus diesem Grund wird empfohlen, dass häufig genutzte Laserdrucker in einem separaten, gut gelüfteten Raum aufgestellt werden, der nicht von Mitarbeitern dauerhaft als Arbeitsplatz genutzt wird.

LF 2, Kap. 1.4

Die folgenden Vor- und Nachteile sprechen für bzw. gegen den Einsatz eines Laserdruckers:

Vorteile	Nachteile
▸ hohe Qualität beim Ausdruck von Texten sowie einfachen Abbildungen und Grafiken aufgrund hoher Kantenschärfe	▸ niedrige Qualität beim Ausdruck von Fotos aufgrund eines schwachen Farbkontrasts und beschränkter Farbechtheit
▸ niedrige Druckkosten, da Tonerkartuschen und Bildtrommeln im Allgemeinen für eine hohe Anzahl von gedruckten Seiten verwendet werden können	▸ wegen der Fixierung durch Hitze für manche Druckmedien (z. B. bestimmte Folien) ungeeignet
▸ hohe Druckgeschwindigkeit, da eine Seite in einem Vorgang ausgedruckt wird	▸ mögliche Gesundheitsgefährdung durch die Freisetzung von Tonerpartikeln bzw. Ozon
▸ langlebige Druckergebnisse, da die Tonerfarbe resistent gegen Licht, Feuchtigkeit und Wärme ist	

12.1.2 Tintenstrahldrucker

Tintenstrahldrucker verfügen über einen oder mehrere Druckköpfe bzw. Druckdüsen, die die Tinte aus der angeschlossenen Tintenpatrone in winzigen Tropfen präzise auf das Druckmedium spritzen können. Während das Medium nach oben weitergeschoben wird, bewegen sich die Druckköpfe horizontal und die zu druckende Seite wird zeilenweise erstellt. Abhängig von dem verwendeten Druckmedium können die Tintentropfen verlaufen und das Druckbild wird dadurch leicht unscharf. Durch den Einsatz von Tinten mit unterschiedlichen Farben, ist auch der Druck von farbigen Dokumenten mit hoher Qualität möglich.

Tintenstrahldrucker weisen im Allgemeinen die folgenden Vor- und Nachteile auf:

Vorteile	Nachteile
▸ Es wird eine hohe Druckqualität bei Fotos insbesondere bei der Verwendung von Spezialpapier und -tinte erzeugt. ▸ Die Anschaffungskosten sind niedrig, da die Herstellungskosten für Tintenstrahldrucker gering sind.	▸ Insbesondere auf normalem Druckerpapier können Texte stellenweise unscharf wirken. ▸ Gegebenenfalls höhere Druckkosten, da Tintenpatronen im Allgemeinen ein geringes Fassungsvermögen aufweisen und deshalb häufig genutzte Farben (z. B. Schwarz für Textdokumente) regelmäßig ausgetauscht werden müssen. ▸ Gegebenenfalls werden die Druckergebnisse abhängig von der verwendeten Tinte durch Licht, Feuchtigkeit und Wärme beschädigt. ▸ Durch den zeilenweise erfolgenden Druck einer Seite weisen Tintenstrahldrucker im Allgemeinen eine niedrige Druckgeschwindigkeit auf. ▸ Druckköpfe können eintrocknen und damit unbrauchbar werden.

12.1.3 Nadeldrucker

Nadeldrucker werden bereits seit den 80er Jahren verwendet. Bei dieser Druckerart werden ein oder mehrere Reihen von einzeln steuerbaren Nadeln erst gegen ein Farbband und dann gegen das Druckmedium gepresst. Abhängig von den verwendeten Nadeln überträgt sich dadurch die Farbe von dem Farbband auf das Druckmedium. Der Druckkopf mit den Nadeln wird horizontal bewegt und erzeugt in Verbindung mit dem weitergeschobenen Medium zeilenweise die zu druckende Seite. Die Verwendung von mehrfarbigen Farbbändern ermöglicht auch den Farbdruck.

Nadeldrucker werden auch heute noch in bestimmten Anwendungssituationen eingesetzt und weisen dabei die folgenden Vor- und Nachteile auf:

Vorteile	Nachteile
▸ Durch den mechanischen Druck der Nadeln kann Durchschlagspapier (Kohlepapier) verwendet werden. ▸ Die Verwendung von Endlospapier ist möglich. ▸ Nadeldrucker sind aufgrund des technisch einfachen Druckverfahrens zuverlässig und wartungsarm. ▸ Die Herstellung von Farbbändern ist kostengünstig und dementsprechend sind die Druckkosten bei Nadeldruckern gering.	▸ Durch das mechanische Druckverfahren entsteht beim Drucken Lärm. ▸ Durch den zeilenweise erfolgenden Druck einer Seite weisen Nadeldrucker im Allgemeinen eine niedrige Druckgeschwindigkeit auf. ▸ Die Druckqualität ist von dem Zustand des Farbbands abhängig. ▸ Das Nadelmuster führt zu sichtbaren Punkten im Druckbild. ▸ Farbdruck nur sehr begrenzt verwendbar, da keine Farbverläufe o. Ä. gedruckt werden können.

12.1.4 Thermodrucker

Ein Thermodrucker besitzt einen Druckkopf, der mit mehreren einzeln steuerbaren Heizelementen besetzt ist. Dieser Druckkopf wird horizontal über das Druckmedium bewegt und die Heizelemente werden dabei abhängig vom gewünschten Druckbild aktiviert. Durch die Weiterführung des Mediums wird so die zu druckende Seite zeilenweise erstellt. Einige Arten von Thermodruckern benötigen Spezialpapier, dessen Oberfläche sich bei höheren Temperaturen schwarz färbt (Thermodirektdruck). Einige Druckertypen verwenden dagegen spezielle Farbfolien, die zwischen den Heizelementen und dem Druckmedium positioniert werden und die bei Temperaturanstieg die Farbe punktgenau auf das Medium abgeben (Thermotransferdruck und Thermosublimationsdruck). Diese Farbfolien können sogar einen Farbdruck in hoher Qualität ermöglichen.

Im Allgemeinen kann der Thermodruck durch die folgenden Vor- und Nachteile charakterisiert werden:

Vorteile	Nachteile
▸ Bei der Verwendung von Farbfolien kann eine hohe Druckqualität bei Fotos erzielt werden. ▸ Durch den Thermodirektdruck auf Spezialpapier entstehen nur geringe Kosten, da hierbei keine Farbe verbraucht wird.	▸ Insbesondere Ausdrucke von Thermodruckern auf Spezialpapier (Thermodirektdruck) können durch die Umgebungswärme beschädigt werden oder verblassen. ▸ Durch das Aufheizen der Heizelemente können die Ränder der Druckergebnisse unscharf wirken. ▸ Farbdruck ist nur bei Thermodruckern möglich, die teure Farbfolien verwenden. ▸ Durch den zeilenweise erfolgenden Druck einer Seite weisen Thermodrucker im Allgemeinen eine niedrige Druckgeschwindigkeit auf.

12.1.5 Großformatdrucker (Plotter)

Großformatdrucker (auch Plotter genannt) sind in der Lage großformatige Druckmedien (z. B. Papier- oder Stoffbahnen) zu bedrucken. Im Allgemeinen nutzen diese Großformatdrucker dazu entweder eine Tintenstrahldrucktechnik oder den Thermotransferdruck. Einige Geräte verwenden spezielle UV-Tinten, die unter UV-Licht aushärten und auf nahezu allen Materialien (z. B. Holz oder Glas) eingesetzt werden können.

Neben den Großformatdruckern existieren auch sog. Schneideplotter, die mithilfe von Messern oder Lasern vordefinierte Konturen aus dem verwendeten Material (z. B. Pappe oder Kunststoff) schneiden.

Für einen Einsatz im Büroalltag sind Großformatdrucker allerdings kaum geeignet. Sie werden hauptsächlich für die Produktion von besonderen Werbemitteln oder großformatigen Konstruktions- oder Bauplänen und ähnlichen Darstellungen genutzt.

12.2 Scanner

Scanner ermöglichen die elektronische Speicherung von physikalischen Dokumenten. Das eingelegte Dokument wird dabei beleuchtet und ein Sensor, der die Vorlage zeilenweise entlangfährt, wandelt das reflektierte Licht in elektrische Signale um. Die auf dem angeschlossenen Computer verwendete Scannersoftware setzt die Signale des Scanners in eine Bilddatei um. Einige Programme sind sogar in der Lage, Texte in diesen Bilddateien zu identifizieren und für die weitere Bearbeitung in einem Textverarbeitungsprogramm zur Verfügung zu stellen.

12.3 Kopierer

Kopierer erzeugen von einem vorhandenen, physikalischen Dokument (z. B. auf Papier oder Folie) eine exakte Kopie auf einem Druckmedium (im Allgemeinen auf Papier). Das dazu heute üblicherweise verwendete technische Verfahren gleicht dem eines Laserdruckers. Das zu kopierende Dokument wird belichtet und das reflektierte Licht wird durch einen Sensor aufgenommen (= Funktionsweise eines Scanners) und mittels Laser auf eine Bildtrommel übertragen, sodass diese an den nicht belichteten Stellen eine negative Ladung aufweisen. Wie beim Laserdrucker auch, werden nun ebenfalls negativ geladene Tonerpartikel auf die Bildtrommel aufgebracht. Aufgrund der Ladung haften diese ausschließlich auf den belichteten Stellen. Anschließend werden die Tonerpartikel durch eine positive Ladung auf das Druckmedium übertragen und durch Hitze fixiert.

Moderne Kopierer verfügen häufig über weitere Funktionen mit deren Hilfe der eigentliche Kopiervorgang beeinflusst werden kann. Die folgende Liste enthält einige Beispiele für solche zusätzlichen Einstellungsmöglichkeiten:

- automatischer Einzug für mehrseitige Vorlagen
- Vergrößerung oder Verkleinerung der Vorlage
- einseitige und beidseitige Kopie
- Zusammenfassung mehrerer Vorlagenseiten auf einer Kopie
- Lochen und Heften der Kopien
- Kopienzähler (zur Kontrolle der Druckkosten, auch benutzerabhängig möglich).

Darüber hinaus können Kopierer inzwischen über Netzwerkanschlüsse und USB-Schnittstellen verfügen, sodass auch elektronische Dokumente über das Gerät ausgedruckt werden können.

12.4 Multifunktionsgeräte

Multifunktionsgeräte kombinieren die Funktionen von Druckern, Scannern und Kopierern miteinander. Einige Geräte verfügen auch über Möglichkeiten zur Telekommunikation, z. B. über Telefax oder E-Mail.

Gegenüber den Einzelgeräten weisen die Multifunktionsgeräte die folgenden Vor- und Nachteile auf:

Vorteile	Nachteile
▸ Multifunktionsgeräte sind häufig günstiger in der Anschaffung als mehrere Einzelgeräte. ▸ Durch die Zusammenfassung in einem Gerät werden Platz und Arbeitswege eingespart. ▸ Alle Funktionen basieren auf der gleichen Bedienungsoberfläche und können miteinander verknüpft werden. ▸ Ein einzelnes Gerät benötigt weniger Strom.	▸ Spezialisierte Einzelgeräte sind ggf. leistungsfähiger. ▸ Bei technischen Fehlern oder Ausfällen ist grundsätzlich das gesamte Gerät betroffen und muss ggf. ausgetauscht werden.

13. Kundenorientierte Auftragsabwicklung

Die meisten Anbieter von Produkten und Dienstleistungen müssen heutzutage mit anderen Unternehmen konkurrieren, die über ein ähnliches Angebot verfügen. Um sich von der Konkurrenz abzusetzen, ist es daher für ein Unternehmen wichtig, die Bedürfnisse und Ansprüche seiner Kunden zu kennen und auf Basis dieses Wissens kundenorientiert zu handeln. Dies gilt insbesondere für die Bearbeitung von Anfragen, Aufträgen und Bestellungen, da bei diesen Aufgaben im Allgemeinen der Kunde sowie seine Erwartungen und Wünsche eine zentrale Rolle spielen.

13.1 Geschichtliche Entwicklung der allgemeinen Marktsituation in Deutschland

In den Jahren nach dem zweiten Weltkrieg waren die zur Verfügung stehenden Waren allgemein knapp und daher blieb die Nachfrage der Bevölkerung nach vielen Produkten unerfüllbar. Ein Unternehmen konnte zu dieser Zeit sicher sein, dass alle angebotenen Waren auch verkauft werden. Aus diesem Grund konzentrierten sich viele Unternehmen ausschließlich auf die Herstellung oder Beschaffung neuer Waren. Diese Marktsituation wird als Verkäufermarkt bezeichnet, da sich in diesem Fall der Verkäufer durch die im Vergleich zum Angebot höhere Nachfrage in der stärkeren Position befindet. Die nebenstehende Abbildung fasst die Situation auf einem **Verkäufermarkt** noch einmal zusammen.

Der in den 50er Jahren einsetzende Wiederaufbau und das starke Wirtschaftswachstum in dieser Zeit führten dazu, dass das Warenangebot deutlich stärker wuchs als die Nachfrage. Die Marktsituation in Deutschland wandelte sich allmählich vom Verkäufermarkt zu einem Käufermarkt, in dem schließlich für die meisten Güter das Angebot die Nachfrage deutlich überstieg. Für die Unternehmen wurde es erheblich schwieriger, Kunden für ihre Waren zu finden, da diese jetzt aus verschiedenen, gleichartigen Produkten am Markt auswählen konnten und sich somit in der stärkeren Marktposition befanden. Unterstützt wurde diese Entwicklung durch die Sättigung der Märkte, die nach mehreren, durch die Mangelsituation nach dem Krieg ausgelösten Konsumwellen eintrat. In der nebenstehenden Abbildung wird das Verhältnis zwischen **Angebot und Nachfrage auf einem Käufermarkt** verdeutlicht.

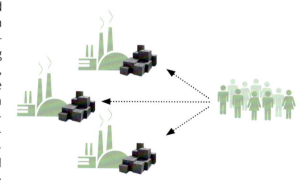

Um nicht auf ihrem Angebot sitzen zu bleiben, mussten Unternehmen umdenken und so versuchten sie, sich von ihren Konkurrenten abzuheben und Alleinstellungsmerkmale aufzubauen. Das unternehmerische Handeln wurde nicht mehr von der Beschaffung oder der Herstellung der Ware bestimmt, sondern musste sich nun an den Kunden und ihren Bedürfnissen orientieren.

13.2 Ziele und Ansprüche von Kunden

Kundenorientierung bedeutet für ein Unternehmen insbesondere die Kenntnis und Berücksichtigung der Ziele und Ansprüche der Kunden. Denn nur wenn die Ziele der Kunden durch das Angebot des Unternehmens und die anschließende Auftragsabwicklung zufriedenstellend erfüllt werden, können dauerhafte und für beide Seiten erfolgreiche Kundenbeziehungen entstehen.

Abhängig von dem betreffenden Produkt können die Ziele und Ansprüche von Kunden in folgende Kategorien eingeteilt werden:

- Ansprüche an das Produkt
- Ansprüche an das Unternehmen
- Ansprüche an die Mitarbeiter.

13.2.1 Ansprüche an das Produkt

Ein Kunde möchte durch den Kauf eines Produkts einen bestimmten Nutzen erzielen bzw. ein Bedürfnis erfüllen. Um dieses Ziel auch zur Zufriedenheit des Kunden zu erreichen, müssen die folgenden Ansprüche beachtet werden:

LF 1, Kap. 8.1

- **Funktionalität und Leistungsfähigkeit**
  Das betreffende Produkt muss über die vom Kunden gewünschte Funktionalität und Leistungsfähigkeit verfügen. Gegebenenfalls können zusätzliche Komfortfunktionen die Kundenzufriedenheit weiter steigern.

- **Preis**
  Im Vergleich zur Funktionalität und Leistungsfähigkeit sollte das Produkt einen Preis aufweisen, der vom Kunden als angemessen empfunden wird. Hier ist insbesondere das individuelle Preis-Leistungs-Verhältnis ausschlaggebend.

- **Qualität und Sicherheit**
  In Bezug auf die Verwendung des Produkts können die Qualität (z. B. in Bezug auf die Dauerhaftigkeit oder die Verarbeitung) sowie ggf. relevante Sicherheitsaspekte eine wichtige Rolle spielen.

- **ökologische und soziale Gesichtspunkte**
  Der Umweltschutz, die Erhaltung der eigenen Gesundheit sowie die Einhaltung sozialer Standards rücken immer stärker in den Fokus von Kunden und können daher ebenfalls entscheidungsrelevant sein.

13.2.2 Ansprüche an das Unternehmen

Auch an die Anbieter stellen Kunden bestimmte Ansprüche, die es durch das Unternehmen zu erfüllen gilt:

- **umfangreiches Sortiment**
  Die übersichtliche Präsentation verschiedener Produkte, die sich in Leistungsfähigkeit, Preis und Qualität angemessen unterscheiden, bietet dem Kunden die Möglichkeit, ein für ihn passendes Produkt auszuwählen.
- **Beratung**
  Insbesondere bei erklärungsbedürftigen Produkten benötigt ein (ggf. sachunkundiger) Kunde zusätzliche Informationen von dem Anbieter um eine begründete Kaufentscheidung treffen zu können. Zu diesem Zweck sollte ein Unternehmen über freundliches und kompetentes Beratungs- und Verkaufspersonal verfügen.
- **Zuverlässigkeit**
  Um eine dauerhafte Kundenbeziehung etablieren zu können, muss sich ein Kunde auf einen Anbieter verlassen können. Dies bedeutet beispielsweise, dass Vereinbarungen und Termine eingehalten werden und die kommunizierten Angaben und Informationen aktuell und korrekt sind.
- **Serviceleistungen**
  Abhängig von dem Produkt erwartet ein Kunde ggf. von dem Anbieter zusätzliche Serviceleistungen wie z. B. Lieferung, Aufstellung, Reparatur, Wartung, Finanzierungsmöglichkeiten.

13.2.3 Ansprüche an die Mitarbeiter

Obwohl rechtlich gesehen das Unternehmen als Vertragspartner auftritt, kommt es im Rahmen der Anbahnung und Abwicklung eines Kundenauftrags im Allgemeinen zu einem direkten Kontakt zwischen dem Kunden und einem Angestellten des Unternehmens. Aus diesem Grund müssen auch die Mitarbeiter einem Anforderungsprofil gerecht werden:

- **angemessenes Auftreten**
  Neben dem gepflegten Aussehen und der passenden Kleidung spielt insbesondere auch ein höfliches und freundliches Verhalten eine große Rolle, um eine positive Beziehung zu einem Kunden aufbauen zu können.
- **fachliche Kompetenz**
  Die Mitarbeiter sollten bezüglich der angebotenen Produkte über alle erforderlichen Informationen und Kenntnisse verfügen und diese dem Kunden angemessen vermitteln können.
- **soziale Kompetenz**
  Grundsätzlich sollten Mitarbeiter, die häufig Kundenkontakt haben, offen und interessiert im Umgang mit Menschen sein. Zu den notwendigen sozialen

Kompetenzen gehören beispielsweise Geduld, Selbstbewusstsein, Kontaktfähigkeit, Einfühlungsvermögen und Überzeugungskraft.

13.3 Voraussetzungen für ein kundenorientiertes Unternehmen

In einem kundenorientierten Unternehmen rücken die Kunden in das Zentrum des betrieblichen Handelns. Die Unternehmensprozesse werden dabei möglichst optimal an den Zielen und Ansprüchen der Kunden ausgerichtet und der Ausbau bzw. der Erhalt der Kundenzufriedenheit gilt als wichtigstes Ziel. Um dieses Ziel langfristig zu erreichen, gilt es, die folgenden Voraussetzungen zu erfüllen:

- **Kundenkenntnis**
  Für ein kundenorientiertes Unternehmen ist es äußerst wichtig zu wissen, welche Ziele, Erwartungen und Wünsche ihre Kunden haben, da diese die Grundlage der Kundenorientierung darstellen. Aus diesem Grund ist es notwendig, regelmäßig entsprechende Informationen und Daten über die Kunden zu sammeln und auszuwerten.

- **kundenorientiertes Produktsortiment**
  Das Angebot eines kundenorientierten Unternehmens umfasst Produkte, die einen deutlich spürbaren Nutzen für die Kunden aufweisen. Darüber hinaus können Serviceleistungen (wie z. B. Lieferung, Installation, Finanzierung) zusätzliche Vorteile bieten, die die Kundenzufriedenheit weiter erhöhen.

- **persönliche Kundenbetreuung**
  Eine dauerhafte Kundenbeziehung benötigt regelmäßige Pflege durch persönlichen Kontakt (z. B. bei Geburtstagen, Jubiläen), damit das Unternehmen beim Kunden immer positiv im Gedächtnis verbleibt.

- **kundenorientierte Organisation und kundenfreundliche Mitarbeiter**
  Durch eine Unternehmensorganisation, die sich an die Bedürfnisse der Kunden anpasst und durch Mitarbeiter, die im freundlichen Kundenkontakt geschult sind, sollen sich die Kunden persönlich angesprochen und individuell betreut fühlen.

  LF 1, Kap. 8.

- **Kontrolle der Kundenzufriedenheit**
  Um sicherzustellen, dass die Ziele und Ansprüche der Kunden auch tatsächlich erfüllt werden, müssen periodisch Kontrolluntersuchungen über die Kundenzufriedenheit erfolgen. Darüber hinaus ist es wichtig, dass ein Unternehmen für Kritik und Verbesserungsvorschläge offen ist.

WISSENSCHECK

Im Online-Training zu diesem Buch können Sie zusätzlich Aufgaben zu diesem Lernfeld bearbeiten und so das Gelernte überprüfen.

Sachgüter und Dienstleistungen beschaffen und Verträge schließen

Das Lernfeld 4 befasst sich mit der Beschaffung der Sachgüter und Dienstleistungen durch die Einkaufsabteilung eines Unternehmens. Im Rahmen der Beschaffungsplanung erarbeiten sich die Auszubildenden dabei neben den klassischen Methoden der Bedarfsermittlung, der Bezugsquellenermittlung und der Angebotsanalyse auch die Grundlagen des kaufmännischen Rechts.

Anschließend durchlaufen sie den weiteren Beschaffungsprozess, in dem sie sich mit den Arbeitsschritten Bestellung, Wareneingang sowie Lagerung der Güter näher beschäftigen. Den thematischen Abschluss des Lernfeldes bilden die Themengebiete Umgang mit Kaufvertragsstörungen, Rechnungseingang und Zahlungsverkehr.

Die Auszubildenden setzen bei der Bearbeitung der Aufgaben im Lernfeld 4 die Tabellenkalkulationssoftware Microsoft Excel zur Auswertung und Visualisierung von Datentabellen sowie die Textverarbeitungssoftware Microsoft Word zur Erstellung des notwendigen Schriftverkehrs ein.

1. Grundlagen der Beschaffung und Analyse der Beschaffungssituation   376
2. Daten aus der Beschaffung mit Diagrammen veranschaulichen   378
3. Schwerpunkte setzen mit der ABC-Analyse   389
4. Recht und Rechtsordnung   395
5. Materialbedarfsplanung   412
6. Ermittlung und Auswahl von Bezugsquellen   420
7. Umweltverträglicher Einkauf   427
8. Abschluss von Kaufverträgen   431
9. Wareneingang und Lagerung   441
10. Kaufvertragsstörungen beim Einkauf   448
11. Rechnungseingang und Zahlungsfristen   464
12. Zahlungsverkehr   472

1. Grundlagen der Beschaffung und Analyse der Beschaffungssituation

1.1 Aufgaben und Ziele der Beschaffung

Die Beschaffung von Sachgütern und Dienstleistungen findet in der Regel in der Abteilung Einkauf statt. Ziel ist es, die richtigen Materialien in der gewünschten Qualität, in der passenden Menge, zum richtigen Zeitpunkt und am richtigen Bedarfsort bereitzustellen. Die Realisation dieser logistischen Aufgabe bedarf genauer Analysen im Vorfeld. Es müssen Prioritäten festgelegt werden, um sich auf für das Unternehmen wichtige Materialien zu konzentrieren, damit der Kosten-Nutzen-Effekt nicht außer Acht gelassen wird.

1.2 Art der Beschaffungsgüter

Die zu beschaffenden Sachgüter und Dienstleistungen können die im Folgenden aufgeführten sein.

Mögliche **Sachgüter:**

- Rohstoffe = Hauptbestandteile, die in die Produkte eingehen, z. B. Stoffe in der Bekleidungsindustrie
- Hilfsstoffe = Nebenbestandteile, die in die Produkte eingehen, z. B. Garn in der Bekleidungsindustrie
- Betriebsstoffe = Stoffe, die zur Aufrechterhaltung des Produktionsprozesses benötigt werden, z. B. Öl für Maschinen oder Energie
- Halbfertigerzeugnisse = Vorprodukte von Unternehmen aus Vorstufen
- Handelswaren = Materialien/Produkte, die eingekauft werden und ohne etwas daran zu verändern, verkauft werden
- Werkzeuge und Maschinen
- Grundstücke und Gebäude
- Firmenwagen, Lkws usw.

Mögliche **Dienstleistungen:**

- Unternehmensberatung
- Auskünfte von der SCHUFA (= Schutzgemeinschaft für allgemeine Kreditsicherung)
- Kreditfinanzierung durch Kreditinstitute
- Rechtsberatung durch Rechtsanwälte
- Warentransport durch Spediteure
- Lagerhaltung
- Fortbildungen durch Schulungsunternehmen.

INFO

Die Liste der Dienstleistungen lässt sich weiter fortführen. Bei sämtlichen Funktionen eines Betriebs müssen Überlegungen angestellt werden, ob die Aufgaben selbst erledigt werden, oder ob sie ausgelagert werden. Dies nennt man Outsourcing. Aufgaben werden dann ausgelagert, wenn die betrieblichen Ressourcen nicht ausreichen, das Know-how nicht vorhanden ist oder die Aufgaben nur selten vorkommen.

Der Einkauf konzentriert sich insbesondere auf die Beschaffung von Roh-, Hilfs- und Betriebsstoffen, Halbfertigerzeugnissen und Handelswaren.

1.3 Aufgaben der Beschaffung

Im Rahmen der Beschaffung von Sachgütern und Dienstleistungen müssen die folgenden Aufgaben bearbeitet werden:

- **Bedarfsplanung:** der Bedarf des Unternehmens bzw. der Abteilungen an Sachgütern und Dienstleistungen innerhalb eines festgelegten Planungszeitraums muss in Bezug auf die benötigte Menge, Qualität, Beschaffenheit usw. ermittelt werden.
- **Ermittlung und Auswahl von Bezugsquellen:** mögliche Lieferanten für die benötigten Sachgüter und Dienstleistungen müssen gesucht und anhand von festgelegten Kriterien (Preis, Konditionen, Zuverlässigkeit usw.) miteinander verglichen werden.
- **Verhandlung und Abschluss von Kaufverträgen:** für die benötigten Sachgüter und Dienstleistungen müssen mit den ausgewählten Lieferanten Kaufverträge verhandelt und abgeschlossen werden.
- **Überwachung der Bestellungen:** die Lieferungen der bestellten Sachgüter und Dienstleistungen durch die Lieferanten müssen (z. B. im Rahmen der Warenannahme) kontrolliert und überwacht werden.
- **Kontrolle der Rechnungen:** die Rechnungen für die gelieferten Sachgüter und Dienstleistungen müssen auf Vollständigkeit und Korrektheit überprüft und anschließend an die Kreditorenbuchhaltung weitergeleitet werden.
- **Controlling des Beschaffungsprozesses:** die getroffenen Entscheidungen in der Beschaffung müssen im Hinblick auf ihre Wirtschaftlichkeit, ihre Umweltverträglichkeit usw. regelmäßig überprüft werden.

2. Daten aus der Beschaffung mit Diagrammen veranschaulichen

Um Geschäftsprozesse zu optimieren, ist es wichtig, in der kaufmännischen Verwaltung die Ist-Situation (z. B. Kosten, Zeitdauer, Reklamationsquote) zu analysieren und auf Schwachstellen zu überprüfen, um sie schließlich zu verbessern. Zur Darstellung der Ist-Situation eignen sich Diagramme, die mit dem Tabellenkalkulationsprogramm Excel erstellt werden können.

2.1 Diagrammarten

Mit dem Tabellenkalkulationsprogramm Excel sind eine Reihe von Diagrammen möglich:

- Säule
- Linie
- Kreis
- Balken
- Fläche
- Punkt (X Y)
- Kurs
- Oberfläche
- Netz
- Verbund

Beispielsweise kann man mit Säulen- und Balkendiagrammen Mengen darstellen und vergleichen. Die Diagrammart kann auch weiter spezialisiert und zwischen gruppierten und gestapelten Säulen oder Balken sowie 2D und 3D gewählt werden.

Auch beim Liniendiagramm kann man zwischen Linien und gestapelten Linien sowie mit und ohne Datenpunkte unterscheiden. Mit den Linien lassen sich gut Verläufe und Entwicklungen darstellen.

Beim Kreisdiagramm kann die Zusammensetzung von etwas dargestellt werden. Ein klassisches Beispiel hierfür ist die Zusammensetzung eines Parlaments.

Darüber hinaus können Netz-, Punkte- und Oberflächendiagramme drei Dimensionen darstellen.

2. Daten aus der Beschaffung mit Diagrammen veranschaulichen

Beispiel

Bei der Sportina AG soll die Anzahl der Reklamationen des Sortiments „Fitness und Training" analysiert werden. Folgende Daten liegen für das Jahr 20.. vor:

Lieferanten	Anzahl an Reklamationen
Novarun	5
Stronghold	4
Innosport	4
GoodShape	2
SHC	5
Schuster Fitness	3

Möglich wäre hier ein Kreis-, Säulen- oder Balkendiagramm. Ein Liniendiagramm ist unbrauchbar, da hier voneinander unabhängige Daten dargestellt werden.

Kreisdiagramm
Der Titel ist über dem Diagramm, alternativ könnte er das Diagramm überlappen. Die Datenbeschriftung enthält die Prozentsätze, auch die Werte (= Anzahl der Reklamationen) oder die Rubriknamen wären möglich. Rechts steht die Legende mit den Rubriknamen. Dafür könnte eine andere Position gewählt werden, z. B. unten oder links.

Säulendiagramm

Hier werden zwei Dimensionen angezeigt. Die Lieferanten stehen auf der horizontalen Achse und werden als Rubriken bezeichnet. Die vertikale Achse wird als Größenachse bezeichnet, hier sind die Reklamationsmengen ablesbar. Auf die Legende und Datenbeschriftung kann in diesem Fall verzichtet werden, da die Werte von den Achsen ablesbar sind.

Balkendiagramm

Das Balkendiagramm ist ein gedrehtes Säulendiagramm. Hierbei sind die Rubriken auf der vertikalen und die Größenachse auf der horizontalen Achse angeordnet. Auf die Größenachse wurde allerdings verzichtet, da die Werte der Balken als Datenbeschriftung eingefügt sind.

Neben den klassischen Diagrammtypen unterstützt das Tabellenkalkulationsprogramm Excel auch sogenannte **gestapelte Diagramme**. Bei diesen besonderen Diagrammen werden die Datenreihen nicht unabhängig voneinander dargestellt, sondern die enthaltenen Werte werden in der Anzeige addiert.

Im folgenden Beispiel werden die Absatzzahlen eines Produktes, aufgeteilt nach Vertriebsgebieten und Halbjahr, als normales Säulendiagramm und als gestapeltes Säulendiagramm dargestellt.

	Nord	Süd	West	Ost
1. Halbjahr	100	70	40	120
2. Halbjahr	130	50	80	150

In einer weiteren Variante von gestapelten Diagrammtypen wird das Verhältnis der addierten Werte in den Datenreihen angezeigt. Die Summe der Werte gilt in diesem Fall als 100 % und die einzelnen Werte werden anteilig im Diagramm ausgewiesen.

Die folgende Abbildung verwendet wiederum die gleichen Daten wie oben.

Bei allen Diagrammen ist wichtig:

▶ Der Diagrammtitel muss aussagekräftig sein und Auskunft darüber geben, was dargestellt ist. Sinnvoll ist auch die Angabe des betreffenden Zeitraums und eventuell auch die Angabe des Unternehmens, um das es geht.

▶ Die Datenreihen müssen durch Beschriftung oder eine Legende benannt werden.

▶ Die Werte der Datenreihen (beim Kreisdiagramm auch die Prozentwerte) müssen entweder an den Achsen oder in der Nähe der Datenreihen ablesbar sein.

Darüber hinaus können noch optische Veränderungen vorgenommen werden. Farben der Datenreihen können verändert werden. Die Beschriftungen können individuell angepasst sowie Achsenabschnitte individuell festgelegt werden. Die Position von Achsenbeschriftungen, Achsentitel, Legende und Diagrammtitel können bestimmt sowie Gitternetzlinien und Datentabellen können eingefügt werden usw.

2.2 Diagramme erstellen

Um ein Diagramm in Excel einzufügen, sollten zuerst die Zellen markiert werden, welche die Daten für das Diagramm enthalten.

	A	B	C
1		Umsatzstatistik	
2			
3	Monat	Vorjahr	Aktuelles Jahr
4	Januar	280.000,00 €	302.000,00 €
5	Februar	265.000,00 €	313.000,00 €
6	März	267.000,00 €	320.000,00 €
7	April	250.000,00 €	299.000,00 €
8	Mai	248.000,00 €	292.000,00 €
9	Juni	242.000,00 €	281.000,00 €
10	Juli	241.000,00 €	279.000,00 €
11	August	247.000,00 €	283.000,00 €
12	September	253.000,00 €	285.000,00 €
13	Oktober	261.000,00 €	282.000,00 €
14	November	300.000,00 €	281.000,00 €
15	Dezember	305.000,00 €	284.000,00 €

Anschließend wird der gewünschte Diagrammtyp im Karteireiter „Einfügen" des Menübandes über die entsprechende Schaltfläche ausgewählt und das Diagramm wird in die Tabelle eingefügt.

Nach der Erstellung eines Diagrammes ist es meist noch nicht korrekt formatiert, d. h. es müssen weitere Einstellungen vorgenommen werden. Zu diesem Zweck bietet das Tabellenkalkulationsprogramm Excel verschiedene Diagrammtools an, wenn ein Diagramm ausgewählt wird. Die wichtigsten dieser Diagrammtools sollen in den folgenden Abschnitten kurz vorgestellt werden.

2.3 Diagrammdaten bearbeiten

Über die Schaltfläche „Daten auswählen" auf dem Karteireiter „Entwurf" der Diagrammtools kann der Dialog „Datenquelle auswählen" geöffnet werden.

Mithilfe dieses Dialogs können die folgenden Änderungen am Diagramm durchgeführt werden:

❶ Nachträgliche Änderung des Zellenbereichs mit den Daten, die im Diagramm grafisch dargestellt werden.

❷ Bearbeitung der einzelnen Datenreihen im Diagramm und deren Bezeichnungen, die auch in der Legende verwendet werden.

❸ Bearbeitung der horizontalen Achsenbeschriftungen, die auf der x-Achse (Rubrikenachse) als Bezeichnungen dienen

INFO

Die Position des Diagramms kann über die Schaltfläche „Diagramm verschieben" auf dem Karteireiter „Entwurf" verändert werden. So kann das Diagramm auf ein anderes Tabellenblatt verschoben oder sogar als eigenes Blatt in der Excel-Mappe dargestellt werden. Darüber hinaus kann der Typ des Diagramms nachträglich noch über die Schaltfläche „Diagrammtyp ändern" angepasst werden.

2.4 Diagramm beschriften

Der Karteireiter „Layout" der Diagrammtools bietet die folgenden Möglichkeiten um Diagramme zu beschriften:

❶ Diagrammtitel/-überschrift einfügen

❷ Achsentitel/-beschriftungen einfügen

❸ Legende einfügen

❹ Datenbeschriftungen für die Datenreihen (z. B. die zugrundeliegenden Werte) einfügen

❺ Wertetabelle im Diagramm darstellen

❻ Achsen positionieren bzw. deaktivieren

❼ Gitternetzlinien (Haupt- und Hilfslinien) einstellen

❽ Zeichnungsfläche (= Hintergrundfläche des Diagramms) formatieren

Wenn die Einstellungsmöglichkeiten des Karteireiters „Layout" nicht ausreichen, bieten die meisten oben genannten Schaltflächen einen zusätzlichen Dialog mit weiteren Optionen an.

2.5 Diagrammelemente formatieren

Einige einfache Formatierungen (z. B. Schrift-, Linien- und Füllfarben) können nach der Auswahl eines Diagrammelements (z. B. per Mausklick) direkt auf dem Karteireiter „Format" in den Diagrammtools vorgenommen werden.

Für komplexere Formatierungen steht die Schaltfläche „Auswahl formatieren" ❶ zur Verfügung. Der daraufhin geöffnete Dialog ist abhängig von dem ausgewählten Diagrammelement und bietet eine Vielzahl von Einstellungsmöglichkeiten. So kann beispielsweise die Füllung von Flächen (z. B. bei Säulendiagrammen) mit Mustern versehen werden.

MERKE

Durch mehrmaliges Klicken mit der Maus können auch einzelne Diagrammelemente (z. B. eine Datenreihe oder sogar einzelne Datenpunkte) ausgewählt und anschließend formatiert werden.

Über den Karteireiter „Einfügen" im Menüband kann ein Diagramm um weitere Elemente (z. B. Linien, Pfeile, Textboxen) erweitert werden.

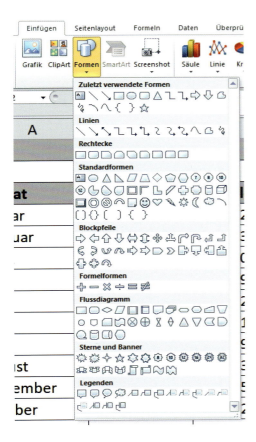

2.6 Achsen skalieren

Neben der grafischen Gestaltung ist bei der Formatierung der Achsen insbesondere die Skalierung, d. h. der minimale und der maximale Wert sowie die Intervalle, von Interesse. Um die Skalierung zu verändern, muss die betreffende Achse z. B. per Mausklick ausgewählt werden. Anschließend wird über die oben bereits genannte Schaltfläche „Auswahl formatieren" der Dialog „Achse formatieren" aufgerufen.

Unter dem Punkt „Achsenoptionen" können unter anderem dann die Einstellungen für das Minimum ❶ und das Maximum ❷ der Achse sowie die Intervalle der Achsenbeschriftung ❸ auf feste Werte geändert werden.

Außerdem kann der Achsenschnittpunkt ❹ verschoben werden.

3. Schwerpunkte setzen mit der ABC-Analyse

Mit der ABC-Analyse können Schwerpunkte auf besonders wichtige Materialien, Produkte, Lieferanten, Kunden usw. gesetzt werden. Hierzu entscheidet man sich für eine Bewertungsgröße, z. B. bei Einkaufsmaterialien für den Einkaufswert.

3.1 Ermittlung der kumulierten prozentualen Einkaufswerte

	A	B	C	D	E	F	G
1	ABC-Analyse der Sortimentsgruppen der Sportina AG						
2	Sortimentsgruppe	Einkaufswert pro Jahr	prozentualer Einkaufswert	prozentuale Einkaufswerte kumuliert	A	bis	70%
3					B	bis	90%
4					C	bis	100%
5	Fitness und Training	165.563,00 €	34,54%	35%	A		
6	Sportschuhe	117.962,00 €	24,61%	59%	A		
7	Freizeitmode	116.110,00 €	24,22%	83%	B		
8	Radsport	39.900,00 €	8,32%	92%	C		
9	Wintersport	17.562,00 €	3,66%	95%	C		
10	Bälle	11.815,00 €	2,46%	98%	C		
11	Schläger	5.310,00 €	1,11%	99%	C		
12	Wassersport	3.120,00 €	0,65%	100%	C		
13	Extremsport	2.029,00 €	0,42%	100%	C		
14	Summe:	479.371,00 €	100%				

In der vorliegenden Tabelle sind die Sortimentsgruppen mit den Einkaufswerten aufgelistet und die prozentualen Einkaufswerte ermittelt, also der prozentuale Anteil der Sortimentsgruppe am Gesamtwert von 479.371 €. Die Sortimentsgruppen sind nach der Höhe der Einkaufswerte absteigend zu sortieren. Anschließend werden die kumulierten prozentualen Einkaufswerte errechnet, indem man für die Sortimentsgruppe mit dem höchsten Wert den selektiven (einfachen) Prozentwert nimmt und bei den folgenden Artikeln den prozentualen kumulierten Einkaufswert von der Zeile darüber zum einfachen prozentualen Einkaufswert dazu addiert.

Mit einer entsprechenden Festlegung, dass A-Sortimente die ersten 70 % mit den höchsten Einkaufswerten ausmachen, sind in diesem Fall die Sportschuhe und die Sortimentsgruppe Fitness und Training als A-Sortimentsgruppen festzulegen, denn diese machen 59 % des Einkaufswerts aus. Die anderen Einkaufsgüter mit weitaus niedrigeren Einkaufswerten können als B- und C-Gruppen kategorisiert werden. Da zwei der zehn Sortimentsgruppen ein Einkaufsvolumen von 59 % ausmachen, bietet sich an, Schwerpunkte auf diese beiden Sortimente zu setzen. Denn ungünstige Einkaufskonditionen, schlechte Qualität oder Lieferschwierigkeiten haben bei A-Sortimenten weitaus größere Auswirkungen als bei C-Sortimenten.

3.2 Zuordnung der A-, B-, C-Gruppierung mit der WENN-Funktion

Die ABC-Analyse kann mit dem Tabellenkalkulationsprogramm Excel durchgeführt werden. Bis zu den kumulierten prozentualen Werten können die bereits eingeführten Rechenoperationen angewendet werden. Aber auch die Gruppierung in A, B und C ist möglich. Hierfür wendet man die WENN-Funktion an. Dabei wird eine Zelle, in diesem Fall der kumulierte prozentuale Einkaufswert, dahingehend überprüft, ob der Wert kleiner oder gleich 70 % ist. Wenn ja, soll „A" ausgegeben werden. Andernfalls wird geprüft, ob der Wert denn unter 90 % ist, wenn ja, soll „B" erscheinen, wenn nicht „C".

 MERKE

Die allgemeine Syntax der einfachen WENN-Funktion lautet:

=WENN(PRÜFUNG;DANN_Wert;SONST_Wert)

Hierbei können zwei Alternativen ausgegeben werden. Sollen – wie bei der ABC-Zuordnung – drei Alternativen ausgegeben werden, ist nach dem DANN-Wert eine weitere Funktion einzubauen. Somit ist eine WENN-Funktion in eine weitere verschachtelt.

 MERKE

Die Syntax lautet dann:

=WENN(PRÜFUNG;DANN_Wert; WENN(PRÜFUNG;DANN_Wert;SONST_Wert).

Die Formel in der Zelle E5 lautet nun:

=WENN(D5⇐$G$2;$E$2;WENN(D5⇐$G$3;$E$3;$E$4)).

3.3 Auswertung von Daten mithilfe von statistischen Funktionen

Darüber hinaus können die Daten aus der ABC-Analyse durch statistische Funktionen weiter ausgewertet werden.

Beispiel

	A	B	C	D
1	Modell	Artikelkategorie	Hersteller	Reklamationen im letzten Jahr
2	X800R	Rudergerät	XCross	
3	X100R	Rudergerät	XCross	4
4	Heavy85	Hanteln / Gewichte	GoodShape	
5	Mega Run 2300	Laufband	Megafit	1
6	X200R	Rudergerät	XCross	
7	Nova G 700	Gymnastikmatte	Novarun	23
8	SHC 6250 H	Hanteln / Gewichte	SHC	
9				
10				
11	Anzahl der Modelle mit Reklamationen		3	
12	Anzahl der Modelle ohne Reklamationen		4	
13	Gesamte Anzahl der Modelle		7	

Die Anzahl der Modelle mit Reklamationen im letzten Jahr wird mit der ANZAHL-Funktion bestimmt.

MERKE

Die Syntax der ANZAHL-Funktion lautet:

=ANZAHL(BEREICH)

Die ANZAHL-Funktion liefert die Anzahl der Zellen im angegebenen Zellenbereich zurück, die einen numerischen Inhalt haben, d. h. Zellen, die Zahlen, Datumsangaben oder Uhrzeiten enthalten. Zellen, die einen alphanumerischen Inhalt (z. B. Buchstaben oder Wörter) aufweisen, werden von der ANZAHL-Funktion nicht berücksichtigt.

Im Beispiel lautet die Formel in der Zelle C11:

=ANZAHL(D2:D8)

Um die Anzahl der Modelle ohne Reklamationen im letzten Jahr zu ermitteln, kann die ANZAHLLEEREZELLEN-Funktion verwendet werden.

MERKE

Die Syntax der ANZAHLLEEREZELLEN-Funktion lautet:

= ANZAHLLEEREZELLEN(BEREICH)

Die ANZAHLLEEREZELLEN-Funktion bestimmt die Anzahl der Zellen im Zellenbereich, die keinen Inhalt enthalten bzw. leer sind.

Im Beispiel lautet die Formel in der Zelle C12:

=ANZAHLLEEREZELLEN(D2:D8)

Die ANZAHL2-Funktion stellt das Gegenteil der ANZAHLLEEREZELLEN-Funktion dar und wird für die Ermittlung der gesamten Anzahl der Modelle im Beispiel verwendet.

 MERKE

Die Syntax der ANZAHL2-Funktion lautet:

= ANZAHL2(BEREICH)

Die ANZAHL2-Funktion liefert die Anzahl der Zellen im Zellenbereich zurück, die nicht leer sind. Der eigentliche Inhalt der Zelle spielt dabei keine Rolle.

Im Beispiel lautet die Formel in der Zelle C13:
=ANZAHL2(A2:A8)

3. Schwerpunkte setzen mit der ABC-Analyse

Beispiel

	A	B	C	D	E	F	G
1		ABC-Analyse der Sortimentsgruppen der Sportina AG					
2	Sortimentsgruppe	Einkaufswert pro Jahr	Prozentualer Einkaufswert	prozentuale Einkaufswerte kumliert	A	bis	70%
3					B	bis	90%
4					C	bis	100%
5	Fitness und Training	165.563,00 €	34,54%	35%		A	
6	Sportschuhe	117.962,00 €	24,61%	59%		A	
7	Freizeitmode	116.110,00 €	24,22%	83%		B	
8	Radsport	39.900,00 €	8,32%	92%		C	
9	Wintersport	17.562,00 €	3,66%	95%		C	
10	Bälle	11.815,00 €	2,46%	98%		C	
11	Schläger	5.310,00 €	1,11%	99%		C	
12	Wassersport	3.120,00 €	0,65%	100%		C	
13	Extremsport	2.029,00 €	0,42%	100%		C	
14	Summe:	479.371,00 €	100%				
15							
16		A	2				
17	Anzahl	B	1				
18		C	6				
19		A	283.525,00 €				
20	Umsatzwert	B	116.110,00 €				
21		C	79.736,00 €				

Im Beispiel wird die Anzahl der A-, B- oder C- Sortimentsgruppe mithilfe der ZÄHLENWENN-Funktion ermittelt.

 MERKE

Die Syntax der ZÄHLENWENN-Funktion lautet:

=ZÄHLENWENN(BEREICH;SUCHKRITERIEN)

Der Bereich ist die Spalte, in der die Buchstaben A, B und C stehen und dabei soll gezählt werden, wie oft das Suchkriterium A, B oder C vorkommt. Im Beispiel lautet die Formel in der Zelle C16:

=ZÄHLENWENN($E$5:$G$13;B16)

Dazu können die Umsatzwerte der A-, B- und C-Gruppen mithilfe der SUMMEWENN-Funktion addiert werden.

 MERKE

Die Syntax der SUMMEWENN-Funktion lautet:

=SUMMEWENN(BEREICH;SUCHKRITERIEN[;SUMME_BEREICH])

Hierbei ist wieder der Bereich die Spalte, in der A, B oder C steht, und dabei soll der Umsatz addiert werden, wenn in der Zelle Bereich das Suchkriterium steht. Der Teil SUMME_BEREICH kann auch ignoriert werden, wenn die Werte in der Spalte Bereich addiert werden sollen.

Im Beispiel lautet die Formel in der Zelle C19:

=SUMMEWENN($E$5:$G$13;B19;$B$5:$B$13)

3.4 Grafische Darstellung der ABC-Analyse

Der Sachverhalt der ABC-Analyse lässt sich auch grafisch gut über ein Liniendiagramm mit Excel darstellen. Typisch ist eine konkave Kurve mit einer am Anfang großen Steigerungsrate, die im Verlauf abnimmt. Mit quadratischen Formen können die drei Kategorien gekennzeichnet werden.

Es ist darauf zu achten, dass die Diagramme aussagekräftige Titel haben und die Achsen übersichtlich gestaltet sind: Über Diagrammentwurf/Daten auswählen wird die horizontale Achsenbeschriftung mit den Sortimentsgruppen eingestellt. Dass die Sortimentsgruppen direkt unter den Hauptgitternetzlinien stehen, wird eingestellt, indem man über **Achse formatieren** einstellt, dass die Positionsachse auf den Teilstrichen steht. Die Intervalle der vertikalen Achse lassen sich über **Achse formatieren** verändern sowie auch das Maximum von 100 % einstellen.

Beispiel

ABC-Analyse der Sortimentsgruppen nach den kumulierten Einkaufswerten

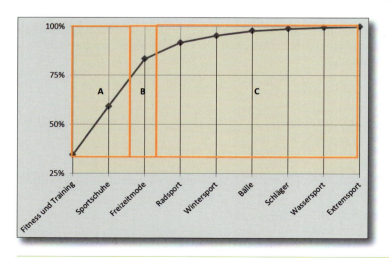

4. Recht und Rechtsordnung

Das Recht und die damit verbundene Rechtsprechung sollen ein geordnetes Zusammenleben von Menschen in einer Gemeinschaft auf Basis von gemeinsam vereinbarten Regeln ermöglichen. Heute legen die gesetzgebenden Organe eines Staates (Legislative) dazu eine Rechtsordnung in Form von Gesetzen sowie Verordnungen fest und stellen dessen Einhaltung durch exekutive Organe (z. B. die Staatsanwaltschaft oder die Polizei) sicher. Die Gerichte sorgen als dritte Kraft (Judikative) schließlich dafür, dass bei Verstößen gegen das geltende Recht die entprechend dafür vorgesehenen (Straf-) Maßnahmen (z. B. Geldbußen oder Gefängnisstrafen) verhängt werden.

Eine solche Rechtsordnung regelt das Verhalten des Staates und seiner Bürger. Dabei wird zwischen dem öffentlichen Recht und dem Privatrecht unterschieden.

4.1 Öffentliches Recht

Das Öffentliche Recht ordnet die Rechtsbeziehungen zwischen dem Staat (Bundesrepublik Deutschland), den öffentlichen Körperschaften (Länder, Gemeinden, Behörden) und dem einzelnen Bürger. Dabei gilt der Grundsatz der Über- und Unterordnung, d. h. der Staat und die öffentlichen Körperschaften sind den Bürgern übergeordnet.

Da es sich bei dem öffentlichen Recht um ein zwingendes Recht handelt, muss sich jeder Bürger diesem Recht unterwerfen. Die Vereinbarung von Abweichungen oder Ausnahmen ist dabei nicht möglich.

Streitigkeiten des öffentlichen Rechts werden durch die Verwaltungsgerichte entschieden.

4.2 Privatrecht

Das Privatrecht umfasst die Regelungen für die Rechtsbeziehungen der Bürger untereinander. Die Bürger stehen sich dabei im Grundsatz der Gleichordnung als gleichberechtigte Partner gegenüber. Dieser Grundsatz gilt auch, wenn der Staat (z. B. im Rahmen eines Kaufvertrags) als Bürger auftritt.

Bei dem Privatrecht handelt es sich um ein weitgehend nachgiebiges Recht, d. h. die Vertragspartner können ihre Rechtsbeziehungen in einem festgelegten Rahmen abweichend von den gesetzlichen Regelungen frei gestalten.

Streitigkeiten des Privatrechts werden durch die Amts- und Landesgerichte entschieden.

4.3 Rechtsgeschäfte und Rechtsfähigkeit

Ein Rechtsgeschäft entsteht, wenn eine oder mehrere Personen Willenserklärungen abgeben, aus denen rechtliche Folgen erwachsen. Die beteiligten Personen können dabei ihren Willen auf verschiedene Weise bekunden:

- Willenserklärungen im Rahmen von mündlichen oder schriftlichen Aussagen (z. B. in Gesprächen, in Briefen oder in E-Mails)
- Willenserklärungen durch schlüssiges (konkludentes) Verhalten (z. B. Ablage von Waren auf dem Transportband einer Kasse, Einwurf von Geld in einen Automaten, Handzeichen bei Auktionen und Versteigerungen)
- Willenserklärungen durch Nichtstun oder Schweigen (in Ausnahmefällen möglich, z. B. bewusstes Verstreichenlassen einer Frist).

Rechtsgeschäfte können abhängig von der Anzahl der abgegebenen Willenserklärungen in einseitige und in zwei- bzw. mehrseitige Rechtsgeschäfte unterschieden werden.

Einseitige Rechtsgeschäfte bedürfen nur der Willenserklärung einer einzelnen Person und können empfangsbedürftig oder nicht empfangsbedürftig sein. So handelt es sich beispielsweise bei der Kündigung eines Arbeitsverhältnisses um eine einseitige, empfangsbedürftige Willenserklärung, da sie erst dann wirksam wird, wenn der Empfänger die Kündigung schriftlich erhalten hat.

Ein Rechtsgeschäft mit einer nicht empfangsbedürftigen Willenserklärung (z. B. bei einem Testament) wird dagegen sofort bei der Abgabe wirksam. Die Kenntnisnahme durch eine Person ist nicht notwendig.

4. Recht und Rechtsordnung

Einseitige Rechtsgeschäfte

Zwei- oder mehrseitige Rechtsgeschäfte werden durch Willenserklärungen von zwei oder mehr Personen geschlossen. Als Voraussetzung für die Gültigkeit eines solchen Rechtsgeschäfts müssen die abgegebenen Willenserklärungen in Bezug zueinander stehen und inhaltlich übereinstimmen. Ein mindestens zweiseitiges Rechtsgeschäft, auf das diese Bedingungen zutreffen, wird im Allgemeinen als Vertrag bezeichnet.

Ein solcher Vertrag legt Rechte und Pflichte für die beteiligten Personen fest. Einseitig verpflichtende Verträge (z. B. bei einer Schenkung) enthalten nur Rechte bzw. Pflichten für einen der Vertragspartner, während mehrseitig verpflichtende Verträge (z. B. bei einem Kaufvertrag) Rechte und Pflichten für mehrere Beteiligte festlegen.

Zweiseitige Rechtsgeschäfte

Die Personen, die an einem Rechtsgeschäft teilnehmen, werden als Rechtssubjekte bezeichnet und benötigen dazu als Voraussetzung die sog. Rechtsfähigkeit, die es ihnen ermöglicht Rechte und Pflichten zu erlangen. Diese erlangten Rechte und Pflichten beziehen sich im Allgemeinen auf die Rechtsobjekte eines Rechtsgeschäfts. Dabei kann es sich sowohl um materielle Objekte (= Sachen, z. B. ein Haus, ein Auto) oder immaterielle Objekte (z. B. ein Patent) handeln. Sachen werden wiederum in die Kategorien bewegliche Sachen (Mobilien, ein Auto) und unbewegliche Sachen (Immobilien, ein Haus oder ein Grundstück) unterteilt.

Tiere werden in § 90a BGB explizit von den Sachen abgegrenzt, da sie durch besondere Gesetze geschützt werden. Allerdings gelten für Tiere in Rechtsgeschäften, falls nichts anderes bestimmt wurde, die gleichen Bestimmungen wie für Sachen. Aus diesem Grund verfügen sie nicht über die Eigenschaft der Rechtsfähigkeit und können daher auch nicht Träger von Rechten und Pflichten werden. Tiere sind in Rechtsgeschäften somit nicht als Rechtssubjekte sondern als Rechtsobjekte zu behandeln.

Die Rechtsfähigkeit spielt beim Abschluss von Rechtsgeschäften eine erhebliche Rolle, da sie Voraussetzung für die Geltendmachung und ggf. für die Durchsetzung von Rechten vor einem Gericht ist. Menschen als natürliche Personen erhalten nach § 1 BGB die Rechtsfähigkeit mit der Vollendung der Geburt. In Einzelfällen (z. B. im Rahmen einer Erbschaft) kann jedoch auch ein ungeborenes Kind rechtsfähig sein. Die Rechtsfähigkeit eines Menschen endet mit seinem Tod.

In Rechtsgeschäften können neben natürlichen Personen auch Unternehmen als Rechtssubjekte auftreten. Die dazu notwendige Rechtsfähigkeit erhalten die Unternehmen abhängig von ihrer jeweiligen Rechtsform. Aktiengesellschaften (AG), Kommanditgesellschaften auf Aktien (KGaA), Gesellschaften mit beschränkter Haftung (GmbH), Unternehmergesellschaften (UG), Stiftungen des Privatrechts sowie eingetragene Vereine (eV) und Genossenschaften (eG) gelten als juristische Personen des Privatrechts und erwerben die Rechtsfähigkeit bei der Eintragung in ein öffentliches Register (z. B. im Handelsregister oder im Vereinsregister). Offene Handelsgesellschaften (OHG) und Kommanditgesellschaften (KG) gelten dagegen nicht als juristische Personen, sondern als Personengesellschaften. Diese Gesellschaften erhalten aber durch § 124 HGB eine Teilrechtsfähigkeit und sind somit ebenfalls in der Lage Rechtsgeschäfte abzuschließen.

Auch der Staat und seine Organe können gültige Rechtsgeschäfte abschließen. Unter dem Oberbegriff juristische Personen des öffentlichen Rechts werden die folgenden Kategorien unterschieden:

- **Körperschaften**
  Hierunter fallen die Gebietskörperschaften (Bund, Länder, Kommunen) und die Personalkörperschaften (z. B. die Industrie- und Handelskammer, die Handwerkskammern).

- **Anstalten**
  Anstalten können auf Bundes-, Landes- oder kommunaler Ebene angesiedelt sein (z. B. Bundesagentur für Arbeit, die Landesrundfunkanstalten, kommunaler Verkehrsverbund).
- **Stiftungen des öffentlichen Rechts**
  Dies sind vom Staat per Gesetz, Verordnung oder Beschluss gegründete Stiftungen mit öffentlichem Zweck (z. B. die Stiftung „Haus der Geschichte").

Juristische Personen des öffentlichen Rechts erhalten ihre Rechtsfähigkeit sowie ihren organisatorischen Aufbau durch ein Gesetz, eine Verordnung oder einen Beschluss. So ist beispielsweise in § 367 des Dritten Sozialgesetzbuches (SGB III) die Rechtsfähigkeit der Bundesagentur für Arbeit gesetzlich verankert.

4.4 Eigentum und Besitz

Laut § 903 BGB hat der Eigentümer einer Sache das Recht, frei darüber zu verfügen, solange kein anderes Gesetz bzw. die Rechte Dritter dem entgegen stehen. Somit darf der Eigentümer die Sache z. B. benutzen, verändern oder auch zerstören.

Die folgenden Formen von Eigentum werden unterschieden:

- **Alleineigentum**
  Eine Sache gehört nur einem Eigentümer.
- **Miteigentum nach Bruchteilen**
  Eine Sache gehört mehreren Personen (Miteigentümer genannt), wobei jedem Miteigentümer ein Eigentumsan- oder -bruchteil gehört, über den er frei verfügen kann (§§ 741 ff. und 1008 ff. BGB). Alle Miteigentümer bilden zusammen eine Eigentümergemeinschaft (z. B. bei einem Mehrfamilienhaus, das in unabhängige Einzelwohnungen aufgeteilt ist).
- **Gesamthandseigentum**
  Eine Sache gehört mehreren Personen gleichzeitig, wobei keine Eigentumsanteile festgelegt sind. Die Eigentümer können in diesem Fall nur gemeinsam über die Sache verfügen. Beispiele für solche Gesamthandsgemeinschaften sind die Erbengemeinschaft (§§ 2032 - 2063 BGB) und die eheliche Gütergemeinschaft (§ 1416 BGB).

Im Unterschied zum **Eigentum** definiert § 854 Abs. 1 BGB den **Besitz** als tatsächliche Verfügungsgewalt über eine Sache. Dieser kann auf rechtmäßige Weise (z. B. durch Ausleihe) oder auf unrechtmäßige Weise (z. B. durch Diebstahl) erlangt werden. Sind der Eigentümer und der Besitzer einer Sache identisch, wird dies als **Eigenbesitz** bezeichnet (§ 872 BGB). Wenn der aktuelle Besitzer einer Sache dagegen nicht auch der Eigentümer ist, wird von **Fremdbesitz** gesprochen.

Als unmittelbarer Besitzer wird die Person angesehen, die die tatsächliche Kontrolle über eine Sache ausübt. Überlässt eine Person einer anderen Person einen unmittelbaren Besitz auf absehbare Zeit (z. B. leihweise, gegen Miete oder als Pfand), so wird diese Person als mittelbarer Besitzer bezeichnet (§ 868 BGB).

Hinsichtlich der Übertragung von Eigentum wird zwischen beweglichen Sachen (Mobilien) und unbeweglichen Sachen (Immobilien) unterschieden.

4.4.1 Eigentumsübertragung von beweglichen Sachen (Mobilien)

Der § 929 BGB sieht zwei Schritte zur Eigentumsübertragung von beweglichen Sachen vor. Zuerst müssen sich der aktuelle Eigentümer und der Erwerber darüber einigen, unter welchen Bedingungen das Eigentum übertragen werden soll. Liegt eine Einigung vor, muss der Eigentümer die betreffende Sache an den Erwerber übergeben.

Gegebenenfalls kann jedoch bei der oben beschriebenen Eigentumsübertragung auch einer der folgenden Sonderfälle auftreten:
- Wenn der Erwerber bereits im Besitz der Sache ist, entfällt die Übergabe.
- Bei einem sog. Besitzkonstitut bleibt der bisherige Eigentümer noch der Besitzer der Sache, nur das Eigentumsrecht geht auf den Erwerber über. Eine Übergabe findet in diesem Fall nicht statt.
- Wenn eine dritte Person der aktuelle Besitzer der Sache ist, entfällt die Übergabe ebenfalls. Stattdessen erhält der Erwerber den Herausgabeanspruch für die Sache.

Wenn der Verkäufer zwar der Besitzer, aber nicht der Eigentümer einer Sache ist, wird der Erwerber nur dann trotzdem durch die Übergabe zum neuen Eigentümer, wenn einer der beiden folgenden Fälle vorliegt:
- Bei der verkauften Sache handelt es sich entweder um Bargeld oder um sog. Inhaberpapiere (z. B. Eintritts- oder Fahrkarten), da hier der Besitzer automatisch auch immer der Eigentümer ist.

▸ Der Erwerber ist gutgläubig, d. h. er hält den Verkäufer für den Eigentümer und die betreffende Sache ist nicht gestohlen oder abhandengekommen (= gutgläubiger Eigentumserwerb). Wenn die übergebene Sache jedoch gestohlen oder abhandengekommen ist, dann wird das Eigentumsrecht nicht übertragen und der bisherige Eigentümer hat das Recht auf Herausgabe der Sache.

4.4.2 Eigentumsübertragung von unbeweglichen Sachen (Immobilien)

Die Eigentumsübertragung von unbeweglichen Sachen verläuft grundsätzlich ebenfalls in den bereits beschriebenen zwei Schritten „Einigung" und „Übergabe" ab. Allerdings schreiben die §§ 873 und 925 BGB für die Einigung und die Übergabe der Immobilie zusätzliche Voraussetzungen vor.

Die Einigung bei einer Eigentumsübertragung einer unbeweglichen Sache muss durch einen Notar im Beisein des Verkäufers und des Erwerbers verlesen und anschließend notariell beurkundet werden. Dieser Vorgang wird als Auflassung bezeichnet.

Anschließend wird die notariell beurkundete Einigung an das Grundbuchamt weitergegeben und dort in das Grundbuch der Immobilie eingetragen. Diese Eintragung gilt dann als Übergabe der unbeweglichen Sache und die Eigentumsübertragung ist somit rechtsgültig.

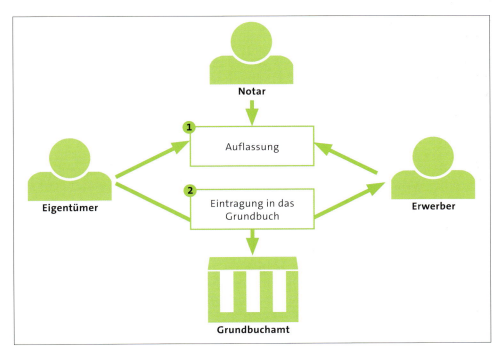

4.5 Geschäftsfähigkeit von natürlichen Personen

Damit eine Person eine gültige Willenserklärung abgeben kann, benötigt sie die Eigenschaft der Geschäftsfähigkeit. Erst diese Eigenschaft ermöglicht somit den Abschluss von Rechtsgeschäften und Verträgen.

Bei natürlichen Personen ist der Grad der Geschäftsfähigkeit abhängig vom Lebensalter. Der Gesetzgeber hat diesbezüglich drei Altersstufen festgelegt, wobei für jede Stufe verschiedene Ausnahmeregelungen gelten, die alltägliche Rechtsgeschäfte vereinfachen sollen. Wie die Rechtsfähigkeit endet auch die Geschäftsfähigkeit bei natürlichen Personen mit ihrem Tod.

4.5.1 Geschäftsunfähigkeit

Nach § 104 BGB gelten alle natürlichen Personen als geschäftsunfähig, die noch keine 7 Jahre alt sind oder unter einer krankhaften Geistesstörung leiden, die dauerhaft eine eigenständige Willenserklärung verhindert. Willenserklärungen, die von geschäftsunfähigen Personen abgegeben werden, sind gemäß § 105 Abs. 1 BGB grundsätzlich nichtig, d. h. diese Personen können keine gültigen Rechtsgeschäfte abschließen. Auch eine nachträgliche Genehmigung der Willenserklärung durch den gesetzlichen Vertreter der geschäftsunfähigen Person ist nicht möglich.

Geschäftsunfähige Personen besitzen jedoch weiterhin die Rechtsfähigkeit, d. h. sie können als Rechtssubjekte in einem Rechtsgeschäft (z. B. in einem Testament) wirken. Gemäß § 131 BGB muss jedoch in diesen Fällen der gesetzliche Vertreter des Geschäftsunfähigen (bei Kindern unter sieben Jahren üblicherweise die Eltern) über das Rechtsgeschäft informiert werden und diesem zustimmen. Einige besondere Rechtsgeschäfte (z. B. die Aufnahme eines Darlehens oder der Erwerb eines Grundstücks) benötigen sogar zusätzlich die Erlaubnis des Betreuungsgerichtes.

Laut § 164 BGB dürfen Geschäftsunfähige aber als Vertreter einer voll geschäftsfähigen Person auftreten, wenn sie erkennbar keine eigene Willenserklärung abgeben, sondern nur einen fremden Willen wiedergeben. Diese Ausnahme gilt natürlich nur, wenn dadurch keine weiteren Gesetze (z. B. bezüglich der Abgabe von Alkohol an Minderjährige) verletzt werden.

4.5.2 Beschränkte Geschäftsfähigkeit

Ab dem 7. Lebensjahr bis zur Vollendung des 18. Lebensjahres gelten natürliche Personen gemäß § 106 BGB als beschränkt geschäftsfähig, d. h. ihre Willenserklärungen und die damit verbundenen Rechtsgeschäfte sind nach § 107 BGB nur mit der Einwilligung ihres gesetzlichen Vertreters gültig. Der gesetzliche Vertreter kann dabei sowohl im Voraus als auch nachträglich zustimmen. Für Rechtsgeschäfte, die ausschließlich einen rechtlichen Vorteil für die beschränkt geschäftsfähige Person bedeuten, ist die Einwilligung des gesetzlichen Vertreters nicht notwendig.

ACHTUNG

Die Regelung bezüglich Rechtsgeschäften, die ausschließlich einen rechtlichen Vorteil erbringen, wird häufig auf Schenkungen angewendet. Dabei ist jedoch zu beachten, dass bei einigen Schenkungsobjekten der beschenkten Person rechtliche Pflichten entstehen können. So fallen für ein geschenktes Fahrzeug ggf. Steuern oder Versicherungsbeiträge an, die der Eigentümer bezahlen muss. In diesen Fällen ist auch bei einer Schenkung die Zustimmung des gesetzlichen Vertreters notwendig.

Liegt für ein Rechtsgeschäft die Zustimmung des gesetzlichen Vertreters nicht im Voraus vor, gilt es laut § 108 Abs. 1 BGB bis zum nachträglichen Einverständnis als schwebend unwirksam, d. h. es kann jederzeit von dem gesetzlichen Vertreter als unwirksam erklärt werden. Wenn ein Rechtsgeschäft schwebend unwirksam ist, kann der andere Vertragspartner gemäß § 108 Abs. 2 BGB von dem gesetzlichen Vertreter eine Willenserklärung bezüglich der Einwilligung einfordern. Reagiert der gesetzliche Vertreter auf diese Forderung nicht innerhalb einer Frist von zwei Wochen, gilt das betreffende Rechtsgeschäft als ungültig.

Bei einseitigen Rechtsgeschäften (z. B. Kündigungen) hingegen ist eine nachträgliche Genehmigung laut § 111 BGB nicht möglich. In diesen Fällen muss die Einwilligung des gesetzlichen Vertreters bereits vorher vorliegen und den beteiligten Personen bekanntgegeben werden.

Um den alltäglichen Rechtsverkehr mit beschränkt geschäftsfähigen Personen zu vereinfachen, wurden folgende Ausnahmeregelungen gesetzlich festgelegt:

- **Taschengeldparagraf** (§ 110 BGB)
  Wenn eine beschränkt geschäftsfähige Person ein Rechtsgeschäft mithilfe von Mitteln erfüllen kann, die ihr mit dem Einverständnis des gesetzlichen Vertreters zur freien Verfügung überlassen wurden, ist dieses sofort gültig und bedarf keiner weiteren Einwilligung.

- **Rechtsgeschäfte im Rahmen eines Dienst- oder Arbeitsverhältnisses**
  (§ 113 Abs. 1 BGB)
  Hat eine beschränkt geschäftsfähige Person mit dem Einverständnis des gesetzlichen Vertreters einen Arbeitsvertrag abgeschlossen, gilt sie für alle Rechtsgeschäfte, die zur Eingehung, Erfüllung oder Aufhebung des Arbeitsverhältnisses notwendig sind, als voll geschäftsfähig. Dies bedeutet, dass für diese

Rechtsgeschäfte die Einwilligung des gesetzlichen Vertreters nicht notwendig ist. Diese Regelung schließt auch die Kündigung des betreffenden Arbeitsvertrags mit ein.

ACHTUNG

Der § 113 Abs. 1 BGB gilt nicht für Ausbildungsverträge.

LF 1, Kap. 1.3

▸ **Rechtsgeschäfte im Rahmen eines selbstständigen Betriebs eines Erwerbsgeschäfts** (§ 112 Abs. 1 BGB)
Beschränkt geschäftsfähige Personen dürfen mit der Einwilligung des gesetzlichen Vertreters und der Zustimmung des zuständigen Familiengerichts ein Unternehmen gründen und selbstständig führen. Sie gelten dann für die betrieblichen Rechtsgeschäfte als voll geschäftsfähig. Hiervon ausgenommen sind nur Rechtsgeschäfte, die eine erneute Zustimmung des Familiengerichts benötigen (z. B. der Kauf von Immobilien).

4.5.3 Volle Geschäftsfähigkeit

Natürliche Personen gelten ab dem vollendeten 18. Lebensjahr als voll geschäftsfähig und sind ab diesem Zeitpunkt befugt, eigenständig ihren Willen zu erklären und Rechtsgeschäfte abzuschließen. In besonderen Situationen kann die volle Geschäftsfähigkeit einer volljährigen Person jedoch auch wieder eingeschränkt werden.

So gilt eine Person, die unter einer vorübergehenden Geistesstörung leidet (z. B. durch den Genuss von Alkohol oder anderen Rauschmitteln), zwar weiterhin als geschäftsfähig, allerdings sind alle Willenserklärungen in diesem Zustand laut § 105 Abs. 2 BGB nichtig und somit alle so entstandenen Rechtsgeschäfte rechtlich unwirksam.

Wenn eine Person jedoch durch eine dauerhafte körperliche bzw. psychische Krankheit oder Behinderung bei der eigenständigen Erklärung ihres Willens eingeschränkt ist, kann nach § 1896 BGB ein Betreuer von einem Betreuungsgericht bestellt werden. Dieser Betreuer unterstützt die betroffene Person dann bei der Regelung der Rechtsangelegenheiten, um die sie sich aufgrund ihrer Beeinträchtigung nicht länger allein kümmern kann. Die betreute Person verfügt jedoch weiterhin über ihre volle Geschäftsfähigkeit, d. h. sie darf eigenständig Willenserklärungen abgeben. Erst wenn ein Gericht eine erhebliche Gefahr für die Gesundheit oder das Vermögen einer dauerhaft beeinträchtigten Person feststellt, kann es laut § 1903 BGB einen sog. Einwilligungsvorbehalt für den bestellten Betreuer erwirken. Die betreute Person gilt ab diesem Zeitpunkt als beschränkt geschäftsfähig und der Betreuer muss nun jede Willenserklärung der Person entweder vorher bewilligen oder nachträglich genehmigen. Allerdings gelten für die betreute Person auch die bereits erläuterten Ausnahmeregelungen für die beschränkte Geschäftsfähigkeit, d. h. sie darf beispielsweise mit Mitteln, die sie zur freien Verfügung erhalten hat, alltägliche Rechtsgeschäfte eigenständig ohne Einwilligung des Betreuers abschließen.

4.6 Vertragsfreiheit

 RECHTSGRUNDLAGE

In **Artikel 2 Abs. 1 des deutschen Grundgesetzes** heißt es:

Jeder hat das Recht auf die freie Entfaltung seiner Persönlichkeit, soweit er nicht die Rechte anderer verletzt und nicht gegen die verfassungsmäßige Ordnung oder das Sittengesetz verstößt.

Aus diesem Recht auf allgemeine Handlungsfreiheit der Bürger wird die sog. Vertragsfreiheit abgeleitet, die sich aus den folgenden vier Merkmalen zusammensetzt:

- **Abschlussfreiheit**
  Jede Person hat das Recht, frei zu entscheiden, ob sie ein Rechtsgeschäft abschließen will oder nicht. Dieses Recht schließt auch die freie Wahl des Vertragspartners mit ein. Eingeschränkt wird die Abschlussfreiheit durch den sog. Kontrahierungszwang, der für Rechtsgeschäfte bezüglich öffentlicher Versorgungsaufgaben (der sog. Daseinsvorsorge) gilt.

- **Inhaltsfreiheit**
  Die Vertragspartner haben das Recht, den Inhalt eines Rechtsgeschäfts frei zu bestimmen, solange dadurch die Rechte Dritter und die geltenden Gesetze nicht verletzt werden.

- **Formfreiheit**
  Die Form von Verträgen (z. B. schriftlich, mündlich) kann grundsätzlich frei gewählt werden. Für verschiedene Vertragsarten gelten jedoch gesetzliche Formvorschriften, die eingehalten werden müssen. Üblicherweise dienen diese Vorschriften zum Schutz der Vertragspartner und zur Nachweisbarkeit von Rechtsgeschäften.

- **Aufhebungsfreiheit**
  Jeder geschlossene Vertrag kann auch wieder gelöst werden. Bei einigen Vertragsarten müssen jedoch bei der Auflösung bestimmte gesetzliche Bedingungen berücksichtigt werden.

4.7 Formvorschriften

Wie bereits erläutert, leitet sich aus dem Artikel 2 Abs. 1 des Deutschen Grundgesetzes zunächst das Recht auf Formfreiheit ab, d. h. Vertragspartner dürfen die Form eines Vertrags frei wählen. Für bestimmte Rechtsgeschäfte sind jedoch Formvorschriften gesetzlich vorgeschrieben und wenn diese nicht eingehalten werden, gilt das betroffene Rechtsgeschäft gemäß § 125 BGB als nichtig.

RECHTSGRUNDLAGE

§ 125 BGB Nichtigkeit wegen Formmangels
Ein Rechtsgeschäft, welches der durch Gesetz vorgeschriebenen Form ermangelt, ist nichtig. Der Mangel der durch Rechtsgeschäft bestimmten Form hat im Zweifel gleichfalls Nichtigkeit zur Folge.

Grundsätzlich unterscheidet der Gesetzgeber zwischen den folgenden Formvorschriften:

RECHTSGRUNDLAGE

§ 126 BGB Schriftform
(1) Ist durch Gesetz schriftliche Form vorgeschrieben, so muss die Urkunde von dem Aussteller eigenhändig durch Namensunterschrift oder mittels notariell beglaubigten Handzeichens unterzeichnet werden.
(2) Bei einem Vertrag muss die Unterzeichnung der Parteien auf derselben Urkunde erfolgen. Werden über den Vertrag mehrere gleichlautende Urkunden aufgenommen, so genügt es, wenn jede Partei die für die andere Partei bestimmte Urkunde unterzeichnet.
(3) Die schriftliche Form kann durch die elektronische Form ersetzt werden, wenn sich nicht aus dem Gesetz ein anderes ergibt.

§ 126a BGB Elektronische Form
(1) Soll die gesetzlich vorgeschriebene schriftliche Form durch die elektronische Form ersetzt werden, so muss der Aussteller der Erklärung dieser seinen Namen hinzufügen und das elektronische Dokument mit einer qualifizierten elektronischen Signatur nach dem Signaturgesetz versehen.
(2) Bei einem Vertrag müssen die Parteien jeweils ein gleichlautendes Dokument in der in Absatz 1 bezeichneten Weise elektronisch signieren.

§ 126b BGB Textform
Ist durch Gesetz Textform vorgeschrieben, so muss eine lesbare Erklärung, in der die Person des Erklärenden genannt ist, auf einem dauerhaften Datenträger abgegeben werden. Ein dauerhafter Datenträger ist jedes Medium, das

1. es dem Empfänger ermöglicht, eine auf dem Datenträger befindliche, an ihn persönlich gerichtete Erklärung so aufzubewahren oder zu speichern, dass sie ihm während eines für ihren Zweck angemessenen Zeitraums zugänglich ist, und
2. geeignet ist, die Erklärung unverändert wiederzugeben.

§ 129 BGB Öffentliche Beglaubigung
(1) Ist durch Gesetz für eine Erklärung öffentliche Beglaubigung vorgeschrieben, so muss die Erklärung schriftlich abgefasst und die Unterschrift des Erklärenden von einem Notar beglaubigt werden. Wird die Erklärung von dem Aussteller mittels Handzeichens unterzeichnet, so ist die in § 126 Abs. 1 vorgeschriebene Beglaubigung des Handzeichens erforderlich und genügend.

§ 128 BGB Notarielle Beurkundung
Ist durch Gesetz notarielle Beurkundung eines Vertrags vorgeschrieben, so genügt es, wenn zunächst der Antrag und sodann die Annahme des Antrags von einem Notar beurkundet wird.

 INFO

Die Textform dient im Allgemeinen zu Informations- und Dokumentationszwecken. Als dauerhafter Datenträger können neben Papier auch elektronische Speichermedien wie Festplatten, USB-Sticks und sogar E-Mails dienen.

4.8 Nichtigkeit und Anfechtbarkeit von Willenserklärungen und Rechtsgeschäften

Wenn beim Abschluss eines Rechtsgeschäfts gesetzliche Bestimmungen verletzt werden oder Unstimmigkeiten in Bezug auf die Vertragsvereinbarungen auftreten, kann es unwirksam sein bzw. werden. In diesem Zusammenhang wird zwischen Nichtigkeit und Anfechtbarkeit des Rechtsgeschäfts unterschieden.

4.8.1 Gründe für die Nichtigkeit von Willenserklärungen und Rechtsgeschäften

Willenserklärungen bzw. Rechtsgeschäfte können von Anfang an nichtig sein, d. h. sie sind zu keinem Zeitpunkt gültig und aus ihnen können keine Rechte oder Pflichten abgeleitet werden.

Eine Willenserklärung ist nichtig, wenn einer der folgenden Gründe vorliegt:
- Eine Willenserklärung einer geschäftsunfähigen Person bzw. einer Person, die unter einer vorübergehenden Störung der Geistestätigkeit leidet ist nichtig (§ 105 BGB).
- Ein Rechtsgeschäft, das eine beschränkt geschäftsfähige Person gegen die Einwilligung des gesetzlichen Vertreters abgeschlossen hat, ist nichtig (§ 108 BGB).
- Eine Willenserklärung, die eine Person einer anderen Person mit deren Wissen und Einverständnis nur zum Schein abgibt, ist nichtig (Scheingeschäft, § 117 BGB).
- Eine Willenserklärung, die erkennbar nicht ernst gemeint war, ist nichtig (Scherzgeschäft, § 118 BGB).
- Ein Rechtsgeschäft, das einen Formmangel aufweist, ist nichtig (§ 125 BGB).
- Ein Rechtsgeschäft, das ein gesetzliches Verbot verletzt, ist nichtig (§ 134 BGB).
- Ein sittenwidriges Rechtsgeschäft (z. B. Wucher oder Ausnutzung einer Zwangslage) ist nichtig (§ 138 BGB).

4.8.2 Gründe für die Anfechtbarkeit von Willenserklärungen und Rechtsgeschäften

Anfechtbare Willenserklärungen sind im Gegensatz zu nichtigen Willenserklärungen bzw. Rechtsgeschäften so lange gültig, bis sie angefochten werden.

Willenserklärungen gelten als anfechtbar, wenn einer der folgenden Gründe vorliegt:
- **Anfechtung wegen eines Irrtums**
  Die Willenserklärung ist aufgrund eines Irrtums abgegeben worden. Eine Anfechtung ist in diesem Zusammenhang bei folgenden Irrtumsursachen möglich:
  - **Irrtum in der Erklärung (§ 119 BGB)**
    Die Person, die die Willenserklärung abgab, war sich über den Inhalt nicht bewusst oder wollte eine Erklärung dieses Inhaltes gar nicht abgeben.

- **Irrtum in einer wesentlichen Eigenschaft einer Person oder einer Sache (§ 119 BGB)**
  Die Person oder die Sache, auf die sich die Willenserklärung bzw. das Rechtsgeschäft bezieht, weist eine vereinbarte Eigenschaft nicht auf.
- **Irrtum in der Übermittlung (§ 120 BGB)**
  Bei der Übermittlung der Willenserklärung wird der Inhalt verfälscht.

Die Anfechtung einer Willenserklärung wegen eines Irrtums muss unverzüglich nach der Entdeckung erfolgen.

▸ **Anfechtung wegen arglistiger Täuschung (§ 123 BGB)**
Die Willenserklärung ist aufgrund absichtlich falsch angegebener Informationen abgegeben worden. Eine Anfechtung der Willenserklärung muss in diesem Fall innerhalb eines Jahres nach Entdeckung der Täuschung erfolgen.

▸ **Anfechtung wegen widerrechtlicher Drohung (§ 123 BGB)**
Die Willenserklärung wurde durch Drohung erzwungen. Nach dem Wegfall der Drohung kann die Willenserklärung innerhalb eines Jahres angefochten werden.

Wenn eine anfechtbare Willenserklärung nicht innerhalb von zehn Jahren nach Abgabe angefochten wird, bleibt das betroffene Rechtsgeschäft dauerhaft gültig und eine nachträgliche Anfechtung ist ab diesem Zeitpunkt nicht mehr möglich.

4.9 Vertragsarten im Bürgerlichen Gesetzbuch (BGB)

Das Bürgerliche Gesetzbuch (BGB) umfasst verschiedene Vertragsarten, für die der Gesetzgeber die Rechte und Pflichten der beteiligten Vertragspartner gesetzlich festgelegt hat. Im BGB enthalten sind u. a. die folgenden **Vertragsarten**, die im privaten und im beruflichen Alltag häufig auftreten:

LF 4, Kap. 8.1

▸ Kaufvertrag (§§ 433 - 479 BGB)
▸ Schenkungsvertrag (§§ 516 - 534 BGB)
▸ Mietvertrag (§§ 535 - 580 BGB)
▸ Pachtvertrag (§§ 581 - 597 BGB)
▸ Leihvertrag (§§ 598 - 606 BGB)
▸ Darlehensvertrag (§§ 488 - 505 BGB)
▸ Dienstvertrag (§§ 611 - 630 BGB)
▸ Werkvertrag (§§ 631 - 651 BGB)
▸ Gesellschaftsvertrag (§§ 705 - 740 BGB).

In den folgenden Gesetzestexten sind für jede genannte Vertragsart die grundsätzlichen Rechte und Pflichten der Vertragspartner festgelegt.

Vertrag	Rechtsgrundlage
Kaufvertrag	**§ 433 BGB Vertragstypische Pflichten beim Kaufvertrag** (1) Durch den Kaufvertrag wird der Verkäufer einer Sache verpflichtet, dem Käufer die Sache zu übergeben und das Eigentum an der Sache zu verschaffen. Der Verkäufer hat dem Käufer die Sache frei von Sach- und Rechtsmängeln zu verschaffen. (2) Der Käufer ist verpflichtet, dem Verkäufer den vereinbarten Kaufpreis zu zahlen und die gekaufte Sache abzunehmen.
Schenkungsvertrag	**§ 516 BGB Begriff der Schenkung** (1) Eine Zuwendung, durch die jemand aus seinem Vermögen einen anderen bereichert, ist Schenkung, wenn beide Teile darüber einig sind, dass die Zuwendung unentgeltlich erfolgt. (2) Ist die Zuwendung ohne den Willen des anderen erfolgt, so kann ihn der Zuwendende unter Bestimmung einer angemessenen Frist zur Erklärung über die Annahme auffordern. Nach dem Ablauf der Frist gilt die Schenkung als angenommen, wenn nicht der andere sie vorher abgelehnt hat. Im Falle der Ablehnung kann die Herausgabe des Zugewendeten nach den Vorschriften über die Herausgabe einer ungerechtfertigten Bereicherung gefordert werden.
Mietvertrag	**§ 535 BGB Inhalt und Hauptpflichten des Mietvertrags** (1) Durch den Mietvertrag wird der Vermieter verpflichtet, dem Mieter den Gebrauch der Mietsache während der Mietzeit zu gewähren. Der Vermieter hat die Mietsache dem Mieter in einem zum vertragsgemäßen Gebrauch geeigneten Zustand zu überlassen und sie während der Mietzeit in diesem Zustand zu erhalten. Er hat die auf der Mietsache ruhenden Lasten zu tragen. (2) Der Mieter ist verpflichtet, dem Vermieter die vereinbarte Miete zu entrichten. **§ 546 Abs. 1 BGB Rückgabepflicht des Mieters** Der Mieter ist verpflichtet, die Mietsache nach Beendigung des Mietverhältnisses zurückzugeben.
Pachtvertrag	**§ 581 Abs. 1 BGB Vertragstypische Pflichten beim Pachtvertrag** Durch den Pachtvertrag wird der Verpächter verpflichtet, dem Pächter den Gebrauch des verpachteten Gegenstands und den Genuss der Früchte, soweit sie nach den Regeln einer ordnungsmäßigen Wirtschaft als Ertrag anzusehen sind, während der Pachtzeit zu gewähren. Der Pächter ist verpflichtet, dem Verpächter die vereinbarte Pacht zu entrichten. **§ 596 Abs. 1 BGB Rückgabe der Pachtsache** Der Pächter ist verpflichtet, die Pachtsache nach Beendigung des Pachtverhältnisses in dem Zustand zurückzugeben, der einer bis zur Rückgabe fortgesetzten ordnungsmäßigen Bewirtschaftung entspricht.

Vertrag	Rechtsgrundlage
Leihvertrag	**§ 598 BGB Vertragstypische Pflichten bei der Leihe** Durch den Leihvertrag wird der Verleiher einer Sache verpflichtet, dem Entleiher den Gebrauch der Sache unentgeltlich zu gestatten. **§ 604 Abs. 1 BGB Rückgabepflicht** Der Entleiher ist verpflichtet, die geliehene Sache nach dem Ablauf der für die Leihe bestimmten Zeit zurückzugeben.
Darlehensvertrag	**§ 488 BGB Abs. 1 Vertragstypische Pflichten beim Darlehensvertrag** Durch den Darlehensvertrag wird der Darlehensgeber verpflichtet, dem Darlehensnehmer einen Geldbetrag in der vereinbarten Höhe zur Verfügung zu stellen. Der Darlehensnehmer ist verpflichtet, einen geschuldeten Zins zu zahlen und bei Fälligkeit das zur Verfügung gestellte Darlehen zurückzuzahlen.
Dienstvertrag	**§ 611 BGB Vertragstypische Pflichten beim Dienstvertrag** (1) Durch den Dienstvertrag wird derjenige, welcher Dienste zusagt, zur Leistung der versprochenen Dienste, der andere Teil zur Gewährung der vereinbarten Vergütung verpflichtet. (2) Gegenstand des Dienstvertrags können Dienste jeder Art sein.
Werkvertrag	**§ 631 BGB Vertragstypische Pflichten beim Werkvertrag** (1) Durch den Werkvertrag wird der Unternehmer zur Herstellung des versprochenen Werkes, der Besteller zur Entrichtung der vereinbarten Vergütung verpflichtet. (2) Gegenstand des Werkvertrags kann sowohl die Herstellung oder Veränderung einer Sache als auch ein anderer durch Arbeit oder Dienstleistung herbeizuführender Erfolg sein.
Gesellschaftsvertrag	**§ 705 BGB Inhalt des Gesellschaftsvertrags** Durch den Gesellschaftsvertrag verpflichten sich die Gesellschafter gegenseitig, die Erreichung eines gemeinsamen Zweckes in der durch den Vertrag bestimmten Weise zu fördern, insbesondere die vereinbarten Beiträge zu leisten.

INFO

Ein Arbeitsvertrag stellt eine besondere Form des Dienstvertrags dar, der über einen längeren bzw. unbeschränkten Zeitraum gilt.

5. Materialbedarfsplanung

Auslöser eines Beschaffungsprozesses können unterschiedliche Ereignisse sein, wie der Eingang eines Kundenauftrags, routinemäßige Bedarfsermittlung, periodisch wiederkehrende Bestellzeitpunkte oder auch das Erreichen von Meldebeständen. Unternehmen, die mit ERP-Systemen bzw. Warenwirtschaftssystemen arbeiten, lassen in der Regel in regelmäßigen Zeitabständen automatische Bedarfsplanungen durchführen. Alternativ können aber auch direkte Bestellanforderungen aus dem Lager an die Einkaufsabteilung gehen.

Eine zentrale Aufgabe der Beschaffung ist die Materialbedarfsplanung. Hierbei wird ermittelt, was und wie viel, zu welchem Zeitpunkt und wie oft und schließlich noch von welchem Lieferanten beschafft werden muss. Eine Materialbedarfsplanung wird in der folgenden Mind-Map deutlicher:

5.1 Methoden der Mengenplanung

Die Mengenplanung hat die Aufgabe, die Lieferfähigkeit des Betriebs zu sichern. Zugleich sollten aber auch die Lagervorräte möglichst niedrig gehalten werden, damit die durch die Lagerung verursachten Kosten (z. B. für Miete, Strom, Personal usw.) nicht zu hoch sind. Es geht hierbei also um die Frage, wie viel beschafft werden soll. Faktoren wie Preise, Liefer- und Zahlungsbedingungen, Transportkosten, Lagerhaltungskosten und Kosten der Beschaffung spielen deshalb bei der Mengendisposition eine wesentliche Rolle. Bei der Ermittlung der Materialbedarfsmengen stehen grundsätzlich drei Methoden zur Auswahl: die plangesteuerte und die verbrauchsgesteuerte Planung sowie die Ermittlung der optimalen Bestellmenge.

5.1.1 Plangesteuerte Materialbedarfsermittlung

Bei der plangesteuerten Materialbedarfsermittlung wird anhand der Auftragspläne und Stücklisten unter Berücksichtigung der Lagerbestände der zukünftige Bedarf ermittelt.

Dabei werden die folgenden Bedarfsarten unterschieden:

- **Primärbedarf:** der Bedarf an fertigen Erzeugnissen, die an die Kunden verkauft werden können. Der Primärbedarf dient als Ausgangspunkt für die Bedarfsplanung des Sekundär- und Tertiärbedarfs.
- **Sekundärbedarf:** der Bedarf an Rohstoffen und Zulieferteile, die im Rahmen der Produktion zu fertigen Enderzeugnissen weiterverarbeitet werden.
- **Tertiärbedarf:** der Bedarf an Hilfs- und Betriebsstoffen, für die Produktion grundsätzlich erforderlich ist (z. B. Schmierstoffe, Maschinen usw.).

Beispiel

Die Sportina AG möchte Fitness-Sets, bestehend aus einer Shorts, zwei Funktions-Shirts und vier Paar Sportsocken, zusammenstellen und im Rahmen einer Sonderaktion zu Weihnachten als verpacktes Geschenkpaket anbieten. Für die Sonderaktion wird der Absatz von 100 Fitness-Sets als Primärbedarf geplant. Um die geplante Anzahl von Sets zusammenstellen zu können, müssen also 100 Shorts, 200 Funktions-Shirts und 400 Paar Socken als Sekundärbedarf beschafft werden. Zusätzlich muss noch Tertiärbedarf in Form von Geschenkpapier eingekauft werden.

5.1.2 Verbrauchsgesteuerte Materialbedarfsermittlung

Der Materialbedarf wird aus den Werten der Vergangenheit in die Zukunft projiziert und mit den vorhandenen Beständen im Lager abgeglichen.

In diesem Zusammenhang spielen die folgenden Bestandsgrößen eine wichtige Rolle:

- **Mindestbestand:** Reservebestand für eine Ware um für einen kurzen Zeitraum einen störungsfreien Ablauf der Betriebstätigkeit zu ermöglichen, wenn sich z. B. Nachlieferungen verspäten oder der Bedarf plötzlich unerwartet ansteigt.
  Der Mindestbestand wird im Allgemeinen auf Basis von Erfahrungswerten festgelegt.
- **Meldebestand:** Bestand bei dessen Erreichung eine Nachbestellung ausgelöst werden muss. Der Meldebestand wird auf Grundlage des Mindestbestandes, des täglichen Bedarfs sowie der durchschnittlichen Lieferzeit der Ware berechnet.
  Formel für den Meldebestand:

> Mindestbestand + (täglicher Bedarf • Lieferzeit in Tagen)

- **Höchstbestand:** Bestand der Ware, der maximal im Lager vorhanden sein soll. Wird der Höchstbestand überschritten, entstehen unnötige Lagerkosten. Der angestrebte Höchstbestand entspricht dabei der Summe des Mindestbestands und der (optimalen bzw. maximalen) Bestellmenge.
  Formel für den Höchstbestand:

> Mindestbestand + optimale/maximale Bestellmenge

Beispiel

In der Vergangenheit wurden bei der Sportina AG täglich 20 Tischtennisbälle verkauft. Es sollen immer mindestens 60 Stück auf Lager sein. Wenn nun die Bestell- und Lieferzeit zwei Tage beträgt und ein Höchstbestand von 200 Stück festgelegt ist, sollte der Einkauf bei einer Lagermenge von 100 Tischtennisbällen eine neue Bestellung in Gang setzen. Innerhalb der zwei Bestell-/Liefertage werden weitere 40 Bälle verkauft und beim Eintreffen der neuen Lieferung ist der Mindestbestand von 60 Stück erreicht. Sind 140 Bälle bestellt worden, wird gleichzeitig auf den Höchstbestand von 200 Stück aufgefüllt.

Die grafische Veranschaulichung der Bestandsentwicklung kann wie folgt dargestellt werden:

5.1.3 Optimale Bestellmenge

Die Bestellmenge von 140 Stück wurde im eben beschriebenen Fall vom Höchstbestand abgeleitet. Gleichzeitig lässt sich aber auch die optimale Bestellmenge errechnen. Hier gilt es, eine Bestellmenge zu ermitteln, bei der die Summe aus Bestellkosten und Lagerkosten ein Minimum erreicht. Wird häufig bestellt, sind die Bestellkosten hoch, aber die Lagerkosten niedrig, bei wenigen Bestellungen ist die Bestellmenge hoch und daraus resultieren hohe Lagerkosten, aber die Bestellkosten sind niedrig. Bei diesen gegenläufigen Kostenkurven ist die optimale Bestellmenge dort, wo die Summe der Bestellkosten und der Lagerkosten am niedrigsten ist.

Beispiel

Gegeben ist der Jahresbedarf von 124 Fahrradschuhen „Bike H 44" mit einem Einkaufspreis von 46 € je Stück. Die Lagerhaltungskosten beinhalten die Kosten für die Lagerung (z. B. Miete, Lagerpersonal, Lagereinrichtungen). In diesem Fall wird hierfür ein Lagerhaltungszinssatz in Höhe von 10 % vom durchschnittlichen Lagerwert zugrunde gelegt. Die Bestellkosten in diesem Fall betragen 45 €. Darin enthalten sind z. B. Personalkosten für den Einkauf, Telekommunikationskosten, Brief- und Portokosten.

Wird im beschriebenen Beispiel nur einmal im Jahr bestellt, müssen 124 Fahrradschuhe bestellt werden, um den Jahresbedarf zu decken. Bei kontinuierlichem Lagerabgang sind durchschnittlich die Hälfte, also 62 Stück, auf Lager. Der durchschnittliche Lagerbestand multipliziert mit dem Einkaufspreis pro Stück ergibt den durchschnittlichen Lagerwert in Höhe von 2.852 €. Dieser multipliziert mit dem Lagerhaltungskostensatz von 10 % ergibt die Lagerkosten in Höhe von 285,20 €. Da nur einmal im Jahr bestellt wird, fallen Bestellkosten über 45 € und damit Gesamtkosten (= Lagerhaltungskosten + Bestellkosten) von 330,20 € an. Wird nun häufiger bestellt, verringern sich zwar die Lagerhaltungskosten, aber die Bestellkosten erhöhen sich. Bei einem tabellarischen Kostenvergleich bei unterschiedlichen Bestellhäufigkeiten kann man die optimale Bestellmenge ermitteln. Hier sind die Gesamtkosten bei drei Bestellungen im Jahr am niedrigsten und damit liegt die optimale Bestellmenge bei 42 Stück. Dieser Sachverhalt lässt sich auch mit dem Tabellenkalkulationsprogramm ermitteln und grafisch darstellen.

Anzahl der Bestellungen pro Jahr	Alternative Bestellmengen	Durchschnittlicher Lagerbestand	Durchschnittlicher Lagerwert	Lagerhaltungskosten	Bestellkosten	Gesamtkosten
1	124	62	2.852,00 €	285,20 €	45,00 €	330,20 €
2	62	31	1.426,00 €	142,60 €	90,00 €	232,60 €
3	42	21	966,00 €	96,60 €	135,00 €	231,60 €
4	31	15,5	713,00 €	71,30 €	180,00 €	251,30 €
5	25	12,5	575,00 €	57,50 €	225,00 €	282,50 €
6	21	10,5	483,00 €	48,30 €	270,00 €	318,30 €

Darstellung der optimalen Bestellmenge für die Fahrradschuhe "Bike H 44"

5.2 Zeitplanung des Materialbedarfs

Bei der Zeitplanung geht es um die Frage, wann unter Berücksichtigung der Wiederbeschaffungszeit bestellt werden soll. Die festgestellten Bedarfsmengen müssen so rechtzeitig bestellt werden und der Lieferant daraufhin so rechtzeitig liefern, dass die Ware spätestens dann zur Verfügung steht, wenn sie benötigt wird. Von der Zeitplanung her können die folgenden Beschaffungsarten unterschieden werden:

- **Bestellpunktverfahren**
  Es wird immer dann bestellt, wenn ein Artikel einen sog. Meldebestand erreicht hat.
- **Bestellrhythmus**
  Die Bestellung erfolgt in gleichen Zeitabständen.
- **fallweise Beschaffung**
  Durch einen Impuls, z. B. anlässlich eines Kundenauftrags, wird bestellt.
- **Vorratsbeschaffung**
  Es werden relativ hohe Lagerbestände angelegt, um eine strenge zeitliche Bindung von Beschaffung und Verkauf (oder Produktion) zu vermeiden.
- **Just-in-time-Beschaffung**
  Die Just-in-time-Beschaffung kennt keine Lagerhaltung, da nur das bestellt und produziert wird, was tatsächlich nachgefragt wird und Bestellungen ohne Zeitverzögerungen abgewickelt werden. Bei dieser Beschaffungsstrategie wird als Idealvorstellung angestrebt, dass zum exakt in der Fertigungsplanung festgelegten Startzeitpunkt geliefert wird.

Welches Verfahren angewendet wird, hängt vom Wert des Einkaufsguts, dem Lagerabgang, der Zuverlässigkeit des Lieferanten und anderen Faktoren ab.

In der folgenden Abbildung wird die Bestandsentwicklung von Tischtennisbällen bei einem kontinuierlichen Lagerabgang von 20 Stück pro Tag vorausgesetzt. Nach der Bestandsauffüllung auf 200 Stück wurde der Bestellpunkt (= Meldebestand) von 100 Stück nach fünf Tagen erreicht. Nach weiteren zwei Tagen ist der Mindestbestand erreicht und am nächsten Tag trifft eine neue Lieferung ein. Somit wird immer mit einem Bestellrhythmus von fünf Tagen bestellt. Hier finden sich sowohl das **Bestellpunktverfahren** als auch das **#** wieder:

Bei variierenden Lagerabgängen unterscheiden sich jedoch die beiden Verfahren. Die folgende Darstellung zeigt die Bestandsentwicklung bei dem **Bestellpunktverfahren**. Hier ist ein unregelmäßiger Lagerabgang möglich und beim Erreichen des Lagerbestands von 100 Stück wird die Bestellung ausgelöst.

Beim Bestellpunktverfahren wird der Meldebestand ermittelt. Voraussetzung für das Bestellpunktverfahren ist die ständige Bestandsfortschreibung (Lagerbuchführung), sodass der Lagerbestand jederzeit überprüft werden kann.

Beim Bestellrhythmusverfahren wiederholen sich die Bestelltermine in festen Zeitabständen.

In der folgenden Darstellung wird wiederkehrend nach acht Tagen bestellt, es liegt also ein Bestellrhythmus von acht Tagen vor.

Problematisch ist beim Bestellrhythmusverfahren, dass der tatsächliche Lagerabgang unberücksichtigt bleibt, da die tägliche Bestandskontrolle nicht unbedingt erforderlich ist, um den Bestellzeitpunkt zu ermitteln. Dieses Verfahren birgt jedoch die Gefahr von Fehlmengen oder zu hohen Beständen, wenn der Lagerabgang unerwartet hoch oder niedrig ausfällt. Daher sollte auch beim Bestellrhythmusverfahren der tatsächliche Lagerbestand kontrolliert und die Bestellzeitpunkte bei jeder neuen Bestellung angepasst werden.

5.3 Bestellvorschläge mit der UND- und ODER-Funktion im Tabellenkalkulationsprogramm Excel ermitteln

Bei der Ermittlung von Bestellvorschlägen müssen pro Artikel verschiedene Daten berücksichtigt werden. Die Auswertung dieser Daten kann mithilfe des Tabellenkalkulationsprogramms Excel und einer verschachtelten WENN-Funktion auch automatisiert durchgeführt werden.

Allerdings können solche verschachtelten WENN-Funktionen unter Umständen sehr komplex werden. Um diese Regeln zu vereinfachen, bietet sich die Zusammenfassung von Bedingungen mittels der UND- bzw. ODER-Funktion an:

▶ Die **UND-Funktion** liefert den Wert WAHR, wenn alle angegebenen Bedingungen wahr sind. Ansonsten liefert die Funktion den Wert FALSCH.

   Syntax: Und(Bedingung1; Bedingung2; Bedingung3; …)

▶ Die **ODER-Funktion** gibt den Wert WAHR zurück, wenn mindestens eine der angegebenen Bedingungen wahr ist. Wenn alle Bedingungen falsch sind, gibt die Funktion FALSCH zurück.

   Syntax: Oder(Bedingung1; Bedingung2; Bedingung3; …)

Beispiele

Die Verwendung der UND- und ODER-Funktion:

	A	B	C
1	Mitarbeiter	Betriebszugehörigkeit	Umsatz
2	A	10	35.000,00 €
3	B	4	55.000,00 €
4	C	2	30.000,00 €

Beispiel 1:
Mitarbeiter, die mindestens 3 Jahre für das Unternehmen arbeiten und mehr als 40.000 € Umsatz erzielt haben, erhalten eine Prämie von 1.000 €.

Formel: =WENN(UND(B2>=3;C2>40000);1000;0)
→ nur Mitarbeiter B erhält die Prämie

Beispiel 2:
Mitarbeiter, die mindestens 3 Jahre für das Unternehmen arbeiten oder mehr als 40.000 € Umsatz erzielt haben, erhalten eine Prämie von 1.000 €.

Formel: =WENN(ODER(B2>=3;C2>40000);1000;0)
→ Mitarbeiter A und B erhalten die Prämie

6. Ermittlung und Auswahl von Bezugsquellen

Um Informationen über mögliche Lieferanten bzw. Bezugsquellen für bestimmte Materialien zu finden, können Unternehmen auf innerbetriebliche (interne) und auf außerbetriebliche (externe) Informationsquellen zurückgreifen:

- **Innerbetriebliche Informationsquellen** beziehen sich auf Daten, die bereits im Unternehmen (ggf. für einen anderen Zweck) gesammelt wurden und nun für Auswertungen bereitstehen. So gibt beispielsweise eine interne Lieferantendatenbank (z. B. als Teil einer ERP-Software bzw. eines Warenwirtschaftssystems) Auskunft über die Kontaktdaten, Zahlungsbedingungen, früher bestellte Artikel usw. von Lieferanten, mit denen ein Unternehmen bereits zusammenarbeitet hat. Gegebenenfalls liegen auch Preislisten und Kataloge von Lieferanten vor, die zu einem früheren Zeitpunkt angefordert wurden. Auch die Berichte über Lieferanten von Einkäufern oder anderen Unternehmensvertretern können interne Informationsquellen darstellen.

▶ **Externe Informationsquellen** greifen auf Daten zurück, die von außerhalb des Unternehmens stammen. Dabei wird zwischen primären Informationsquellen und sekundären Informationsquellen unterschieden. Von **primären Informationsquellen** wird dabei gesprochen, wenn die Informationen direkt auf dem Beschaffungsmarkt durch spezielle, nur für eine Beschaffungsaufgabe durchgeführte Erhebungen eingeholt werden (z. B. durch Messebesuche, Anfragen bei möglichen Lieferanten, Einholen von Berichten der Außendienstmitarbeiter, Recherche im Internet, Auswertung von Katalogen und Prospekten). Unter **sekundäre Informationsquellen** wird die Auswertung von vorhandenen Daten aus bereits in der Vergangenheit (ggf. durch Dritte) durchgeführte Erhebungen verstanden. Beispiele für sekundäre Informationsquellen sind die Gelben Seiten, Fachzeitschriften oder spezielle Einkaufsinternetdienste (z. B. Wer liefert was?, ABC der deutschen Wirtschaft).

6.1 Ermittlung von Werten mit der SVERWEIS- und der WVERWEIS-Funktion

Mithilfe der SVERWEIS-Funktion kann in eine Tabellenkalkulationssoftware anhand eines vorgegebenen Suchwertes eine bestimmte Zeile aus einer Tabelle herausgesucht und weiterarbeitet werden.

Einfache Syntax der SVERWEIS-Funktion

= SVERWEIS (Suchbegriff;Suchbereich;Spaltenindex)

Voraussetzung für die Verwendung der SVERWEIS-Funktion ist ein Suchbereich (= Tabellenbereich), in dessen erster Spalte **eindeutige Suchbegriffe** enthalten sind.

Die Funktionsweise der SVERWEIS-Funktion kann in zwei Schritten beschrieben werden:
1. Schritt: Die Funktion sucht in der ersten Spalte des Suchbereichs nach dem übergebenen Suchwert.
2. Schritt: Wenn eine passende Zeile im Suchbereich gefunden wird, liefert die Funktion dann aus dieser Zeile den Wert der Zelle, die durch den Spaltenindex festgelegt wird. Die erste Zelle in der Zeile entspricht dabei dem Spaltenindex 1 des Suchbereichs, die zweite Zelle dem Spaltenindex 2 usw.

Wenn der Suchbegriff der SVERWEIS-Funktion in der ersten Spalte des Suchbereiches nicht gefunden wird, verwendet die Funktion stattdessen die Zeile mit dem nächstkleineren Wert. Auf diese Weise können z. B. auch Werte in Zahlen- und Zeitintervalle mithilfe der SVERWEIS-Funktion gefunden werden. Voraussetzung ist allerdings, dass die **erste Spalte im Suchbereich aufsteigend sortiert** ist

Beispiel

	A	B
1	Raumnummer	Raumbezeichnung
2	101	Sekretariat
3	102	Vorstandsbüro
4	103	WC Erdgeschoss
5	201	Vertriebsbüro
6	202	Serverraum
7	301	Einkaufsbüro
8	302	Kaffeeküche
9	303	Buchhaltung

= SVERWEIS(202;A1:B9;1)   Funktionsergebnis: 202
= SVERWEIS(202;A1:B9;2)   Funktionsergebnis: „Serverraum"
= SVERWEIS(205;A1:B9;1)   Funktionsergebnis: 202
= SVERWEIS(205;A1:B9;2)   Funktionsergebnis: „Serverraum"

Diese Bereichs- oder Intervallsuche nach dem nächstkleineren Wert kann mithilfe eines vierten, optionalen Parameters der SVERWEIS-Funktion deaktiviert werden. Die Funktion sucht dann nur noch nach dem exakten Wert. In diesem Fall muss der Suchbereich auch nicht nach der ersten Spalte aufsteigend sortiert sein.

Erweiterte Syntax der SVERWEIS-Funktion:

=SVerweis(Suchbegriff;Suchbereich;Spaltenindex;Intervallsuche)

Wenn als vierter Parameter der Wert WAHR angegeben wird, sucht die SVERWEIS-Funktion weiterhin den Suchwert oder den nächstkleineren Wert. Bei dem Wert FALSCH als vierter Parameter sucht die SVERWEIS-Funktion nur nach dem exakten Wert.

Beispiel

(Daten siehe oben)

= SVERWEIS (202;A1:B9;2)
Funktionsergebnis: „Serverraum" (exakter Suchwert)

= SVERWEIS (205;A1:B9;2;WAHR)
Funktionsergebnis: „Serverraum" (nächstkleinerer Wert)

= SVERWEIS (205;A1:B9;2;FALSCH)
Funktionsergebnis: #NV (exakter Suchwert nicht gefunden)

Die WVERWEIS-Funktion funktioniert ähnlich wie die SVERWEIS-Funktion. Der Unterschied zwischen den beiden Funktionen liegt darin, dass die WVERWEIS-Funktion den Suchbereich waagerecht, d. h. die erste Zeile, durchsucht und dann in der gefundenen Spalte den Wert in der durch den Zeilenindex angegebenen Zeile wiedergibt.

Einfache Syntax der WVERWEIS-Funktion:

= WVERWEIS (Suchbegriff;Suchbereich;Zeilenindex)

Auch bei der WVERWEIS-Funktion funktioniert die Suche nach dem nächstkleineren Wert mithilfe des bereits oben beschriebenen Intervallverfahrens. Dieses Verfahren kann mithilfe eines vierten, optionalen Parameters deaktiviert werden.

Erweiterte Syntax der WVERWEIS-Funktion:

=WVerweis(Suchbegriff;Suchbereich; Zeilenindex;Intervallsuche)

Beispiel

	A	B	C	D	E
1	Umsatz	10.000,00 €	25.000,00 €	50.000,00 €	100.000,00 €
2	Rabatt	3,00%	4,50%	5,25%	6,00%

=WVERWEIS(25000;B1:E2;2)   Funktionsergebnis: 4,50%
=WVERWEIS(55000;B1:E2;2)   Funktionsergebnis: 5,25%
=WVERWEIS(20000;B1:E2;2;WAHR)   Funktionsergebnis: 3,00%
=WVERWEIS(20000;B1:F2;2;FALSCH)   Funktionsergebnis: #NV (= kein Wert gefunden)

MERKE

Die Deaktivierung der Suche nach dem nächstkleineren Wert in der SVERWEIS-Funktion bzw. WVERWEIS-Funktion ist insbesondere dann sinnvoll, wenn die erste Spalte bzw. erste Zeile keine Zahlenwerte, sondern Wörter oder Kombinationen aus Zahlen und Buchstaben enthält. In diesen Fällen ist die Suche nach dem nächstkleineren Wert häufig unerwünscht und führt ggf. zu falschen Ergebnissen. Sobald also die erste Spalte bzw. die erste Zeile Buchstaben enthält, sollte geprüft werden, ob der vierte Funktionsparameter nicht auf FALSCH gesetzt werden muss.

6.2 Angebotsvergleich

Bei der Beschaffung neuer Waren ist es sinnvoll, möglichst viele der infrage kommenden Lieferanten mithilfe einer Anfrage um ein Angebot zu bitten um anschließend das beste Angebot auszuwählen.

Für den Vergleich der erhaltenen Angebote können dabei sowohl **quantifizierbare (zählbare)** als auch **qualitative (nicht-zählbare) Kriterien** berücksichtigt werden.

 INFO

Um die Wettbewerbsfähigkeit eines Unternehmens dauerhaft zu sichern, ist es sinnvoll, auch für die Waren, die bereits im eigenen Sortiment enthalten sind, regelmäßig nach neuen Lieferanten oder besseren Angeboten zu suchen.

6.2.1 Quantitativer Angebotsvergleich

Das wichtigste, quantifizierbare Kriterium zum Angebotsvergleich stellen die Bezugskosten bzw. die Selbstkosten dar. Im Rahmen der Handelskalkulation werden ausgehend vom Listeneinkaufspreis alle Preisnachlässe (Rabatte, Skonto) abgezogen und alle zusätzlichen Kosten (Lieferkosten, Verpackungskosten, Provisionen und bei den Selbstkosten auch noch die Geschäfts- und Handlungskosten) addiert. Die genaue Berechnungsreihenfolge für die Handelskalkulation wurde in diesem Infoband bereits in **Kapitel 4 des Lernfeldes 3** behandelt.

LF 3, Kap. 4

6.2.2 Qualitativer Angebotsvergleich mithilfe der Nutzwertanalyse

Neben den Bezugskosten können bei einem Angebotsvergleich aber auch Kriterien berücksichtigt werden, die nicht direkt in Zahlen abgebildet werden können. Hierzu gehören beispielsweise:

- Produktqualität
- Kundenservice des Lieferanten
- Umweltschutz
- Eigene Erfahrungen bzw. Erfahrungsberichte von Dritten.

Um auch solche qualitativen Kriterien im Rahmen eines Angebotsvergleichs berücksichtigen zu können, bietet sich die Verwendung der Nutzwertanalyse an.

Die Nutzwertanalyse wird dabei in folgenden Schritten durchgeführt:

1. Zunächst werden die relevanten Vergleichskriterien bzw. -merkmale ausgewählt anhand derer die Angebote verglichen werden sollen.
2. Anschließend wird jedem Kriterium eine Gewichtung zugeordnet, die ihre Bedeutsamkeit für das Unternehmen widerspiegelt. Ist dem Unternehmen die Produktqualität besonders wichtig, erhält dieses Kriterium eine hohe Gewichtung. Untergeordneten Kriterien werden dagegen niedrige Gewichtungen zugeordnet. Die Gewichtung kann dabei in Punkten (z. B. 10 – sehr wichtig bis 1 – sehr unwichtig) oder in Prozenten angegeben werden. Bei der Verwendung von Prozentzahlen ist jedoch darauf zu achten, dass die Summe der Gewichtungen 100 % beträgt.
3. Die Beurteilungsobjekte (z. B. unterschiedliche Angebote, Lieferanten oder Produkte) werden dann anhand der Kriterien bewertet. Das beste Objekt bekommt die höchste und das schlechteste Objekt die niedrigste Punktzahl. Die Bewertungsskala ist dabei frei wählbar (z. B. 3 – die beste Bewertung bis 1 – die schlechteste Bewertung).
4. Für jedes Bewertungsobjekt werden die Punktzahlen der Bewertung mit den jeweiligen Gewichtungen der Kriterien multipliziert und alle gewichteten Punktzahlen addiert.
5. Das Bewertungsobjekt mit der höchsten Gesamtpunktzahl (auch Nutzwert genannt) stellt die beste Alternative dar.

Beispiel

In einem Unternehmen soll eine neue Produktionsmaschine gekauft werden. Zur Auswahl steht jeweils ein Modell der Anbieter „Metalworks AG" und „Maschinen Schneider GmbH". Dabei sind dem Unternehmen geringe Anschaffungskosten und Betriebskosten besonders wichtig. Eine geringe Ausschussrate ist zumindest noch teilweise interessant während die Sicherheit und Bedienung eher unwichtig ist.

Die Gewichtung wird in Prozent angegeben und für die Bewertung der Kriterien können 1 (schlechteste Bewertung) bis 10 (beste Bewertung) Punkte vergeben werden.

Kriterium	Gewich-tung	Metalworks AG		Maschinen Schneider GmbH	
		Bewertungs-punkte	Gewichtete Punktzahl	Bewertungs-punkte	Gewichtete Punktzahl
Geringe Anschaffungskosten	35 %	8	8 · 0,35 = 2,8	4	4 · 0,35 = 1,4
Geringe Betriebskosten	35 %	7	7 · 0,35 = 2,45	6	6 · 0,35 = 2,1
Geringe Ausschussrate	20 %	4	4 · 0,2 = 0,8	7	7 · 0,2 = 1,4
Sicherheit & Bedienung	10 %	3	3 · 0,1 = 0,3	8	8 · 0,1 = 0,8
Gesamtpunktzahl (=Nutzwert)	100 %		6,35		5,7

Die Produktionsmaschine der Metalworks AG ist somit für das Unternehmen die bessere Alternative.

 INFO

Bei der Umsetzung einer Nutzwertanalyse mit dem Tabellenkalkulationsprogramm Excel kann die Verwendung der RANG-Funktion zur Bestimmung der Reihenfolge der Bewertungsobjekte verwendet werden.

Die Syntax der RANG-Funktion lautet:

=RANG(Zahl;Bezug[;Reihenfolge])

Die Zahl ist dabei der Wert der mit den anderen Werten im Wertebereich (=Bezug) verglichen und eingeordnet wird. Ist der Vergleichswert der höchste Wert im Wertebereich gibt die Funktion das Ergebnis 1 zurück, für den zweithöchsten Wert das Ergebnis 2 usw. Mithilfe des dritten, optionalen Parameters der Funktion kann die Reihenfolge der Ränge festgelegt werden. Bei dem Reihenfolgewert 0 werden die Ränge aufsteigend ermittelt, bei dem Reihenfolgewert 1 absteigend.

7. Umweltverträglicher Einkauf

Der Umweltschutz nimmt einen immer wichtigeren Platz in der Gesellschaft und damit auch in der Wirtschaft ein. Viele Unternehmen verfolgen daher inzwischen aktiv im Rahmen ihrer Unternehmensleitlinien ökologische Ziele, die natürlich auch beim Einkauf von Gütern und Dienstleistungen berücksichtigt werden sollen.

7.1 Umweltgesetze und Verordnungen

Bezüglich des Umweltschutzes müssen zahlreiche Gesetze und Verordnungen berücksichtigt werden. Zusammenfassend stehen bei Umweltgesetzgebungen im Mittelpunkt:
- der Schutz der Menschen und anderer Lebewesen sowie der Natur
- das Vorsorgeprinzip
- das Verursacherprinzip
- das Kooperationsprinzip
- die ständigen Verbesserungsprozesse.

Gesetze des Chemikalienrechts, des Gewässer-, Immissions- und Naturschutzes dienen dem Schutz der Natur. Gesetze der Abfallwirtschaft zielen darauf ab, Umweltverschmutzung zu vermeiden. Mit dem Umwelt- und Produkthaftungsgesetz werden die Verursacher zur Verantwortung gezogen. Schließlich werden durch die EMAS-Verordnung (= Eco Management and Audit Scheme) und insbesondere durch die die ISO/DIS 14001:2015 (International Standard Organisation/Draft International Standard) die Kooperation mit Geschäftspartnern und die ständige Verbesserung des Umweltmanagementsystems gefordert.

Durch die zunehmende Zertifizierung umweltfreundlicher Unternehmen und Produkte sowie den erhöhten Druck durch umweltbewusste Konsumenten ist es für Betriebe erforderlich, ein Umweltmanagement aufzubauen, um dem Wettbewerbsdruck standzuhalten.

7.2 Umweltbezogene Zertifizierungen

Unternehmen können sich ihr Umweltmanagementsystem durch zwei ähnliche Möglichkeiten beurkunden lassen. Bei der ISO/DIS 14001:2015 handelt es sich um eine Überarbeitung der ISO 14001, die im Juli 2015 veröffentlicht wurde. Hiermit können sich Unternehmen von Zertifizierungsunternehmen wie dem TÜV zertifizieren lassen. Alternativ dazu gibt es die EMAS-Verordnung (die überarbeitete Form des EG-Öko-Audits). Hier ist der Nachweis kein Zertifikat, sondern die Gültigkeitserklärung und die Registrierung im EMAS-Register. Sie zielt auf die Verbesserung der Umweltleistung ab. Die ISO 14001 stellt dagegen die Verbesserung des Umweltmanagementsystems in den Vordergrund. Mit der überarbeiteten ISO 14001 werden neue Schwerpunkte gesetzt, denn sie geht nicht nur auf die umweltorientierten innerbetrieblichen Abläufe ein, sondern verlangt auch, dass bei Geschäftspartnern auf Umweltfreundlichkeit geachtet und auf vor- und nachgelagerte Prozesse Einfluss genommen wird. Dazu sollen nicht nur mittelbare sondern auch unmittelbare Umweltrisiken bewertet und vermieden werden und der Geschäftsführung wird ein höheres Maß an Verantwortung zugesprochen. Das Umweltmanagementsystem orientiert sich dabei am PDCA-Management-Zyklus (Plan-Do-Check-Act) und wird im folgenden Schaubild verdeutlicht:

Dazu können Unternehmen ihre Produkte auch zertifizieren lassen (hier eine kleine Auswahl):

LF 2, Kap. 1.7.5

	Mit dem Keymark-Zertifizierungszeichen können Produkte, die mit europäischen Normen übereinstimmen, zertifiziert werden.
	Das TransFair-Siegel erhalten Konsumgüter wie Lebensmittel und Bekleidung, die zu fairen Bedingungen gewonnen, produziert und gehandelt werden. Hiermit sollen Kinderarbeit sowie Produktion zu menschenunwürdigen Bedingungen verhindert und Zahlung von Mindestpreisen gefördert werden.

7.3 Umweltorientierte Beschaffung

Bei der Beschaffung sollten sämtliche Umweltgesichtspunkte berücksichtigt werden. Zunächst ist bei der Auswahl der Maschinen auf Energieeinsparung zu achten, sowie auf umweltfreundliche Energieerzeugung. Weiterhin sollten auch Roh-, Hilfs- und Betriebsstoffe auf Umweltverträglichkeit untersucht werden. Hierbei könnten Produktkennzeichnungen und Labels eine Rolle spielen. Auch der Einsatz von Recyclingprodukten ist möglich. Gleichzeitig können geringe Beschaffungsmengen dazu führen, Verderb oder Unbrauchbarkeit wegen zu langer Lagerung einzugrenzen und Verschwendungen vorzubeugen. Dazu sollten Verpackungen sparsam verwendet werden bzw. wiederverwendbar sein. Diese Aspekte sind auch in der Kreislaufstrategie wiederzufinden, die in einem guten Umweltmanagementsystem unerlässlich ist. Dies lässt sich folgendermaßen konkretisieren:

Die Kreislaufwirtschaft zielt auf die Vermeidung von Abfall durch sparsamen Einsatz der Roh-, Hilfs- und Betriebsstoffe sowie Handelswaren und Verpackungen unter Berücksichtigung von Recyclingstrategien ab, um den Abfall für Deponien und Verbrennungen möglichst gering zu halten.

Im Folgenden sind die **Recyclingstrategien** erklärt:

Strategie	Erklärung	Beispiele
Wiederverwendung	Materialien werden ohne Aufbereitung zum selben Zweck wiederverwendet.	Pfandflaschen
Weiterverwendung	Materialien werden ohne Aufbereitung zu einem anderen Zweck verwendet.	Autoreifen, die anschließend in der Landwirtschaft zum Abdecken mit Planen verwendet werden.
Wiederverwertung	Materialien werden nach Aufbereitung zum selben Zweck wieder verwendet.	Altpapier
Weiterverwertung	Materialien werden nach Aufbereitung zu einem anderen Zweck verwendet.	Alte Autoreifen werden zu Teer für den Straßenbau verarbeitet.

Die Einkaufsabteilung hat weiterhin auch bei der Auswahl der Lieferanten und Spediteure auf Umweltaspekte zu achten. Vorteilhaft sind Lieferanten, die in der Nähe angesiedelt sind und ein erfolgreiches Umweltmanagement nachweisen können. Hier ist insbesondere eine gute Kooperation wichtig, um die Umwelt zu schonen. So können umweltfreundliche Transportmittel gewählt und Leerfahrten sowie Transporte fast leerer Lkws vermieden werden.

8. Abschluss von Kaufverträgen

Ein Kaufvertrag wird rechtsgültig abgeschlossen, wenn zwei übereinstimmende Willenserklärungen vom Verkäufer und Käufer abgegeben werden. Dies kann beispielsweise auf folgende Weise geschehen:
- Verbindliches Angebot des Verkäufers und Bestellung des Käufers
- Bestellung des Käufers und Auftragsbestätigung des Verkäufers.

Die für einen Kaufvertrag notwendigen Willenserklärungen können mündlich, schriftlich oder durch eindeutiges Verhalten abgegeben werden. Wichtig ist dabei, dass die Willenserklärungen inhaltlich übereinstimmen. Liegt diese Übereinstimmung nicht vor (z. B. wenn eine Bestellung vom dem vorangegangenen Angebot abweicht), gilt der Kaufvertrag solange als nicht rechtsgültig geschlossen bis eine weitere Willenserklärung die Abweichung bestätigt (z. B. durch eine Bestell- bzw. Auftragsbestätigung).

Beispiele

- Eine Kundin kommt in ein Geschäft und bestellt 1 kg Mett. Die Verkäuferin gibt ihr die Ware und nennt den Preis. Anschließend bezahlt die Kundin, nimmt das Mett und verlässt das Geschäft. Hier ist mündlich ein Kaufvertrag zustande gekommen.
- In einem Lebensmittelladen legt ein Kunde ein Paket Waschmittel auf das Rollband, der Kassierer scannt den Code des Artikels ein und auf dem Kassendisplay ist der Zahlbetrag zu sehen. Der Kunde bezahlt, nimmt die Ware und geht. Hier ist durch schlüssiges Verhalten ein Kaufvertrag zustande gekommen.

Bei der Auftragsabwicklung zwischen zwei Handelspartnern werden in der Regel Kaufverträge durch Angebot und Bestellung per Geschäftsbrief, E-Mail oder Telefon, beim Import/Export auch verstärkt per Bildtelefon geschlossen.

Kap. 4.6 ff.

Wird ein Kaufvertrag geschlossen, sind damit Pflichten sowohl für den Verkäufer als auch für den Käufer verbunden. So muss der Verkäufer dem Käufer die gekaufte Sache frei von Sach- und Rechtsmängeln so übergeben, dass der Käufer auch Eigentümer wird. Der Käufer ist im Gegenzug dazu verpflichtet, die gekaufte Sache anzunehmen und dem Verkäufer den vereinbarten Kaufpreis zu zahlen (§ 433 BGB). Damit der Kauf reibungslos abläuft und auch bei Störungen abgewickelt werden kann, gibt es eine Reihe weiterer Regelungen im BGB. Darüber hinaus sollte der Kaufvertrag Folgendes regeln:

- Art und Güte (= Beschaffenheit) der bestellten Güter
- Menge
- Preise und Rabatte
- Lieferzeit und Lieferbedingungen
- Zahlungsbedingungen
- Rechte und Pflichten bei Vertragsstörungen.

8. Abschluss von Kaufverträgen

Beispiel für eine Bestellung:

40 Jahre geballte Kompetenz in Sport und Fitness

Sportina AG • Holsterhauser Straße 202 • 44625 Herne

Figede e. K.
Frau Schütte
Dresdner Straße 2
01662 Meißen

Ihr Zeichen:	Schü
Ihre Nachricht:	08.10.20xx
Unser Zeichen:	Schn
Unsere Nachricht:	06.10.20xx
Name:	Carola Schnake
Telefon:	02323 5276-711
Telefax:	02323 5276-70
E-Mail:	schnake@sportina.de
Datum:	11.10.20xx

Bestellung Nr. 56

Sehr geehrte Frau Schütte,

vielen Dank für Ihr Angebot und die Unterlagen. Wir bestellen

**50 Deutschland-Trikots, Artikelnr. 756489
zum Sonderpreis von 29,99 € je Stück
zzgl. 12,00 € Versandkosten.**

Die Preise gelten zuzüglich der gesetzlichen Umsatzsteuer.

Bitte beliefern Sie uns innerhalb von acht Tagen.

Die Zahlungsbedingungen sind wie bisher 2 % Skonto nach 14 Tagen und nach 30 Tagen netto.

Bitte senden Sie uns eine Auftragsbestätigung.

Freundliche Grüße

Sportina AG

Schnake

i. A. Carola Schnake

Sportina AG
Holsterhauser Straße 202
44625 Herne
Telefon 02323 52765-0
Telefax 02323 52765-70
E-Mail info@sportina.de
http://www.sportina.de

Handelsregistereintrag: HR-B 8765
Amtsgericht Herne
Vorstandsmitglieder:
Stefanie Ringhausen (Vorsitzende), Rüdiger Klinger
Aufsichtsratsvorsitzende: Claudia Voß

Bankverbindung: Volksbank Herne eG
Kontonummer: 135 74 68
Bankleitzahl: 430 605 99
IBAN: DE22 4306 0599 0001 3574 68
BIC: GENODEVBHER

433

8.1 Kaufvertragsarten

Man kann Kaufverträge nach folgenden **Merkmalen** unterscheiden:

Beispiele für Kaufverträge nach ...	Erklärung
den beteiligten Personen	
▸ bürgerlicher Kauf	Am Vertrag sind nur Nichtkaufleute beteiligt.
▸ einseitiger Handelskauf	Ein Vertragspartner ist ein Kaufmann.
▸ zweiseitiger Handelskauf	Beide Vertragsparteien sind Kaufleute.
der Bestimmung des Kaufgegenstands	
▸ Gattungskauf	Die Ware wird nicht individuell bestimmt (z. B. 1 kg Sand).
▸ Stückkauf	Die Ware wird individuell bestimmt (z. B. ein bestimmtes Haus).
▸ Kauf zur Probe	Kauf einer kleinen Menge, in der Absicht eines folgenden großen Einkaufs des gleichen Gutes.

8. Abschluss von Kaufverträgen

Beispiele für Kaufverträge nach ...	Erklärung
der Bestimmung des Kaufgegenstands	
▸ Kauf auf Probe	Der Käufer bekommt die Ware für eine bestimmte Dauer, wenn Sie ihm gefällt, erwirbt er die Ware.
▸ Kauf nach Probe	Der Käufer erwirbt Waren nach einem bestimmten Muster mit denselben Eigenschaften.
▸ Typenkauf	Kauf einer Ware nach einem bestimmten Qualitätsstandard.
dem Erfüllungsort	
▸ Handkauf	Der Käufer und der Verkäufer wohnen am selben Ort.
▸ Platzkauf	Der Käufer und der Verkäufer haben ihren Wohnsitz an unterschiedlichen Orten.
▸ Versendungskauf	Die Ware wird auf Wunsch des Kunden zu ihm gesendet.
dem Lieferzeitpunkt	
▸ Fixkauf	Der Verkäufer verpflichtet sich, zu einem bestimmten Zeitpunkt zu liefern.
▸ Terminkauf	Der Verkäufer muss bis zu einem bestimmten Zeitpunkt liefern.
▸ Kauf auf Abruf	Der Käufer lässt sich zu einem späteren Zeitpunkt in Teilmengen beliefern.
dem Zahlungszeitpunkt	
▸ Kauf gegen Vorkasse	Der Käufer zahlt vor Erhalt der Ware.
▸ Barkauf	Der Käufer bezahlt sofort bei Erhalt der Ware.
▸ Zielkauf	Der Käufer bezahlt die Ware nach einer eingeräumten Zahlungsfrist (= Zahlungsziel).
▸ Ratenkauf	Der Käufer erhält die Ware und bezahlt zu späteren Zeitpunkten in Teilbeträgen.
▸ Kreditkauf	Der Käufer erhält die Ware und bezahlt die Ware zu einem späteren Zeitpunkt zuzüglich Zinsen.

8.2 Allgemeine Geschäftsbedingungen

Für Kaufverträge gilt, dass sie zwischen den Vertragsparteien frei gestalt- und verhandelbar sind. Das heißt, wenn nicht gegen gesetzliche Rahmenbedingungen verstoßen wird, können Individualabreden zwischen den Vertragsparteien vereinbart werden. Damit nicht in jedem Kaufvertrag sämtliche Abreden neu verfasst werden müssen, legen die verkaufenden Unternehmen Allgemeine Geschäftsbedingungen fest, die der Willenserklärung, z. B. dem Angebot, beigefügt werden.

Wie die Allgemeinen Geschäftsbedingungen in einem Vertrag eingebunden werden können, ist im BGB geregelt.

 RECHTSGRUNDLAGE

§ 305 Abs. 1 BGB Einbeziehung Allgemeiner Geschäftsbedingungen in den Vertrag
Allgemeine Geschäftsbedingungen sind alle für eine Vielzahl von Verträgen vorformulierten Vertragsbedingungen, die eine Vertragspartei (Verwender) der anderen Vertragspartei bei Abschluss eines Vertrags stellt. Gleichgültig ist, ob die Bestimmungen einen äußerlich gesonderten Bestandteil des Vertrags bilden oder in die Vertragsurkunde selbst aufgenommen werden, welchen Umfang sie haben, in welcher Schriftart sie verfasst sind und welche Form der Vertrag hat. Allgemeine Geschäftsbedingungen liegen nicht vor, soweit die Vertragsbedingungen zwischen den Vertragsparteien im Einzelnen ausgehandelt sind.

Dazu sieht der Gesetzgeber vor, dass

- der Verkäufer beim Angebot ausdrücklich auf die AGB hinweisen muss
- die AGB eindeutig und verständlich geschrieben sind
- überraschende Klauseln (d. h. Klauseln, die normalerweise nicht üblich sind und mit denen der Käufer nicht rechnen muss) nicht zulässig sind
- Klauseln, die wesentliche Rechte des Käufers einschränken oder ausschließen und zu unangemessener Benachteiligung führen unwirksam sind
- individuelle Vertragsabreden vor den AGB Vorrang haben
- Zweifel bei der Auslegung zulasten des Verwenders (also in der Regel des Verkäufers) gehen.

8. Abschluss von Kaufverträgen

Darüber hinaus enthält das BGB zusätzliche Regelungen ausschließlich für einseitige Handelskäufe (Kaufverträge zwischen einem Unternehmen und einer Privatperson), die die privaten Verbraucher zusätzlich schützen sollen. So sind beispielsweise nachträgliche Preiserhöhungen innerhalb von vier Monaten nach Vertragsschluss oder die Verkürzung der gesetzlichen Gewährleistungsfristen explizit ausgeschlossen (§ 309 BGB).

Beispiel

Die AGB könnten folgendes Aussehen haben:

Aerostepp

Allgemeine Geschäftsbedingungen für den Vertrieb unserer Fitnessgeräte

1. Diese Allgemeinen Geschäftsbedingungen gelten ausschließlich gegenüber Unternehmern für diese und alle zukünftigen Geschäfte.
2. Sofern eine Bestellung als Angebot gemäß § 145 BGB anzusehen ist, können wir diese innerhalb von zwei Wochen annehmen.
3. Sofern nichts Gegenteiliges schriftlich vereinbart wird, gelten unsere Preise ab Werk ausschließlich Verpackung und zuzüglich Mehrwertsteuer in jeweils gültiger Höhe. Kosten der Verpackung werden gesondert in Rechnung gestellt.
4. Die Zahlung des Kaufpreises hat ausschließlich auf unser auf den Rechnungen angegebenes Geschäftskonto zu erfolgen. Der Abzug von Skonto ist nur bei schriftlicher besonderer Vereinbarung zulässig.
5. Der Beginn der von uns angegebenen Lieferzeit setzt die rechtzeitige und ordnungsgemäße Erfüllung der Verpflichtungen des Bestellers voraus. Die Einrede des nicht erfüllten Vertrages bleibt vorbehalten.
6. Kommt der Besteller in Annahmeverzug oder verletzt er schuldhaft sonstige Mitwirkungspflichten, so sind wir berechtigt, den uns insoweit entstehenden Schaden, einschließlich etwaiger Mehraufwendungen, ersetzt zu verlangen.
7. Wird die Ware auf Wunsch des Bestellers an diesen versandt, so geht mit der Absendung an den Besteller, spätestens mit Verlassen des Werks/Lagers die Gefahr des zufälligen Untergangs oder der zufälligen Verschlechterung der Ware auf den Besteller über.
8. Von uns verkaufte Waren bleiben unser Eigentum bis zur vollständigen Bezahlung aller, auch der künftig entstehenden Schulden des Käufers aus der Geschäftsverbindung mit uns.
9. Mängel sind unverzüglich zu rügen und werden nur innerhalb von 10 Tagen nach Empfang der Ware bzw. Abnahme der Dienstleistung berücksichtigt, ausgenommen solche Mängel, die innerhalb dieser Frist nicht erkennbar waren.
10. Im Rahmen unserer Gewährleistung verpflichten wir uns, entweder festgestellte Mängel zu beseitigen oder mangelhafte Gegenstände kostenlos auszutauschen. Der Käufer ist berechtigt, kostenlosen Umtausch zu verlangen, wenn Mängelbeseitigung nicht möglich ist.
11. Bei Lieferungsverzug muss der Käufer eine Nachfrist von zwei Wochen bewilligen.
12. Bei Zahlungsverzug wird ein Zinssatz, der fünf Prozentpunkte über dem Basiszinssatz der Europäischen Zentralbank liegt, ab Fälligkeitszeitpunkt bei der Berechnung der Verzugszinsen zugrunde gelegt.
13. Gerichtsstand und Erfüllungsort sind für beide Teile Lübbecke.
14. Die Unwirksamkeit einzelner vorstehender Bedingungen berührt nicht die Gültigkeit der übrigen.

437

8.3 Elektronischer Einkauf

Im Zuge der Rationalisierung einerseits und dem zunehmenden digitalen Informationsaustausch zwischen Geschäftspartnern kaufen Unternehmen immer mehr auf elektronischem Wege und nicht auf herkömmliche Weise mithilfe von Geschäftsbriefen ein. Grundsätzlich versteht man unter elektronischer Beschaffung (auch E-Procurement genannt) den Einkauf über das Internet oder anderen elektronischen Kommunikationsmöglichkeiten. Einerseits kann die elektronische Beschaffung bedeuten, dass der Informationsaustausch über E-Mail oder über Schnittstellen der ERP-Systeme zwischen Kunden und Lieferanten abläuft oder über Internetplattformen stattfindet. Weitestgehend gelten auch hierbei die allgemeinen Regelungen zum Zustandekommen des Kaufvertrags nach BGB.

8.3.1 Bestellung per E-Mail

Der herkömmliche Schriftverkehr per Post wird immer mehr durch die Kommunikation per E-Mail verdrängt. Wie auch für den Geschäftsbrief gibt es in der DIN 5008 auch Hinweise für die Gestaltung von betrieblichen E-Mails. Diese Vorgaben wurden bereits im Lernfeld 3 behandelt.

Kap. 9.5.4

8.3.2 Online-Einkauf über eine Internetplattform

Beim Onlinekauf über Internetplattformen unterscheidet man zwischen B2C (= Business to Customer) und B2B (= Business to Business). Kauft eine Privatperson über eine Internetplattform, z. B. www.amazon.de, eine Jogginghose, handelt es sich um B2C. Sind am Beschaffungsprozess zwei Handelspartner beteiligt, wie z. B. ein Beschaffungsprozess der Sportina AG, handelt es sich um B2B.

Des Weiteren unterscheidet man beim Internethandel zwischen E-Commerce und E-Procurement. Bei E-Commerce stehen die Vertriebsprozesse und beim E-Procurement die Einkaufsprozesse im Mittelpunkt.

Das E-Procurement lässt sich weiter nach einer Sell-Side-Lösung, einer Buy-Side-Lösung oder einem elektronischen Marktplatz differenzieren.

Bei der Sell-Side-Lösung stellt der Lieferant einen Online-Katalog zur Verfügung, die Kunden können sich einloggen und digital beschaffen. Im Sinne der digitalen Beschaffung bestellt der Kunde die Ware, z. B. durch Hineinlegen der Ware in einen digitalen Einkaufskorb mit anschließender digitaler Versendung der Bestellung. Hier braucht sich der Einkäufer um keine Beschaffungssoftware kümmern, allerdings muss er sich in unterschiedlichen Softwaresystemen der Lieferanten zurechtfinden. So könnte sich die Sportina AG auf die Internetplattform der Lieferanten einloggen und online bestellen.

Bei der Buy-Side-Lösung loggen sich die Lieferanten in die Einkaufssoftware des Kunden ein und rufen die Bedarfsdaten aus dem ERP-System des Kunden ab. Hierauf können die Lieferanten sofort reagieren und liefern. Haben mehrere Lieferanten Zugriff auf das ERP-System des Kunden, ist der Angebotsvergleich für den Einkäufer sehr einfach, ohne dass er sich in anderen Computersystemen und Produktkatalogen zurechtfinden muss, allerdings ist das einkaufende Unternehmen selbst für den Betrieb und die Pflege der Internetplattform zuständig.

Beim E-Procurement über den elektronischen Marktplatz greifen mehrere Lieferanten sowie mehrere Kunden auf einen elektronischen Marktplatz zu. Die Marktplatzbetreiber stellen sowohl für die Lieferanten wie auch für die Kunden eine Softwareschnittstelle zur Verfügung. Die Handelsplattform bietet einen unkomplizierten Informationsaustausch, unabhängig von räumlichen und zeitlichen Barrieren. So kann ein europäischer Kunde problemlos sofort bei einem chinesischen Unternehmen trotz unterschiedlicher Zeitzonen und räumlicher Entfernung bestellen. Dazu kann der Kunde schnell und einfach Preisvergleiche der angebotenen Ware durchführen. Ein Beispiel hierfür ist die Plattform www.alibaba.com. Hierzulande stellen insbesondere www.ebay.de und www.amazon.de elektronische Marktplätze dar. Für den Nutzen eines elektronischen Marktplatzes zahlen die Handelspartner Gebühren und Transaktionskosten an den Betreiber.

MERKE

Die Kunden und Lieferanten stehen sich im Gegensatz zu der Sell-Side- und Buy-Side-Lösung beim elektronischen Marktplatz gleichberechtigt gegenüber.

8.3.3 Elektronischer Einkauf über EDI

Der direkte elektronische Informationsaustausch zwischen nur zwei Handelspartnern kann per E-Mail-Verkehr oder per EDI (= Electronic Data Interchange) ablaufen.

Beispiel

Wird der Lagerbestand beim Kunden laut ERP-System unterschritten, wird eine Bestellung ausgelöst und an den Lieferanten gesendet. Daraufhin sendet das liefernde Unternehmen einerseits eine Auftragsbestätigung an den Kunden und setzt gleichzeitig einen Lieferauftrag in Gang usw.

Dieser Prozess kann automatisch und ohne menschliches Eingreifen erfolgen. Dies ist allerdings nur sinnvoll, wenn es sich um Einkaufsmaterialien handelt, die immer wieder benötigt werden, keine großen Verbrauchsschwankungen vorkommen und in gleichen Mengen bestellt werden soll. Andernfalls werden die Bestellvorschläge vom Sachbearbeiter geprüft, als Bestellungen übernommen und anschließend über elektronische Datenübertragung an den Lieferanten gesendet. Setzen die Handelspartner unterschiedliche ERP-Systeme ein, muss ein EDI-Konverter (= Übersetzungsprogramm) die Nachricht vom einen Geschäftspartner zum anderen übersetzen. Die Versendung von EDI-Nachrichten bringt auch Gefahren mit sich, deshalb werden bei Aufnahme der Geschäftsbeziehung EDI-Vereinbarungen getroffen. Vereinbart werden sollten:

- die zeitnahe Verarbeitung nach Empfang der EDI-Nachrichten
- das Treffen von Sicherheitsmaßnahmen zur Vermeidung von unberechtigtem Zugriff
- der Schutz personenbezogener Daten
- die Archivierung und Aufbewahrung der EDI-Nachrichten.

Durch den schnellen Datentransfer können Personal- und Materialkosten gespart werden, denn Routineaufgaben, wie z. B. das Schreiben von Angeboten, Bestellungen, Auftragsbestätigungen und Rechnungen, werden standardisiert und automatisiert und laufen papierlos ab.

9. Wareneingang und Lagerung

Im Anschluss an die Bestellung erfolgt üblicherweise die Lieferung der bestellten Waren. Die Waren müssen dann vom Käufer in Empfang genommen werden und bis zu ihrer Verwendung bzw. bis zum Verkauf gelagert werden.

9.1 Anlieferung der Ware

Wird die Ware geliefert, vollzieht sich dies in der Regel in folgenden Schritten:

Nachdem die Ware angeliefert wird ❶, ist es zunächst erforderlich, die Ware auf Mängel zu überprüfen ❷. Dies ist gesetzlich in § 377 HGB verankert.

§ 377 Abs. 1 HGB
Ist der Kauf für beide Teile ein Handelsgeschäft, so hat der Käufer die Ware unverzüglich nach der Ablieferung durch den Verkäufer, soweit dies nach ordnungsmäßigem Geschäftsgang tunlich ist, zu untersuchen und, wenn sich ein Mangel zeigt, dem Verkäufer unverzüglich Anzeige zu machen.

Zur Prüfung der Ware gehört, ob die Ware
- tatsächlich bestellt wurde
- an die richtige Lieferadresse gebracht wurde
- zur rechten Zeit geliefert wurde
- in Güte und Beschaffenheit der Bestellung entspricht
- in der richtigen Menge geliefert wurde.

Diese Kriterien werden anhand der Bestellung und des Lieferscheins sowie der Ware überprüft. In der Regel wird die Ware zunächst nur auf äußerlich erkennbare Mängel überprüft und nur stichprobenartig genauer untersucht. Sind keine Mängel vorhanden, werden der Lieferschein und die Lieferscheinkopie unterschrieben ❸.

Die Lieferscheinkopie kann der Spediteur nun mit zum Lieferanten zurücknehmen. Der Wareneingang kann anschließend im Warenwirtschaftssystem bzw. ERP-System erfasst werden. Nach Erfassung der Ware im System ❹ wird parallel dazu die Eingangsware nun noch einmal einer gründlicheren Prüfung unterzogen und schließlich eingelagert ❺. Der Lieferschein mit sonstigen Versandpapieren und eventuell notierten Mängeln

LF 3, Kap. 10.

geht an den Einkauf. Dort sind die Unterlagen zur Prüfung der zeitgleich oder kurz darauf eingehenden Rechnung erforderlich.

9.2 Organisation der Warenlagerung

Die Lagerhaltung dient dem zeitlichen Ausgleich vom Eingang der Ware bis zu ihrem Bedarf für die Produktion oder den Absatz. Durch die Bereitstellung der Ware im Lager ist diese jederzeit verfügbar. Allerdings darf die Lagermenge auch nicht zu hoch sein, da die Lagerhaltung Kosten verursacht. Kosten der Lagerhaltung sind beispielsweise Miete und/oder Abschreibungen für Lagergebäude und -einrichtungen sowie Lagerpersonal. Mit der Lagerung der Waren sind auch Risiken verbunden. Die Waren könnten durch technischen Fortschritt veralten, durch Modeentwicklungen keine Abnehmer mehr finden, gestohlen werden oder durch unsachgemäße Lagerung verderben.

 MERKE

Zur Lagerhaltung gehören nicht nur die Ein- und Auslagerung sowie die Erfassung von Warenbewegungen, sondern auch die Warenpflege, die die Verkaufs- bzw. Nutzungsbereitschaft der eingelagerten Objekte sicherstellt.

9.2.1 Eigen- oder Fremdlager

Damit die Ziele der optimalen Lagerhaltung erreicht werden, muss der Betrieb grundlegende Entscheidungen über die Lagerarten treffen, damit die Lagerung den betrieblichen Bedürfnissen und Erfordernissen genügt und die Kosten möglichst gering ausfallen.

Grundsätzlich ist zu entscheiden, ob ein Eigenlager oder ein Fremdlager sinnvoll ist. Bei einem Eigenlager handelt es sich um Lagerhaltung in eigenen Geschäftsräumen, mit eigenem Personal und auf eigenes Risiko. Voraussetzung ist, dass die Raumkapazität und das Personal mit Know-how vorhanden sind. Alternativ kann die Ware auch in einem Fremdlager deponiert werden. In diesem Fall obliegen die Verantwortung der Lagerung und das Risiko bei einem anderen Betrieb, der in der Regel auf die Lagerhaltung spezialisiert ist. Ob ein Eigenlager eingerichtet oder ein Fremdlager in Anspruch genommen wird, sollte unter anderem von einer Kostenanalyse abhängig sein.

MERKE

Bei einem Fremdlager sind die Kosten abhängig von der Stückzahl, dem Volumen oder dem Gewicht der Lagergüter, währenddessen beim Eigenlager fixe Kosten für Lagerräume und Lagereinrichtungen entstehen. Diese sind nur bedingt abhängig von der Lagermenge. Dazu fallen variable Kosten für Personal und Warenpflege an, welche von der Stückzahl abhängig sind.

9.2.2 Organisation des Lagers

Entscheidet man sich für Eigenlagerung, ist zu entscheiden, ob ein zentrales Lager oder ein dezentrales Lager eingerichtet werden soll. Wird es zentral geführt, ist die Ware an einem Ort eingelagert. Hier findet die Buchhaltung statt. Bei Bedarf gibt es nur eine Anlaufstelle. Beim dezentralen Lager werden die Waren an unterschiedlichen Plätzen aufbewahrt. Bei dieser Form besteht die Gefahr, dass der Überblick darüber verloren geht, welche Artikel vorrätig sind, wo sie sich befinden und wann sie wieder bestellt werden müssen. Vorteilhaft ist allerdings, wenn das dezentrale Lager direkt bei der Bedarfsstelle zu finden ist. In diesem Fall kann Transportzeit für die Beschaffung der Bedarfsgüter eingespart werden.

9.2.3 Bauformen des Lagers

Bei der Einrichtung eines Lagers sind unterschiedliche Bauformen möglich. Für Baustoffe sind Freilager sinnvoll. Dabei handelt es sich meistens um Schüttgüter, die witterungsunempfindlich sind. Aber auch durch Planen ausreichend geschützte landwirtschaftliche Produkte können in Freilagern untergebracht werden. Überwiegend findet man in der Landwirtschaft aber Silo- oder Tankanlagen für die Schüttgüter. Typisch für diese Art ist, dass neue Materialien oben eingegossen oder gekippt werden, währenddessen die Entnahme durch eine Auslaufeinrichtung am Boden erfolgt. Wird die Ware in Räumen untergebracht, ist man bestrebt, dass auf möglichst geringer Fläche viele Waren gelagert werden können. Bei schweren Artikeln, wie z. B. Maschinen, ist das nicht möglich, bei leichteren Artikeln können Etagenlager oder sogar Hochregallager eingerichtet werden. Hierbei sind Transporteinrichtungen erforderlich, die die Ware bis in die höchsten Regale befördern können.

9.2.4 Lagerplatzzuordnung

Bezüglich der Lagerplatzzuordnung muss sich das Unternehmen entscheiden, ob die Lagerartikel einen festen Lagerplatz bekommen sollen. Das Lagerpersonal weiß, wo die Artikel liegen und kann sie schnell wiederfinden. Spezifische Besonderheiten der Waren, die bei der Lagerung zu berücksichtigen sind, können besser berücksichtigt werden. Schwere Teile werden bei der Lagerung auf mehreren Ebenen eher unten, leichte Teile dagegen eher oben gelagert. Andernfalls können die Waren auch dort eingelagert werden, wo gerade Platz ist, was als chaotische Lagerhaltung bezeichnet wird. Variieren die Lagerbestände der Artikel, können bei diesem System die zur Verfügung stehenden Kapazitäten besser genutzt werden. Voraussetzung für die chaotische Lagerung ist, dass alle Artikel gekennzeichnet sind und alle Lagerbewegungen mit einem Warenwirtschaftssystem erfasst werden, damit jederzeit abgerufen werden kann, wo sich welche Artikel befinden.

MERKE

Der chaotischen Lagerhaltung sind allerdings insofern Grenzen gesetzt, dass nur Artikel mit ähnlichen Abmessungen in gleichen Lagerzellen gelagert werden können. Der Lagerplatz für Fitnessgeräte unterscheidet sich von einem Platz für Bälle.

9.3 Umweltaspekte bei der Lagerung

Bei der Lagerhaltung sind auch ökologische Gesichtspunkte zu berücksichtigen. Es gibt insbesondere für Gefahrenstoffe gesetzliche Vorschriften, wie diese zu lagern sind. Das Ziel der Gefahrstoffverordnung ist in § 1 festgelegt.

RECHTSGRUNDLAGE

§ 1 Abs. 1 Gefahrstoffverordnung
Ziel dieser Verordnung ist es, den Menschen und die Umwelt vor stoffbedingten Schädigungen zu schützen durch

1. Regelungen zur Einstufung, Kennzeichnung und Verpackung gefährlicher Stoffe und Zubereitungen,
2. Maßnahmen zum Schutz der Beschäftigten und anderer Personen bei Tätigkeiten mit Gefahrstoffen und
3. Beschränkungen für das Herstellen und Verwenden bestimmter gefährlicher Stoffe, Zubereitungen und Erzeugnisse.

So ist bei der Lagerung von Ölen zu beachten, dass die Behälter fest verschlossen sind und unter dem Regal Auffangbecken aufgestellt sind, damit das Öl im Falle des Auslaufens nicht in das Erdreich gelangt. Gefährliche Stoffe sind nach der neuen EU-Verordnung GHS (= Globally Harmonised System) als solche durch vorgegebene Symbole für Gefahrstoffe zu kennzeichnen:

https://www.dguv.de/ifa/gestis/gestis-stoffdatenbank/index.jsp

Symbol	Bedeutung
	Die explodierende Bombe weist auf explosionsgefährliche Stoffe hin.
	Das Flammensymbol weist auf leicht- bis hochentzündliche Stoffe hin.
	Die Flamme über einem Kreis kennzeichnet brandfördernde Stoffe.
	Der Totenkopf mit gekreuzten Knochen weist auf giftige bis sehr giftige Stoffe hin.
	Das Symbol der Ätzwirkung weist auf ätzende Stoffe hin.
	Das Ausrufezeichen weist auf gesundheitsgefährdende Materialien hin.
	Dieses Symbol zur Gesundheitsgefahr weist auf Stoffe hin, die schwere bzw. dauerhafte Schäden an der Gesundheit verursachen können.
	Das Umweltsymbol kennzeichnet umweltgefährdende Materialien.
	Die Gasflasche weist auf komprimierte Gase hin.

Quelle: http://www.unece.org/trans/danger/publi/ghs/pictograms.html (UNECE)

9.4 Die Wirtschaftlichkeit des Lagerungsprozesses

Das Ziel der Lagerhaltung ist darin zu sehen, ständige Lieferbereitschaft zu gewährleisten. Gleichzeitig soll die Lagerhaltung so kostengünstig wie möglich gestaltet sein. Beide Ziele können miteinander konkurrieren.

Das Bestandscontrolling versucht anhand von verschiedenen Kennzahlen die Wirtschaftlichkeit der Lagerhaltung zu überprüfen. Wie man den unten aufgeführten Formeln entnehmen kann, basieren alle Kennzahlen letztendlich auf dem durchschnittlichen Lagerbestand.

 MERKE

Lagerkennzahlen

durchschnittlicher Lagerbestand (Stück, Liter, …) =	A: $\dfrac{\text{Jahresanfangsbestand} + \text{Jahresendbestand}}{2}$
	B: $\dfrac{\text{Jahresanfangsbestand} + \text{12 Monatsendbestände}}{13}$
	C: $\dfrac{\text{opt. Bestellmenge}}{2} + \text{Sicherheitsbestand}$
durchschnittlicher Lagerwert (€) =	durchschnittlicher Lagerbestand · Bezugspreis (€)
Umschlagshäufigkeit =	$\dfrac{\text{Warenverbrauch (Wareneinsatz)}}{\text{durchschnittlicher Lagerbestand}}$
durchschnittliche Lagerdauer (Tage) =	$\dfrac{360 \text{ (Tage)}}{\text{Umschlagshäufigkeit}}$
Lagerzinssatz (%) =	$\dfrac{\text{Marktzinssatz pro Jahr (\%)} \cdot \text{durchschnittliche Lagerdauer (Tage)}}{360 \text{ Tage}}$

Lagerzinsen (€) =	$\dfrac{\text{Lagerzinssatz (\%)} \cdot \text{durchschnittlicher Lagerwert (€)}}{100}$

Der durchschnittliche Lagerbestand gibt Auskunft darüber, welche Bestandsmenge durchschnittlich im Lager ist. Der Lagerbestand kann in Stück, Liter, Quadrat- und Kubikmeter usw. erfasst und kann auf verschiedene Weise ermittelt werden. Variante A (siehe unten) ist recht ungenau, Variante B ist wesentlich genauer, vernachlässigt aber wie Variante A den Sicherheitsbestand (auch eiserner Bestand oder Mindestbestand genannt), Variante C berücksichtigt den Sicherheitsbestand, ist aber nur bei gleichmäßigem Lagerabgang anwendbar. Für die Berechnung des durchschnittlichen Lagerbestands mit dem Tabellenkalkulationsprogramm bietet sich die MITTELWERT-Funktion an. Bewertet man den durchschnittlichen Lagerbestand zum Bezugspreis, ergibt dies den durchschnittlichen Lagerwert in der Währungseinheit, z. B. in Euro.

Mit der Kenntnis des durchschnittlichen Lagerbestands kann die Umschlagshäufigkeit berechnet werden. Diese Kennzahl gibt an, wie oft der komplette Lagerbestand während eines Jahres umgeschlagen wurde, also wie oft die gesamten Waren in dem betrachteten Zeitraum aus dem Lager genommen wurden. Der Umschlagswert schwankt je nach Branche, Werkstoffart und Organisationsstandard des Unternehmens. Je höher die Umschlagshäufigkeit ist, desto kürzer ist der Zeitraum, in dem die Waren lagern. Die Lagerdauer gibt an, wie lange die Werkstoffe im Durchschnitt im Lager verbleiben, bevor sie weiterverarbeitet werden.

Die Kosten in Form von entgangenen Zinsen für das in den Lagerbeständen investierte Kapital (Lagerzinsen) werden mithilfe des Lagerzinssatzes ermittelt. Er gibt an, wie viel Prozent Zinsen vom Lagerwert dafür kalkuliert werden müssen. Für die Berechnung des Lagerzinssatzes wird ein (theoretischer) marktüblicher Zinssatz als Grundlage verwendet, der die Verzinsung des im Lager gebundenen Kapitals abbildet.

10. Kaufvertragsstörungen beim Einkauf

Im Kapitel 8 wurde das Zustandekommen von Kaufverträgen behandelt. Allerdings ergeben sich aus dem Kaufvertrag nach § 433 BGB sowohl für den Kunden, als auch für den Lieferanten Verpflichtungen.

Kap. 8.

10. Kaufvertragsstörungen beim Einkauf

RECHTSGRUNDLAGE

§ 433 BGB Vertragstypische Pflichten beim Kaufvertrag

(1) Durch den Kaufvertrag wird der Verkäufer einer Sache verpflichtet, dem Käufer die Sache zu übergeben und das Eigentum an der Sache zu verschaffen. Der Verkäufer hat dem Käufer die Sache frei von Sach- und Rechtsmängeln zu verschaffen.

(2) Der Käufer ist verpflichtet, dem Verkäufer den vereinbarten Kaufpreis zu zahlen und die gekaufte Sache abzunehmen.

Erfüllt einer der Vertragspartner seine Pflicht nicht, liegt eine Kaufvertragsstörung vor, die in den folgenden Kapiteln thematisiert wird. Unter welchen Voraussetzungen die Kaufvertragsstörung vorliegt und welche Rechte daraus für den Vertragspartner resultieren, ist ebenso im BGB bei den Rechtsvorgaben der Schuldverhältnisse geregelt.

10.1 Lieferverzug

Mit Abschluss des Kaufvertrags verpflichtet sich der Verkäufer, die bestellte Ware zur rechten Zeit am richtigen Ort zu übergeben, andernfalls liegt Lieferverzug vor. Das Vorliegen des Lieferverzugs ist in § 286 BGB geregelt.

RECHTSGRUNDLAGE

§ 286 BGB Verzug des Schuldners

(1) Leistet der Schuldner auf eine Mahnung des Gläubigers nicht, die nach dem Eintritt der Fälligkeit erfolgt, so kommt er durch die Mahnung in Verzug. Der Mahnung stehen die Erhebung der Klage auf die Leistung sowie die Zustellung eines Mahnbescheids im Mahnverfahren gleich.

(2) Der Mahnung bedarf es nicht, wenn

1. für die Leistung eine Zeit nach dem Kalender bestimmt ist,
2. der Leistung ein Ereignis vorauszugehen hat und eine angemessene Zeit für die Leistung in der Weise bestimmt ist, dass sie sich von dem Ereignis an nach dem Kalender berechnen lässt,
3. der Schuldner die Leistung ernsthaft und endgültig verweigert,
4. aus besonderen Gründen unter Abwägung der beiderseitigen Interessen der sofortige Eintritt des Verzugs gerechtfertigt ist.

[...]

(4) Der Schuldner kommt nicht in Verzug, solange die Leistung infolge eines Umstands unterbleibt, den er nicht zu vertreten hat.

MERKE

Die grundsätzliche Voraussetzung für einen Lieferverzug ist, dass der Lieferant trotz Fälligkeit nicht liefert und für die Verspätung selbst verantwortlich ist, z. B. durch fahrlässiges oder vorsätzliches Verhalten. Eine unverschuldete Lieferungsverzögerung liegt beispielsweise vor, wenn höhere Gewalt (z. B. Sturm, Hochwasser oder Streik) der Grund für den Verzug sind.

Zunächst ist zu klären, wann die Lieferung fällig ist: Ohne gesonderte Vereinbarung ist die Lieferung sofort fällig, andernfalls zum vereinbarten Termin. Die fällige Lieferung muss vom Kunden zunächst mit Setzen einer Nachfrist angemahnt werden. Hier regelt der Gesetzgeber allerdings folgende Ausnahmen: Wurde im Kaufvertrag der Termin kalendarisch festgelegt, z. B. „Liefertermin am 31.03.20.. fix", oder der Lieferzeitpunkt ist errechenbar („10 Tage nach Bestellungseingang"), dann ist eine Anmahnung nicht notwendig. Setzt sich der Lieferant selbst in Verzug, indem er z. B. dem Kunden mitteilt, dass er nicht mehr liefern kann oder will, ist ebenso eine Anmahnung der Lieferung nicht sinnvoll. Wenn schließlich die Lieferung keinen Sinn mehr hat, weil z. B. die Fan-Artikel für die WM 20.. nicht mehr benötigt werden, wenn sie erst nach der WM geliefert werden können, muss auch keine Nachfrist gesetzt werden.

MERKE

Zusätzliche Voraussetzungen für einen Lieferverzug sind:
- Der Lieferant liefert trotz Mahnung mit Fristsetzung nicht.
- Eine Mahnung ist nicht erforderlich, wenn:
  - der Lieferzeitpunkt bestimmbar oder errechenbar ist
  - der Lieferant sich selbst in Verzug setzt
  - die Lieferung ihren Zweck zu einem späteren Zeitpunkt nicht mehr erfüllen kann.

4 Sachgüter und Dienstleistungen beschaffen und Verträge schließen

Die Mahnung mit Fristsetzung bei einem Lieferverzug könnte wie folgt aussehen:

40 Jahre geballte Kompetenz in Sport und Fitness

Sportina AG • Holsterhauser Straße 202 • 44625 Herne

Figede e. K.
Frau Schütte
Dresdner Straße 2
01662 Meißen

Ihr Zeichen:	Schü
Ihre Nachricht:	08.10.20xx
Unser Zeichen:	Schn
Unsere Nachricht:	11.10.20xx
Name:	Carola Schnake
Telefon:	02323 5276-711
Telefax:	02323 5276-70
E-Mail:	schnake@sportina.de
Datum:	25.10.20xx

Bestellung Nr. 56 vom 11.10.20xx

Sehr geehrte Frau Schütte,

wir haben bei Ihnen mit oben genannter Bestellung

**50 Deutschland-Trikots, Artikelnr. 756489
zum Sonderpreis von 29,99 € je Stück
zzgl. 12,00 € Versandkosten**

geordert.

Sie haben uns die Lieferung innerhalb 8 Tagen mit Ihrer Auftragsbestätigung zugesagt. Inzwischen sind 14 Tage vergangen, ohne dass Sie uns einen Grund für die Verzögerung genannt haben. Bitte senden Sie uns die Ware bis zum 2. November 20xx zu.

Wenn die Trikots nicht bis zum 2. November 20xx eingetroffen sind, treten wir vom Kaufvertrag zurück und machen gegebenenfalls Schadenersatz geltend.

Freundliche Grüße

Sportina AG

Schnake

i. A. Carola Schnake

Sportina AG
Holsterhauser Straße 202
44625 Herne
Telefon 02323 52765-0
Telefax 02323 52765-70
E-Mail info@sportina.de
http://www.sportina.de

Handelsregistereintrag: HR-B 8765
Amtsgericht Herne
Vorstandsmitglieder:
Stefanie Ringhausen (Vorsitzende), Rüdiger Klinger
Aufsichtsratsvorsitzende: Claudia Voß

Bankverbindung: Volksbank Herne eG
Kontonummer: 135 74 68
Bankleitzahl: 430 605 99
IBAN: DE22 4306 0599 0001 3574 68
BIC: GENODEVBHER

Der Gesetzgeber sieht folgende Rechtsfolgen für den Käufer vor:
- Er kann auf die Erfüllung des Kaufvertrags seitens des Lieferanten bestehen. Dies ist z. B. sinnvoll, wenn die Verzögerung der Lieferung nicht von großer Bedeutung ist, oder es sich um eine Sonderanfertigung handelt, die man von einem anderen Lieferanten auch nicht so schnell bekommt. Unter der Voraussetzung, dass den Lieferanten ein Verschulden trifft und die Lieferung unter Berücksichtigung oben genannter Ausnahmen auch angemahnt wurde, kann der Käufer wegen der verspäteten Lieferung Schadenersatz verlangen.
- Wurde dem Lieferanten zuvor eine angemessen Frist gesetzt, die jedoch erfolglos verstrichen ist und hat der Lieferverzug erhebliche Auswirkungen auf den Käufer, dann kann er vom Kaufvertrag zurücktreten.

RECHTSGRUNDLAGE

§ 323 BGB Rücktritt wegen nicht oder nicht vertragsgemäß erbrachter Leistung
(1) Erbringt bei einem gegenseitigen Vertrag der Schuldner eine fällige Leistung nicht oder nicht vertragsgemäß, so kann der Gläubiger, wenn er dem Schuldner erfolglos eine angemessene Frist zur Leistung oder Nacherfüllung bestimmt hat, vom Vertrag zurücktreten.
(2) Die Fristsetzung ist entbehrlich, wenn
   1. der Schuldner die Leistung ernsthaft und endgültig verweigert,
   2. der Schuldner die Leistung bis zu einem im Vertrag bestimmten Termin oder innerhalb einer im Vertrag bestimmten Frist nicht bewirkt, obwohl die termin- oder fristgerechte Leistung nach einer Mitteilung des Gläubigers an den Schuldner vor Vertragsschluss oder auf Grund anderer den Vertragsabschluss begleitenden Umstände für den Gläubiger wesentlich ist, oder
   3. im Falle einer nicht vertragsgemäß erbrachten Leistung besondere Umstände vorliegen, die unter Abwägung der beiderseitigen Interessen den sofortigen Rücktritt rechtfertigen.
(3) Kommt nach der Art der Pflichtverletzung eine Fristsetzung nicht in Betracht, so tritt an deren Stelle eine Abmahnung.
(4) Der Gläubiger kann bereits vor dem Eintritt der Fälligkeit der Leistung zurücktreten, wenn offensichtlich ist, dass die Voraussetzungen des Rücktritts eintreten werden.
(5) Hat der Schuldner eine Teilleistung bewirkt, so kann der Gläubiger vom ganzen Vertrag nur zurücktreten, wenn er an der Teilleistung kein Interesse hat. Hat der Schuldner die Leistung nicht vertragsgemäß bewirkt, so kann der Gläubiger vom Vertrag nicht zurücktreten, wenn die Pflichtverletzung unerheblich ist.

(6) Der Rücktritt ist ausgeschlossen, wenn der Gläubiger für den Umstand, der ihn zum Rücktritt berechtigen würde, allein oder weit überwiegend verantwortlich ist oder wenn der vom Schuldner nicht zu vertretende Umstand zu einer Zeit eintritt, zu welcher der Gläubiger im Verzug der Annahme ist.

Der Rücktritt vom Kaufvertrag muss schriftlich mitgeteilt werden. Er ist vor allem dann sinnvoll, wenn die Ware auch problemlos bei einem anderen Lieferanten beschafft werden kann. Unter der Voraussetzung, dass den Lieferanten ein Verschulden trifft und die Lieferung unter Berücksichtigung oben genannter Ausnahmen auch angemahnt wurde, kann er statt der Lieferung Schadenersatz verlangen.

 RECHTSGRUNDLAGE

§ 281 BGB Schadensersatz statt der Leistung wegen nicht oder nicht wie geschuldet erbrachter Leistung

(1) Soweit der Schuldner die fällige Leistung nicht oder nicht wie geschuldet erbringt, kann der Gläubiger unter den Voraussetzungen des § 280 Abs. 1 Schadensersatz statt der Leistung verlangen, wenn er dem Schuldner erfolglos eine angemessene Frist zur Leistung oder Nacherfüllung bestimmt hat. Hat der Schuldner eine Teilleistung bewirkt, so kann der Gläubiger Schadensersatz statt der ganzen Leistung nur verlangen, wenn er an der Teilleistung kein Interesse hat. Hat der Schuldner die Leistung nicht wie geschuldet bewirkt, so kann der Gläubiger Schadensersatz statt der ganzen Leistung nicht verlangen, wenn die Pflichtverletzung unerheblich ist.

(2) Die Fristsetzung ist entbehrlich, wenn der Schuldner die Leistung ernsthaft und endgültig verweigert oder wenn besondere Umstände vorliegen, die unter Abwägung der beiderseitigen Interessen die sofortige Geltendmachung des Schadensersatzanspruchs rechtfertigen.

(3) Kommt nach der Art der Pflichtverletzung eine Fristsetzung nicht in Betracht, so tritt an deren Stelle eine Abmahnung.

(4) Der Anspruch auf die Leistung ist ausgeschlossen, sobald der Gläubiger statt der Leistung Schadensersatz verlangt hat.

Hat der Kunde bereits Ausgaben getätigt, weil er auf die Lieferung vertraut hat, kann er auch diese vergeblichen Aufwendungen zurückverlangen.

10. Kaufvertragsstörungen beim Einkauf

RECHTSGRUNDLAGE

§ 284 BGB Ersatz vergeblicher Aufwendungen
Anstelle des Schadensersatzes statt der Leistung kann der Gläubiger Ersatz der Aufwendungen verlangen, die er im Vertrauen auf den Erhalt der Leistung gemacht hat und billigerweise machen durfte, es sei denn, deren Zweck wäre auch ohne die Pflichtverletzung des Schuldners nicht erreicht worden.

MERKE

10.2 Annahmeverzug

Mit Abschluss des Kaufvertrags verpflichtet sich der Käufer, die gekaufte Ware abzunehmen, verweigert er dies jedoch, liegt ein Annahmeverzug vor.

RECHTSGRUNDLAGE

§ 293 BGB Annahmeverzug
Der Gläubiger kommt in Verzug, wenn er die ihm angebotene Leistung nicht annimmt.

MERKE

Die Voraussetzungen für einen Annahmeverzug sind laut Gesetzgeber, wenn die Ware auch tatsächlich zum rechten Zeitpunkt, in richtiger Menge am vereinbarten Ort angeboten wird und die Ware nicht angenommen wird, obwohl der Käufer dazu im Stande ist.

Genauso wie beim Lieferverzug kann in diesem Fall der Lieferant auf Vertragserfüllung bestehen. Zunächst muss er die Ware allerdings an einem neutralen Ort einlagern. Von diesem Zeitpunkt an muss der Kunde für Schäden an der Lieferung haften, wenn der Lieferant nicht absichtlich oder durch Unachtsamkeit für den Schaden verantwortlich ist. Andernfalls hat der Lieferant aber auch die Möglichkeit, vom Kaufvertrag zurückzutreten oder die Ware anderweitig zu verkaufen. In diesem Fall muss dem Käufer zuvor eine angemessene Frist gesetzt werden und ihn über Zeitpunkt und Ort des Verkaufs – der als Selbsthilfeverkauf bezeichnet wird – in Kenntnis setzen. Sind dem Verkäufer Kosten entstanden, beispielsweise für Lagerung, Verkauf und/oder Versteigerung, sind diese mit den Verkaufserlösen zu verrechnen und die Mehrkosten muss der Käufer tragen, Erlöse über die entstandenen Kosten hinaus sind wiederum an den Käufer auszuzahlen.

MERKE

10. Kaufvertragsstörungen beim Einkauf

Eine Mitteilung an den Kunden mit dem Bestehen auf Erfüllung des Kaufvertrags könnte folgendermaßen aussehen:

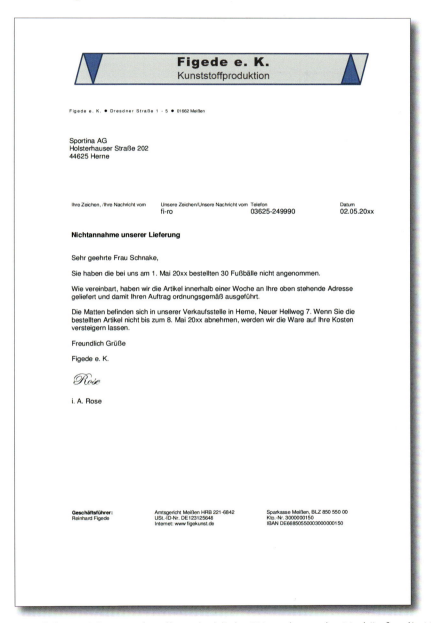

Handelt es sich um schnell verderbliche Ware, kann der Verkäufer die Ware sofort verkaufen, dies wird als Notverkauf (vgl. § 228 BGB) bezeichnet.

10.3 Mangelhafte Lieferung

Mit Abschluss des Kaufvertrags verpflichtet sich der Verkäufer, die Sache zu übergeben und das Eigentum an der Sache zu verschaffen, und zwar frei von Sach- und Rechtsmängeln.

 RECHTSGRUNDLAGE

§ 434 BGB Sachmangel
(1) Die Sache ist frei von Sachmängeln, wenn sie bei Gefahrübergang die vereinbarte Beschaffenheit hat. Soweit die Beschaffenheit nicht vereinbart ist, ist die Sache frei von Sachmängeln,
  1. wenn sie sich für die nach dem Vertrag vorausgesetzte Verwendung eignet, sonst
  2. wenn sie sich für die gewöhnliche Verwendung eignet und eine Beschaffenheit aufweist, die bei Sachen der gleichen Art üblich ist und die der Käufer nach der Art der Sache erwarten kann.

Zu der Beschaffenheit nach Satz 2 Nr. 2 gehören auch Eigenschaften, die der Käufer nach den öffentlichen Äußerungen des Verkäufers, des Herstellers (§ 4 Abs. 1 und 2 des Produkthaftungsgesetzes) oder seines Gehilfen insbesondere in der Werbung oder bei der Kennzeichnung über bestimmte Eigenschaften der Sache erwarten kann, es sei denn, dass der Verkäufer die Äußerung nicht kannte und auch nicht kennen musste, dass sie im Zeitpunkt des Vertragsschlusses in gleichwertiger Weise berichtigt war oder dass sie die Kaufentscheidung nicht beeinflussen konnte.

(2) Ein Sachmangel ist auch dann gegeben, wenn die vereinbarte Montage durch den Verkäufer oder dessen Erfüllungsgehilfen unsachgemäß durchgeführt worden ist. Ein Sachmangel liegt bei einer zur Montage bestimmten Sache ferner vor, wenn die Montageanleitung mangelhaft ist, es sei denn, die Sache ist fehlerfrei montiert worden.

(3) Einem Sachmangel steht es gleich, wenn der Verkäufer eine andere Sache oder eine zu geringe Menge liefert.

§ 435 BGB Rechtsmangel
Die Sache ist frei von Rechtsmängeln, wenn Dritte in Bezug auf die Sache keine oder nur die im Kaufvertrag übernommenen Rechte gegen den Käufer geltend machen können. Einem Rechtsmangel steht es gleich, wenn im Grundbuch ein Recht eingetragen ist, das nicht besteht.

MERKE

Sachmängel liegen laut Gesetzgeber vor, wenn die Sache zum Zeitpunkt des Gefahrenübergangs fehlerhaft ist. Dazu zählen:
- Mängel im Hinblick auf die Eigenschaft (falsche Art, andere oder fehlerhafte Beschaffenheit oder Produkteigenschaften, andere als die vereinbarte Qualität)
- Mängel in der Werbung/Produktkennzeichnung (nicht entsprechend den tatsächlichen Eigenschaften des Produkts)
- Mängel in der Montage und/oder Montageanleitung (fehlerfrei gelieferte Ware wird falsch durch den Monteur des Verkäufers installiert oder die Montageanleitung ist fehlerhaft, sodass die Ware durch den Käufer unwissentlich falsch montiert wird)
- Mängel in der Menge der gelieferten Ware.

Ein Rechtsmangel liegt vor, wenn Dritte noch Rechte auf die verkaufte Sache geltend machen können. Dies ist beispielsweise der Fall, wenn der Verkäufer nicht der Eigentümer der Sache ist.

Der Käufer muss dem Lieferanten den Mangel in einer Mängelrüge mitteilen. Hierfür sieht der Gesetzgeber folgende Fristen, abhängig von der Erkennbarkeit, vor.

 RECHTSGRUNDLAGE

§ 438 BGB Verjährung der Mängelansprüche
(1) Die in § 437 Nr. 1 und 3 bezeichneten Ansprüche verjähren
   1. in 30 Jahren, wenn der Mangel
      a) in einem dinglichen Recht eines Dritten, auf Grund dessen Herausgabe der Kaufsache verlangt werden kann, oder
      b) in einem sonstigen Recht, das im Grundbuch eingetragen ist, besteht,
   2. in fünf Jahren
      a) bei einem Bauwerk und
      b) bei einer Sache, die entsprechend ihrer üblichen Verwendungsweise für ein Bauwerk verwendet worden ist und dessen Mangelhaftigkeit verursacht hat, und
   3. im Übrigen in zwei Jahren.

(2) Die Verjährung beginnt bei Grundstücken mit der Übergabe, im Übrigen mit der Ablieferung der Sache.

(3) Abweichend von Absatz 1 Nr. 2 und 3 und Absatz 2 verjähren die Ansprüche in der regelmäßigen Verjährungsfrist, wenn der Verkäufer den Mangel arglistig verschwiegen hat. Im Falle des Absatzes 1 Nr. 2 tritt die Verjährung jedoch nicht vor Ablauf der dort bestimmten Frist ein.

[...]

 MERKE

- Ein offener Mangel ist sofort zu rügen.
- Ein versteckter Mangel ist sofort nach dem Entdecken zu rügen, spätestens aber zwei Jahre nach dem Kaufdatum.
- Ein arglistig verschwiegener Mangel ist ein Fehler, der absichtlich vom Lieferanten verschwiegen wird, um den Käufer zu täuschen. Nach dem Entdecken dieses Mangels hat der Kunde eine dreijährige Frist, vom 31.12. des Jahres beginnend, in dem er den Mangel entdeckt hat.

Der Gesetzgeber sieht bei einer mangelhaften Lieferung folgende Rechte für den Käufer vor:

 RECHTSGRUNDLAGE

§ 437 BGB Rechte des Käufers bei Mängeln
Ist die Sache mangelhaft, kann der Käufer, wenn die Voraussetzungen der folgenden Vorschriften vorliegen und soweit nicht ein anderes bestimmt ist,
1. nach § 439 Nacherfüllung verlangen,
2. nach den §§ 440, 323 und 326 Abs. 5 von dem Vertrag zurücktreten oder nach § 441 den Kaufpreis mindern und
3. nach den §§ 440, 280, 281, 283 und 311a Schadensersatz oder nach § 284 Ersatz vergeblicher Aufwendungen verlangen.

§ 439 BGB Nacherfüllung
(1) Der Käufer kann als Nacherfüllung nach seiner Wahl die Beseitigung des Mangels oder die Lieferung einer mangelfreien Sache verlangen.

(2) Der Verkäufer hat die zum Zwecke der Nacherfüllung erforderlichen Aufwendungen, insbesondere Transport-, Wege-, Arbeits- und Materialkosten zu tragen.

[...]

(4) Der Verkäufer kann die vom Käufer gewählte Art der Nacherfüllung unbeschadet des § 275 Abs. 2 und 3 verweigern, wenn sie nur mit unverhältnismäßigen Kosten möglich ist. Dabei sind insbesondere der Wert der Sache in mangelfreiem Zustand, die Bedeutung des Mangels und die Frage zu berücksichtigen, ob auf die andere Art der Nacherfüllung ohne erhebliche Nachteile für den Käufer zurückgegriffen werden könnte. Der Anspruch des Käufers beschränkt sich in diesem Fall auf die andere Art der Nacherfüllung; das Recht des Verkäufers, auch diese unter den Voraussetzungen des Satzes 1 zu verweigern, bleibt unberührt.

(5) Liefert der Verkäufer zum Zwecke der Nacherfüllung eine mangelfreie Sache, so kann er vom Käufer Rückgewähr der mangelhaften Sache nach Maßgabe der §§ 346 bis 348 verlangen.

§ 440 BGB Besondere Bestimmungen für Rücktritt und Schadensersatz
Außer in den Fällen des § 281 Abs. 2 und des § 323 Abs. 2 bedarf es der Fristsetzung auch dann nicht, wenn der Verkäufer beide Arten der Nacherfüllung gemäß § 439 Abs. 3 verweigert oder wenn die dem Käufer zustehende Art der Nacherfüllung fehlgeschlagen oder ihm unzumutbar ist. Eine Nachbesserung gilt nach dem erfolglosen zweiten Versuch als fehlgeschlagen, wenn sich nicht insbesondere aus der Art der Sache oder des Mangels oder den sonstigen Umständen etwas anderes ergibt.

 MERKE

Zunächst muss dem Verkäufer die Möglichkeit der Nachbesserung oder Ersatzlieferung gegeben werden. Der Käufer entscheidet dabei, welche Maßnahme zur Beseitigung des Mangels durchgeführt werden soll. Allerdings kann der Verkäufer die Wahl ablehnen, wenn dadurch unverhältnismäßige Belastungen für ihn entstehen. Ist die Beseitigung des Mangels nach zwei Versuchen fehlgeschlagen oder für den Käufer nicht zumutbar, kann er Preisminderung verlangen. Trifft den Lieferanten eine Schuld für den Mangel, kann der Kunde zusätzlich noch Schadenersatz geltend machen, obwohl der Lieferant seine Leistung erbracht und/oder den Preis gemindert hat. Der Schaden muss allerdings nachgewiesen werden. Bei einem erheblichen Mangel kann der Kunde auch vom Kaufvertrag zurücktreten, und, wenn den Lieferanten wiederum ein Verschulden trifft, Schadenersatz statt

Leistung verlangen. Wurden schon Ausgaben getätigt, weil der Kunde auf die Lieferung vertraut hat, kann er auch diese vergeblichen Aufwendungen geltend machen.

Das vorrangige Recht des Käufers ist demnach zunächst die Ersatzlieferung oder Nachbesserung, vorausgesetzt der Kunde schreibt unverzüglich eine Mängelrüge. Diese könnte folgendermaßen aussehen:

40 Jahre geballte Kompetenz in Sport und Fitness

Sportina AG • Holsterhauser Straße 202 • 44625 Herne

Ihr Zeichen:	Schü
Ihre Nachricht:	08.10.20xx
Unser Zeichen:	Schn
Unsere Nachricht:	11.10.20xx

Figede e. K.
Frau Schütte
Dresdner Straße 2
01662 Meißen

Name:	Carola Schnake
Telefon:	02323 5276-711
Telefax:	02323 5276-70
E-Mail:	schnake@sportina.de
Datum:	27.10.20xx

Mängelrüge zu unserer Bestellung Nr. 56 vom 11.10.20xx
Ihr Lieferschein Nr. 1152 vom 26.10.20xx

Sehr geehrte Frau Schütte,

Ihre oben genannte Lieferung ist heute bei uns eingegangen. Beim Auspacken haben wir festgestellt, dass es sich bei 10 der bestellten Artikel um Trikots der italienischen – statt wie vereinbart der deutschen Nationalmannschaft handelt.

Bitte liefern Sie uns umgehend 10 Deutschlandtrikots (Artikelnummer 756849) nach. Die falsch gelieferte Ware liegt bei uns zur Abholung bereit.

Die Rechnung zahlen wir 14 Tage nach Erhalt der Ersatzlieferung.

Freundliche Grüße

Sportina AG

Schnake

i. A. Carola Schnake

Sportina AG
Holsterhauser Straße 202
44625 Herne
Telefon 02323 52765-0
Telefax 02323 52765-70
E-Mail info@sportina.de
http://www.sportina.de

Handelsregistereintrag: HR-B 8765
Amtsgericht Herne
Vorstandsmitglieder:
Stefanie Ringhausen (Vorsitzende), Rüdiger Klinger
Aufsichtsratsvorsitzende: Claudia Voß

Bankverbindung: Volksbank Herne eG
Kontonummer: 135 74 68
Bankleitzahl: 430 605 99
IBAN: DE22 4306 0599 0001 3574 68
BIC: GENODEVBHER

11. Rechnungseingang und Zahlungsfristen

11.1 Rechnungseingang und Überwachung offener Posten

Nachdem eine Lieferung eingegangen ist, kommt in der Regel auch die dazugehörige Eingangsrechnung per Post oder digital, mit der die gelieferte Ware berechnet wird. Sowohl die in Papierform, als auch die elektronisch erhaltenen Rechnungen müssen geprüft und zehn Jahre aufbewahrt bzw. digital gespeichert werden.

Die Rechnungsprüfung erstreckt sich auf die sachliche und rechnerische Richtigkeit und hilfreich ist hierfür der Abgleich der Rechnung mit dem Angebot, der Bestellung und dem Lieferschein. In der Regel wird ein Prüfungsstempel auf die Rechnung gesetzt.

Man unterscheidet nach der sachlichen und rechnerischen Richtigkeit. Bei der sachlichen Prüfung wird untersucht, ob die Ware den Vereinbarungen aus dem Kaufvertrag in folgenden Punkten entspricht:

Rechnungsprüfung
Vergleiche mit Bestellung ....
Warenanlieferung   einwandfrei
                    zu beanstanden
Rechnerisch richtig ....
Name ....

- Ist die Anschrift des Rechnungsstellers korrekt?
- Passt das Rechnungsdatum?
- Ist der Wareneingang in richtiger Güte, Qualität und Menge am rechten Ort erfolgt?
- Hat sich der Lieferant an die Lieferbedingungen gehalten?
- Sind die Zahlungsbedingungen wie vereinbart?
- Entsprechen die Preise, Nachlässe und Bezugskosten denen aus dem Angebot?
- Wurde die Umsatzsteuer gesondert ausgewiesen und ist der Umsatzsteuersatz korrekt?
- Enthält die Rechnung die Kontodaten des Rechnungsstellers?

Bei der rechnerischen Prüfung wird kontrolliert, ob die Rechenwege und -operationen korrekt durchgeführt wurden.

LF 3, Kap. 11.

INFO

Der ausgewiesene Umsatzsteuersatz auf Rechnungen beträgt in Deutschland für sämtliche Lieferungen und Leistungen 19 %. Ausnahmen sind in § 12 Umsatzsteuergesetz geregelt. 7 % Umsatzsteuer gelten z. B. für Lebensmittel, Bücher und Zeitschriften, Kunstgegenstände, Hotelübernachtungen. Umsatzsteuerfrei sind Export- und innergemeinschaftliche Lieferungen, Vermietung und Kreditvergabe usw.

Ist die Rechnung korrekt, wird dies auf der Rechnung mithilfe des Rechnungsprüfungsstempels vermerkt und in das Rechnungseingangsbuch eingetragen, damit sie pünktlich bezahlt wird.

Die Rechnung wird nun in der Finanzbuchhaltung als offener Posten (OP) behandelt, der zum richtigen Zeitpunkt ausgeglichen werden muss.

In der Offene-Posten-Liste sind alle offenen Posten mit Rechnungsdatum, Betrag, Lieferant und Zahlungsbedingungen aufgeführt. In regelmäßigen Abständen wird überprüft, welche Rechnung bezahlt werden muss.

Dazu enthält die Liste genauere Informationen darüber, ob eine Rechnung bezahlt werden kann oder sie auf Zahlungsstopp steht. Denn sind vom Lieferanten noch Reklamationen zu erledigen, wird die Zahlung oft noch zurückgehalten oder nur ein Teilbetrag bezahlt, bis die Reklamation erledigt ist. Besteht nur eine Reklamation in geringem Wert einer Lieferung, ist es allerdings nicht rechtens, den gesamten Rechnungsbetrag auf Zahlungsstopp zu setzen.

11.2 Die Zahlung unter Ausnutzung von Skonto

Auf einer Rechnung ist es nicht nur wichtig zu vermerken, an wen mit welcher Bankverbindung zu zahlen ist, sondern auch zu welchem Termin. Dies ist in der Regel den Zahlungsbedingungen zu entnehmen. Typische Klauseln für Zahlungsbedingungen sind „zahlbar innerhalb 10 Tagen mit 2 % Skonto oder netto in 14 Tagen". In diesem Fall ist entweder 10 Tage nach Rechnungsdatum unter Abzug von 2 % Skonto vom Bruttorechnungsbetrag zu zahlen oder nach 14 Tagen ohne Abzug. Der Skontoabzug ist somit eine Belohnung für pünktliche Regulierung.

MERKE

Vorteil des Skontoabzugs für den Kunden ist der geminderte Zahlungsbetrag und für den Lieferanten, dass sein Kunde die Geldschuld pünktlich bezahlt.

Der effektive Jahreszinssatz des Skontonachlasses ist sogar so hoch, dass es sich sogar für Unternehmen, die gerade in Zahlungsschwierigkeiten stecken, lohnt, den Zahlungsbetrag von der Bank zu leihen und an die Bank die Zinsen zu zahlen. Zur Verdeutlichung folgendes Beispiel:

Beispiel

Das Unternehmen Figede stellt der Sportina AG eine Rechnung über 800 €. Die Zahlungsbedingung lautet: „zahlbar innerhalb 10 Tagen mit 2 % Skonto oder ohne Abzug in 30 Tagen".

Rechnungsbetrag:	800 €
Skontoabzug (2 %):	16 €
Zahlbetrag:	784 €
Verkürzte Zahlungsfrist:	20 Tage

Es stellt sich nun die Frage, wie hoch die Verzinsung des Nettobetrags für die 20 Tage ist:

Hierfür gibt es die Zinsformel

$$\text{Zinsen} = \frac{\text{Kapital (€)} \cdot \text{Prozent (\%)} \cdot \text{Tage}}{100\,\% \cdot 360\,\text{Tage}}$$

, die nach dem Prozentsatz umgestellt werden muss:

$$\text{Prozent} = \frac{\text{Zinsen (€)} \cdot 100\,\% \cdot 360\,\text{Tage}}{\text{Kapital (€)} \cdot \text{Tage}}$$

Man setzt die Werte in die Formel ein:

$$\text{Prozent} = \frac{16\,€ \cdot 100\,\% \cdot 360\,\text{Tage}}{784\,€ \cdot 20\,\text{Tage}} \approx 36{,}73\,\%$$

Die effektive Verzinsung des Zahlbetrags liegt somit bei 36,73 %. Da es bei keiner Bank eine solch hohe Verzinsung für ein Darlehen gibt, lohnt es sich auf jeden Fall pünktlich zu bezahlen und Skonto abzuziehen.

In der betrieblichen Praxis können auch gestaffelte Skontobedingungen festgelegt werden (z. B. „Die Rechnung ist netto zahlbar innerhalb von 30 Tagen. Wenn Sie innerhalb von 7 Tagen zahlen, gewähren wir Ihnen 2 % Skonto, bei einer Zahlung innerhalb von 14 Tagen 1 % Skonto.").

11.3 Zahlungsverzug

Die vierte mögliche Störung beim Kaufvertrag ist das Versäumnis des Kunden, pünktlich zu zahlen.

 MERKE

Ein Zahlungsverzug liegt vor, wenn der Käufer nicht rechtzeitig bezahlt und vorsätzlich oder fahrlässig handelt, also den Zahlungsverzug zu vertreten hat.

Die Rechtsgrundlagen dazu sind in den §§ 286 ff. BGB geregelt.

Zu folgenden Zeitpunkten gerät der Kunde in Zahlungsverzug:
- Wenn nichts Genaues bestimmt wurde, ist eine Rechnung sofort nach Zugang fällig und der Kunde befindet sich nach 30 Tagen in Verzug (= 30-Tage-Regelung). Bei einem einseitigen Handelsgeschäft muss der Lieferant allerdings ausdrücklich auf diese 30-Tage-Regel hinweisen und es reicht keine Klausel in den AGBs. Hier wäre der Vermerk „Wir bitten um sofortige Zahlung, da 30 Tage nach Erhalt der Rechnung die gesetzlich festgelegten Verzugszinsen anfallen." notwendig. Bei einem zweiseitigen Handelskauf ist der Hinweis nicht vorgeschrieben.
Bestreitet der Kunde, dass er die Rechnung erhalten hat, ist nach § 286 BGB der Liefertermin maßgeblich, nämlich der Zeitpunkt der Gegenleistung. Dieser liegt meistens noch vor dem Rechnungsdatum.
- Der Zahlungsverzug kann auch vor den 30 Tagen eintreten, z. B. wenn der Zahlungstermin kalendermäßig genau bestimmt wurde (Zahlung am 5. Juni 20.. oder Zahlung nach 14 Tagen ab Rechnungsdatum). Wurde der Zahlungstermin nicht genau bestimmt (z. B. zwei Wochen nach Rechnungserhalt), muss dem Kunden zusätzlich noch mit einer Mahnung ein kalendarisch festgelegter Termin gesetzt werden.

MERKE

Die Rechte des Verkäufers bei einem Zahlungsverzug sind vergleichbar mit dem Lieferungsverzug. Der Verkäufer kann:

- sofort auf Zahlung bestehen und/oder Schadenersatz einfordern
- nachdem dem Käufer eine angemessene Nachfrist gesetzt wurde und diese abgelaufen ist, vom Kaufvertrag zurückzutreten und/oder Schadenersatz statt der Leistung verlangen oder Ersatz vergeblicher Aufwendungen einfordern. Der Rücktritt vom Kaufvertrag ist sinnvoll, wenn bekannt ist, dass der Käufer zahlungsunfähig ist und die Ware noch nicht verarbeitet worden bzw. noch vorhanden ist.

LF 4, Kap. 10.1

Die Höhe der Verzugszinsen und des Verzugsschadens regelt der § 288 BGB.

RECHTSGRUNDLAGE

§ 288 BGB Verzugszinsen und sonstiger Verzugsschaden
(1) Eine Geldschuld ist während des Verzugs zu verzinsen. Der Verzugszinssatz beträgt für das Jahr fünf Prozentpunkte über dem Basiszinssatz.
(2) Bei Rechtsgeschäften, an denen ein Verbraucher nicht beteiligt ist, beträgt der Zinssatz für Entgeltforderungen neun Prozentpunkte über dem Basiszinssatz.
(3) Der Gläubiger kann aus einem anderen Rechtsgrund höhere Zinsen verlangen.
(4) Die Geltendmachung eines weiteren Schadens ist nicht ausgeschlossen.
(5) Der Gläubiger einer Entgeltforderung hat bei Verzug des Schuldners, wenn dieser kein Verbraucher ist, außerdem einen Anspruch auf Zahlung einer Pauschale in Höhe von 40 Euro. Dies gilt auch, wenn es sich bei der Entgeltforderung um eine Abschlagszahlung oder sonstige Ratenzahlung handelt. Die Pauschale nach Satz 1 ist auf einen geschuldeten Schadenersatz anzurechnen, soweit der Schaden in Kosten der Rechtsverfolgung begründet ist.

Liegt demnach der Basiszinssatz wie im Januar 2020 bei -0,88 %, so beträgt der Verzugszinssatz bei einem zweiseitigen Handelskauf 8,17 % und bei einem einseitigen Handelskauf 4,12 %.

Beispiel

Die Verzugszinsen lassen sich wie folgt ermitteln: Eine Forderung über 2.000 € aus einem zweiseitigen Handelsgeschäft wird am 1. Mai 20.. fällig und die Überweisung des Zahlbetrags erfolgt erst am 25. Mai 20... So befindet sich der Kunde ab dem 3. Mai 20.. im Zahlungsverzug (Da der 1. Mai ein Feiertag ist, verschiebt sich die Fälligkeit nach § 193 BGB um einen Tag.). Dem Kunden können dann Verzugszinsen für 22 Tage in Rechnung gestellt werden. Liegt der Basiszinssatz bei -0,88 %, so beträgt der Verzugszinssatz 8,12 %. Dies bedeutet, dass dem Kunden folgende Zinsen in Rechnung gestellt werden:

$$\text{Zinsen} = \frac{2.000 \text{ €} \cdot 8{,}12\text{ \%} \cdot 22 \text{ Tage}}{100\text{ \%} \cdot 360 \text{ Tage}} = 9{,}92 \text{ €}$$

Zusätzlich können dem Kunden pauschal 40 € in Rechnung gestellt werden, die dann mit Schadenersatzansprüchen verrechnet werden.

Um die Kunden nicht zu verärgern, werden in der Regel zunächst freundlich gemeinte Zahlungserinnerungen mit einem kalendermäßig fixierten Termin verschickt. So könnte eine erste Mahnung so aussehen:

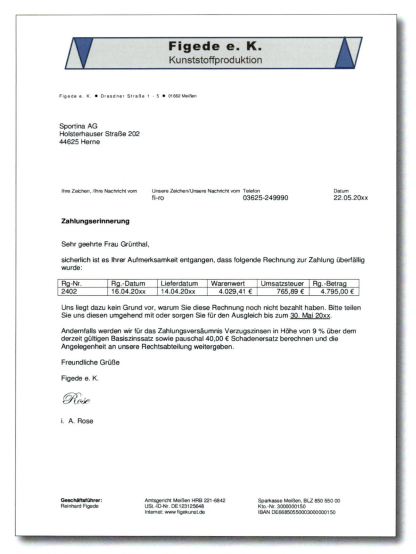

Eine Mahnung sollte auf jeden Fall die Rechnungsnummer mit Rechnungsdatum und Rechnungsbetrag sowie das Lieferdatum enthalten. Eventuell kann der Mahnung auch eine Kopie der Rechnung beigefügt werden, damit der Kunde die Überweisung auch dann tätigen kann, wenn die Rechnung abhandengekommen ist. Befindet sich der Kunde tatsächlich im Zahlungsverzug, kann die Mahnung

Verzugszinsen einfordern und es können die Konsequenzen aufgeführt werden, die aus dem Zahlungsverzug entstanden sind.

Wenn ein Kunde im Zahlungsverzug nicht auf die oben beschriebenen Maßnahmen des außergerichtlichen (kaufmännischen) Mahnverfahrens reagiert, kann ein Gläubiger bei einem Amtsgericht einen Antrag auf Erlass eines Mahnbescheides stellen. Dadurch wird das gerichtliche Mahnverfahren eingeleitet. Der Mahnbescheid stellt eine Mahnung von Amts wegen dar, wodurch der Schuldner gerichtlich aufgefordert wird, den ausstehenden Betrag binnen einer Frist von zwei Wochen zu zahlen oder Widerspruch zu erheben.

Der Antrag auf einen Mahnbescheid muss entweder schriftlich mithilfe eines Formulars oder im Onlineverfahren beim Amtsgericht eingereicht werden. Das Amtsgericht erlässt daraufhin den Mahnbescheid, wobei nicht überprüft wird, ob der Anspruch zu Recht besteht.

Der Mahnbescheid wird dem Schuldner vom Gericht zugestellt und der Schuldner hat nun drei Möglichkeiten darauf zu reagieren:
- Der Schuldner zahlt den Forderungsbetrag und sämtliche Kosten des Verfahrens an den Gläubiger. In diesem Fall ist das Verfahren beendet.
- Der Schuldner unternimmt nichts. Der Gläubiger kann nach Ablauf der Widerspruchsfrist von zwei Wochen einen Vollstreckungsbescheid binnen sechs Monaten beim Amtsgericht beantragen.
- Der Schuldner erhebt Widerspruch innerhalb von zwei Wochen beim zuständigen Amtsgericht. Nun kann der Gläubiger einen Zivilprozess beim Amtsgericht (Streitwert bis 5.000 €) bzw. beim Landgericht (Streitwert über 5.000 €) beantragen, welches die Rechtmäßigkeit der Forderung prüft. Wenn das Gericht die Rechtmäßigkeit feststellt, erhält der Gläubiger einen Vollstreckungsbescheid.

Hat der Gläubiger beim Amtsgericht einen Vollstreckungsbescheid beantragt, wird dieser dem Schuldner vom Amtsgericht durch einen Vollstreckungsbeamten zugestellt. Der Schuldner hat nun wiederum drei Möglichkeiten:
- Der Schuldner zahlt den Forderungsbetrag und sämtliche Kosten des Verfahrens an den Gläubiger. In diesem Fall ist das Verfahren beendet.
- Der Schuldner unternimmt nichts. Der Gläubiger kann nach Ablauf der Einspruchsfrist von zwei Wochen durch den Vollstreckungsbeamten beim Schuldner eine Zwangsvollstreckung (= Pfändung) vornehmen lassen, d. h. der Vollstreckungsbeamte pfändet beim Schuldner verwertbare Gegenstände, in dem er diese mit einem Pfandsiegel (umgangssprachlich: Kuckuck) versieht.
- Der Schuldner erhebt Einspruch innerhalb der Einspruchsfrist von zwei Wochen. Auf Antrag des Gläubigers kommt es erneut zum Zivilprozess beim zuständigen Amts- bzw. Landgericht. Wird der Vollstreckungsbescheid durch das Gericht bestätigt, erfolgt wiederum die Zwangsvollstreckung.

Bei einer Zwangsvollstreckung dürfen nicht alle verwertbaren Gegenstände gepfändet werden. Nicht pfändbar sind bei Privatpersonen Gegenstände, die für eine bescheidene Lebensführung benötigt werden (Kleidung, Möbel, Radiogerät usw.). Hat der Vollstreckungsbeamte auf Antrag des Gläubigers beim Schuldner verwertbare Gegenstände gepfändet, werden diese versteigert. Der Gläubiger erhält den Erlös der Versteigerung abzüglich der entstandenen Versteigerungskosten bis zur Höhe seiner Forderungen. Zusätzliche Erlöse über die Forderungssumme hinaus werden dem Schuldner ausgezahlt.

Ist eine Zwangsvollstreckung mangels verwertbaren Gegenständen beim Schuldner erfolglos und hat der Gläubiger den Eindruck, dass der Schuldner verwertbare Gegenstände unterschlägt, kann der Gläubiger von dem Schuldner eine Vermögensauskunft (auch eidesstattliche Versicherung genannt) verlangen.

Um Zahlungssäumnisse im Vorfeld gering zu halten, sollten Unternehmen bei neuen Kunden zunächst herausfinden, ob das Unternehmen liquide ist und es in der Vergangenheit seinen Zahlungsverpflichtungen nachgekommen ist.

Hierzu ist eine Anfrage bei der SCHUFA (= Schutzgemeinschaft für allgemeine Kreditsicherung) möglich. Bei der SCHUFA können Unternehmen bei berechtigtem Interesse (z. B. bei einer Lieferung oder Dienstleistung ohne Vorkasse) Auskünfte über einen Kunden einholen. Die SCHUFA bekommt ihre Informationen von Vertragspartnern, in der Regel Kreditinstituten, Versandhandelsunternehmen oder Telekommunikationsgesellschaften, und kann Auskunft über Bankkonten, Kreditkarten, Ratenzahlungsgeschäfte, Kredite, Bürgschaften usw. geben.

Ist sich ein Unternehmen unsicher, ob ein Kunde – insbesondere ein Neukunde – beliefert werden soll, könnte man ihn um Vorkasse oder Anzahlung bitten.

Gleichzeitig sollten sich Kunden über neue Lieferanten eine Auskunft einholen, bevor sie Anzahlungen leisten.

12. Zahlungsverkehr

Die herkömmliche Einteilung des Zahlungsverkehrs unterscheidet man nach unterschiedlichen Merkmalen:

- Welches Zahlungsmittel wird gewählt?
  Wird mit Geld, Gold, Gutscheinen, Wertpapieren usw. bezahlt?
- Ist ein Konto für die Zahlung notwendig?
  Die Barzahlung wird ohne Konto abgewickelt, für die halbbare Zahlung benötigt entweder der Zahler oder der Geldempfänger ein Konto und bei der bargeldlosen Zahlung benötigen beide ein Konto.

▸ Wann ist der Zahlungszeitpunkt?
Die Vorkasse wird vor der Lieferleistung gezahlt, bei der Sofortzahlung und per Nachnahme wird Zug um Zug die Warenschuld mit der Geldschuld beglichen. Bei der Zahlung auf Ziel, in Raten oder beim Kreditkauf zahlt der Kunde erst nach Erhalt der Lieferleistung.

12.1 Bare und halbbare Zahlung

Ist die Zahlung fällig, muss die Rechnung beglichen werden. Für die Regulierung stehen unterschiedliche Zahlungsmöglichkeiten zu Verfügung. Nach einer Studie des EHI Retail Institutes von 2017 wurde im Einzelhandel im Jahr 2016 zu 51,3 % bar bezahlt.

Als Barzahlung wird dabei der Austausch von Bargeld in Form von Scheinen und Münzen gegen die gekaufte Ware bezeichnet. Hierbei benötigt weder der Zahlungspflichtige noch der Zahlungsempfänger ein Konto.

In Deutschland gilt die Währung Euro als gesetzliches Zahlungsmittel und herrscht eine Annahmepflicht. Dadurch ist jeder Zahlungsempfänger verpflichtet zur Begleichung einer Geldschuld Bargeld zu akzeptieren. Die Bezahlung der Geldschuld mit einem anderen Zahlungsmittel (z. B. Zahlung per Überweisung) ist nur dann verbindlich möglich, wenn diese Möglichkeit zwischen den beteiligten Parteien vorher vereinbart wurde.

Für die Annahmepflicht für Bargeld gelten jedoch einige Ausnahmen:

▸ Laut § 3 Absatz 1 MünzG ist niemand verpflichtet, mehr als 50 Münzen anzunehmen. Für deutsche Euro-Gedenkmünzen gilt eine Grenze von 200 €, ab der eine Zahlung ebenfalls abgelehnt werden kann.
▸ Der Zahlungspflichtige und der Zahlungsempfänger können vorher vereinbaren, dass die Geldschuld nicht mit Bargeld bzw. nur eingeschränkt erfüllt werden kann. Auf diese Weise kann der Zahlungsempfänger nicht gezwungen werden, eine Zahlung mittels Banknoten oder Münzen zu akzeptieren oder die Annahme kann nur auf bestimmte Münzen und Scheine beschränkt werden.

Als Nachweis für die Barzahlung hat der Zahlungspflichtige ein Recht auf eine Quittung oder einen Kassenbeleg.

 RECHTSGRUNDLAGE

§ 362 BGB Erlöschung eines Schuldverhältnisses durch Leistung
(1) Das Schuldverhältnis erlischt, wenn die geschuldete Leistung an den Gläubiger bewirkt wird.

§ 368 BGB Quittung
Der Gläubiger hat gegen Empfang der Leistung auf Verlangen ein schriftliches Empfangsbekenntnis (Quittung) zu erteilen.

Jede Quittung sollte folgende Angaben enthalten:
- Fortlaufende Quittungsnummer
- Ort und Tag der Zahlung
- Unterschrift und Stempel des Zahlungsempfängers
- Firma/Name des Zahlungsempfängers (ggf. durch Stempel)
- Straße und Hausnummer des Zahlungsempfängers (ggf. durch Stempel)
- Postleitzahl und Ort des Zahlungsempfängers (ggf. durch Stempel)
- Zweck bzw. Grund der Zahlung (z. B. den Kauf bestimmter Produkte)
- Nettobetrag
- Geltender Umsatzsteuer-/Mehrwertsteuersatz
- Gesamter Bruttobetrag (in Ziffern und ggf. in Worten) inklusive Währung
- Empfangsbestätigung des Zahlungsempfängers (= Aussteller der Quittung).

Seit dem 1. Januar 2017 hat bei einem zweiseitigen Handelsgeschäft im Wert von mehr als 250 € (vorher 150 €) der Zahlungspflichtige Anspruch darauf, dass der im gezahlten Gesamtbetrag enthaltene Umsatzsteuerbetrag auf der Quittung gesondert ausgewiesen wird.

Bis einschließlich 250 € reicht der Ausweis des angewendeten Umsatzsteuersatzes. Die Angabe des genauen Betrages ist nicht notwendig.

Bei der halbbaren Zahlung benötigt nur eine Person ein Konto. Beispiele für die halbbare Zahlung sind:
- per Nachnahme
- mit Zahlschein
- durch Barscheck
- Paysafecard.

Bei der Zahlung per Nachnahme zahlt der Geldschuldner den fälligen Betrag sofort bei Erhalt der Ware an den Zusteller (Post oder Paketdienst). Der Zusteller überweist den Zahlbetrag anschließend auf das Konto des Lieferanten. In diesem Fall benötigt der Kunde kein Konto.

Eine andere Möglichkeit der halbbaren Zahlung für den Kunden ist der Zahlschein. Auch hierbei benötigt er kein Konto. Es wird ein neutraler Überweisungsvordruck verwendet.

Der Zahlungspflichtige kann einen Geldbetrag bei einer beliebigen Bank oder der Post einzahlen und dem Zahlungsempfänger, oben als Begünstigter eingetragen, wird der Betrag auf seinem Konto gutgeschrieben.

Eine dritte Möglichkeit für die halbbare Zahlung ist der Barscheck. Hierbei benötigt der Zahler ein Konto, der Zahlungsempfänger nicht. Der Geldschuldner füllt den Barscheck aus und gibt diesen weiter. Der Geldempfänger geht nun zur Bank des Scheckausstellers und erhält die eingetragene Summe in bar ausgezahlt.

Eine Paysafecard ermöglicht eine vierte Variante der halbbaren Zahlung. Hiermit zahlen Karteninhaber in Web-Shops. Die Karte kann in Tankstellen, am Kiosk oder online mit einem Guthaben von höchstens 1.000 €, bestehend aus 10 Karten über jeweils 100 €, erworben werden. Zusätzlich erhält er eine PIN. Der Karteninhaber muss weder beim Erwerb noch bei der Zahlung persönliche Daten angeben und benötigt kein Konto.

12.2 Abwicklung der Bankgeschäfte mit einem Girokonto

Üblicherweise haben alle Unternehmen und fast alle Konsumenten ein Girokonto bei einem Kreditinstitut (dazu gehört auch die Postbank). Dieses ist für die bargeldlose Zahlung erforderlich. Zu diesem Konto gehören Girokarten, mit denen Geld an Bankautomaten vom Konto abgehoben, bargeldlos in Einzelhandelsgeschäften bezahlt werden kann und der Kontostand abgefragt sowie Kontoauszüge ausgedruckt werden können. Bei Liquiditätsengpässen kann der Kontoinhaber seinen Kontokorrentkredit ausschöpfen. Bei Privatpersonen wird dieser als Dispokredit bezeichnet.

Für jedes Konto wird eine Kontonummer vergeben. Diese können fortlaufend vergeben oder mit internen Prüfziffern versehen werden. Am 14. März 2012 hat das Europäische Parlament die SEPA (= Single Euro Payments Area) Migrationsverordnung verabschiedet, hiernach sollten alle Überweisungen und Lastschriften in Europa einheitlich nur noch mittels SEPA erfolgen. SEPA ist ein europäisches Konzept für die Realisierung des einfachen Zahlungsverkehrs in Europa. An dem SEPA-Verfahren beteiligen sich die EU-Mitgliedstaaten sowie Island, Norwegen, Liechtenstein, Schweiz und Monaco. Hierzu ist die Angabe der IBAN (= International Bank Account Number) statt der Kontonummer und des BIC (= Business Identifier Code) statt der Bankleitzahl erforderlich. Mit der IBAN soll auf europäischer Ebene ein einheitliches Kontonummernsystem eingeführt werden. Sie ist eine maximal 34-stellige Kennziffer bestehend aus Kontonummer, Bankleitzahl, Länderkennung und Prüfziffer und sollte nach DIN 5008 zur besseren Lesbarkeit in Vierergruppen mit Leerstellen als Trennung auf Rechnungen, Briefbögen usw. gedruckt werden.

12.3 Kontoführung und Abwicklung des Zahlungsverkehrs per Electronic-Banking

Online-Banking oder auch Electronic-Banking ist die Abwicklung des Zahlungsverkehrs mit elektronischen Endgeräten über eine Internetverbindung und ermöglicht papierloses Bezahlen. Das elektronische Endgerät kann ein PC, Notebook oder Tablet sein. Die Abwicklung kann auch über ein Smartphone oder Telefon abgewickelt werden. Diese Form wird als Telefonbanking oder Mobile Banking bezeichnet. Abfragen von Kontoständen und Umsätzen sowie die Abwicklung des Zahlungsverkehrs erfolgen in allen Fällen online.

12.3.1 Zahlung per Überweisung

Bei der Abwicklung des Zahlungsverkehrs ist die Überweisung die häufigste Form, von der insbesondere Unternehmen Gebrauch machen. Der Geldschuldner erteilt seinem Kreditinstitut den Auftrag, von seinem Konto einen bestimmten Betrag an einen Zahlungsempfänger umzubuchen beziehungsweise zu überweisen. Alternativ ist die Überweisung auch auf einem Überweisungsträger in Papierform möglich.

Beispiel

Online-Überweisungen

Zunächst sind die Daten des Zahlungsempfängers mit seiner Kontoverbindung (IBAN und BIC), dem Betrag und dem Verwendungszweck (z. B. Rechnungs- und Kundennummer) einzutragen. Die Kontoverbindung des Zahlers – in diesem Fall Sportina – muss nicht extra eingetragen werden, da sich das Unternehmen über den eigenen Online-Account angemeldet hat.

Im zweiten Schritt müssen die eingegebenen Daten geprüft und an die Bank gesendet werden. Damit nur Autorisierte die Überweisung tätigen können, muss eine sogenannte TAN (Transaktionsnummer = nur einmal gültiges Passwort) eingegeben werden.

Die Übertragung der TAN erfolgt nach der Eingabe der Überweisungsdaten über einen zusätzlichen, gesicherten Kommunikationskanal (z. B. ein Smartphone oder einen TAN-Generator). Um den kriminellen Missbrauch durch Dritte zu erschweren, werden dabei ggf. unterschiedliche Verschlüsselungsmechanismen verwendet (z. B. bei der photoTAN)."

Im dritten Schritt wird die Überweisung getätigt. Die Bestätigung könnte so aussehen:

Ist ein Überweisungsauftrag erteilt, wird das Konto des Auftraggebers noch am selben Tag belastet. Wenn der Zahlungsempfänger sein Konto bei demselben Kreditinstitut wie der Zahlungspflichtige hat, erfolgt die Gutschrift meist schon am selben Geschäftstag. Geht eine Überweisung auf das Konto bei einem anderen Kreditinstitut, kann es einen Bankgeschäftstag bei einer elektronischen Überweisung bzw. zwei Bankgeschäftstage bei einer beleghaften Überweisung per Überweisungsträger dauern, bis der Überweisungsbetrag gutgeschrieben wird.

Die Kosten für die Überweisung trägt der Zahlungspflichtige.

12.3.2 Zahlung per Dauerauftrag

Der Dauerauftrag stellt eine Sonderform der Überweisung dar. Hierbei werden ebenfalls zwei Konten benötigt. Der Zahlungspflichtige gibt ebenso wie bei der Überweisung seinem Kreditinstitut den Auftrag, einen bestimmten Betrag von seinem Konto auf das Konto eines Zahlungsempfängers zu buchen. Hierbei müssen dieselben Angaben wie bei einer Überweisung gemacht werden. Die Besonderheit liegt darin, dass diese Zahlungen in gleicher Höhe und regelmäßig anfallen (z. B. monatlich oder vierteljährlich). Der Geldschuldner muss dem Kreditinstitut nur einmal den Auftrag erteilen. Anschließend laufen die Zahlungen in der Regelmäßigkeit und Höhe, die der Kunde angegeben hat, bis er den Auftrag z. B. elektronisch löscht oder persönlich bei seinem Kreditinstitut widerruft. Gewöhnlich werden Daueraufträge für die Zahlungen von Miete, Telefon- und Handyrechnungen (Flatrate) oder Kredit- und Versicherungsraten, aber auch Stromrechnungen erteilt.

12.3.3 Zahlung per Echtzeitüberweisung (Instant Payment)

Seit 2018 bieten die Kreditinstitute zusätzlich zu der normalen SEPA-Überweisung auch noch die sogenannte Echtzeitüberweisung (auch Instant Payment genannt) an. Das Verfahren der Echtzeitüberweisung gleicht dabei grundsätzlich dem bereits beschriebenen Vorgehen bei der SEPA-Überweisung.

Gegen eine höhere Gebühr garantiert das ausführende Kreditinstitut allerdings, dass der Überweisungsbetrag zu jeder Tageszeit an jedem Tag innerhalb von wenigen Sekunden auf das Konto des Zahlungsempfängers gutgeschrieben wird. Als zusätzlicher Schutzmechanismus kann das Kreditinstitut den maximalen Überweisungsbetrag unabhängig von den anderen Vereinbarungen mit dem Kontoinhaber begrenzen, z. B. 15.000 € bei Sparkassen (Stand 2019).

12.3.4 Zahlungseinzug per Lastschrift

Bei der Lastschrift beauftragt der Zahlungsempfänger seine Bank, vom Konto des Zahlungspflichtigen einen Geldbetrag abzubuchen. Man unterscheidet hierbei das SEPA-Lastschriftverfahren und den Abbuchungsauftrag nach dem ELV (Elektronisches Lastschriftverfahren, siehe Kapitel 12.4.1).

Für die Durchführung des SEPA-Lastschriftverfahrens muss der Geldempfänger bei der Bundesbank eine Gläubiger-Identifikationsnummer beantragen und sich von allen Geldschuldnern eine Erlaubnis für das Einziehen von Lastschriften einholen. Diese wird als SEPA-Mandat bezeichnet. Das Unternehmen muss für alle Konten, von denen es Geld empfängt, eine Mandatsreferenznummer vergeben und den Geldschuldnern die Gläubiger-Identifikations- und Mandatsreferenznummer mitteilen, sowie den Zeitpunkt, wann das Konto belastet wird und ob es sich um eine einmalige oder immer wiederkehrende Lastschrift handelt. Die Gläubiger-Identifikations- und Mandatsreferenznummer müssen bei jeder Lastschrift angegeben werden. Man unterscheidet die SEPA-Basislastschrift von der SEPA-Firmenlastschrift. Bei der SEPA-Basislastschrift zieht ein Unternehmen oder Verein einen Geldbetrag von einer Privatperson ein. Diese hat danach acht Wochen Zeit, den Betrag ohne Angabe eines Grundes zurück zu buchen. Die SEPA-Firmenlastschrift ist ein Lastschriftverfahren zwischen zwei Unternehmen und vereinfacht die Geschäftsabwicklung. Die Bank des Zahlungspflichtigen erhält eine Kopie des Mandats und prüft bei jeder Lastschrift, ob ein korrektes Mandat vorliegt. Im Gegensatz zur SEPA-Basislastschrift kann die SEPA-Firmenlastschrift bei einem gültigen Mandat nicht zurückgebucht werden. Bei beiden Formen kann jedoch einer Lastschrift innerhalb von 13 Monaten widersprochen werden, wenn kein Mandat vorlag (z. B. weil das Mandat vom Geldschuldner schon vorher gekündigt wurde).

Das Lastschriftverfahren wird gewöhnlich für Zahlungen verwendet, die regelmäßig anfallen, sich jedoch in ihrer Höhe unterscheiden. Sie kann aber auch bei unregelmäßigen Zahlungen eingesetzt werden. Dies kann bei Gas- und Stromrechnungen der Fall sein, wenn diese nach Verbrauch abgerechnet werden. Aber auch bei Telefon-, Internet- und Handyrechnungen ist dies üblich, wenn beispielsweise keine Flatrate vereinbart worden ist oder Zusatzkosten, z. B. für Telefonate ins Handynetz oder Ausland, anfallen.

 MERKE

Der Vorteil des Lastschriftverfahrens liegt klar auf der Hand: Die Forderungen werden pünktlich gezahlt. Nachteilig ist der erhöhte Arbeitsaufwand für den Zahlungsempfänger.

12.4 Kartenzahlung

Neben der mobilen Zahlung mit dem Smartphone hat besonders die Kartenzahlung einen hohen Stellenwert beim Zahlungsverkehr. Nach der EHI-Studie von 2017 wurden im Jahr 2016 45,6 % der Bezahlungen als Kartenzahlungen durchgeführt.

Man unterscheidet folgende Kartenarten:

- **Debit-Karte**
  Die Zahlungen werden sofort vom Girokonto abgebucht, Beispiel hierfür ist die Girocard (vormals Electronic Cash-/EC-Karte).
- **Credit-Card**
  Dem Karteninhaber wird ein monatlicher Kreditrahmen eingeräumt, der im Ganzen oder in Raten mit Verzinsung zurückgezahlt werden muss. Hierbei handelt es sich um die klassische Form der Kreditkarte.
- **Charge-Card**
  Die Zahlungen werden gesammelt und einmal im Monat wird das Konto mit der Summe belastet.
- **Daily-Charge-Card**
  Dies ist eine Kombination aus einer Charge- und einer Debit-Karte. Die Abrechnung erfolgt über ein zusätzliches technisches Kartenkonto. Einmal im Monat wird es durch Verrechnung mit dem Girokonto ausgeglichen.
- **virtuelle Kreditkarte**
  Der Karteninhaber hat die Karte physisch nicht vorliegen, sondern hat lediglich die Kreditkartennummer, die er bei der Zahlung angibt.

▸ **Prepaid-Card**
Der Karteninhaber lädt die Karte bis zu einem bestimmten Betrag auf und kann in Höhe dieses Betrags zahlen.

Kreditkarten und Girocards sind so aufgebaut, dass sich auf der Vorderseite die Bank, die Kartennummer, die Kontonummer und das Gültigkeitsdatum sowie ein Chip für die Geldkarten-Funktion und auf der Rückseite ein Magnet- und Unterschriftsstreifen sowie BIC und IBAN befinden.

12.4.1 Girocard

Im Einzelhandel autorisieren die Verbraucher eine Zahlung mit der Girocard entweder durch die Eingabe einer persönlichen PIN oder beim sogenannten Elektronischen Lastschriftverfahren (ELV) durch eine Unterschrift.

Beim ELV wird die Karte in den Kartenleser gesteckt und die Kontodaten werden von dem Magnetstreifen gelesen. Dazu unterschreibt der Girocard-Besitzer, dass der Lastschrifteinzug von seinem Konto vorgenommen werden darf. Seit Februar 2016 wurde das ELV an das SEPA-Lastschriftverfahren angepasst. Es gilt demnach auch hier die Widerspruchsfrist von 13 Monaten. Problematisch ist auch, dass beim Kartenlesen nicht geprüft wird, ob das Konto gesperrt ist oder ob Guthaben vorhanden ist. Das Risiko des Zahlungsausfalls trägt der Zahlungsempfänger. Deshalb wird dieses Verfahren eher bei kleinen Beträgen oder registrierten Kunden angewendet. Der Geldempfänger muss für die Lesegeräte und die Onlineverbindung bezahlen, weitere Kosten entstehen ihm oder dem Zahlungspflichtigen allerdings nicht.

Bei der Zahlung per Girocard muss beim Kartenlesen die Persönliche Identifikationsnummer (PIN) eingegeben werden. Es wird überprüft, ob die PIN richtig ist, ob die Karte/das Konto nicht gesperrt ist und ob der Kontostand ausreichend ist. Das einheitliche Zeichen für Girocard weist auf die Zahlungsmöglichkeit im entsprechenden Handels- oder Tankstellenbetrieb hin.

Der Zahlungsempfänger muss neben den Kosten für die Lesegeräte und für die Onlineverbindung zusätzlich eine Gebühr in Höhe von maximal 0,2 % des Umsatzes an das Kreditinstitut zahlen, dafür übernimmt das Kreditinstitut das Risiko des Zahlungsausfalls.

12.4.2 Kreditkarte

Für den Erwerb der Kreditkarte schließt der Kontoinhaber mit seiner Hausbank einen Kreditkartenvertrag ab. Am beliebtesten sind in Deutschland die Kartensysteme von VISA- oder MASTER-Card. Die Leistungen unterscheiden sich von Bank zu Bank durch Gebühren und sonstige Leistungen.

Bei der Kreditkartenzahlung zahlt der Kunde die Ware mit der Kreditkarte. Im Einzelhandel liest ein Kartenlesegerät die Kreditkartennummer, das Gültigkeitsdatum und eine Prüfziffer, der Kreditkarteninhaber muss dazu noch eine Unterschrift leisten. Beim Online-Handel muss der Zahler die Daten beim Kauf selbst und dazu noch eine PIN eingeben. Die Daten werden an die Clearingstelle des Kreditkartengebers weitergeleitet. Das Handelsunternehmen erhält auf dem Konto bei seiner Bank garantiert die Gutschrift und einmal im Monat wird das Konto des Karteninhabers mit der Summe seiner Zahlungen belastet. Der Karteninhaber kann mit der Kreditkarte schnell und unkompliziert zahlen und sein Konto wird nur einmal im Monat belastet. Die Kreditkarte ist international verbreitet und der Karteninhaber kann auch weltweit Geld vom Bankautomaten abheben. Der Händler muss einen Kooperationsvertrag abschließen und kann mit der Zahlungsform den Kundenservice verbessern.

Dafür muss der Zahlungsempfänger allerdings neben den Kosten für Lesegeräte und Onlineverbindung auch eine Gebühr von maximal 0,3 % des Umsatzes bezahlen.

12.5 Zahlung per PayPal und paydirekt

Eine weitverbreitete Zahlungsmöglichkeit im Online-Handel ist der Zahlungsdienstleister PayPal. Bei diesem Dienst können die am Zahlungsverkehr beteiligten Personen Mitglied werden, indem sie sich dort registrieren lassen. Dazu sind persönliche Daten, darunter auch Kontodaten, anzugeben.

Nun kann das PayPal-Mitglied online einkaufen und per PayPal bezahlen. PayPal belastet dann das Girokonto sofort. Es ist auch möglich, einen Geldbetrag per E-Mail zu versenden, wenn der Empfänger ebenfalls bei PayPal registriert ist.

Der Vorteil für den Einkäufer ist die bequeme Zahlung. Dem Verkäufer bringt PayPal den Wettbewerbsvorteil, Kunden durch eine bequeme Zahlungsform zu gewinnen, allerdings muss der Zahlungsempfänger mindestens 1,49 % vom Zahlungsbetrag sowie eine Festgebühr von 0,35 € für jede Geldtransaktion an das Unternehmen zahlen (Stand 2019). Als zusätzliche Dienstleistung übernimmt PayPal für den Kunden den Käuferschutz.

Als Konkurrenz zu PayPal bieten die deutschen Banken und Sparkassen das Zahlsystem paydirekt an. Dabei werden die beim Online-Einkauf zu zahlenden Beträge direkt vom Girokonto des Käufers an den Verkäufer überwiesen. Zur Nutzung reichen eine Freischaltung des eigenen Girokontos sowie die Anmeldung mit einem Benutzernamen und einem Passwort. Wenn das Girokonto ausreichend gedeckt ist, informiert das Kreditinstitut des Käufers dann den Verkäufer sofort. Sensible Kontodaten müssen bei diesem Verfahren nicht an Dritte weitergegeben werden. Auch bei paydirekt muss der Zahlungsempfänger eine Transaktionsgebühr bezahlen, die Höhe ist allerdings abhängig von den beteiligten Kreditinstituten. Für den Käufer ist die Zahlung per paydirekt kostenlos.

12.6 Zahlung per Smartphone-App

Seit einiger Zeit ist es in einigen Einzelhandelsgeschäften an der Kasse auch möglich mit einer Smartphone-App anstatt einer Karte zu bezahlen. Dazu wird das Mobiltelefon an ein spezielles Lesegerät gehalten und die App überträgt die Zahlungsinformationen. Gegebenenfalls muss der Kunde als Sicherheitsüberprüfung noch einen Pin eingeben oder mit einem Fingerabdruck seine Identität nachweisen.

Um diese Zahlungsart nutzen zu können, wird ein Smartphone mit einem NFC-Chip (Near-Field-Communication) benötigt. Außerdem muss die entsprechende Bezahl-App installiert und mit einem anderen Zahlungsmittel verbunden bzw. mit Guthaben aufgeladen werden. Dabei werden die folgenden Möglichkeiten unterschieden:

- **Guthabenkarten:** bei öffentlichen Verkaufsstellen (z. B. Tankstellen, Kiosk, Einzelhandelsunternehmen) können Guthabenkarten mit Codes gekauft werden, die dann in die Bezahl-App eingegeben werden. Das so entstandene Guthaben kann dann zum Bezahlen benutzt werden.
- **Kreditkarten:** die Kreditkartendaten werden in der Bezahl-App hinterlegt und bei jedem Zahlungsvorgang wird die Kreditkarte entsprechend belastet.
- **Lastschriften:** in der Bezahl-App werden die Girokontodaten eingegeben. Bezahlte Geldbeträge werden dann bei Lastschrift vom Konto abgebucht.

Bekannte Anbieter von Bezahl-Apps sind beispielsweise Apple (Apple Pay) und PayPal.

12.7 Zahlung per Scheck

Der Scheck ist eine weitere Zahlungsalternative, die im täglichen Zahlungsverkehr eingesetzt wird. Insbesondere bei nicht wiederkehrenden Zahlungen, wie Spenden, Zahlungsguthaben bei Versicherungen usw. wird per Scheck bezahlt.

Der Barscheck wurde bereits als halbbare Zahlungsform erläutert, der Scheckbetrag wird an den Einreicher ausgezahlt. Eine sichere Variante der Scheckzahlung ist der Verrechnungsscheck. Hier steht links oben auf dem Scheck „Nur zur Verrechnung". Wie auch beim Barscheck, kann der Besitzer diesen einlösen, aber der zu zahlende Betrag wird auf dem Konto des Scheckinhabers gutgeschrieben. Auf dem Scheck steht, dass der Scheck an eine namentlich genannte Person oder an den Überbringer ausgezahlt werden kann, deshalb ist der Inhaber des Schecks auch zum Einreichen berechtigt, wenn er nicht genannt wird. Diese Form wird auch als Inhaberscheck bezeichnet. Da das Geld aber auf dem Konto des Scheckinhabers gutgeschrieben wird, kann man im Nachhinein feststellen, wer den Scheck eingereicht hat. Eine sicherere Variante als der Inhaberscheck ist der Orderscheck. Der Scheck darf nur an die namentlich genannte Person ausgezahlt oder durch Indossament (Akzept auf der Rückseite) weitergegeben werden. Der Orderscheck hat an der rechten Seite einen roten Strich mit dem weißen Text „Orderscheck" und den Vermerk „Order" statt „Überbringer", unterhalb der Schecksumme in Zahlen.

MERKE

Die Bestandteile eines Schecks sind gesetzlich vorgeschrieben:
- das Wort „Scheck"
- die unbedingte Anweisung, eine bestimmte Summe zu zahlen: „Zahlen Sie gegen diesen Scheck"
- das bezogene Geldinstitut = Bank des Geldschuldners
- Zahlungsort = Ausstellungsort des Geldschuldners
- Datum der Ausstellung
- Unterschrift des Ausstellers = Geldschuldner

Darüber hinaus gibt es kaufmännische Bestandteile:
- die Überbringerklausel
- die Kontonummer bzw. IBAN des Ausstellers
- die Schecknummer
- die Bankleitzahl bzw. BIC des bezogenen Kreditinstituts
- der Name des Zahlungsempfängers
- den Verwendungszweck
- die Schecksumme in Ziffern.

WISSENSCHECK

Im Online-Training zu diesem Buch können Sie zusätzlich Aufgaben zu diesem Lernfeld bearbeiten und so das Gelernte überprüfen.

Bildquellenverzeichnis

Lernfeld 1

S. 28: © XtravaganT – fotolia.com; S. 31: © fotogestoeber – fotolia.com;
S. 34: © Alexander Raths – fotolia.com; S. 40: © Robert Kneschke – fotolia.com;
S. 50: © rcx – fotolia.com; S. 56: © XtravaganT – fotolia.com; S. 60: © angelehnt an BMBF;
S. 62: © Stauke – fotolia.com; S. 68: © Phoenixpix – fotolia.com;
S. 78: © ra2 studio – fotolia.com; S. 101: © www.stadtwerke-herne.de

Lernfeld 2

S. 138: © VBG, Ihre gesetzliche Unfallversicherung, 22281 Hamburg, www.vbg.de;
S. 145: © VBG, Ihre gesetzliche Unfallversicherung, 22281 Hamburg, www.vbg.de;
S. 147: © VBG, Ihre gesetzliche Unfallversicherung, 22281 Hamburg, www.vbg.de;
S. 148: © VBG, Ihre gesetzliche Unfallversicherung, 22281 Hamburg, www.vbg.de;
S. 159: © www.dguv.de; S. 188: © www.iso7010.de; S. 199: © Lucky Dragon – fotolia.com;
S. 248: © www.postmaster-magazin.de; S. 252: © fotomek – fotolia.com;
S. 256: © FreedomMan – fotolia.com; S. 257: © rdnzl – fotolia.com;
S. 258/1: © dudek – fotolia.com; S. 258/2: © dudek – fotolia.com;
S. 259/1: © jdwfoto – fotolia.com; S. 259/2: © jayrb – fotolia.com;
S. 263: © massimo_g – fotolia.com; S. 265: © Erwin Wodicka – fotolia.com

Lernfeld 3

S. 278: © Rev dolgachov – fotolia.com; S. 284: © MH – fotolia.com;
S. 290: © Andrey Popov – fotolia.com; S. 313: © Africa Studio – fotolia.com;
S. 341: © kuzmafoto.com – fotolia.com; S. 343: © LoloStock – fotolia.com;
S. 345: © D. Ott – fotolia.com; S. 349: © Oleksiy Mark – fotolia.com;
S. 351: © Nmedia – fotolia.com; S. 356: © yulyla – fotolia.com;
S. 364: © vvoe – fotolia.com; S. 365: © Sven Hoppe – fotolia.com;
S. 367: © birdeyefotolia – fotolia.com; S. 368: © Singkham – fotolia.com;
S. 369: © contrastwerkstatt – fotolia.com;
S. 371: © PHOTOMORPHIC PTE. LTD. – fotolia.com

Lernfeld 4

S. 395: © Boguslaw Mazur – fotolia.com; S. 429: © TransFair e. V.;
S. 444: © Jürgen Effner – fotolia.com; S. 446: © www.iso7010.de

Stichwortverzeichnis

5-A-Aktion	175

A

Abbildungen	324
ABC-Analyse	183, 389
Abfallvermeidung	430
Abgabenordnung	252, 255
Abkürzungen	321
Ablage	254
Ablagesystem	252
Ablauforganisation	75
Absatzmarkt	93
Abschlussfreiheit	405
Abteilungsregistratur	255
Aktennotiz	340
Aktenplan	262
Aktenvermerk	340
Allgemeine Geschäftsbedingungen	436
ALPEN-Methode	184
Altablage	256
Änderungsverfolgung	330
Anfechtbarkeit	407
Anfechtung	408
Anfrage	278
-, allgemein gehaltene	278
-, bestimmt gehaltene	278
Angebot	284
-, Inhalt	285
-, Verbindlichkeit	284
Angebotsvergleich	424
-, qualitativer	425
-, quantitativer	424
Anlagen- und Verteilervermerke	309
Annahmeverzug	455
-, Rechte	456
-, Voraussetzungen	456
Anpreisung	284
Anrede	307
Anschriftenfeld	296, 299
ANZAHL2-Funktion	392
ANZAHL-Funktion	391
ANZAHLLEEREZELLEN-Funktion	392
Arbeit	89
-, ausführende	90
-, leitende	90
Arbeitsmittel	156 f.
-, Scanner	157
-, Tastatur	157
Arbeitsorganisation	169, 174
-, Mischarbeit	169
-, Pause	169
Arbeitsplatz	133
-, Arbeitsplatzklima	133
-, ökologische Nachhaltigkeit	134
-, Sick-Building-Syndrom	133
Arbeitsplatzablage	255
Arbeitsprozess	76, 172
-, kontinuierlicher Verbesserungsprozess	173
Arbeitsraumgestaltung	129
Arbeitsschutz	127, 187
Arbeitsschutzgesetz (ArbSchG)	127 f., 196
Arbeitssicherheit	187, 189
-, Fachkraft für Arbeitssicherheit (FASi)	189
Arbeitsstättenverordnung (ArbStättV)	129
-, Technische Regeln für Arbeitsstätten (ASR)	130
-, Ziele	130
Arbeitsteilung	92
Arbeitstisch	163
-, Beinraum	164
-, Höhe	163
-, Tiefe	164
Arbeitsumgebung	135
Archiv	256
Aufbauorganisation	68
Aufbewahrungsfrist	358, 361
Aufbewahrungsort	255
Aufbewahrung von Schriftgut	252 f.
-, betriebliche Notwendigkeit	253
-, gesetzliche Vorschriften	253
Aufhebungsfreiheit	405
Auflassung	401
Auftragsbestätigung	431
Aufzählungen	316
Ausbildender	29
-, Pflichten	38
-, Rechte	38
Ausbilder	29 f.
Ausbildung	
-, Mitwirkende	29

Ausbildungsbegleitende Hilfen	46
Ausbildungsberufsbild	31 f.
Ausbildungsmaßnahme	35
Ausbildungsordnung	31
Ausbildungsplan	32
Ausbildungsvertrag	34 f.
-, Verkürzung	35
Ausgabegerät	347
-, Bildschirm	347
-, Drucker	347
-, Lautsprecher	347
Auslandsanschriften	301
Auszubildender	29
-, Pflichten	38
-, Rechte	38

B

Backup	269
Balkendiagramm	378
Bareinkaufspreis	290
Bare und halbbare Zahlung	473
-, durch Barscheck	475
-, mit Zahlschein	475
-, Online-Überweisungen	477
-, per Nachnahme	475
-, SEPA	476
Barscheck	475
Barverkaufspreis	292
Barzahlung	473
Beamer	115
Bedarf	84
Bedürfnis	81
Bedürfnispyramide	83
Beförderungskosten	286
Beleuchtung	131, 135
-, Beleuchtungsniveau	136
-, LED-Beleuchtung	137
Berichtsheft	33
Berufsbildung	92
Berufsbildungsgesetz	31
Berufsgenossenschaft	45, 127
Berufsschule	28
Berufsspaltung	92
Beschaffung	376
-, Aufgaben	377
Beschaffungsgüter	376
-, Dienstleistungen	376
-, Sachgüter	376

Beschaffungsmarkt	93
Besitz	399
Besitzkonstitut	400
Besprechung	211
Bestellrhythmusverfahren	417
Bestellung	431
Betreff	306
Betrieb	28
Betriebliche Kommunikation	
-, Computernetzwerke	351
-, Internet	351
-, Netzwerkkategorien	352
Betriebsmittel	90
Betriebsrat	43, 195
-, Anti-Mobbing-Gesetz	195
-, Aufgaben	44
Betriebsstoff	376
Betriebsvereinbarung	44 f.
-, erzwingbare	45
-, freiwillige	45
Betriebsverfassungsgesetz	43
-, Beteiligungsrecht	44
Bezugskosten	291
Bezugspreis	291
Bezugsquelle	420
Bezugszeichenzeile	304
BIC	476
Bildschirm	157, 160
Bildschirmarbeit	159
Bildschirmarbeitsplatz	135, 156, 158 f.
-, Faktoren	135
Bildschirmarbeitsverordnung	155
-, § 2 ArbStättV	154
-, § 3 BildscharbV	155
-, § 5 BildscharbV	155
-, ArbSchG	154
-, ArbStättV	154 f.
-, BildscharbV	154
Bildschirmarbeitsverordnung	
(BildscharbV)	127, 129, 154
Bildschirmgerät	158
Bindungsfrist	284
Boden	89
Boreout	192 f.
Branchen	93
Briefdienstleister	245
Briefkopf	296
Brieftext	307
Bruttolistenverkaufspreis	293

Bruttoverkaufspreis	294
Burnout	182, 186, 190 f.
-, Burnout-Symptom	192
Burnout-Syndrom	192
Büro	133
Büroarbeitsplatz	186
-, ergonomisch unzureichende Arbeitsmittel	186
-, Gefahrstoffe	186
-, technische Risikofaktoren	186
Büroarbeitsstuhl	165 ff.
Büroformen	150
Büroraum	144
Büroraumform	144
Bürostuhl	165
Buy-Side-Lösung	438
BWL	89

C

Chaotische Lagerhaltung	445
Charge-Card	481
Checkliste	214, 217, 219
Cloud-Computing	274
Corporate Design	325 f.
CPU	345
Credit-Card	481

D

Daily-Charge-Card	481
Darlehensvertrag	411
Datensicherheit	265, 269
Datenträger	273
Datenverlust	269
Dauerauftrag	479
Debit-Karte	481
De-Mail	235
Depression	186, 190
Diagramm	323, 378
-, Balkendiagramm	380
-, bearbeiten	384
-, beschriften	385
-, Datenreihe	382
-, Diagrammarten	378
-, erstellen	383
-, formatieren	386
-, gestapeltes	380

-, Kreisdiagramm	379
-, Säulendiagramm	380
Dienstvertrag	411
Digitale Archivierung	263
DIN 5007	260
DIN 5008	295, 313
Divisionale Organisation (Spartenorganisation)	73
Dokumenten-Management-System (DMS)	263 f.
Dokumentenvorlage	332
Drucker	363
-, Großformatdrucker	367
-, Laserdrucker	364
-, Nadeldrucker	366
-, Plotter	367
-, Thermodrucker	366
-, Tintenstrahldrucker	365
Duale Berufsausbildung	28
Dynamisches Sitzen	164, 168

E

Echtzeitüberweisung	480
E-Commerce	438
Eigenbesitz	399
Eigenlager	443
Eigentum	399
-, Alleineigentum	399
-, Eigentumsübertragung	400
-, Gesamthandseigentum	399
-, Miteigentum	399
Eigentumsübertragung	400
-, von beweglichen Sachen	400
-, von unbeweglichen Sachen	401
Eingabegerät	
-, Barcode-Scanner	347
-, Flachbettscanner	346
-, Geräte zur Erfassung biometrischer Daten	347
-, Maus	346
-, optische Beleglesegeräte	346
-, RFID-Lesegeräte	347
-, Tastatur	346
-, Touchscreens	347
Eingangspost	233
-, digitale Archivierung	240
Einliniensystem	70
Elaborationsstrategien	66

Electronic-Banking	476
-, Dauerauftrag	479
-, Lastschrift	480
Electronic Data Interchange	440
Elektronischer Einkauf	438
-, Bestellung per E-Mail	438
-, Buy-Side-Lösung	439
-, elektronischer Einkauf über EDI	440
-, E-Procurement	438 f.
-, Online-Einkauf über eine Internetplattform	438
-, Sell-Side-Lösung	439
Elektronischer Marktplatz	438
Elektronisches Lastschriftverfahren	480
Elektrosmog	143
E-Mail	344, 354
-, Bcc (Blindkopie)	354
-, Cc (Kopie)	354
Empfänger	205
Entspannung	192
E-Postbrief	235
Ereignisgesteuerte Prozesskette	76
Erfüllungsort	288
Ergonomie	126
-, Hauptziel	126
-, Nachhaltigkeit	126
Ersetzen	281
Ersthelfer	189
Etagenlager	444
EVA-Prinzip	348
Exekutive	395
Expressmarkt	245
Externer Speicher	272
-, CD-ROM	272
-, DVD	272
-, Festplatte	272
-, USB	273

F

Falzarten	242
Farben	141
Fax	344
Feedback	120, 206, 209, 218 f.
Festnetz	343
Filterung	
-, benutzerdefinierte Filter	283
Flipchart	111
Formfreiheit	405

Formmangel	408
Formvorschriften	406
-, elektronische Form	406
-, notarielle Beurkundung	407
-, öffentliche Beglaubigung	407
-, Schriftform	406
-, Textform	407
Fortbildungsmöglichkeiten	59
Frankieren	243
Frankierung	244
Freilager	444
Freizeichnungsklausel	285
Fremdbesitz	399
Fremdbild	205
Fremdlager	443
Funktionale Organisation	72
Fußnote	317
Fußstütze	168

G

GAN - Global Area Network	352
Gefahrenstoff	445
-, Symbole	446
Geldstrom	95
Gerichtsstand	288
Geschäftsbrief	295
-, Anlage	309
-, Anrede	307
-, Anschriftenfeld	295
-, Aufzählung	316
-, Auslandsanschrift	301
-, Betreff	306
-, Bezugszeichenzeile	304
-, Briefkopf	296
-, Brieftext	307
-, Faltmarke	310
-, Fußnote	317
-, Gliederung	314
-, Grußformel	307
-, Informationsblock	301
-, Inlandsanschrift	299
-, Kommunikationszeile	304
-, Lochmarke	310
-, Rücksendeangabe	296
-, Seitennummerierung	309
-, Seitenrand	296
-, Textgestaltung nach DIN 5008	313
-, Texthervorhebung	313

-, Übersicht	310	-, Gewinnzuschlag	292
-, Unterschriften	307	-, Handlungskosten	291
-, Versandformen	297	-, Kundenrabatt	292
-, Verteiler	309	-, Kundenskonto	292
-, Zustellungsvermerk	297	-, Lieferrabatt	290
Geschäftsfähigkeit	402	-, Lieferskonto	290
-, beschränkte	402	-, Listeneinkaufspreis	290
-, Geschäftsunfähigkeit	402	-, Nettolistenverkaufspreis	292
-, volle	404	-, Selbstkostenpreis	292
Geschäftsprozess	173	-, Umsatzsteuer	293
Gesellschaftsvertrag	411	-, Vertreterprovision	292
Gesetze	127 f.	-, Zieleinkaufspreis	290
Gesundheit	186	-, Zielverkaufspreis	292
Gesundheitsgefahren	186	Handelsregister	79
Gesundheitsschutz	171	Handelsware	376
Gewerbeaufsichtsamt	45	Handlungskompetenz	56
Gewerkschaft	46	Handlungskosten	291
Gewinnzuschlag	292	Handlungsvollmacht	80
Girokonto	475	Hardware	345
Gliederung des Textes	314	-, Ein- und Ausgabesteuerung	345
-, Absätze	315	-, EVA-Prinzip	346
Gliederung von Zahlen	319	-, Hauptspeicher	345
-, Bankleitzahl	320	-, Peripheriegeräte	345 f.
-, Datum	320	-, Prozessor	345
-, Geldbeträge	319	-, Zentraleinheit	345
-, IBAN	320	Hauptplatine	345
-, Mengen- und Maßangaben	319	Hilfsstoff	376
-, Postfachnummer	320	Hochregallager	444
-, Telefon- bzw. Telefaxnummer	320	Höchstbestand	414
-, Uhrzeit	320	Höhenverstellbarer Arbeitstisch	164
Großraumbüro	146	Homeoffice	151
Gruppenbüro	148		
Grußformel	307		

I

Günstigkeitsprinzip	44		
Güter	84	IBAN	476
Güterstrom	95	Immobilien	401
Gütesiegel	161	Informationen	228, 230
		-, ausgehende	232
		-, eingehende	229

H

		Informationsaustausch	228
Halbbare Zahlung	473	Informationsblock	301
Halbfertigerzeugnis	376	Informationsfluss	228, 232
Handelsgesetzbuch	252	Informationsprozess	228
Handelskalkulation	290	Informationstechnik	341, 345
-, Bareinkaufspreis	290	Informationswege	228
-, Barverkaufspreis	292	Inhaltsfreiheit	405
-, Bezugskosten	291	Inhaltsverzeichnis	316
-, Bezugspreis	291	Inlandsanschrift	299
-, Bruttolistenverkaufspreis	293	Innerbetriebliche Mitteilung	337

Instant-Messaging-Dienst	344	-, Kauf zur Probe	434
Instant Payment	480	-, Kreditkauf	435
Instanzen	69	-, Platzkauf	435
Interessenvertreter	41	-, Ratenkauf	435
Interner Speicher	272	-, Stückkauf	434
-, RAM	272	-, Terminkauf	435
-, ROM	272	-, Typenkauf	435
Internet	351 f.	-, Versendungskauf	435
-, Netzwerkprotokoll TCP/IP	352	-, Zielkauf	435
		-, zweiseitiger Handelskauf	434
		Kaufvertragsstörungen	448
		-, Annahmeverzug	455

J

Judikative	395	-, Lieferverzug	450
Jugendarbeitsschutzgesetz	37, 50	-, mangelhafte Lieferung	458
Jugend- und Auszubildendenvertretung		-, Rechtsmangel	458
(JAV)	41	-, Sachmangel	458
-, Aufgaben	42	-, Zahlungsverzug	467
-, Größe	42	KEP	246
Juristische Personen	398	KEP-Markt	245
-, des öffentlichen Rechts	398	Kleinraumbüro	145
-, des Privatrechts	398	Klima	139
		-, Luftfeuchtigkeit	139

K

		-, Luftgeschwindigkeit	139
		-, Lufttemperatur	139
Kammer	30, 34	Kommentarfunktion	330
-, Aufgaben	30	Kommissionierung	356
-, Verzeichnis des		Kommunikation	201
Berufsausbildungsverhältnisses	34	-, Kommunikationsfähigkeit	201
Kapital	89	-, Kommunikationsprozess	201 ff.
Kapitalmarkt	93	Kommunikationsregel	205
Kartenzahlung	481	Kommunikationsstörungen	204
-, ELV	482	Kommunikationswege	202
-, Girocard	482	-, horizontale	202
-, Kartenarten	481	-, vertikale	202
Käufermarkt	370	Kommunikationszeile	304
Kaufkraft	84	Kompetenzen	56, 207
Kaufvertrag	410, 431	Konferenz	211
-, Barkauf	435	Konzentration	65
-, bürgerlicher Kauf	434	Kopierer	368
-, einseitiger Handelskauf	434	Kreditkarte	482
-, Fixkauf	435	Kreisdiagramm	378 f.
-, Gattungskauf	434	Kundenansprüche	371
-, Handkauf	435	Kundenorientierung	369
-, Kauf auf Abruf	435	-, Voraussetzungen	373
-, Kauf auf Probe	435	Kundenrabatt	292
-, Kauf gegen Vorkasse	435	Kundenskonto	292
-, Kauf nach Probe	435	Kündigung	37
-, Kaufvertragsarten	434	Kuriermarkt	245

L

Lagerhaltung	443
-, chaotische	445
-, dezentrales Lager	444
-, Eigenlager	443
-, Etagenlager	444
-, Freilager	444
-, Fremdlager	443
-, Hochregallager	444
-, Lagerplatzzuordnung	445
-, zentrales Lager	444
Lagerkennzahlen	447
-, durchschnittliche Lagerdauer	447
-, durchschnittlicher Lagerbestand	447
-, durchschnittlicher Lagerwert	447
-, Lagerzinsen	448
-, Lagerzinssatz	447
-, Umschlagshäufigkeit	447
Lagerplatzzuordnung	445
-, chaotische Lagerhaltung	445
-, fester Lagerplatz	445
Lagerung	441
Lampenfieber	107
LAN	352
Lärm	133, 137
Legislative	395
Leihvertrag	411
Leistungskurve	182
Lernangst	66
Lernen	62
Lernort	28
Lern- und Arbeitsstrategien	63
Lieferrabatt	290
Lieferschein	357, 442
Lieferskonto	290
Lieferverzug	450
-, Rechtsfolgen	453
-, Voraussetzung	450
Lieferzeit	287
Liniendiagramm	378
Listeneinkaufspreis	290
Local Area Network	352
Loch- und Faltmarken	310
Lüftung	132, 140
-, Luftfeuchtigkeit	140

M

Mahnbescheid	471
Mahnverfahren	471
Mainboard	345
Mangelhafte Lieferung	458
-, Mängelrüge	459
-, Rechte für Käufer	462
-, Sachmängel	459
MAN - Metropolitan Area Network	352
Markt	94
Marktsituation	370
Maslow	83
Materialbedarf	417
-, Bestellpunktverfahren	417
-, Bestellrhythmus	417
-, fallweise Beschaffung	417
-, Just-in-time-Beschaffung	417
-, Vorratsbeschaffung	417
Materialbedarfsplanung	412
-, Bestellpunktverfahren	417
-, Bestellrhythmusverfahren	417
-, Höchstbestand	414
-, Meldebestand	414
-, Mindestbestand	414
-, optimale Bestellmenge	415
-, plangesteuerte Materialbedarfsermittlung	413
-, Primärbedarf	413
-, Sekundärbedarf	413
-, Tertiärbedarf	413
-, verbrauchsgesteuerte Materialbedarfsermittlung	414
-, Zeitplanung	417
Matrixorganisation	75
Maximalprinzip	87
Medienplanung	110
Meeting	211
Mehrliniensystem	70
Mehrpersonenbüro	148
Meldebestand	414
Mengenplanung	413
Metakognitive Strategie	67
Microsoft Excel	281
-, Filterung	283
-, Sortierung	282
-, Suchen und Ersetzen	281
Mietvertrag	410
Mindestbestand	414

Minimalprinzip	87
Mitbestimmungsorgan	41
MITTELWERT-Funktion	448
Mobbing	186, 190, 194 f.
-, Bossing	194
-, Cybermobbing	194
Mobilfunknetz	343
Mobilien	400
Monitor	161 f.
Motherboard	345
Motivation	63
Multifunktionsgeräte	369
Mündliche Telekommunikation	343
-, analoge Datenübermittlung	344
-, digitale Datenübermittlung	344
-, Telefonie	343
-, Telefonie über das Festnetz	343
-, Telefonie über Mobilfunknetze	343
-, Telefonie über VoIP	343
-, Videotelefonie	343

N

Nacherfüllung	461
Nachnahme	475
Nettolistenverkaufspreis	292
Netzdiagramm	378
Nichtigkeit	406 f.
Non-territoriales Büro	150
Nonverbale Kommunikation	202
-, Distanzverhalten	203
Normen	127 f.
Nutzwertanalyse	425

O

Oberflächendiagramm	378
OCR-Programm	264
ODER-Funktion	419
Ökologische Nutzung	162
Ökonomisches Prinzip	87
Optimale Bestellmenge	415
Ordnungssystem	176, 259 f.
-, alphabetisches	259
-, alphanumerisches	261
-, chronologisches	262
-, dekadisches	261
-, mnemotechnisches	262
-, numerisches	261

Organigramm	68 f.
Organisation der Warenlagerung	443
-, Eigen- oder Fremdlager	443
Organisation des Lagers	444
-, Bauformen	444
-, dezentrales Lager	444
-, zentrales Lager	444
Organisationsstruktur	68
Overhead-Projektor/ Tageslichtprojektor	114

P

Pachtvertrag	410
Päckchen	251
Paket	251
PAN - Personal Area Network	352
Pareto-Prinzip	183
Pause	170, 182
Paydirekt	483
PayPal	483
PDCA-Management-Zyklus	428
Pflanzen	143
Pflichtangaben in einem Geschäftsbrief	325
Physische Belastungen	189
Pinnwand	111
Platzhalter	333
Post	234
Postausgang	240 f., 245
-, Massenpost	240
-, Postausgangsbuch	245
-, Tagespost	240
Postbearbeitung	233
Postdienste	245
Posteingang	233 ff.
Posteingangsbuch	238
Postfach	234
Poststelle	233, 235, 237, 241
Poststraße	241
Postvollmacht	234
Präsentation	
-, Aufbau	117
-, Bewertung	122
-, Planung	108
-, Titel	109
Präsentieren	106
Preisnachlass	286
Prepaid-Card	482

Primärbedarf	413
Primärbedürfnis	82
Probezeit	36
Produktionsfaktoren	89
-, betriebswirtschaftliche	88
-, volkswirtschaftliche	89
Prokura	78
Protokollarten	218 f., 221, 223
-, Ergebnisprotokoll	221, 224
-, Gedächtnisprotokoll	224
-, Kurzprotokoll	223
-, Verlaufsprotokoll	221, 224
-, Wortprotokoll	223
Protokollrahmen	222
-, Protokollkern	222
-, Protokollkopf	222
-, Protokollschluss	223
Prozessablauf	174
-, Büroprozess	174
-, Geschäftsprozess	174
Prozessor	345
Prüfsiegel	161 f.
Psychische Belastungen	189
Psychische Probleme	186
Punktediagramm	378

Q

Quittung	474

R

Rahmenlehrplan	33
RANG-Funktion	426
Raumtemperatur	132, 140
Rechnung	360
Rechnungseingang	464
-, Offene-Posten-Liste	465
Rechnungsprüfung	464
Recht	395
-, Geschäftsfähigkeit	402
-, öffentliches	395
-, Privatrecht	395
-, Rechtsfähigkeit	396
-, Rechtsgeschäft	396
Rechtsfähigkeit	396
Rechtsgeschäfte	396
-, einseitige	396
-, zwei- oder mehrseitige	397

Rechtsmangel	458
Rechtsobjekte	398
Rechtsordnung	395
Rechtssubjekte	398
Recycling	430
-, Weiterverwendung	430
-, Weiterverwertung	430
-, Wiederverwendung	430
-, Wiederverwertung	430
Registratur	
-, hängende	259
Registraturbehälter	257
Registraturformen	257
-, geheftete	257
-, liegende	258
-, Loseblattablage	257
-, stehende	258
Registraturstandort	255
Reversibles Büro	149
Rohstoff	376
Rücksendeangabe	296
Rundschreiben	337

S

Sachmangel	458
Sägeblatteffekt	178
Säulendiagramm	378
Scanner	368
Scheck	484
-, Inhaberscheck	485
-, Orderscheck	485
-, Verrechnungsscheck	484
Scheingeschäft	408
Schenkungsvertrag	410
Scherzgeschäft	408
Schriftgut	254
Schriftliche Telekommunikation	344
SCHUFA	472
Schülervertretung der Berufsschule	45
Seitennummerierung	309
Sekundärbedarf	413
Sekundärbedürfnis	82
Selbstbild	205
-, realistisches	206
Selbstkosten	293
Selbstkostenpreis	292
Sell-Side-Lösung	438
Seminar	211

Sender	205
Sendungsarten	248, 250
-, Blindensendung	250
-, Büchersendung	250
-, Dialogpost	250
-, Postaktuell	250
-, Warensendung	250
-, Werbeantwort	250
SEPA-Basislastschrift	480
SEPA-Firmenlastschrift	480
SEPA-Lastschriftverfahren	480
SEPA-Mandat	480
Sicherheit	186
Sicherheitsbeauftragte	189
Sicherheitskennzeichnung	187
Sicherheitsorganisation	189
Sicherheitszeichen	187
Sitzkonzept	167
Sitzmöbel	166
Sitzung	211, 218
-, durchführen	217
-, nachbereiten	218
-, schriftlich dokumentieren	221
-, vorbereiten	212
Sitzungen im Business-Englisch	219
Sitzungen und Besprechungen	211
Sitzungsziele	212
Skonto	465
-, effektiver Jahreszinssatz	466
SMART	58
Software	348
-, Anwendungssoftware	349
-, Branchensoftware	350
-, Funktionsbezogene Standardsoftware	350
-, Funktionsübergreifende Standardsoftware	350
-, Individualsoftware	349
-, Standardsoftware	349
-, Systemsoftware	348
Sozialkompetenz	205, 207
Speichermedien	272
Stabstelle	69
Stakeholder	104
Standort	90
Steharbeitsplatz	164
Stelle	69
Stellenbeschreibung	69
Stille Stunde	178
Störungen im Arbeitsprozess	177
Strahlung	143
Stress	178, 182, 186, 189 f.
-, Faktoren	191
-, Symptome	191
Suchen	281
Suchmaschine	353
Suchmaschinen	353
SUMMEWENN-Funktion	393
SVERWEIS-Funktion	421

T

Tabellen	322
Tabstopp	303
Tagung	211
TAN	478
Tarifautonomie	47
Tarifvertrag	47
-, Entstehung	48
-, Formen	49
-, Geltungsbereich	49
Tarifvertragsgesetz	47
Taschengeldparagraf	403
Tastatur	160
TCP/IP (Transmission Control Protocol/Internet Protocol)	352
Team	196
Teamarbeit	207
Teambuilding	208
Teamentwicklung	210
-, Phasen	210
-, Verhaltensregeln	210
Teamfähigkeit	207
Teamregeln	211
Teamrollen	209
Telearbeit	151 f.
Telearbeitsplatz	152
Telefax	344
Telekommunikation	341
-, Telekommunikationsanlagen	342
-, Telekommunikationsdienste	342
-, Telekommunikationsgesetz (TKG)	341
-, telekommunikationsgestützte Dienste	342
-, Telekommunikationsnetz	342
Termine	196
-, Arten	197
-, fixe	197
-, variable	197
-, Wiedervorlage	197

Terminkalender	198, 200
-, digitaler	200
-, Planungstafel	199
-, Terminmappen	199
-, Terminplaner	199
Terminplanung	198, 200, 215
Tertiärbedarf	413
Textbausteine	334
Texthervorhebungen	313
-, Textformatierung	313
-, Textpositionierung	313
To-Do-Liste	177
Transportmittel	357

U

Überweisung	476
Umsatzsteuer	293
Umsatzsteuergesetz	360
Umweltaspekte bei der Lagerung	445
-, Gefahrstoffverordnung	445
-, GHS (= Globally Harmonised System)	446
Umweltmanagementsystem	427
Umweltschutz	427
Umweltverträglicher Einkauf	427
-, EMAS-Verordnung	428
-, ISO 14001	428
-, Recyclingstrategien	430
-, Umweltbezogene Zertifizierungen	428
-, Umweltgesetze und Verordnungen	427
UND-Funktion	419
Unternehmensleitbild	100
Unterschriften	307
Urlaub	37

V

Veranstaltung	211, 216, 218
-, Veranstaltungsteam	218
Veranstaltungsort	216
Vergütung	36
Verjährung	459
Verkäufermarkt	370
Verpackungskosten	287
Versand	356
Versandformen	297
Versandkosten	286
Vertrag	397

Vertragsarten	409
-, Arbeitsvertrag	411
-, Darlehensvertrag	411
-, Dienstvertrag	411
-, Gesellschaftsvertrag	411
-, Kaufvertrag	410
-, Leihvertrag	411
-, Mietvertrag	410
-, Pachtvertrag	410
-, Schenkungsvertrag	410
-, Werkvertrag	411
Vertragsfreiheit	405
-, Abschlussfreiheit	405
-, Aufhebungsfreiheit	405
-, Formfreiheit	405
-, Inhaltsfreiheit	405
Vertreterprovision	292
Verzugszinsen	468
Virtuelle Kreditkarte	481
VoIP	343
Vollmacht	78, 308
Vollstreckungsbescheid	471
Vorlagenhalter	161
VWL	89

W

WAN - Wide Area Network	352
Wareneingang	441
Warenlieferung	356
Warenprüfung	442
WENN-Funktion	419
-, einfache	390
-, verschachtelte	390
Werkstoffe	90
Werkvertrag	411
Wertstufen	253 f.
Willenserklärung	396, 431
Wireless Local Area Network	352
Wirtschaften	86
Wirtschaftlichkeit des Lagerungsprozesses	447
-, durchschnittlicher Lagerbestand	448
-, Lagerwert	448
-, Lagerzinsen	448
-, Umschlagshäufigkeit	448
Wirtschaftskreislauf	94
-, Ausland	99
-, Bank	96

Stichwortverzeichnis

-, einfacher	94	-, Verzugsschaden	468
-, erweiterter	96	-, Verzugszinsen	468
-, Staat	97	Zeitdiebe	178
Wirtschaftssektor	93	Zeitfresser	178, 181
-, primärer	93	Zeitlich-sachliche Gliederung	32
-, sekundärer	93	Zeitmanagement	64, 179
-, tertiärer	93	-, Selbstmanagement	179
WLAN	352	Zeitmanagementmethoden	182
Work-Life-Balance	152, 192 f.	Zeitplanung	178, 180, 183
-, Konzept	193	-, Planungsgrundsätze	180
World Wide Web (WWW)	353	-, Prioritäten	181
WVERWEIS-Funktion	423	-, Tagesplanung	181
		-, Ziele	180
Z		Zellenbüro	145
		Zentralregistratur	256
ZÄHLENWENN-Funktion	393	Zertifizierung	428
Zahlschein	475	Ziel	58, 101
Zahlung		-, indifferentes	104
-, per Scheck	484	-, komplementäres	104
Zahlung per Scheck		-, ökologisches	103
-, gesetzliche Bestandteile	485	-, ökonomisches	103
-, kaufmännische Bestandteile	485	-, soziales	103
-, Orderscheck	485	Zieldimension	102
-, Verrechnungsscheck	484	Zieleinkaufspreis	290
Zahlungsbedingung	287 f.	Zielkonflikt	103
Zahlungsverkehr	472	Zielverkaufspreis	292
Zahlungsverzug	467	Zusatzleistungen	249
-, Mahnung	470	Zustellungsvermerk	297
-, Rechte	468	Zwangsvollstreckung	471